FRANZÖSISCHE GOTIK UND RENAISSANCE IN MEISTERWERKEN DER BUCHMALEREI

VERFASSER UND BEARBEITER
DAGMAR THOSS

FRANZÖSISCHE GOTIK UND RENAISSANCE IN MEISTERWERKEN DER BUCHMALEREI

AUSSTELLUNG DER HANDSCHRIFTEN- UND INKUNABELSAMMLUNG DER ÖSTERREICHISCHEN NATIONALBIBLIOTHEK

OTTO PÄCHT GEWIDMET

PRUNKSAAL
16. JUNI — 7. OKTOBER 1978

ÖSTERREICHISCHE
NATIONALBIBLIOTHEK
WIEN 1978

Gedruckt mit Unterstützung des
Bundesministeriums für Wissenschaft und Forschung

Bild des Umschlags: René d'Anjou, Livre du Cœur d'amour épris (Kat. nr. 35)

Bildnachweis: Foto Römer Linz (Abb. 2); Foto Gasser Innsbruck (Abb. 14); Österr. Museum für angewandte Kunst Wien (Abb. 21); Akademische Druck- u. Verlagsanstalt Graz (Abb. 6, 8, 10); A. Janderka, Österr. Nationalbibliothek Wien (alle anderen Abbildungen)

Gesamtherstellung
Akademische Druck- u. Verlagsanstalt, Graz

Printed in Austria
ISBN 3-201-01067-7
126.78

INHALT

VORWORT

Seit Jahren nimmt die Österreichische Nationalbibliothek neben ihrer Hauptverpflichtung, nämlich der Archivierung und Zurverfügungstellung von Büchern und anderen Medien, auch die Aufgabe wahr, Ausstellungen zu bestimmten Themen zu veranstalten. Die wichtigsten davon sind jene, die über die Sommermonate in ihrem Prunksaal gezeigt werden, um auch der breiten Öffentlichkeit, die nicht die Möglichkeit hat, mit bestimmten wissenschaftlichen Fragestellungen an die Institution heranzutreten, die reichen Bestände vor Augen zu führen. Die Österreichische Nationalbibliothek, die auf eine lange Tradition in der Bereicherung und steten Ergänzung ihrer Bestände zurückblicken kann, verwahrt in ihrer Handschriften- und Inkunabelsammlung eine große Anzahl von Codices, die mit qualitativ hochwertigen Buchmalereien ausgestattet und daher von internationalem Rang sind. Unter diesen Überlieferungsträgern, die aus fast allen Kulturbereichen von der Antike bis in die Neuzeit stammen, kommt den französischen illuminierten Handschriften besondere Bedeutung zu, da die Wiener Sammlung in Umfang und künstlerischer Qualität nur noch von jener der Bibliothèque Nationale Paris übertroffen wird und diese gleichwertig ergänzt. Die Sammlung der französischen illuminierten Handschriften enthält theologische Codices, darunter reich bebilderte Bibelhandschriften und Stundenbücher, sowie Dokumente der höfischen Literatur, die im Hoch- und Spätmittelalter in Frankreich eine besondere Blüte erreicht hat. Der adelige Auftrag für die Herstellung dieser Bücher in einer Zeit, in der es noch keinen Buchdruck gab und das teure Buch noch Statussymbol einer privilegierten Schicht war, bestimmte in erster Linie die kostbare Ausstattung mit Initialen, Zierranken, Zierbordüren und Miniaturen, die die Erzählung des Textes begleiten, bildhaft vor Augen führen und den geistigen oder literarischen Gehalt realistisch und ästhetisch vertiefen. Der französischen Buchmalerei des 13. bis 16. Jahrhunderts mit ihren vielfältigsten Ausdrucksmöglichkeiten vom reinen Dekor bis zum künstlerisch gestalteten Bild von Meisterhand kommt deshalb besondere Bedeutung zu, da andere Überlieferungsträger der Malerei, wie die Tafelbild- und Freskomalerei, in den Religionskriegen des 16. Jahrhunderts und in der Französischen Revolution des ausgehenden 18. Jahrhunderts weitgehend zerstört wurden, dagegen die im schützenden Buchblock überkommenen Malereien mit der erhaltenen Leuchtkraft ihrer Farben Ahnung und Vorstellung von französischem Form- und Farbempfinden in der Gotik und Renaissance zu vermitteln in der Lage sind.

Anlaß für diese Präsentation kostbaren Sammelgutes der Österreichischen Nationalbibliothek war der glückliche Abschluß der katalogmäßigen Erfassung und Beschreibung der französischen illuminierten Handschriften im Jahre 1977. Im Rahmen des „Beschreibenden Verzeichnisses der illuminierten Handschriften in Österrreich“ hat Hermann Julius Hermann in den dreißiger Jahren in drei Teilbänden des Bandes 7 seiner Neuen Folge (vgl. Literaturverzeichnis) die französischen illuminierten Handschriften der Gotik bis ins beginnende 15. Jahrhundert erfaßt und dargestellt, jedoch die Bearbeitung des ganzen Fonds nicht mehr zu Ende führen können. Es war daher eine glückliche Idee, daß die Österreichische Akademie der Wissenschaften und ihr damaliger Generalsekretär, Univ.-Professor Dr. Herbert Hunger, im Jahre 1969 zusammen mit Univ.-Professor Dr. Otto Pächt die verdienstvolle Initiative ergriffen, das Katalogwerk H. J. Hermanns auf der Basis seines nachgelassenen Manuskriptes zu Ende zu führen. Die Beschreibungen sowie neue Ergebnisse in Form von Datierungen, Einordnungen in Malschulen und Zuweisungen an bestimmte Künstlerateliers liegen nun in den beiden Bänden von Otto Pächt und Dagmar Thoss, Französische Schule I (Wien 1974) und Französische Schule II (Wien 1977) vor. Die Österreichische Nationalbibliothek schätzt sich glücklich, als einzige Großbibliothek alle ihre illuminierten Handschriften bis auf jene des flämischen und deutschen Kulturbereiches in einem mehrbändigen Corpus erschlossen zu haben, und nahm daher die Idee der Präsentation einer geeigneten Auswahl aus den französischen illuminierten Handschriften gerne auf, um „Französische Gotik und Renaissance in Meisterwerken der Buchmalerei“, die sonst in Depots vor Licht geschützt und nur der Fachforschung zugänglich sind, auch einmal in aller Öffentlichkeit zu zeigen. Es versteht sich von selbst, daß eine Wiederholung dieser Schau in absehbarer Zeit aus konservatorischen Gründen nicht mehr möglich sein wird.

Die Bibliothek nimmt die Gelegenheit dieser Ausstellung wahr, um den Wissenschaftlern, Univ.-Professor Dr. Otto Pächt und Dr. Dagmar Thoss, sowie den Institutionen, die die Gesamtkatalogisierung ermöglicht haben, nämlich der Österreichischen Akademie der Wissenschaften und dem Fonds zur Förderung der wissenschaftlichen Forschung, für die ideelle und materielle Leistung aufrichtig zu danken.

Besonderer Dank gilt den leitenden Beamten der Handschriften- und Inkunabelsammlung, Univ.-Professor Dr. Otto Mazal und Dr. Eva Irblich, in deren Händen die Organisation und Gestaltung der Ausstellung sowie die redaktionelle Betreuung des Kataloges lagen. Für die unterstützende Mitarbeit gebührt Frau Dr. Rosemary Hilmar, dem Institut für Restaurierung und Herrn Alfred Janderka herzlicher Dank, sowie nicht zuletzt der Akademischen Druck- u. Verlagsanstalt Graz für die Herstellung und Gestaltung des Kataloges und des Plakates. Aufrichtiger und ergebener Dank jedoch sei dem Bundesministerium für Wissenschaft und Forschung gesagt, das mit großzügiger materieller Unterstützung die Realisierung der Ausstellung sowie die Drucklegung des Kataloges gefördert hat, sowie der Gesellschaft der Freunde der Österreichischen Nationalbibliothek, die die Obsorge für die Ausstellung übernahm.

Der Österreichischen Nationalbibliothek gereicht es zur besonderen Freude, den beiden Wiener Wissenschaftlern und Kunsthistorikern, Otto Pächt und Dagmar Thoss, nun gleichsam als kleinen Lohn für ihre jahrelange minutiöse und auch entsagungsvolle Forschungsarbeit die Entwicklung der französischen Buchmalerei der Gotik und Renaissance nicht nur in ihrem Musée imaginaire des Gesamtkataloges, sondern auch in Gestalt der Ausstellung vor Augen zu führen. Die Österreichische Nationalbibliothek widmet diese Präsentation allen Kunstfreunden, Liebhabern französischer Kultur und Interessenten des In- und Auslandes, denen sie Gewinn und Freude beim Betrachten der religiösen und profan-höfischen Malkunst Frankreichs bedeuten möge.

Wirkl. Hofrat Dr. Karl Kammel
Generaldirektion der
Österreichischen Nationalbibliothek

EINFÜHRUNG

Der Buchmalerei kommt für die Erforschung der mittelalterlichen Malerei als solcher eine einzigartige Bedeutung zu. Nur sie kann noch ein vollständiges Bild der Malerei dieser Epochen vermitteln, nur anhand der Buchmalerei ist es möglich, den Entwicklungsverlauf kontinuierlich zu verfolgen. Was an Monumentalmalerei aus dem Mittelalter, ja selbst – zumindest nördlich der Alpen – aus der frühen Renaissance, erhalten ist, sind nur einzelne 'Bruchstücke', häufig in prekärem Erhaltungszustand. Überdies stammen diese Denkmäler nahezu ausschließlich aus dem religiösen Bereich. Von Werken mittelalterlicher Profankunst hat nur eine Minorität die Jahrhunderte überdauert, waren sie doch dem Geschmackswandel und damit der Zerstörung ungleich stärker ausgesetzt als die durch ihren sakralen Gehalt besser geschützte religiöse Kunst. Allein mit Hilfe der Buchmalerei kann die profane Malerei des Mittelalters, die in der Gotik einen massiven Aufschwung erfahren hat, wieder erschlossen werden.
Die Werke der Buchmalerei besitzen gegenüber der Monumentalmalerei einen weiteren Vorzug: sie sind in einem hervorragenden Erhaltungszustand. Fresken, Tafelbilder, auch Glasmalerei, waren Beschädigungen ungleich stärker ausgesetzt und wurden deshalb dauernd ergänzt oder restauriert, so daß es oft schwer ist, das ursprüngliche Aussehen zu rekonstruieren. Die Miniaturmalerei, durch den Ort ihrer Unterbringung, im Buch, völlig geschützt vor Licht und anderen atmosphärischen Einwirkungen, hat ihre Farben unverfälscht in Tonalität und Leuchtkraft erhalten. Hinzu kommt, daß bebilderte Handschriften schon auf Grund ihrer Kostbarkeit sehr bald auch reine Sammelobjekte wurden, was zur Folge hatte, daß ihre Ausschmückung auch von allen Modernisierungstendenzen verschont blieb, die im Bereich der Monumentalmalerei – zusätzlich zu den Zerstörungen durch den Lauf der Zeit und, ein Spezifikum Frankreichs, durch die Revolution – ihren Teil zu einer drastischen Dezimierung des Denkmälerbestandes der frühen Epochen beigetragen haben.
Diese Betonung der Ersatzfunktion der Buchmalerei darf jedoch nicht so verstanden werden, daß Miniaturen nur als kleine, zufällig eben in einem Buch befindliche Tafelbilder betrachtet werden sollen. Die Buchmalerei besitzt spezifische Gestaltungsmittel, die nur im Medium des Buches und in keiner anderen Kunstgattung sich entfalten konnten, z. B. die Initiale in ihren diversen Ausprägungen (Schmuck-, Figuren- und historisierte Initiale), verschiedene Bordürenformen u. a. Alle diese der Buchmalerei eigenen Ausdrucksformen wurden nördlich der Alpen entwickelt, wie die Buchmalerei überhaupt eine Domäne der Kunst des Nordens darstellt (mit England und Frankreich als den führenden Nationen); in Italien hat die Buchmalerei nie eine derart wichtige Rolle gespielt

wie nördlich der Alpen, wo sie ohne Frage zur großen Kunst gehörte. Diese Vorrangstellung des Nordens im Bereich der Buchillustration und der außerordentliche Ruf, den speziell die Pariser Miniaturmalerei in der Zeit der Hochgotik genoß, wird bekanntlich auch durch Dante im 11. Gesang des Purgatorio (V. 80 f.) bezeugt, der bei seiner Begegnung mit Oderisi da Gubbio (einem damals hochberühmten italienischen Buchmaler) im Kreis der Hochmütigen die Buchmalerei mit dem französischen Terminus definiert: ... *quell'arte ch'alluminar chiamata è in Parisi* (jene Kunst, die in Paris illuminieren heißt). Signifikant in dieser Hinsicht ist ferner, daß Werke italienischer Dichter mehrfach erst nördlich der Alpen reicher bebildert wurden. So ist etwa die erste vollständige Illustrationsfolge zu Boccaccios Decamerone in Frankreich entstanden (um 1415, etwa ein halbes Jahrhundert nach der Abfassung der Dichtung).

Handschriften waren zu jeder Zeit kostspielig, insbesondere aufwendig illuminierte, die nur für die jeweils obersten Schichten der Gesellschaft hergestellt wurden oder von diesen erworben werden konnten: Adel, hoher Klerus, Kirchen oder Klöster, zu denen sich im späteren Mittelalter auch wohlhabende Bürger als Auftraggeber gesellten. In bestimmten Fällen wurde aber statt auf Bestellung auch 'für den Markt' produziert, quasi serienmäßig im vorhinein, wenn ein Absatz gesichert war. Das war z. B. der Fall für die zur Zeit der gotischen Hochblüte in Paris hergestellen Bibeln, Gesamtausgaben des Textes in kleinstem Format, auf hauchdünnem Pergament geschrieben, mit dem für die französische Metropole damals typischen Buchschmuck. Diese Bibeln galten als Spezialität und stellten einen regelrechten Exportartikel dar. Auf Vorrat gearbeitet wurden weiters – vor allem im späteren Mittelalter – Stundenbücher, für die eine permanente Nachfrage bestand. Vereinzelt wurden auch andere in einem bestimmten Zeitabschnitt gerade moderne oder besonders beliebte Texte serienmäßig hergestellt (ein Beispiel dafür ist etwa die Geschichtskompilation 'La Bouquechardière', von der binnen weniger Jahre in einem Provinz-Atelier eine ganze Reihe illustrierter Exemplare entstand).

Im Ausstattungsreichtum von Handschriften lassen sich große Unterschiede feststellen; je nach den finanziellen Mitteln des Bestellers reicht die Stufenleiter von vergleichsweise bescheiden verzierten Exemplaren bis zu ausgesprochenen Prunkhandschriften, deren Kostbarkeit schon den Zeitgenossen höchst ungewöhnlich erschien. Solche Handschriften waren dann meist für den König, Angehörige des Königshauses oder den allerhöchsten Adel bestimmt. Am bekanntesten sind in dieser Hinsicht die für den Herzog von Berry, Bruder König Karls V. von Frankreich, hergestellten Handschriften (die berühmteste Handschrift aus seinem Besitz wird bezeichnenderweise schon in zeitgenössischen Dokumenten unter dem Titel 'Les *très riches* heures de Jean de Berry' geführt). Ebenso gehören die vermutlich in königlichem Auftrag hergestellten Bibles moralisées hierher.

Die Herstellungsbedingungen von Handschriften waren nicht in allen Epochen des Mittelalters dieselben. Bildeten bis ins 12. Jahrhundert Klöster die Hauptzentren der Handschriftenproduktion, so wurde diese Tätigkeit mit der Gotik, also ab dem 13. Jahrhundert, immer mehr von professionellen Laien-Ateliers übernommen. Vereinzelt sind professionelle Laien-Illuminatoren schon im 11. und 12. Jahrhundert bekannt. Ab der zweiten Hälfte des 13. Jahrhunderts sind sie vollends geläufig. Um 1300 werden in den Steuerverzeichnissen der Stadt Paris 17 Buchmaler-Ateliers angeführt. Ihre Zahl nimmt rasch zu, um 1400 sind es schon mehrere Dutzend.

Mit der steigenden Produktion kam es in den Handschriften-Werkstätten bald zu einer Aufgabenteilung, es bildeten sich Spezialisten für die verschiedenen Teilbereiche der Buchausstattung heraus. Die Unterscheidung zwischen 'illumineur' und 'historieur' ist schon sehr früh in der Geschichte der Buchmalerei belegt; der eine war für die dekorative Ausstattung (Initialen, Bordüren, Zeilenschlußleisten) zuständig, der andere für die szenischen Darstellungen (die 'Geschichten'). Die Arbeitsteilung und Spezialisierung ging jedoch noch weiter: bloße Zierinitialen z. B. oder der einfachere Bordürendekor wurden nicht vom selben Illuminator ausgeführt wie die Prunkrahmungen der wichtigsten Bilder einer Handschrift; ebenso sind die Hauptminiaturen häufig nicht von derselben Hand wie Nebenszenen, Randminiaturen usw.

Am deutlichsten läßt sich dieser kooperative Herstellungsprozeß an Stundenbüchern ablesen, die – bei Fortbestehen auch ausgesprochener Auftragswerke – in besonderem Maße einer Serienproduktion unterlagen, und die überdies in ihrem Ausstattungssystem eine klar umrissene Hierarchie aufweisen, sowohl im Bereich der Miniaturen als auch, parallel dazu, in dem der Dekoration: die Miniatur zur Matutin der Marienstunden (nahezu immer eine Verkündigungsdarstellung) und das Frontispiz der Bußpsalmen (mit einer Szene aus der David-Bathseba-Geschichte) nehmen in dieser Hierarchie den höchsten Rang ein; für gewöhnlich wurden sie vom Chef des jeweiligen Ateliers ausgeführt (das kann, muß aber nicht die qualitätvollste Hand sein; es kommt zum Beispiel nicht selten vor, daß diese Miniaturen die altertümlicheren sind, während moderne Tendenzen sich in untergeordneten, meist auch von jüngeren Malern ausgeführten Teilen der Illustration manifestieren). Die nächstwichtigen Miniaturen waren die Titelbilder zum Totenoffiz sowie zu den Kreuz- und Geiststunden und zu den Heiligensuffragien, dann die Illustration der restlichen Marienstunden und der Evangelienabschnitte. Ihre Herstellung spielt sich – immer im Bereich der Serienproduktion gesehen – sozusagen auf Gesellenebene ab. Kalenderbilder und Miniaturen zu den einzelnen Heiligen-Andachten rangieren dann meist auf der untersten Stufe dieser Ausstattungshierarchie. Die Miniaturen des Hauptmeisters, wie erwähnt immer gleichzeitig die liturgisch wichtigsten, erhalten in der Regel auch eine besonders prunkvolle Rahmung, in entsprechender Abstufung folgt der weitere Bordürenschmuck, mit den Textseiten-Verzierungen an letzter Stelle.

Eine zweite Form der Arbeitsteilung, die vor allem bei sehr umfangreichen Illustrationszyklen zum Tragen kommt, besteht darin, einzelne Lagen eines Codex an verschiedene Maler zu verteilen; auch hier kann eine Rangordnung festgestellt werden, insofern als das Frontispiz und die zu Beginn der Handschrift liegenden Miniaturen – bei mehrteiligen Werken auch die späteren Titelbilder – jeweils vom Hauptmeister ausgeführt werden. Anschauliche Beispiele dafür liegen etwa in den Illustrationszyklen zum Tristanroman des Bedford-Ateliers (Cod. 2537) oder in den Trionfi-Handschriften der Schule von Rouen (Cod. 2581, 2582) vor.

Eine Sonderform der Buchproduktion entstand im frühen 13. Jahrhundert im Zusammenhang mit Universitätszentren: einzelne Schreiber oder ganze Schreibstuben kopierten und vervielfältigten die für den Lehrbetrieb benötigten Texte. Charakteristisch für diese Art von Handschriften ist ein bescheidenes Äußeres, die Blätter sind eng beschrieben, mit vielen Abkürzungen, in der Regel ohne jeden Schmuck. Solche reine Gebrauchshandschriften geben für die Geschichte der Buchmalerei natürlich wenig her, ihr Interesse liegt in der Textredaktion, die von den Universitäten streng kontrolliert wurde; sie vermitteln ein anschauliches Bild der jeweils an den Universitäten vertretenen Lehrmeinungen und sind für die Geschichte der Wissenschaft von erstrangiger Bedeutung.
Im allgemeinen wurden in diesen den Universitätszentren angegliederten Schreibstuben Texte aller Fachbereiche hergestellt. Es konnte aber auch eine Spezialisierung erfolgen, wenn eine Universität in einem bestimmten Fach einen besonderen Ruf genoß, wie z. B. Paris für die Bibelredaktion, Bologna für die Rechtswissenschaft. In einem solchen Fall wurden die entsprechenden Texte in großer Menge hergestellt und in andere Städte, Klöster und Bischofssitze in ganz Europa gesandt. Bei dieser Variante von Gebrauchshandschriften tritt auch die Buchmalerei wieder auf den Plan. Die Pariser Bibeln wurden, wie schon erwähnt, ausnahmslos in völlig ausgeschmücktem Zustand verschickt. Bei den Bologneser Dekretalhandschriften blieb ein für Illustrationen vorgesehener Platz meist frei, die Bebilderung wurde am jeweiligen Bestimmungsort vorgenommen. In einer der beiden ausgestellten Dekretalhandschriften (Cod. 2051) besitzt auch ein Teil der Dekoration noch italienischen Charakter.

Die Namen von Buchmalern sind nur selten bekannt. Wenn man einen Künstlernamen kennt, so aus Dokumenten, meist Rechnungen, die einen bestimmten Namen in Verbindung mit einem in Auftrag gegebenen Werk nennen, welches dann seinerseits häufig identifiziert werden kann, da die Rechnung in der Regel den Zahler, also den Auftraggeber anführt, der wiederum sehr oft durch sein Wappen oder andere Kennzeichen in der Handschrift präsent ist. Beispiele für auf diese Art erfolgte Identifizierungen sind Maître Honoré und Jean Pucelle, die Ende des 13. bzw. im zweiten Viertel des 14. Jahrhunderts tätig waren, oder

Maître François, Jean Colombe und Jean Bourdichon in der zweiten Hälfte des 15. Jahrhunderts.
Eine andere, weitaus häufigere Art der Kennzeichnung individueller Buchmaler erfolgt nach Bestellern von Handschriften, die sehr häufig dokumentiert sind, da, wie schon erwähnt, Wappen, Embleme, Devisen usw. als Besitzersignum in die Ausstattung mit einbezogen waren. Beispiele für diese Art von Notnamen sind 'Meister des Herzogs von Bedford', 'Coëtivy-Meister', 'Meister des Jean Jouvenel des Ursins' u. a. m.
Vereinzelt wird ein bestimmter Miniaturenstil auch mit dem Namen eines für eine charakteristische Handschrift verantwortlichen Schreibers bezeichnet (Schreiber signierten ihre Werke immer noch eher als Maler). Dies trifft z. B. für die unter dem Namen 'Jacob Ten Eyken' zusammengefaßten, in Rouen lokalisierbaren Handschriften zu.
Um die auf eine dieser angeführten Arten einmal 'fixierte' namengebende Handschrift wird dann das weitere Oeuvre eines Malers oder eines Ateliers auf Grund von Stilverwandtschaft gruppiert.

Wenn der Stil einer Handschrift mit einem bestimmten Maler oder einem Atelier identifiziert werden kann, ist meist auch der Ort der Entstehung bekannt: der Meister des Herzogs von Bedford und Maître François waren in Paris tätig, Jean Colombe in Bourges, der Jouvenel-Meister in der westlichen Loire-Gegend usw.; Künstler können aber auch 'wandern', jedenfalls vorübergehend, besonders wenn sie für Könige oder Fürstenhöfe tätig sind: Jean Fouquet und Jean Bourdichon, die eigentlich die Schule von Tours repräsentieren, haben auch für den Königshof in Paris gearbeitet; Jean Colombe, in Bourges ansässig und tätig, hat ebenfalls für den Pariser Hof sowie für die Herzöge von Savoyen Aufträge ausgeführt.
Stundenbücher und andere religiöse Texte bieten durch ihre liturgischen Indizien eine weitere Möglichkeit der Lokalisierung, doch ist diese Art von Hinweisen mit Vorsicht und nur unter Berücksichtigung aller sonst bekannten Umstände auszuwerten; vor allem muß hier bedacht werden, daß die Person des Bestellers bestimmend sein kann für den liturgischen Gebrauch, und nicht der Ort der Herstellung (so folgen bekanntlich die für den Herzog von Bedford in Paris hergestellten Andachtsbücher dem Gebrauch der englischen Diözese Salisbury).
Häufig spielen die verschiedenen Identifikationsmöglichkeiten zusammen, ergänzen einander bzw. ermöglichen eine gegenseitige Kontrolle.
Sehr selten tritt der Fall ein, daß eine Handschrift durch einen Kolophon genau lokalisiert und datiert ist. Selbst diese Angaben müssen aber, jedenfalls was die Ausstattung einer Handschrift betrifft, sorgfältig kontrolliert werden, da sie ja in erster Linie für die Fertigstellung der Schrift gültig sind. Cod. 2051 enthält z. B. einen Kolophon mit dem Datum 1329, der Großteil der Ausstattung, vor allem die historisierten Initialen, sind jedoch stilistisch erst um 1400 möglich.

Die Zentren der Buchmalerei in Frankreich wechseln im Laufe der Entwicklung. Zu Beginn der Gotik und für lange Zeit lag der Schwerpunkt in Paris und der Ile de France, ja dieses Gebiet scheint geradezu ein Monopol der Handschriften-Illuminierung zu besitzen; es dominiert das ganze 13. und 14. Jahrhundert. Daneben hat sich noch ein zweites Zentrum in Südfrankreich etabliert: Avignon, päpstliche Residenz im 14. Jahrhundert. Mit dem 2. Viertel des 15. Jahrhunderts erfolgt eine Verlagerung der Hauptaktivität in die Provinz, in erster Linie Westfrankreich und die Loire-Gegend, wohl im Zusammenhang mit den politischen Verhältnissen, die den Niedergang des Königtums und seines vorwiegend in Paris zentralisierten Mäzenatentums zur Folge hatten (Karl VII. von Frankreich hat bezeichnenderweise den Beinamen 'König von Bourges' erhalten). Auch mit dem Wiedererstarken der Königsherrschaft in Frankreich und dem Wiederaufleben der Kunsttätigkeit in Paris in der zweiten Hälfte des 15. Jahrhunderts bleiben die Buchmalerei-Ateliers der Provinz-Zentren weiter bestehen.

Die einzelnen Objekte des vorliegenden Kataloges sind, dem Ausstellungsthema entsprechend, chronologisch vom kunsthistorischen Standpunkt aus angeordnet. Das hat naturgemäß ein verzerrtes Bild der Chronologie der Texte zur Folge, da der Zeitpunkt der Herstellung einer Handschrift samt ihrem Bildschmuck nur selten mit dem der Abfassung des Textes selbst identisch ist. Freilich ist es gleichfalls sehr instruktiv, wann bestimmte Texte wieder kopiert und illustriert werden, da damit ja immer ein vorhandenes oder neuerlich auflebendes Interesse dokumentiert wird. Allerdings kann eine einzelne Sammlung hier kein relevantes Bild vermitteln, sondern nur die Gesamtheit aller erhaltenen Manuskripte. Da die Handschriftenbestände der einzelnen Bibliotheken nur sehr unzureichend publiziert sind, ist auf diesem Gebiet noch kein umfassender Überblick möglich, über eine Reihe von wichtigen Texten geben jedoch einzelne Spezialuntersuchungen Auskunft. Allgemein kann gesagt werden, daß manche Werke sich vom Augenblick ihres Erscheinens an nahezu ununterbrochener Beliebtheit erfreuten, etwa die Consolatio Philosophiae des Boethius (Cod. 2653 und 2595), die arthurischen Prosaromane (Cod. 2537 und Ink. 5. C. 11), der Rosenroman (Cod. 2592 und 2568), Boccaccios Traktat über die Schicksale berühmter Männer und Frauen (Cod. Ser. n. 12766) oder die 'Facta et dicta memorabilia' des Valerius Maximus (Cod. 2544). Andere waren zeitlich und örtlich beschränkt (z. B. die Chronique de la Bouquechardière, Cod. 2543) oder so eng mit einer bestimmten historischen Persönlichkeit verbunden, daß sie, auch wenn sie nicht gerade Unikate sind, so doch nur eine sehr spärliche Verbreitung gefunden haben, wie z. B. die mit René d'Anjou oder Margarete von Österreich unmittelbar zusammenhängenden Werke (vgl. Cod. 2617 und 2597 bzw. Cod. 3441, 2625 und 2584).

Häufig wurden die Texte selbst, genauso wie die einzelnen Handschriften, im

Auftrag eines bestimmten Mäzens verfaßt. Auch wenn kein ausdrücklicher Auftrag vorlag, haben die Dichter ihre Werke meist jemandem dediziert, der ihr Gönner war oder es dann wurde (auf diese Art hat sich etwa Christine de Pisan eine Clientèle am Pariser Königshof geschaffen). Signifikant für diese Situation ist nicht zuletzt, daß bei 'frei' verfaßten Dichtungen nicht selten ein fiktiver Auftraggeber angeführt wird, z. B. Gott Amor im Rosenroman (Cod. 2592 und 2568; vgl. dazu auch Cod. 2618).

Daß wir die Auftraggeber von Texten kennen, rührt daher, daß sie in den den jeweiligen Werken vorangestellten Prologen der Verfasser angeführt werden. Es sind meist dieselben Namen, die auch aus dem bibliophilen Mäzenatentum geläufig sind, wie König Karl V. von Frankreich, sein Bruder Jean de Berry oder Jean Jouvenel des Ursins, u. a. m. (vgl. z. B. Cod. 2580, 2544 und 2559, Cod. Ser. n. 12766 oder Cod. 2538)

Es sind aber nicht bloß die Texte einzelner Wiener Codices, die im Zusammenhang mit diesen Namen angeführt werden können, auch eine ganze Reihe der Handschriften selbst stammt aus dem persönlichen Besitz einiger dieser bekannten Bibliophilen: der Herzog von Berry war Besteller des Cod. 2537, im Auftrag des Burgunderherzogs Johann ohne Furcht wurden Cod. 2657 und 2573 ausgeführt, für Charles de Normandie, Bruder König Ludwigs XI., Cod. 122, für Karl den Kühnen von Burgund Cod. Ser. n. 12 735, für Ludwig XII. von Frankreich Cod. 2588 usw.

Wie schon betont, waren illuminierte Handschriften von allem Anfang an Sammelobjekte. Sie wechselten häufig den Besitzer, sei es durch Vererbung, Schenkung oder Kauf. Es ist oft schwierig oder unmöglich, ihren Weg lückenlos bis zu den heutigen Besitzern zu verfolgen. Die unmittelbaren Vorbesitzer der Handschriften, also vor deren Übernahme in die heutigen öffentlichen Sammlungen, sind jedoch meist bekannt. Häufig handelt es sich um en bloc übernommene Privatbibliotheken.

Die französischen Bestände der Österreichischen Nationalbibliothek stammen vorwiegend aus zwei großen Sammlungen, der des Prinzen Eugen von Savoyen und derjenigen seines Generaladjutanten, Freiherrn Georg Wilhelm von Hohendorf (30 bzw. 8 der ausgestellten Objekte). Beide Bibliotheken wurden von Kaiser Karl VI. von Österreich erworben: 1720 diejenige des Freiherrn von Hohendorf, mit 250 Handschriften und 7000 Drucken, um einen Betrag von 60.000 Gulden; 1737 die des Prinzen Eugen, gegen eine für dessen Erbin ausgeschriebene Leibrente von jährlich 10.000 Gulden; die 1738 in die Hofbibliothek übernommene Sammlung umfaßte neben gedruckten Büchern 240 Handschriften sowie eine Fülle von Kupferstichen und Porträts. Ein Teil der Handschriften des Prinzen Eugen stammt aus der Bibliothek des Schlosses Anet, wie F. Avril nachweisen konnte (vgl. seine Rezension zu Französische Schule I: Manuscrits à peintures d'orgine française à la Bibliothèque nationale de Vienne, in: Bulletin monumental 134 [1976] 329–338). Den beiden angeführten Sammlungen entstammt bemerkenswerterweise ein Großteil der profanen Handschriften des Wiener Fonds. Zwei weitere wichtige Gruppen – diesmal vorwiegend religiöse Texte (Psalter, Breviere oder Stundenbücher) – kommen aus der Bibliothek von Schloß Ambras in Tirol bzw. aus der Fideikommiß-Bibliothek, der zu Beginn des 19. Jahrhunderts gegründeten Privatbibliothek der Habsburger (jeweils 6 Objekte). Weitere Handschriften gelangten durch dynastische Beziehungen mit Frankreich, durch Einzelkäufe oder durch diverse Schenkungen und Übernahmen (z. B. aus dem adeligen Damenstift Tirol oder der bischöflichen Bibliothek von Wiener Neustadt) in den Besitz der Österreichischen Nationalbibliothek.

Wie schon angedeutet, besitzt das Medium der Buchmalerei eine Eigengesetzlichkeit, die aus dem Bestreben resultiert, Schrift, Bild und Dekor zu einer harmonischen Einheit zu verbinden. Zwei wichtige Elemente hierbei sind Initiale und Bordüre, auf deren charakteristische Ausprägungen in den uns interessierenden Jahrhunderten kurz eingegangen werden soll.

Die Initiale, der durch Größe und Verzierung hervorgehobene Anfangsbuchstabe eines Textabschnitts, ist eine der wichtigsten Formgelegenheiten der mittelalterlichen Buchkunst. In ihr liegt ein engstes Zusammenwirken von Schrift, Schmuck und teilweise auch bildlicher Darstellung vor, häufig mit fließenden Übergängen zwischen diesen einzelnen Bereichen. Darin steht der mittelalterliche Buchschmuck in völligem Gegensatz zur antiken Kunst, die zwischen den Sphären von Schrift und Bild immer eine strikte Trennung aufrechterhalten hat, und die selbst eine bloße Kennzeichnung von Textanfängen erst sehr spät vornahm. Die Initiale hat im Laufe der Entwicklung die verschiedensten Gestaltungen erfahren. Für die Gotik wichtig ist in erster Linie die historisierte Initiale, in geringerem Umfang auch die Figureninitiale.

Man spricht von historisierter Initiale, wenn der Initialkörper Einzelfiguren oder ganze Szenen umschließt. Das früheste bekannte Beispiel dieser Initialform stammt schon vom Beginn des 8. Jahrhunderts, im 9. Jahrhundert wurde erstmals eine ganze Handschrift auf diese Art illustriert (das sogenannte Drogo-Sakramentar). Zunächst fand jedoch dieser Ausstattungstypus keine Fortsetzung. Vereinzelt tauchen historisierte Initialen in der Romanik auf, der Durchbruch erfolgte aber erst mit der Gotik. Unter den ausgestellten Werken der Wiener Sammlung können für diesen Initialtypus etwa Cod. Ser. n. 2611, Cod. Ser. n. 2596, Cod. 2051 oder Cod. 1254 angeführt werden. Im ersten Bei-
Abb. 19 spiel ist die historisierte Initiale gleichsam ein Vollbild, sie nimmt die ganze Seite ein, in ihr Inneres sind Medaillons mit Szenen eingefügt. Die anderen
Abb. 23 Beispiele repräsentieren die typisch gotische Form, vor allem Cod. Ser. n. 2596, wo die historisierte Initiale in der charakteristischen Kombination mit den Text umklammernden ausgreifenden Dornblattranken auftritt.

Bei der Figureninitiale wird der Buchstabenkörper selbst durch Figuren gebildet. Diese Initialform hatte ihre Hochblüte in der Romanik, erfuhr aber das ganze spätere Mittelalter hindurch noch sehr originelle Ausformungen.
Ein der Blütezeit der Figureninitiale noch nahestehendes Beispiel liegt in Cod. 1096 vor: in den Schaft des I ist die stehende Figur des Autors des an Abb.17
dieser Stelle beginnenden Textabschnittes (Johannesevangelium) eingefügt. Die Gestalt weist mit der rechten Hand auf die Fortsetzung des Textes, dessen Beginn sie repräsentiert: (I)*n principio* . . . (in der Mitte der Schriftkolumne), leitet also durch eine ausdrückliche Geste vom Bild zum Text über.
Die gleiche Handschrift bietet noch Beispiele einer anderen, aus dem typischen Ornamentschatz der Romanik übernommenen Initialvariante. Für diese ist die permanente Verwandlung des Ornamentvokabulars charakteristisch: Ranken gehen in Tierleiber oder Drolerien über, unorganische Spiralformen enden in tierischen oder menschlichen Köpfen usw. Diese Initialform lebt noch länger in gotischen Handschriften weiter, man begegnet ihr z. B. in der Dekretalhandschrift von Stift Schlägl, also um 1300. Typisch ist jedoch das 'Abwandern' der diese Initialform konstituierenden Elemente in den Bordürenbereich, wo sie eine der Wurzeln für eine der charakteristischsten gotischen Schöpfungen, die in Drolerien endenden oder durch Drolerien belebten Dornblattranken, bilden. Die äußerste Umrandung der Miniaturen auf den Einzelblättern des Österrei- Abb.21
chischen Museums für angewandte Kunst verrät noch deutlich diese Herkunft aus der beschriebenen Initialform: die geraden Leistenstücke laufen an einem Ende in Blattwerk aus, am anderen verwandeln sie sich in Tierkörper, die z. T. wiederum in Menschenköpfen enden.
Hervorragende Beispiele von Figureninitialen bietet weiters Cod. 1254. Er stellt Abb.28
einen Sonderfall dar, insofern als seine Figureninitialen gleichzeitig auch historisierte Initialen sind: das Beatus-B (f. 10 r) umschließt den harfenspielenden David und wird seinerseits durch die Szene der Tötung Goliaths durch David gebildet: der mit seiner Schleuder schwungvoll ausholende David figuriert den unteren Bogen der Initiale, der Riese Goliath den Schaft, während der Rest des Buchstabenkörpers zum Szenarium umgedeutet wird: in dem durch eine eingerollte Ranke gebildeten oberen Bogen des B weiden die Schafe Davids.

Beide Typen von Initialen, sowohl die historisierte wie die Figureninitiale, leben bis zum Ende der Buchmalerei fort. Die Figureninitiale wird allerdings immer seltener. Ein ungewöhnliches Beispiel ist noch in einer der ausgestellten Handschriften zu finden, in dem um 1430 entstandenen Stundenbuch Cod. Ser. n. 2615 (Abb. 324 in: Französische Schule I). Aus dem Buchverband herausgelöst, wird die Figureninitiale Gegenstand eines eigenen Genres, des spätgotischen Figurenalphabets, das jedoch weniger für Frankreich als für Norditalien, Deutschland oder die Niederlande typisch ist.
Auch die historisierte Initiale bildet in der Spätzeit nicht mehr die dominierende Rolle, die sie in der Hochgotik innehatte. Selten ist sie mehr die aus-

schließliche Illustrationsmethode einer Handschrift, sie wird aber gerne als Zusatz verwendet, für Nebenszenen oder Nebenfiguren wie Propheten, singende Engel usw. Ein auf diese Art zusätzlich besonders reich geschmückter Codex ist das lothringische Stundenbuch vom Ende des 15. Jahrhunderts, Cod. 1853*. Häufig dient diese Initialform dann auch dazu, eine zweite Stufe in der Hierarchie der Bildausstattung auszudrücken, indem sozusagen 'weniger wichtige' Textabschnitte statt großer Miniaturen 'nur' historisierte Initialen bekommen (eine solche Wertung entspricht nicht der ursprünglichen Konzeption dieses Initialtypus, der als vollwertige Ausstattung auch für Prunkhandschriften galt). Dieses abgestufte Wertungssystem tritt etwa in dem von Bourdichon ausgemalten Stundenbuch der Universitätsbibliothek Innsbruck auf: die Titelbilder der einzelnen Textabschnitte sind Vollbilder, alles andere historisierte Initialen; eine Ausnahme bildet wiederum das besonders hervorgehobene Diptychon von Stifter und Schutzpatron.

Neben den verschiedenen Formen von Initialen sind Rahmen und Bordüren ein bevorzugtes Betätigungsfeld der dekorativen Phantasie.
Typisch für die Gotik ist die bereits angeführte, Textspiegel und Bilder umspielende Dornblattranke, die meist in Droleriefiguren ausläuft. Hervorragende Beispiele dieser Rahmengestaltung und ihres Variantenreichtums bieten Cod.
Abb.23,5 Ser. n. 2596 und Cod. Ser. n. 9450. Geläufig sind auch an den Ecken oder Seiten der Miniaturfelder hervorwachsende kleine Dornblätter, die das Bild
Abb.24 gleichsam auf dem leeren Pergamentrand 'fixieren' (vgl. z. B. Cod. 2599).
Von besonderer Wichtigkeit sind architektonische oder dem Architekturdekor entlehnte Rahmenformen. Wohl sind architektonische Bildfassungen oder -bekrönungen schon des öfteren im Laufe der Geschichte der Buchmalerei aufgetreten, doch erst mit der Gotik erhält die Entlehnung von Formen aus dem Architekturbereich zum Zweck einer Buchseitengliederung allgemeinere Bedeutung: Die Medaillonfolgen der Bibles moralisées werden mit der Organisationsform zeitgenössischer Glasfenster in Verbindung gebracht; Dekorformen wie z. B. vierpaßförmige Bildfelder sind geläufig (vgl. etwa das Frontispiz von
Abb.1,28 Cod. 1179 und die Kalenderbilder von Cod. 1254), oder es treten überhaupt gotische Architekturen rahmend um die Miniaturen. Eine charakteristische Variante dieser architektonischen Gliederungsformen besteht darin, die szenischen Darstellungen durch Giebel und Fialen in der oberen Zone des Bildfeldes zu bekrönen. Prototyp dafür ist der Ludwigspsalter, eines der Hauptwerke der frühen gotischen Buchmalerei (Abb. LXIII bei Porcher): jedes seiner Vollbilder wird oben durch reichgeschmückte Doppelgiebel abgeschlossen, zusätzlich umgeben Rahmenleisten mit Rankenverzierungen das Bildfeld. Die Einzelblätter
Abb.21 des Österreichischen Museums für angewandte Kunst weisen eine ganz ähnliche architektonische Bekrönung auf, wenn auch stärker dekorativ und verflacht. Demselben Typus, der keine Rücksicht darauf nimmt, ob das Architekturelement im Bild inhaltlich begründet ist oder nicht, gehören auch die Blendar-

kaden an, die den oberen Abschluß einer der beiden Pucelle-Miniaturen in
Cod. Ser. n. 2596 und eines Großteils der Miniaturen des frühen Rosenromans Abb.22
(Cod. 2592) bilden. Abb.3

Realistisch motiviert treten architektonische Rahmungen erstmals in der Pariser
Buchmalerei des beginnenden 15. Jahrhunderts auf, und zwar in der spezi-
fischen Form einer Binnenrahmung, die dadurch zustande kommt, daß sich die
Außenkanten eines architektonischen Gehäuses, in dem eine Szene stattfindet,
mit den Rahmenleisten des Miniaturfeldes teilweise decken. Ein charakteris-
tisches Beispiel ist die Verkündigungsminiatur des Bedford-Meisters in Cod.
1840. Im Prinzip ist diese Gestaltung des Bildraums, bei der ein Rest der Abb.34
abgehobenen Vorderwand eines Gebäudes als innere architektonische Rahmung
des Bildfeldes stehenbleibt, bereits in der Bedford unmittelbar vorangehenden
Stilstufe geläufig (die dafür repräsentative Handschrift ist der 'Terence des ducs'
der Pariser Arsenalbibliothek, Abb. LXXIII b, d bei Porcher; unter den ausge-
stellten Wiener Handschriften begegnet man dieser Rahmenform mehrmals in
der Illustrationsfolge von Boccaccios Cas des nobles, Cod. Ser. n. 12766, vgl.
z. B. Abb. 222, 224 in: Französische Schule I).

In größerem Umfang lebt dann die architektonische Rahmung erst um 1470
wieder auf, in erster Linie in den Werken des Ten Eyken und des Maître
François, zunächst noch innerhalb einer Rankenbordüre und in der stereotypen
Form flacher, vorgeblendeter Arkadenstellungen, die den Einblick in einen In- Abb.47,48
nenraum eröffnen (vgl. z. B. Cod. 2543, 2605, 2551 und 2559). 13,54

In der Renaissance-Phase der französischen Buchmalerei wird eine in Bronze-
gold gefaßte, rein architektonische Rahmung der Bildseite die Regel. Dabei sind
diese Rahmungen anfangs durch eingestellte Statuen belebt, in Anspielung an
Gewände gotischer Kirchenportale, typisch etwa für Jean Colombe (vgl. das
Stundenbuch des Louis de Laval, Abb. LXXXVI bei Porcher), in abgewandelter
Form auch im Spätstil des Maître François. Ein Nachzügler der Colombe'schen
Rahmungen findet sich im Wiener Stundenbuch Cod. Ser. n. 2598, für Maître Abb.58
François kann das Statutenbuch des Michaelordens angeführt werden. Immer Abb.55
mehr jedoch wird in der Rahmenarchitektur das Gotische durch ein reines
Renaissance-Vokabular verdrängt. Eine Fülle charakteristischer Beispiele bieten
hier die Handschriften der Schule von Rouen (u. a. Cod. 2581 oder 2587). Abb.65,66

Schließlich sei noch auf die für die Spätzeit typische Tendenz hingewiesen, die
Anwesenheit der Schrift im Bildverband gegenständlich zu motivieren: als 'In-
schrift' auf dem Architekturrahmen (Cod. Ser. n. 2598), als vorgeblendetes Abb.58
Stück Papier, dessen Enden sich noch einrollen (C. P. 1. E. 26) oder als eigens Abb.77
gerahmter Schriftsockel (Cod. 2558). Insgesamt ist es die genaue Umkehrung Abb.75
der Situation, die weite Strecken der mittelalterlichen Buchmalerei charakteri-
siert, nämlich daß Figuren und Szenen es sind, die dem Schriftmilieu einverleibt
und untergeordnet werden.

Initiale und Bordüre sind nicht die einzigen Vermittler zwischen Ornament und

Darstellung, Schriftmilieu und Bildsphären. Ganz allgemein kann gesagt werden, daß die Grenzen der einzelnen Bereiche fließend sind oder mühelos überspielt werden.

Im Avignoneser Stundenbuch Cod. Ser. n. 9450 zum Beispiel sind es die Droleriefiguren – also normalerweise nicht an der Szenenfolge beteiligte Ausstattungselemente – die die verschiedenen Monatsbeschäftigungen vorführen. Beim Monatsbild des März z. B. (f. 3 r), das gewöhnlich das Beschneiden der Weinstöcke zeigt, wird die Dornblattranke selbst von der aus dieser herauswachsenden Drolerie beschnitten. Beliebt ist auch, Szenen aus dem Bildrahmen ausgreifen zu lassen: beim gerade angeführten Stundenbuch sind in der Kreuzigungsszene die beiden Schächer statt im Hauptbild in den seitlichen Dornblattranken gekreuzigt dargestellt (Abb. 271 in: Französische Schule I). Bei einer
Abb.37 der Vogelfang-Darstellungen in Cod. 2573 wiederum ist der 'Drahtzieher' des Geschehens außerhalb des Bildes, auf dem Pergamentrand postiert (er gehört für die Szene ja auch versteckt, um den Vögeln nicht aufzufallen). Mit verwand-
Abb.68 ten Mitteln werden im Changement de Fortune (Cod. 2625) zwei auf verschiedenen Wirklichkeitsebenen befindliche Existenzbereiche (in zwei einander gegenüberliegenden Miniaturen) verbunden, derjenige der allegorischen Figur Fortuna und der der historischen Person Margarete von Österreich: Fortuna zieht an einer von einem Bildfeld ins gegenüberliegende geführten Schnur, um Margarete die Krone vom Kopf zu reißen. Eine solche Inbezugsetzung ungleichzeitiger oder verschieden realer Bereiche spielt auch mit, wenn im Verkündi-
Abb.34 gungsbild des Bedford-Meisters in Cod. 1840 die Ranken der Bordüre voller Propheten sind, die auf das im Hauptbild dargestellte Ereignis weisen, das sie
Abb.69 vorausgesagt haben. Cod. 2584 zeigt sogar ein Spiel mit verschiedenen Realitätsebenen bei reinen Textseiten: auf das Pergament sind zusätzlich Blätter gemalt, die die Schrift tragen (zur Illusion verhilft, daß sich die gemalten Blätter am unteren Ende einzurollen scheinen).

Die angeführten spezifischen Schmuck- und Darstellungsformen der Buchmalerei können, wie schon bemerkt, noch unter einem anderen Blickpunkt betrachtet werden. Sie sind nicht nur eigenwillige Ausdrucksmöglichkeiten der Buchkunst, sie alle dienen auch dazu, aus zwei an sich gegensätzlichen Sphären – Schrift und Bild – ein einheitliches Ganzes zu machen, eine Aufgabe, die mit der fortschreitenden Eroberung der dritten Dimension in der Malerei immer schwieriger zu lösen war. Der räumliche Gehalt der Bilder wird immer größer, die Diskrepanz zur Schrift und auch zum Dekor wird immer stärker. Latent ist das Problem seit den Anfängen der Gotik. Durch die erwähnten für die Buchmalerei spezifischen Formen – historisierte Initialen, Figureninitialen, verschiedene Bildeinfassungen und Bordüren – mit ihrem jeweiligen Wechselspiel zwischen Schrift, Bild und Dekor und den unmerklichen Übergängen, die sie bewerkstelligen, kommt der Zwiespalt lange nicht zum Durchbruch. Im Grunde erst, als mit dem Sieg des neuen niederländischen Realismus in der Buchmalerei (im 2. Viertel des 15. Jahrhunderts) auch der dekorativ gemusterte Hintergrund der gotischen Miniaturen endgültig verschwindet und voll entwickelten Bildräumen Platz macht. (Der für die späte Romanik charakteristische polierte Goldgrund lebt z. T. ebenfalls in der Gotik weiter, er kommt vereinzelt noch bis um 1400 vor, dominierend aber ist der farbige, dekorativ gestaltete Hintergrund; daneben findet sich ab dem 3. Viertel des 14. Jahrhunderts [Boqueteaux-Meister] auch die sogenannte Landschaftstapete, eine in die Vertikale geklappte, bis an den oberen Bildrand reichende Ansammlung von Landschaftsmotiven). Sobald ein effektiver Bildraum konzipiert wird, erfolgt auch eine entsprechende Umgestaltung und Anpassung der Bordüren. Die flache, leicht wirkende Dornblattranke wird vom Boucicaut-Meister – in dessen Malereien sich gleichzeitig die frühesten Beispiele von Zentralperspektive finden – durch schwere, eher raumhältige Akanthusranken ersetzt. Der Bedford-Meister hat daraus die für Jahrzehnte gültige Ausformung entwickelt: eine breite, vegetabile Rankenbordüre, in die häufig Serien von Bildmedaillons eingelassen sind, so daß alle szenischen Darstellungen Einlagen eines ornamentalen Musters bilden, das die gesamte Bildseite überzieht (vgl. Cod. 1840 und 1855). Das System der mehr oder Abb.34,6 weniger naturalistischen Rankenbordüre, die auf der Buchseite gleichsam ein Gegengewicht zu dem in die Tiefe führenden Bildraum der Miniatur schaffen soll und die häufig Nebenszenen enthält oder durch einzelne Figuren, Vögel oder Drolerien belebt ist, bleibt nahezu das ganze 15. Jahrhundert in Kraft; sie wird in der französischen Buchmalerei erst vom rein architektonischen Renaissancerahmen auf breiter Front abgelöst. Der spezifisch niederländische Modus dieser 'räumlichen Abtreppung' (es wird Raum nicht nur hinter, sondern auch vor der Buchseite illusioniert), die naturalistische Streumusterbordüre, hat in der spätesten der ausgestellten Handschriften, dem Stundenbuch Heinrichs (III.) von Frankreich als König von Polen (Cod. Ser. n. 13241), ein großar- Abb.16 tiges Nachspiel gefunden (illusionistisch wiedergegebene Blumen sind 'auf' den Rand des Blattes gelegt, auf den sie Schatten werfen).

Eine Vermittlerrolle zwischen Fläche und Raum (oder Volumen) kann auch das Kolorit spielen: die regelmäßige Verteilung einer oder mehrerer Farben bewirkt den Eindruck eines in der Fläche geordneten farbigen Musters, dessen stark dekorative Note den Raum weniger zur Geltung kommen läßt. Nirgends sonst als in Frankreich gibt es in der gotischen Buchkunst derart ausgearbeitete, über die ganze Seite wirkende Farbmuster. Ein frühes Beispiel ist etwa die Dekretal- Abb.2 handschrift von Stift Schlägl. Eine eklatant musterhafte Farbverwendung findet sich auch in den Einzelblättern des Österreichischen Museums für angewandte Abb.21 Kunst: die einzig kräftige Farbe, Orange, wird in relativ kleinen Flächen über das ganze Bildfeld verteilt, haftet an den verschiedensten Gegenständen (Heiligenscheinen, Schmetterling, Innenseite der Gewänder). In einer der Miniaturen des Cod. 2551 (um 1470 datiert) bietet der Gegenstand der Darstellung, das Abb.13 Zeremoniell einer Parlamentssitzung, den willkommenen Anlaß, Bildraum,

Mobiliar und Personen in einem Farbmuster zu ordnen. In diesem Zusammenhang muß schließlich die für die französische Rankenbordüre der Spätzeit charakteristische Form der kompartimentierten Rahmung erwähnt werden, bei der die breite Rahmenleiste in geometrische Felder unterteilt wird, welche verschiedenfarbige, häufig mit den Haupttonalitäten der umschlossenen Miniatur korrespondierende Grundierungen erhalten. Ein Stundenbuch der Schule
Abb.64 von Rouen, um 1500, bietet bemerkenswerte Beispiele dafür: bei der als Nachtszene gegebenen Gefangennahme Christi ist die Bordüre in denselben düsteren, dumpfen Farben gehalten wie das Hauptbild.

Die seit der Mitte des 15. Jahrhunderts offen zutage getretene Entfremdung von Schriftebene und Bildraum konnte trotz der Weiterentwicklung der aus den Blütezeiten der Buchmalerei überkommenen spezifischen Gestaltungsmittel und trotz zahlreicher teils ingeniöser Versuche, die Diskrepanz zwischen den beiden Bereichen zu mildern, auf die Dauer nicht überbrückt werden.
In dieser Situation trat mit der Erfindung des Buchdrucks ein völlig neues Produktionsmittel auf den Plan, das schließlich den entscheidenden Faktor für den Untergang des handgeschriebenen Buches und damit der Buchmalerei bildete. Mehr als ein halbes Jahrhundert lang hat man noch an Übergangsformen festgehalten und versucht, sogar gedruckten Büchern, sollten sie repräsentativen Zwecken dienen, das Aussehen illuminierter Handschriften zu verleihen. Schließlich hat aber die mechanisch reproduzierbare Graphik sich als die dem gedruckten Buch gemäße Illustrationsweise durchgesetzt und die Buchmalerei endgültig abgelöst.

Die Bestände der Österreichischen Nationalbibliothek an französischer Miniaturmalerei der Gotik und Renaissance sind so reich, daß an ihnen die stilistische Entwicklung vom 13. bis zum 16. Jahrhundert im großen und ganzen lückenlos abgelesen werden kann. (Die späteren Abschnitte sind, entsprechend der im Laufe der Zeit stark ansteigenden Handschriftenproduktion, naturgemäß besser vertreten als die früheren Epochen).
Die Anfänge der Gotik, besser die zwischen Romanik und eigentlicher Gotik eingeschobene Protorenaissance-Phase, sind hervorragend dokumentiert durch die beiden Bibles-moralisées-Handschriften (Cod. 1179 und 2554, 2. Viertel des 13. Jahrhunderts). Eine frühe rein gotische Stilrichtung, nach einer charakteristischen Handschrift (ms. fr. 2186 der Pariser Nationalbibliothek) 'Roman de la Poire'-Gruppe benannt, findet sich in Cod. Ser. n. 2611 (3. Viertel des 13. Jahrhunderts). Zwei für das Ende des 13. bis zum 2. Viertel des 14. Jahrhunderts repräsentative Buchmaler, Maître Honoré bzw. sein Atelier und sein Nachfolger Jean Pucelle, haben nacheinander an der Ausstattung des psautier-livre d'heures Cod. Ser. n. 2596 gearbeitet. Die Miniaturen Pucelles sind von besonderem

Interesse, da sie noch den voritalienischen Stil des Meisters zeigen, der als erster Frankreich mit der italienischen Trecentokunst bekannt gemacht hat. In denselben Zeitabschnitt gehören einige nicht auf bestimmte Namen festzulegende, aber erstrangige und für die Stilstufe typische Werke: die Dekretalhandschrift von Stift Schlägl (um 1300), die Einzelblätter des Österreichischen Museums für angewandte Kunst (um 1320) und der Roman 'Meraugis de Portlesguez' (um 1340). Alle bisher angeführten Handschriften sind in Paris bzw. der Ile de France entstanden. Die Pariser Buchmalerei der zweiten Hälfte des 14. Jahrhunderts ist nur durch zwei Handschriften vertreten, Cod. 2592 und Cod. 1969. Erstere steht unter dem Einfluß des Boqueteaux-Meisters, der Landschaftshintergründe in Form von bis an den oberen Bildrand reichenden Tapeten in die Buchmalerei einführte und zur regulären Bildfolie machte (die Haupthandschrift dieses Stils ist ms. fr. 1584 der Pariser Nationalbibliothek). Ab etwa 1370 beginnt unter dem Mäzenatentum Karls V. von Frankreich die Einwanderung ausländischer Künstler, in erster Linie Niederländer und Italiener, nach Paris (u. a. Jean Bondol aus Brügge). Die in diesem internationalen Milieu entstandenen Buchmalerei-Werke sind in den Wiener Beständen nur spärlich repräsentiert; als Beispiel kann die zwar erst gegen 1410 entstandene, aber noch auf diesem internationalen Stil-Amalgam basierende Boccaccio-Handschrift Cod. Ser. n. 12766 angeführt werden. Aus dem neben Paris zweitwichtigsten Zentrum der Buchmalerei im 14. Jahrhundert, der Provence mit Avignon, das während dieser Zeit als Papstsitz diente, besitzt die Wiener Sammlung eine ganze Reihe von Handschriften, von der Mitte des 14. Jahrhunderts bis um 1400. Die Miniaturmalerei dieses Bereichs ist durch ein Zusammenwirken nordfranzösischer (Pariser) Einflüsse und italianisierender Tendenzen gekennzeichnet.

In Paris beginnt mit den aus den Niederlanden stammenden Brüdern Limburg, mit dem Boucicaut-Meister und dem Bedford-Meister ein neuer Stilabschnitt, der vielleicht am ehesten als Symbiose von internationaler Gotik, italienischer Trecentokunst und einer neuen realistischeren Haltung charakterisiert werden kann. Die Brüder Limburg – deren Originalität sich sowohl in ihren Landschaftsporträts (im Kalender der 'Très riches heures' des Herzogs von Berry) wie in der Dramatik ihrer christologischen Szenen manifestiert – sind in Wien nur durch wenige Reflexe einzelner ihrer Kompositionen vertreten, der Boucicaut-Meister durch einen ihm sehr eng verwandten Buchmaler. Gut dokumentiert ist hingegen der Meister des Herzogs von Bedford, von dessen Hand ein reich ausgestattetes Stundenbuch (Cod. 1855), ein Teil der Illustrationsfolge eines Prosa-Tristan (Cod. 2537) und Einzelminiaturen dreier weiterer Codices stammen. Im Atelier eines anderen in diesem Zeitabschnitt tätigen namhaften Buchmalers, des Rohan-Meisters, wurde die Illustration der ausgestellten Roi-Modus-Handschrift (Cod. 2573) ausgeführt.

Im zweiten Viertel des 15. Jahrhunderts weist der Wiener Bestand eine Lücke auf, die auch nicht durch die Bestände anderer Bibliotheken geschlossen werden kann. Der Stilumbruch, der in diesem Zeitraum durch das Einströmen der neuen niederländischen Kunst vor sich gegangen sein muß, ist in seinen einzelnen Momenten und Phasen kaum dokumentiert und nur unvollständig rekonstruierbar. Der einzige 'Vermittler' zwischen dem Stil des späten Bedford-Ateliers und dem mit Jean Fouquet unmittelbar nach der Mitte des 15. Jahrhunderts auftretenden Stil ist der Jouvenel-Meister: traditionell geschult, verarbeitet er gleichzeitig die realistischen Errungenschaften der niederländischen Kunst (Licht und Schatten, neues Körpervolumen, neue Kompositionsformen). Vom Jouvenel-Meister stammt ein Teil der Ausstattung von Cod. 2617.

Mit Jean Fouquet – aus dessen nächster Umgebung ein in Wien befindliches Stundenbuch bescheidenen Formats stammt (Cod. Ser. n. 13247) – kommt als weitere neue Komponente eine Öffnung in Richtung der italienischen Kunst hinzu, der Fouquet insbesondere Anregungen zur Raumkomposition, zur Darstellung der Körperbewegung und Organisation von Massenszenen entnahm.

Die französischen Buchmalerei-Schulen der zweiten Hälfte des 15. Jahrhunderts sind in der Wiener Sammlung durch einen reichen Denkmälerbestand dokumentiert: Maître François, der insbesondere in der Hauptperiode seiner Tätigkeit (ab 1470) stark unter Fouquet-Einfluß steht und dessen Stil bis in die um 1500 mit Miniaturen ausgeschmückten Druckwerke des Antoine Verard weiterwirkt, ist durch eine ganze Folge von Prachthandschriften vertreten, die von den frühen 60er Jahren bis in die 80er Jahre reicht (Cod. Ser. n. 12735 und 13237, Cod. 1840, 2574, 2551, 2559 und 2637). Aus dem in diesem Zeitraum ebenfalls sehr aktiven Rouennaiser Atelier des sogenannten Jacob Ten Eyken stammen zwei der ausgestellten Handschriften, Cod. 2543 und 2605, erstere ein besonders typisches Produkt, eine der nahezu serienmäßig hergestellten Bouquechardière-Handschriften, deren Text von einem in der Nähe von Rouen ansässigen Ritter verfaßt worden ist. Jean Colombe, Begründer eines der bedeutendsten Provinz-Ateliers dieser Zeit (Bourges), hat zu einem relativ frühen Zeitpunkt seiner Tätigkeit die für Louis de Laval bestimmte Prachthandschrift der Geschichte der Neun Helden ausgeführt, in Zusammenarbeit mit einem von Fouquet geschulten Meister (Cod. 2577/2578). Aus dem Atelier des frühen Jean Colombe stammt auch ein Teil der Ausstattung eines bisher nicht bekannten Stundenbuches des Kunsthistorischen Museums (Inv. 14642), eine unter direktem Colombe-Einfluß stehende späte Handschrift liegt in dem möglicherweise in Lyon lokalisierbaren Stundenbuch Cod. Ser. n. 2598 vor.

Zwei der ausgestellten Codices besitzen Illustrationsfolgen des sogenannten Cœur-Meisters (Cod. 2617 und 2597), die zu den hervorragendsten Schöpfungen der Malerei schlechthin gehören. Insbesondere der Miniaturenzyklus des Livre du cœur d'amour épris (Cod. 2597) mit seiner Folge von poetischen Lichtstimmungen – Nachtszenen, Sonnenaufgang, flimmernde Mittagssonne oder Verlöschen der Landschaft im Abendlicht – in einer Malerei von nie dagewesener Leuchtkraft, nimmt entwicklungsgeschichtlich eine ganz exzeptionelle Stellung ein.

Für das letzte Viertel des 15. Jahrhunderts kann als repräsentatives Werk das von Jean Bourdichon für Jean Bourgeois, den Beichtvater Karls VIII. von Frankreich, ausgeführte Stundenbuch der Universitätsbibliothek Innsbruck (Cod. 281) angeführt werden, das zu den wenigen allgemein als eigenhändig anerkannten Werken dieses Meisters gehört und durch eine besondere Nähe zu Fouquet (Begründer der von Bourdichon fortgeführten Schule von Tours) gekennzeichnet ist.

Außerordentlich reich vertreten ist die Zeit um 1500 und die Endphase der Buchmalerei überhaupt, also die ersten zwei bis drei Jahrzehnte des 16. Jahrhunderts. Vor allem ist eine ganze Reihe repräsentativer Werke der Schule von Rouen vorhanden, der dominierenden Buchmalerei-Schule dieses Zeitabschnitts (Cod. 1906, 2581/2582, 2565, 2587, 2624, 2625, 2584, Ser. n. 12733, Cod. 1883 und 2645), aber auch Beispiele von Stilvarianten anderer Provinzzentren: Cod. 1853* und 2556 für Lothringen, Cod. 2558 für Westfrankreich, Cod. 3441 als Zeuge der um Margarete von Österreich konzentrierten Kunstproduktion.

Den Abschluß der Handschriften-Serie bildet ein um die Mitte des 16. Jahrhunderts entstandenes, hervorragendes Werk des Manierismus der italianisierenden Schule von Fontainebleau, das Stundenbuch des späteren Heinrich III. von Frankreich (Cod. Ser. n. 13241).

Den Handschriften wurden einige wenige Drucke beigefügt, die die Übergangsphase von der illuminierten Handschrift zum gedruckten Buch veranschaulichen sollen.

Wenn in dieser Abfolge der Etappen der französischen Buchmalerei der Gotik und Renaissance einige für bestimmte Zeitabschnitte führende Künstler als in Wien fehlend vermerkt worden sind, wie die Brüder Limburg, oder nur durch eng verwandte Handschriften vertreten (Jean Fouquet), so besitzt die Wiener Nationalbibliothek ihrerseits einige Spitzenwerke, die kaum ihresgleichen haben, wie etwa die beiden vom Cœur-Meister ausgestatteten Handschriften, aber auch die beiden Bibles moralisées (der frühesten Phase dieser Handschriften-Gruppe angehörend) oder das späte, manieristische Stundenbuch der Schule von Fontainebleau.

INTRODUCTION

L'enluminure est d'une importance primordiale pour la connaissance de la peinture médiévale en général. Ce n'est qu'à travers elle qu'on peut encore se faire une idée d'ensemble de la peinture de cette époque et de son évolution. De la peinture monumentale du Moyen-Age (et, à l'exception de l'Italie, même des débuts de la Renaissance), de ses fresques et tableaux, il ne subsiste que des fragments, souvent dans un état de conservation très précaire. La majeure partie de ces monuments appartient d'ailleurs à l'art religieux. Seule une minorité infime des œuvres d'art profane de cette époque a survécu aux changements de goût et aux destructions, auxquels elles étaient beaucoup plus exposées que l'art religieux mieux protégé par sa fonction sacrée. C'est seulement par le biais de l'enluminure qu'il est possible de trouver accès à ce continent perdu que représente l'art profane médiéval en essor à partir de l'époque gothique.

L'enluminure possède par rapport à la peinture monumentale un autre avantage: elle est dans un état parfait de conservation. Les fresques, les tableaux, le vitrail aussi, étaient infiniment plus exposés à des dommages et par suite ont été sans cesse réparés ou restaurés, au point qu'il est devenu souvent difficile de reconstituer leur aspect primitif. L'enluminure, que sa place à l'intérieur du livre mettait parfaitement à l'abri de la lumière et de toute autre influence atmosphérique, a conservé ses couleurs sans aucune altération, dans toute leur fraîcheur première. A cela s'ajoute qu'elle n'a guère été affectée, en tant qu'objet de bibliophilie, par les diverses tentatives de modernisation qui, dans le domaine de la peinture monumentale, ont ajouté leur part aux ravages du temps et aux destructions – particulières à la France – causées par la Révolution.

En soulignant la valeur de référence de l'enluminure, on ne veut pourtant pas donner à penser que les miniatures sont assimilables à de petits tableaux insérés par hasard dans un livre. L'enluminure possède des moyens d'expression propres, qui n'ont pu se développer que dans le cadre du manuscrit à peintures et dans aucune autre forme d'art: par exemple l'initiale (ornée, à figures ou historiée), les différentes formes de bordures, etc. Toutes les formes d'expression particulières à l'enluminure ont été mises au point et développées au nord des Alpes, mieux, l'enluminure en général doit être considérée comme le domaine par excellence de l'art des pays du Nord, avec l'Angleterre et la France en tête. En Italie, l'enluminure n'a jamais joué le même rôle prépondérant qu'au Nord, où son appartenance aux grandes disciplines de l'art ne fut jamais contestée. Cette prédominance du Nord dans le domaine de l'enluminure et la réputation extraordinaire dont jouissait particulièrement la miniature parisienne à l'apogée de l'époque gothique est attestée par un passage bien connu du Chant xie du Purgatoire de Dante (v. 80/81): lors de sa rencontre avec Oderisi da Gubbio (un miniaturiste italien fameux à l'époque) dans le cercle des orgueilleux, le poète définit l'enluminure par le terme technique français: . . . *quell'arte ch'alluminar chiamata è in Parisi* (cet art que l'on appelle illuminer à Paris). Il est également significatif de constater que dans bien des cas des œuvres de poètes italiens aient été illustrées d'une façon plus riche au nord des Alpes. La première illustration complète du Décaméron de Boccace par exemple a été réalisée en France (vers 1415, un demi siècle environ après la rédaction du texte).

De tout temps, les manuscrits furent très coûteux, surtout lorsqu'il s'agissait d'exemplaires richement enluminés, et seules pouvaient les acquérir les couches supérieures de la société: la noblesse, les membres du haut clergé, les églises et les monastères, auxquels vint s'ajouter, à la fin du Moyen-Age, la bourgeoisie aisée. Si le travail sur commande était la règle, on rencontre cependant aussi dans certains cas une production en série et exécutée à l'avance, donc pour un «marché», chaque fois que le débouché en paraissait assuré. C'est le cas par exemple des bibles fabriquées à Paris à l'apogée de l'époque gothique: il s'agissait d'éditions du texte complet, dans un format minuscule, sur du parchemin extrêment fin, et pourvues d'un décor caractéristique. Ces bibles passaient pour une spécialité de Paris et de son art et constituaient à l'époque un véritable article d'exportation. Furent également produits d'avance, surtout à l'époque tardive, un grand nombre de livres d'heures, pour lesquels il existait un débouché permanent. D'autres textes, jouissant à un certain moment donné de la faveur du public, furent également produits en série (citons par exemple la compilation historique «La Bouchechardière», dont un atelier de province a fabriqué dans un délai de quelques années toute une série d'exemplaires enluminés).

En ce qui concerne la richesse des différents manuscrits à peintures, on peut distinguer toute une gamme, qui varie suivant les capacités financières du commettant, et qui va d'exemplaires relativement modestes jusqu'aux manuscrits de luxe dont la valeur extraordinaire étonnait déjà les contemporains. Ce dernier type de manuscrit était en général destiné au roi, au membres de la maison royale ou aux membres de la haute aristocratie. Fameux à cet égard sont les manuscrits produits sur commande de Jean duc de Berry, frère du roi Charles V (ce n'est pas par hasard que le plus célèbre manuscrit de sa collection est déjà qualifié dans des documents contemporains de «*Très riches* heures de Jean de Berry»). Les manuscrits des bibles moralisées, exécutés très probablement sur ordre royal, apartiennent également à cette catégorie de manuscrits de luxe.

Les conditions de production du manuscrit ont évolué au cours du Moyen-Age.

Au début et jusqu'au 12e siècle, c'étaient les monastères qui prévalaient en tant que centres de production de manuscrits à peintures. Avec l'époque gothique, donc à partir du 13e siècle, des laïcs prennent peu à peu la relève. On connaît certes quelques cas d'enlumineurs laïcs dès les 11e et 12e siècles, mais ce n'est qu'à partir du 13e siècle que la «laïcisation» du métier d'enlumineur devient générale. Vers 1300, 17 ateliers d'enlumineurs sont recensés dans les rôles de la taille de Paris (parmi eux, celui de «Maître Honoré», dont le style se retrouve dans un psautier-livre d'heures du fonds de la Bibliothèque Nationale de Vienne). Le nombre de ces ateliers croît rapidement, et vers 1400 on en compte déjà plusieurs douzaines. La production croissante des ateliers d'enluminure s'accompagne d'une spécialisation toujours plus poussée en ce qui concerne les différentes parties de la décoration du manuscrit. Très tôt dans l'histoire de l'enluminure, nous observons la distinction entre «enlumineur» et «historieur». Le premier exécutait la partie purement décorative d'un manuscrit (initiales, bordures, encadrements et bouts de ligne), le second les représentations scéniques, les «histoires». La division du travail et la spécialisation furent même poussées encore plus loin: ainsi les simples initiales ornées ou la décoration marginale plus modeste n'étaient pas exécutées par le même enlumineur que les bordures fastueuses destinées à accompagner les miniatures les plus importantes d'un manuscrit. De même pour les «histoires»: les miniatures principales sont souvent dues à un autre miniaturiste que les sujets secondaires, les médaillons dans les bordures etc. C'est dans les livres d'heures, particulièrement aptes à la production en série (bienque l'ouvrage exécuté sur commande subsiste à côté), que ce processus de collaboration dans la fabrication peut être étudié en détail, et ceci d'autant plus facilement que le livre d'heures présente dans son système de décoration tant ornementale que scénique une hiérarchie bien déterminée: l'illustration des matines de l'office de la Vierge (presque toujours une représentation de l'Annonciation) et le frontispice des psaumes pénitentiaux (avec «David en prière» où un autre épisode de l'amour de David pour Bethsabé) occupent le premier rang dans cette hiérarchie. En principe, c'est le chef d'atelier qui les exécute (qui n'est pas forcément le meilleur artiste de l'atelier; il n'est pas rare que ces miniatures présentent un style plutôt archaïque, tandis que les tendances modernes se manifestent dans des miniatures secondaires, confiées souvent à des artistes plus jeunes). A l'échelon suivant figurent les frontispices de l'office des morts, des heures de la Croix et du Saint Esprit, des suffrages des saints, de même que l'illustration des heures restantes de l'office de la Vierge (des laudes jusqu'aux complies) et des fragments des quatre évangiles. Leur exécution se place pour ainsi dire au niveau des compagnons. A l'échelon le plus bas de cette hiérarchie se trouvent les scènes marginales, l'illustration du calendrier et des différents suffrages des saints. Les miniatures du chef d'atelier (qui sont en même temps, comme on l'a déjà dit, les plus importantes du point de vue liturgique) reçoivent en général un encadrement particulièrement riche et soigné. La décoration marginale du second

groupe de miniatures est déjà moins fastueuse, etc., la décoration la plus modeste étant réservée aux pages de texte.
Une autre méthode de division du travail fut employée de préférence lorsqu'il s'agissait d'exécuter des cycles d'illustration très volumineux: elle consistait à répartir les différents cahiers du manuscrit entre plusieurs peintres. Ici aussi on peut distinguer une hiérarchie: le frontispice et les miniatures des premiers cahiers sont en général l'œuvre du peintre le plus important. Dans les cas où un texte se compose de plusieurs parties, il exécute aussi les frontispices ultérieurs. Citons comme exemple de ce système de division de travail les cycles d'illustration du Roman de Tristan en prose (Cod. 2537) ou des Triomphes de Pétrarque (Cod. 2581, 2582).

Une forme particulière de production du manuscrit s'est constituée dans les centres universitaires aux débuts du 13e siècle: des scribes isolés ou groupés dans un atelier copiaient et recopiaient les textes dont on avait besoin pour l'enseignement. Ce genre de manuscrits se caractérise par un aspect très modeste, une écriture serrée comportant beaucoup d'abréviations et l'absence de toute décoration. Il est évident qu'il ne présente guère d'intérêt pour l'histoire de l'enluminure. L'importance de ces manuscrits purement utilitaires réside dans leur contenu, les rédactions de textes étant surveillées de près par les universités. Ils offrent une image vivante et fidèle des divers courants de pensée enseignés et soutenus dans les universités et occupent un rang primordial dans l'histoire des sciences. En général, les scribes universitaires copiaient des textes de toutes les disciplines universitaires. On assiste cependant aussi à des spécialisations chaque fois qu'une université acquiert une réputation extraordinaire dans un domaine donné, comme p.e. Paris pour l'étude de la Bible et Bologne pour la jurisprudence. Dans ce cas les copistes produisaient en grande quantité les textes relevant des disciplines concernées pour les expédier dans tous les centres d'Europe (villes, monastères, sièges épiscopaux). Dans ce dernier genre de manuscrits utilitaires, l'enluminure entre de nouveau en jeu. Comme on l'a déjà dit, les bibles parisiennes ainsi exportées étaient toujours enluminées (décoration et illustration étaient partie intégrante de la spécialisation). Ce n'était pas la règle pour les manuscrits de droit canon provenant de l'université de Bologne, dont les illustrations étaient souvent ajoutées dans les différents lieux de destination. L'un des deux manuscrits de Décrétales exposés possède cependant un caractère italien dans une partie de la décoration (Cod. 2051).

Rares sont les miniaturistes dont on connaisse le nom. Pour les quelques exceptions, on est redevable à des documents, des factures en premier lieu, qui mentionnent certains noms d'artistes en rapport avec une œuvre commandée, laquelle peut souvent être identifiée, la facture contenant en principe le nom de celui qui paie, donc du destinataire, qui à son tour est présent dans le manuscrit au moyen d'armoiries, de devises ou d'emblèmes. Ont été identifiés de cette

manière Maître Honoré et Jean Pucelle, qui travaillaient respectivement vers la fin du 13e et au cours du deuxième quart du 14e siècle (voir Cod. Ser. n. 2596), ou Maître François, Jean Colombe et Jean Bourdichon, tous de la deuxième moitié du 15e siècle.
Une méthode beaucoup plus courante de désigner les miniaturistes consiste à leur prêter le nom d'un bibliophile pour lequel ils ont travaillé, celui-ci étant identifiable grâce aux armoiries qui, en tant que marque de possession, faisaient partie de la décoration du manuscrit. Ont été désignés par exemple suivant ce mode de dénomination substitutive le «Maître du duc de Bedford», le «Maître de Coëtivy», le «Maître de Jean Jouvenel des Ursins» etc.
Quelquefois, ce sont aussi des scribes dont les noms servent à désigner un style individuel d'enluminure (les scribes signaient parfois leurs ouvrages, à la différence des miniaturistes). Ceci est le cas par exemple pour les manuscrits réunis sous le nom de Jacob Ten Eyken. Autor d'un manuscrit «baptisé» au moyen d'une des méthodes précitées, on reconstitue l'œuvre d'un miniaturiste ou d'un atelier en se servant de la méthode stylistique comparative.

A partir du moment où le style d'un manuscrit peut être identifié avec celui d'un peintre ou d'un atelier donné, on connaît également le lieu de production: le Maître du duc de Bedford et Maître François travaillaient à Paris, Jean Colombe à Bourges, le Maître de Jean Jouvenel des Ursins et Jean Fouquet dans la région ouest de la Loire. Mais les artistes pouvaient aussi se déplacer, au moins passagèrement, surtout lorsqu'ils travaillaient pour la Cour: Jean Fouquet et Jean Bourdichon, tous les deux représentant l'école de Tours, ont travaillé également à Paris, pour le roi; Jean Colombe, résidant et travaillant à Bourges, a exécuté aussi des commandes pour le roi ou pour les ducs de Savoie.
Les livres d'heures et d'autres textes religieux fournissent par leurs indices liturgiques un autre moyen de localiser un manuscrit ou un style donné, mais ce genre d'indications doit être exploité avec précaution et après considération de toutes les autres circonstances connues; il faut surtout tenir compte du fait que la personne du commettant peut l'emporter sur le lieu de production (p. e. le livre d'heures et le bréviaire exécutés à Paris pour le duc de Bedford suivent l'usage du diocèse anglais de Salisbury).
Dans bien des cas, les différents indices d'identification et de localisation se complètent ou permettent un contrôle mutuel.
Plus rarement il arrive qu'un manuscrit contienne un colophon indiquant le lieu ou la date d'exécution. Même dans ce cas il convient de rester prudent et de contrôler soigneusement dans quelle mesure ces indications peuvent être valables surtout pour la décoration du manuscrit (en effet ces données se rapportent par définition à l'écriture). Le manuscrit Cod. 2051 p. e. est daté par un colophon de l'année 1329; or, la partie prépondérante de la décoration, surtout les initiales historiées sont inconcevables avant 1400 en raison de leur aspect stylistique.

Les centres de l'enluminure en France ne sont pas restés identiques au cours des siècles. Aux débuts de l'époque gothique et pour un laps de temps assez prolongé, Paris et l'Ile de Fance prédominèrent nettement. Cette région paraît posséder un véritable monopole de l'enluminure durant les 13e et 14e siècles. C'est seulement dans le Midi qu'on voit s'établir un centre d'envergure à peu près comparable, à savoir Avignon, résidence papale au 14e siècle. A partir du deuxième quart du 15e siècle se produit une décentralisation, surtout vers l'ouest de la France et vers la région de la Loire: la cause réside certainement dans les changements politiques survenus alors, et qui ont entraîné le déclin de la royauté et de son mécénat concentré sur Paris (rappelons que Charles VII a reçu le surnom de «roi de Bourges»). Les différents centres provinciaux d'enluminure ont subsisté et même continué leur essor après le renforcement du pouvoir monarchique qui alla de pair avec la reprise de l'activité artistique à Paris.

Les différentes pièces exposées sont – conformément au thème de l'exposition – disposées par ordre chronologique du point de vue de l'histoire de l'art, ce qui aboutit forcément à fausser l'ordre chronologique des textes, la date de la décoration du texte d'un manuscrit étant rarement identique avec da date de la rédaction du texte qu'elle accompagne. Il est vrai qu'il est également très instructif de savoir à quelle époque on s'est mis à recopier où à illustrer de nouveau un certain texte, puisque ceci démontre l'existence d'un intérêt naissant ou toujours présent pour celui-ci. Bien entendu ce n'est pas avec le fonds d'une seule bibliothèque, aussi riche qu'elle soit, que l'on pourra aboutir ici à des résultats valables. Pour se faire une idée correcte de l'évolution, il faudrait tenir compte de l'ensemble des manuscrits conservés. Les fonds des différentes bibliothèques étant publiés de manière très insuffisante, on n'a pas encore pu arriver à une vue d'ensemble de l'histoire des textes, mais il existe des études détaillées sur une série de textes très importants. Certaines œuvres ne cessèrent de jouir de la faveur du public dès leur parution, ainsi la «Consolation de Philosophie» de Boèce (Cod. 2653 et 2595), les romans arthuriens en prose (Cod. 2537 et Ink. 5. C. 11), le «Roman de la Rose» (Cod. 2592 et 2568), le traité de Boccace sur les «Cas des nobles . . .» (Cod. Ser. n. 12766) ou les «Facta et dicta memorabilia» de Valère Maxime (Cod. 2544). D'autres au contraire n'apparaissent que de façon passagère, limitée à quelques décennies et parfois même à un seul centre artistique (tel est le cas p. e. de la Chronique de la Bouquechardière, voir le Cod. 2543). D'autres encore sont si étroitement liées à un personnage historique donné que leur diffusion est restée extrêmement restreinte sinon nulle; ceci vaut par exemple pour les textes provenant de l'entourage immédiat de René d'Anjou ou de Marguerite d'Autriche (Cod. 2617 et 2597; Cod. 3441, 2625 et 2584).

Tout comme les différents manuscrits, les textes eux mêmes sont souvent rédigés sur la demande d'un mécène. Mais il arrivait aussi que, sans avoir reçu d'ordre formel, les écrivains dédiassent leur œuvre à une personne qui les patronnait déjà ou qui devait les patronner par la suite (c'est ainsi que Christine de Pisan p. e. s'est constituée une clientèle parmi les membres de la cour royale à Paris). Même lorsqu'ils travaillaient en dehors de tout mécénat, les auteurs feignaient d'écrire sur commande, par exemple dans le Roman de la Rose, où Guillaume de Lorris affecte de composer à la demande du dieu d'amour (Cod. 2592 et 2568; voir aussi le Cod. 2618).

Nous connaissons les personnages qui commandaient des textes du fait que les écrivains mentionnaient leur nom dans l'épître dédicatoire dont ils faisaient précéder leur œuvre (ces épîtres dédicatoires nous sont en général parvenues, car elles faisaient partie intégrante du texte et on les recopiait avec celui-ci). Or, les noms que l'on rencontre dans ce contexte figurent en même temps au premier rang du mécénat bibliophilique: le roi Charles V, son frère Jean de Berry ou encore Jean Jouvenel des Ursins. (Voir p. e. les Cod. 2580, 2544 et 2559, Cod. Ser. n. 12766 ou Cod. 2538).

Mais les textes contenus dans les fonds viennois ne sont pas seuls à pouvoir être mis en rapport avec ces grands bibliophiles. Toute une série de manuscrits proprement dits proviennent de leurs collections personnelles: ainsi, c'est le duc de Berry qui a commandé le Cod. 2537; c'est sur l'ordre de Jean sans Peur, duc de Bourgogne, qu'ont été exécutés les Cod. 2657 et 2573; pour Charles de Normandie, frère du roi Louis XI, a été fait le Cod. 122, pour Charles le Téméraire le Cod. Ser. n. 12735, pour le roi Louis XII le Cod. 2588 etc.

Le fait que les manuscrits à peintures furent considérés dès le début comme objets de bibliophilie a déjà été souligné. Ils changèrent très souvent de propriétaire, par succession, par donation ou par achat. Il est souvent difficile, voire impossible, de retracer sans interruption la voie qu'ils ont suivie pour arriver entre les mains des possesseurs actuels. On ne connaît en général que leurs derniers détenteurs, juste avant leur entrée dans les grandes bibliothèques publiques actuelles. Ces manuscrits proviennent souvent de bibliothèques privées qui furent achetées en bloc à leurs possesseurs ou léguées par ceux-ci.

C'est ainsi que les manuscrits à peintures d'origine française de la Bibliothèque Nationale autrichienne proviennent en majorité de deux grandes collections privées, celle du prince Eugène de Savoie et celle de son «Generaladjutant», le baron Georges Guillaume de Hohendorf (parmi les pièces exposées, 30 et 8 manuscrits respectivement proviennent de ces deux collections). Ces deux bibliothèques furent achetées en bloc par l'empereur Charles VI d'Autriche: En 1720 celle du baron de Hohendorf, comprenant 250 manuscrits et 7000 imprimés, pour une somme de 60.000 florins. En 1737 celle du prince Eugène, contre une rente viagère annuelle de 10.000 florins offerte à l'héritière du prince; cette collection, entrée à la Bibliothèque impériale en 1738, renfermait, outre les imprimés, 240 manuscrits, ainsi que des estampes et des portraits. Une partie des manuscrits du prince Eugène provenaient à leur tour de la bibliothèque du château d'Anet, comme F. Avril a pu le démontrer (voir son compte rendu de «Französische Schule I»: Manuscrits à peintures d'origine française à la Bibliothèque nationale de Vienne, dans: Bulletin monumental 134 [1976] 329–338). C'est également de ces grandes collections que proviennent la plupart des manuscrits d'œuvres profanes de la Bibliothèque Nationale autrichienne. Deux autres fonds très importants sont constitués par les manuscrits provenant du château d'Ambras au Tyrol et de la bibliothèque dite du «Fideikommiß» (bibliothèque privée de la famille impériale des Habsbourg, fondée au début du 19e siècle). De chacun de ces deux fonds, contenant de préférence des livres de piété (psautiers, bréviaires ou livres d'heures) six manuscrits sont exposés ici. D'autres manuscrits à peintures d'origine française sont entrés à la Bibliothèque Nationale autrichienne à l'occasion d'unions matrimoniales avec la maison de France, d'achats isolés ou de donations, ou proviennent encore d'autres bibliothèques locales comme celle du couvent des dames nobles de Hall dans le Tyrol, ou la bibliothèque épiscopale de Wiener Neustadt).

Comme on l'a déjà dit, l'enluminure possède ses lois d'expression propres du fait qu'elle tend toujours à fondre en un tout harmonieux écriture, image et décor. Deux éléments très importants à cet égard sont constitués par l'initiale et le décor marginal; il y a lieu de jeter un coup d'œil sur les différentes formes que ceux-ci ont revêtues au cours des siècles qui nous intéressent.

L'initiale – première lettre d'un paragraphe mise en valeur par ses dimensions et par un ornement – est un des champs d'invention préférés de l'artiste médiéval. En elle se combinent écriture, décor et dans certains cas aussi représentations scéniques, souvent avec des transitions imperceptibles entre les différents éléments constitutifs. Ceci place l'enluminure médiévale aux antipodes de l'art antique, dans lequel écriture et ornement ou image restaient toujours strictement séparés (même l'adoption d'une simple marque pour indiquer le début d'un nouveau paragraphe ne s'est faite que très tardivement). L'initiale a revêtu au cours de son évolution des formes très différentes. La plus importante pour l'art gothique est l'initiale historiée, ainsi que l'initiale à figures.

On parle d'initiale historiée lorsqu'une lettre renferme une représentation quelconque, soit une figure isolée ou une scène entière, la lettre formant cadre. Le premier exemple connu de ce genre d'initiale date du début du 8e siècle; au 9e siècle, des lettres historiées servent pour la première fois à illustrer un manuscrit complet (le sacramentaire de l'évêque Drogon). Ce type de décoration ne s'est pas imposé du premier coup. Des lettres historiées apparaissent de temps en temps à l'époque romane, mais c'est seulement à l'art gothique qu'elles triomphent définitivement. On trouvera des initiales historiées dans les mss.
pl. 19 Cod. Ser. n. 2611, Cod. Ser. n. 2596, Cod. 2051 ou Cod. 1254. Dans le premier de ces exemples l'initiale occupe la page entière et renferme plusieurs médail-

lons avec des représentations scéniques. Les autres manuscrits présentent la variante typiquement gothique de ce type d'initiale, surtout Cod. Ser. n. 2596, pl.23 où l'initiale se combine de façon caractéristique avec les rinceaux à feuilles épineuses encadrant le texte.

On parle d'initiales à figures lorsque la lettre elle même est composée par des figures. Ce type d'initiales connut son apogée à l'époque romane, mais subsista jusqu'à la fin du Moyen-Age en revêtant souvent des formes très originales. Un exemple encore proche de la conception romane se trouve dans le Cod. 1096: la pl.17 haste de la lettre I comporte l'auteur du texte (l'évangile d'après saint Jean). L'évangéliste indique de la main droite la suite du texte dont il forme lui même le début: (I)*n principio* . . . (au centre de la colonne d'écriture), il invite donc par un geste formel à passer de l'image au texte.

Le même manuscrit nous offre des exemples d'un autre type d'initiales utilisant encore le vocabulaire ornemental roman et caractérisé par une transformation permanente des différents élements décoratifs: des rinceaux de feuillage se métamorphosent en corps d'animaux ou en drôleries, des spirales décoratives se terminent par des têtes d'hommes ou d'animaux etc. Ce type d'initiales continua d'être utilisé dans les manuscrits de l'époque gothique, nous le rencontrons par exemple dans les Décrétales du couvent de Schlägl, donc vers 1300. En principe cependant, les différents éléments dont se composent ces initiales sont transposés désormais sur les marges des manuscrits, constituant ainsi le point de départ d'une des créations les plus typiques de l'art gothique: des rinceaux de feuillage se terminant par des drôleries. L'encadrement extérieur des miniatures du Musée autrichien des Arts décoratifs accuse encore claire- pl.21 ment son origine romane: les bouts rectilignes du cadre se terminent d'un côté par des feuillages, de l'autre ils se transforment en corps d'animaux munis à leur tour de têtes humaines. Le Cod. 1254 offre d'excellents spécimens d'initia- pl.28 les à figures, qui se trouvent être en même temps des initiales historiées; la lettre B (de «Beatus vir . . .», f. 10 r) p. e., encadrant David jouant de la harpe, est formée par la scène de David tuant Goliath: la figure du jeune David prenant son élan pour frapper le géant avec sa fronde constitue la courbe inférieure du B, Goliath forme la haste de la lettre, tandis que la courbe supérieure est transformée en «paysage»: un rinceau à feuille d'acanthe dans lequel paissent les moutons de David.

Les deux types d'initiales, historiées et à figures, continuent d'exister jusqu'à la fin de l'enluminure. L'initiale à figures se fait cependant de plus en plus rare. Un des manuscrits exposés, le Cod. Ser. n. 2615, datant de 1430 environ, en présente encore un exemple insolite (reproduit dans «Französische Schule I», Abb. 324). Isolée du contexte du manuscrit, l'initiale à figures devient l'objet d'un genre particulier, l'alphabet à figures de l'époque gothique tardive, moins courant cependant dans l'art français que dans l'art de l'Italie du Nord, de l'Allemagne et des Pays-Bas.

L'initiale historiée perd également à cette époque tardive le rôle prédominant qu'elle occupait à l'apogée de l'art gothique. Il ne lui arrive plus que rarement d'être utilisée exclusivement pour l'illustration d'un manuscrit entier. On l'emploie cependant volontiers comme complément, pour illustrer des scènes ou des personnages secondaires comme les prophètes, les anges musiciens etc. Un manuscrit muni de façon particulièrement riche de ce genre de décor complémentaire est p. e. le Cod. 1853* datant de la fin du 15ᵉ siècle.

On aime aussi se servir de ce type d'initiales comme représentant inférieur de la hiérarchie décorative, en l'utilisant pour les parties «moins importantes» du texte (cette utilisation ne correspond cependant pas à la conception primitive de l'initiale historiée, qui, à l'origine, servait seule à l'illustration des manuscrits de luxe). Un exemple de ce système hiérarchisé d'illustration est fourni par le livre d'heures de la bibliothèque universitaire d'Innsbruck (Cod. 281): les frontispices des différentes parties sont des miniatures à pleine page, toutes les autres illustrations sont des initiales historiées, à l'exception du diptyque formé par les images du donateur et son patron, des peintures à pleine page à nouveau.

A côté de ces différentes formes d'initiales, la fantaisie décorative des artistes s'exprime de préférence dans les encadrements et les bordures. Comme nous l'avons dit plus haut, la bordure la plus caractéristique de l'époque gothique est le rinceau à feuilles de «lierre» (Dornblattranke) se développant autour du texte, dans les marges de la page, et se terminant par des drôleries. D'excellents exemples de ce type de bordures aux variantes infinies sont offerts par les mss.
pl. 23,5 Cod. Ser. n. 2596 et Ser. n. 9450. Une décoration marginale plus simple, très fréquente également, consiste à mettre de petites feuilles de «lierre» aux coins des miniatures, «accrochant» celles-ci pour ainsi dire sur le parchemin (voir
pl. 24 p. e. le Cod. 2599).

Extrêmement répandues également sont les bordures architecturales de toute sorte. L'emploi d'encadrements architecturaux n'est pas nouveau dans le domaine de l'enluminure. Mais ce n'est qu'avec l'art gothique que l'enluminure se met a emprunter de façon plus systématique à l'art architectural contemporain des formes pour structurer les pages des ses manuscrits: Les suites de médaillons contenues dans les Bibles moralisées évoquent des vitraux gothiques transposés sur du parchemin. Très souvent, on se sert de formes décoratives provenant de l'architecture (p. e. du quadrilobe) pour encadrer des miniatures
pl. 1 (voir p. e. le frontispice du Cod. 1179 et les illustrations du calendrier du
pl. 28 Cod. 1254), ou encore on les renferme de cadres architecturaux proprement dits (p. e. pl. L dans Porcher). Une variante caractéristique de ce décor architectural consiste à insérer arcades, gables, rosaces etc. dans la partie supérieure des miniatures, variante dont le psautier de Saint Louis, une des œuvres maîtresses du premier siècle gothique (pl. LXII dans Porcher), constitue le prototype: dans chacune de ses miniatures à pleine page, les scènes sont surmontées d'une
pl. 21 double arcature richement décorée. Les deux miniatures du Musée autrichien

d'arts appliqués sont couronnées de façon parfaitement analogue, la seule différence étant que les éléments architecturaux, ayant perdu complètement le caractère d'une architecture réelle (encore présent dans le psautier de Saint Louis), possèdent une valeur décorative beaucoup plus accentuée. Les arcs en accolade figurant dans l'une des deux miniatures de Jean Pucelle du Cod. Ser. n. 2596 et dans la plupart des miniatures du premier des deux Romans de pl.22
la Rose exposés (Cod. 2592) appartiennent également à ce type de décoration pl.3
où l'on se soucie peu de savoir si l'élément architectural a une raison d'être dans les différentes scènes ou pas.

Des encadrements architecturaux ayant une fonction scénique apparaissent pour la première fois dans l'enluminure parisienne au début du 15e siècle, sous une forme assez spécifique dont un exemple caractéristique est fourni par la miniature de l'Annonciation du Maître du duc de Bedford dans le Cod. 1840: pl.34
l'artiste donne l'impression d'un cadre architectural en faisant coïncider les contours de l'édifice où se loge la scène avec les limites de la miniature même. Cette manière de construire l'espace d'une miniature en laissant subsister une partie de la paroi extérieure d'un édifice – découpée de façon à permettre au spectateur de regarder à l'interieur – est déjà utilisée dans son principe par les précurseurs immédiats du Maître du duc de Bedford. Le manuscrit le plus représentatif à cet égard est le «Térence des ducs» de la Bibliothèque de l'Arsénal à Paris (cf. les pl. LXXIII b, d, dans Porcher; parmi les manuscrits exposés, on rencontre cette forme de cadre intérieur dans les illustrations des «Cas des nobles» de Boccace, Cod. Ser. n. 12766, voir p. e. Abb. 222 ou 224 dans Französische Schule I).

Le cadre architectural ne réapparaît, à une échelle plus vaste, que vers 1470, surtout dans les œuvres du groupe Ten Eyken et de Maître François, où il affecte la forme d'arcatures stéréotypées présentant peu de relief, et combinées avec une bordure supplémentaire de rinceaux (voir p. e. Cod. 2543, 2605, pl. 47, 48
2551, et 2559). 13, 54

La période de la Renaissance voit triompher définitivement dans les miniatures l'encadrement purement architectural. Celui-ci est peint en général en couleur bronze (Bronzegold). Ces encadrements sont d'abord garnis de statues et rappellent les piliers de portails gothiques. Tout à fait caractéristique de Jean Colombe (voir p. e. le livre d'heures de Louis de Laval, pl. LXXXVI dans Porcher), ce type d'encadrement se retrouve aussi sous une forme un peu modifiée dans les œuvres tardives de Maître François. Un exemple tardif de l'encadrement à la Colombe se trouve dans le livre d'heures Cod. Ser. n. 2598. pl.58
Pour Maître François on peut citer le frontispice des Statuts de l'Ordre de Saint Michel (Cod. 2637). De plus en plus cependant un vocabulaire décoratif de pl.55
caractère purement Renaissance l'emporte sur les formes gothique. Les manuscrits de l'école de Rouen abondent en exemples de cette dernière phase de l'encadrement architectural (voir p. e. les Cod. 2581 et 2587). pl. 65, 66

Dans ce contexte, il y a lieu de tirer l'attention sur la tendance caractéristique

de l'époque tardive de l'enluminure de vouloir fournir une justification con-
crète à la présence de l'écriture dans le domaine de la peinture: l'écriture figure
pl.58 en tant qu'inscription sur le cadre architectural (Cod. Ser. n. 2598), elle appa-
raît sur un bout de papier disposé devant la peinture et son encadrement
pl.77 (C. P. 1. E. 26), ou encore, dotée d'un cadre architectural particulier, elle forme
pl.75 la base de la miniature (Cod. 2558). Tout compte fait, c'est le phénomène
exactement inverse de celui qui caractérisait les périodes antérieures de l'enlu-
minure médiévale, à savoir la subordination des personnages et des scènes à
l'écriture et leur intégration dans celle-ci.

Initiales et bordures ne sont cependant pas seules à jouer le rôle d'intermédiaire entre les éléments constitutifs d'une page enluminée. Des transitions imperceptibles et en même temps surprenantes entre les différents moyens d'expression – représentations scéniques, initiales ornées, décoration marginale, écriture – sont pratique courante dans l'enluminure gothique.

Dans le livre d'heures avignonnais de 1400 p. e. (Cod. Ser. n. 9450), ce sont les
drôleries – donc des éléments purement décoratifs n'ayant en général rien à
faire avec l'illustration proprement dite – qui exécutent les différents travaux
des mois (pour le mois de mars, f. 3r, où est figurée normalement la taille de la
vigne, le manuscrit montre une figure drolatique coupant les feuilles du rinceau
même dont elle est l'aboutissement). Les miniaturistes aiment aussi faire sortir
partiellement les scènes de leur cadre: dans la scène de la Crucifixion du livre
d'heures qui vient d'être mentionné, les deux larrons figurent crucifiés dans les
rinceaux du décor marginal (Abb. 271 dans: Französische Schule I). Un autre
exemple de cet élargissement du champ d'action des personnages nous est
pl.37 fourni par le livre de la chasse du roi Modus (Cod. 2573): dans une des illustra-
tions de la prise des oiseaux, le «tireur de filet» de l'action est rejeté de la
miniature et placé dans la marge; il reste ainsi caché dans la scène de façon à ne
pl.68 pas donner l'éveil aux oiseaux. Dans le Changement de Fortune (Cod. 2625)
deux domaines d'existence possédant des niveaux de réalité distincts – celui
d'une figure allégorique, la Fortune, et celui d'un personnage historique, Mar-
guerite d'Autriche – sont mis en relation par des moyens analogues: dans deux
miniatures formant diptyque, la déesse Fortune enlève à Marguerite sa cou-
ronne en tirant sur un fil qui relie les deux personnages entre eux. Une telle
mise en relation de domaines à degrés de réalité différents ou de scènes qui ne
peuvent être contemporaines entre aussi en jeu p. e. dans la miniature de
pl.34 l'Annonciation du Maître du duc de Bedford (Cod. 1840): les rinceaux des
marges renferment des bustes de prophètes attirant par leurs gestes l'attention
du spectateur sur l'événement qui se passe dans la miniature et qu'ils avaient
pl.69 prédit. Le Cod. 2584 fournit des exemples de ce jeu sur différents niveaux de
réalité même pour de simples pages de texte: ce ne sont les pages réelles mais
des feuilles peintes sur celles-ci qui portent l'écriture (l'illusion est provoquée
par le fait que le bout inférieur de la feuille peinte semble s'enrouler).

Nous avons déjà donné à entendre que toutes les formes spécifiques de décoration et de représentation mentionnées jusqu'ici peuvent être considérées aussi d'un autre point de vue. Il ne s'agit là pas seulement de moyens d'expression particuliers à l'art de l'enluminure, toutes ces formes servent aussi à unir deux mondes opposés – l'ecriture et l'image – en un tout harmonieux, une tâche qui, avec la conquête progressive de la troisième dimension dans le domaine de la peinture, s'avérait de plus en plus difficile. Les miniatures contenant de plus en plus d'indications spatiales, leur décalage avec l'écriture et le décor allait croissant. Le problème apparut d'une façon latente dès le début de l'art gothique. Grâce aux différentes formes spécifiques citées – initiales historiées ou à figures, cadres et bordures – créant des rapports étroits et des transitions imperceptibles entre écriture, image et décor, la contradiction fut longue à se faire jour. Elle ne se manifesta pleinement que du moment où, conséquence du triomphe du nouveau réalisme néerlandais dans le domaine de l'enluminure vers le 2e quart du 15e siècle, les fonds décoratifs des miniatures gothiques disparurent définitivement pour faire place à un espace pictural pleinement développé. (Les fonds d'or caractéristiques de l'époque romane tardive survivent en partie dans l'enluminure gothique, nous les rencontrons sporadiquement jusque vers 1400, mais ce qui domine à l'époque gothique, c'est le fond décoratif à couleurs; à partir du 3e quart du 14e siècle [avec le «Maître aux boqueteaux»] on rencontre aussi les fonds dits en «tapis de paysage» [«Landschaftstapete»], avec des prairies semées de fleurs et d'arbres, parcourues de riusseaux etc., qui s'étendent sur la surface plane des miniatures).
Dès que l'espace pictural fut admis dans l'enluminure, on se mit à transformer et à adapter les bordures. Le rinceau à feuilles de lierre, bordure végétale dominante des deux premiers siècles gothiques, avec son aspect léger et son absence de relief, est remplacé par le rinceau à feuilles d'acanthe, d'un caractère nettement plus volumineux. Le changement est effectué par le Maître de Boucicaut, dont les miniatures fournissent en même temps les premiers exemples connus de perspective centrée («Zentralperspektive») dans l'histoire de la peinture. Par la suite, le Maître de Bedford a developpé sur ces bases le décor marginal qui devait dominer durant des décennies: une large bordure composée d'éléments végétaux renfermant souvent des séries de médaillons, de sorte que les différentes représentations scéniques, celle du centre de même que celles dans les marges, sont insérées dans un décor ornemental couvrant la page entière (voir les Cod. 1840 et 1855). Le système de la bordure à motifs végétaux plus ou pl. 34, 6
moins naturalistes, qui sert à contrebalancer l'espace en profondeur de la miniature, et qui renferme souvent des scènes secondaires ou des personnages isolés, des oiseaux, des drôleries etc., reste en vigueur à peu près le 15e siècle durant. Dans l'enluminure française il ne tend à disparaître qu'avec la Renaissance qui préfère les cadres purement architecturaux. La variante spécifiquement néerlandaise de ce «dégradé dans l'espace» (on crée l'illusion de l'espace non seulement en profondeur mais aussi devant la page), la bordure parsemée de fleurs, a

trouvé un épilogue splendide dans le dernier des manuscrits exposés, le livre d'heures du futur Henri III de France en tant que roi de Pologne, Cod. Ser.
pl.16 n. 13241: des fleurs parfaitement naturalistes sont disposées sur la marge du parchemin, y projetant de l'ombre.

La fonction d'harmonisation entre la surface plane et l'espace (ou le volume) peut aussi être assumée par le coloris: la distribution régulière d'une ou de plusieurs couleurs a pour effet de «ramener» les objets de même couleur, bien que placés à des distances variées dans l'espace, vers la surface, où ils s'assemblent pour former un motif décoratif dénué de toute valeur spatiale ou de volume. Nulle part dans l'enluminure gothique ce procédé n'a été développé au même point de perfection qu'en France, nulle part ailleurs on ne retrouve ce jeu de couleurs organisant une page entière. Un exemple précoce nous est
pl.2 fourni par les Décrétales du couvent de Schlägel. Une distribution de couleurs à caractère fortement décoratif se trouve aussi dans les feuilles détachées du
pl.21 Musée autrichien d'arts appliqués: la seule couleur forte employée, l'orange, est distribuée par petites taches dans la miniature entière, adhérant à des objets de caractère très différent: aux nimbes, au papillon, au revers des vêtements. Dans une
pl.13 des miniatures du Cod. 2551, daté vers 1470, le sujet de la peinture, la cérémonie d'une séance de parlement, se prête particulièrement bien à être ordonné selon le procédé analysé ci-dessus: la scène entière – l'espace pictural, le mobilier, les personnages – est soumise à une organisation décorative basée sur le coloris. Dans ce contexte il faut mentionner aussi le renouvellement du système décoratif qui se produisit entre 1470 et 1480: les fonds des bordures à motifs végétaux – jusque là laissés blancs ou dorés en mat – furent découpés en compartiments de différentes formes et de différentes couleurs correspondant souvent à la tonalité principale de la miniature qu'ils encadraient. Des exemples remarquables de ce procédé d'harmonisation nous sont fournis par un des livres
pl.64 d'heures de l'école de Rouen, daté vers 1500: dans la page montrant le baiser de Judas représenté comme scène de nuit, la bordure possède les mêmes couleurs sombres et mates que la miniature.

La contradiction entre la surface plane du livre et l'espace en profondeur des miniatures, devenue manifeste à partir du milieu du 15e siècle, ne pouvait être surmontée à la longue, et ceci malgré le développement continu des moyens d'expression spécifiques hérités des époques d'apogée de l'enluminure, et malgré de nombreuses tentatives en partie ingénieuses de réduire la discordance entre les deux sphères.
L'avènement d'un moyen de production entièrement nouveau, celui de l'imprimerie, fut le facteur décisif du déclin et de la disparition du livre écrit à la main et, partant, de l'enluminure. Plus d'un demi siècle durant on s'est accroché à des solutions de transition en essayant de conférer aux livres imprimés destinés à des fins de représentation l'aspect d'un manuscrit enluminé. Mais fina-

lement la gravure supplanta définitivement l'enluminure, se révélant le moyen d'illustration le mieux adapté au livre imprimé.

Les fonds de la Bibliothèque Nationale autrichienne sont assez riches en manuscrits à peintures d'origine française pour donner une idée relativement exacte de l'évolution stylistique de l'enluminure du 13ᵉ au 16ᵉ siècle. (Les manuscrits appartenants aux périodes de l'enluminure gothique tardive et de la Renaissance sont beaucoup mieux représentés que ceux du début, conformément au nombre croissant de manuscrits produits à cette époque).

Des débuts de l'enluminure gothique ou plutôt de la phase de transition qui s'insère entre la fin de l'art roman et l'art gothique proprement dit, la Bibliothèque de Vienne possède deux monuments insignes: les deux manuscrits de la bible moralisée (Cod. 1179 et Cod. 2554) datant du 2ᵉ quart du 13ᵉ siècle. Le Cod. Ser. n. 2611, exécuté un quart de siècle plus tard, fournit un exemple d'un des premiers styles purement gothiques, celui du groupe dit du «Roman de la poire» (dénommé ainsi d'après le titre du manuscrit le plus représentatif de ce groupe, le ms. fr. 2186 de la Bibliothèque Nationale de Paris). Les deux miniaturistes les plus connus de la fin du 13ᵉ et du 2ᵉ quart du 14ᵉ siècle – Maître Honoré (ou son atelier) et son successeur Jean Pucelle – ont successivement pris part à l'illustration du psautier-livre d'heures Cod. Ser. n. 2596. Les miniatures de Jean Pucelle possèdent un intérêt particulier du fait qu'elles datent de la période pré-italienne de ce maître qui fut le premier peintre à familiariser la France avec l'art italien du Trecento. De la même période datent quelques manuscrits qui, sans pouvoir être attribués à des artistes déterminés, constituent des exemples de premier ordre de cette phase du style gothique: les Décrétales du couvent de Schlägl (datées vers 1300), les deux miniatures du Musée autrichien d'arts appliqués (vers 1320) et les illustrations de «Méraugis de Portlesguez» (vers 1340). Presque tous les manuscrits qui viennent d'être mentionnés ont pour origine Paris ou l'Ile de France. L'enluminure parisienne de la 2ᵉ moitié du 14ᵉ siècle n'est documentée à la Bibliothèque Nationale autrichienne que par deux manuscrits, les Cod. 2592 et 1969. Le premier est déjà marqué par l'influence du «Maître aux boqueteaux», dont le mérite principal consiste à avoir introduit dans l'enluminure des paysages s'étendant sur le fond entier des miniatures (le principal manuscrit de ce groupe est constitué par le ms. fr. 1584 contenant les «Œuvres de Guillaume de Machaut», voir pl. LVI dans Porcher). A partir de 1370, des miniaturistes de toute nation, en premier lieu italiens et néerlandais (parmi ceux-ci Jean de Bruges), affluent vers la captiale française, attirés par le mécénat de Charles V. De l'enluminure sortie de ce milieu international, la Bibliothèque Nationale autrichienne ne peut guère fournir d'exemples, sauf peut être les illustrations des «Cas des nobles . . .» de Boccace (Cod. Ser. n. 12766): bien que datant de 1410 seulement, elles portent encore la marque de cet amalgame stylistique. Toute une série d'exemples cependant, allant du milieu jusqu'à la fin du 14e siècle, peuvent être cités pour le second grand centre artistique de cette époque, à savoir la Provence avec Avignon, siège du pape au 14e siècle. Ici convergent et se mélangent les courants artistiques venus du nord (de Paris) et les influences provenant d'Italie.

Au début du 15e siècle, les frères de Limbourg venus des Pays-Bas, le Maître de Boucicaut et le Maître de Bedford marquent le début à Paris d'une nouvelle ère stylistique en créant une sorte de symbiose entre le gothique international, l'art italien du Trecento et les nouvelles tendances réalistes. La Bibliothèque Nationale ne possède aucune œuvre des frères de Limbourg (seules quelques miniatures du Cod. Ser. n. 2615 reflètent des compositions de leur main), ni du Maître de Boucicaut (bien qu'une série de miniatures du même Cod. Ser. n. 2615 puisse être considérée comme tributaire de son style). Le Maître de Bedford et son atelier sont en revanche très bien représentés à Vienne: le livre d'heures Cod. 1855, magnifiquement illustré, est entièrement dans le style de ce maître, de même qu'une partie de l'illustration d'un roman de Tristan en prose (Cod. 2537) et quelques miniatures de trois autres manuscrits.

L'illustration du manuscrit du Roi Modus (Cod. 2573) provient de l'atelier d'un autre miniaturiste de renom de cette époque, le Maître des Heures de Rohan.

Pour le 2e quart du 15e siècle, les manuscrits sont très clairsemés dans la collection de Vienne, mais cette lacune ne peut guère être comblée par d'autres bibliothèques. Le changement stylistique profond qui s'est produit durant cette période, dû à l'irruption de «l'ars nova» des Néerlandais, est très mal documenté dans ses différentes phases qu'il est extrêmement difficile de reconstruire exactement. Le seul artiste dans l'œuvre duquel on peut suivre en partie ce processus de transformation, et qui occupe une position intermédiaire entre le style tardif de l'atelier du maître de Bedford et le style qui apparaît immédiatement après le milieu du 15e siècle avec Jean Fouquet, c'est le Maître de Jean Jouvenel des Ursins: formé dans un milieu artistique conservateur, cet artiste cherche en même temps à assimiler toutes les conquêtes réalisées par la nouvelle peinture néerlandaise, telles que l'observation des effets de lumière et d'ombre, la représentation plastique des volumes et des corps et une nouvelle conception de l'espace pictural. Le Maître de Jouvenel a exécuté une partie des miniatures du Cod. 2617.

Avec Jean Fouquet – de l'entourage immédiat duquel provient un petit livre d'heures de la Bibliothèque de Vienne, le Cod. Ser. n. 13247 – la peinture française reçoit de nouvelles impulsions en s'orientant vers l'Italie, où Fouquet puise des suggestions pour la construction de l'espace pictural, la représentation du mouvement des corps et l'organisation de scènes à grande foule de personnages.

Les différentes écoles d'enluminure de la 2e moitié du 15e siècle sont fort bien représentées à la Bibliothèque Nationale autrichienne: Maître François, chef d'un des ateliers les plus productifs de cette époque à Paris, est présent grâce à toute une série de manuscrits de luxe datant des débuts des années soixante jusque vers les années quatre-vingt (Cod. Ser. n. 12735 et 13237, Cod. 1840, 2574, 2551, 2559 et 2637). Deux des manuscrits exposés, les Cod. 2543 et 2605, proviennent d'un autre foyer d'enluminure également très actif alors, l'atelier rouennais de Jacob Ten Eyken; le premier de ces manuscrits constitue un échantillon particulièrement caractéristique puisqu'il s'agit d'une des «Chroniques de la Bouquechardière» produites en série dans cet atelier (le texte en a été rédigé par un chevalier normand résidant non loin de Rouen).

Jean Colombe, chef de file d'un des foyers d'enluminure les plus importants de l'époque, à savoir Bourges, a exécuté vers le début de sa carrière le manuscrit des Neuf Preux magnifiquement illustré (Cod. 2577, 2578) et destiné à Louis de Laval, en collaboration avec un maître inconnu dont le style présente de fortes analogies à celui de Jean Fouquet. Une partie des miniatures du livre d'heures du «Kunsthistorischen Museum» (Inv. nr. 14642), découvert récemment, provient également de l'atelier du jeune Colombe, tandis qu'un représentant tardif du style de Colombe est fourni par le livre d'heures Cod. Ser. n. 2598, probablement d'origine lyonnaise.

Deux des manuscrits exposés, les Cod. 2617 et 2597, renferment des miniatures de la main d'un peintre exceptionnel, le «Maître du Cœur» (ou «Maître du roi René»), dont les œuvres doivent être considérés parmi les réalisations les plus remarquables de l'art de la peinture. En premier lieu, il faut mentionner ici les illustrations du «Livre du cœur d'amour épris» avec leur suite de tableaux atmosphériques – ténèbres de la nuit, lever du soleil, lumière éblouissante de midi, pénombre du paysage au soleil couchant – d'une luminosité et d'une force suggestive inédites jusqu'alors.

L'enluminure du dernier quart du 15e siècle est représentée par le livre d'heures exécuté par Jean Bourdichon pour frère Jean Bourgeois, confesseur du roi Charles VIII (Cod. 281 de la bibliothèque universitaire d'Innsbruck). Il s'agit là d'une des très rares œuvres de cet artiste reconnues de façon unanime comme autographes. Les miniatures accusent une forte influence de Fouquet, fondateur de l'école de Tours dont Bourdichon est le continuateur.

La période des alentours de 1500 et les premières décennies du 16e siècle sont richement représentées à la Bibliothèque de Vienne. Celle-ci est particulièrement bien dotée en manuscrits de l'Ecole de Rouen, le foyer d'enluminure le plus productif de cette époque (Cod. 1906, 2581, 2582, 2565, 2587, 2624, 2625, 2584, 1883, 2645, Ser. n. 12733), mais elle peut aligner aussi une série d'exemples provenant d'autres centres régionaux, de la Lorraine p. e. (les Cod. 1853* et 2556) ou de l'Ouest de la France (le Cod. 2558). Le Cod. 3441 à son tour témoigne de l'activité artistique patronnée par Marguerite d'Autriche.

Le dernier en date des manuscrits exposés, le livre d'heures Cod. Ser. n. 13241 du milieu du 16e siècle, contient une série de miniatures splendides caractéristiques du maniérisme bellifontain.

A ces manuscrits ont été ajoutés quelques imprimés illustrant la phase de transition entre le manuscrit enluminé et le livre imprimé.

Si dans ce bref aperçu du développement de l'enluminure française, on a relevé dans les collections de Vienne l'absence de différents artistes importants, tels les frères de Limbourg, ou des artistes ne se trouvant représentés que par des œuvres tributaires de leur style, comme c'est le cas pour Jean Fouquet, il faut ajouter que la Bibliothèque Nationale autrichienne possède en revanche quelques chefs-d'œuvre – tels que les deux manuscrits illustrés par le Maître du roi René, les deux Bibles moralisées ou le livre l'heures de l'école de Fontainebleau – auxquels on ne trouve guère d'équivalent dans d'autres collections.

INTRODUCTION

Illuminated manuscripts are of major importance to research on medieval painting. A coherent view of pictorial art and its development at this epoch can only be gained if we turn to manuscript illumination. Of medieval monumental painting such as frescoes, altar- or panel painting as a rule merely fragments have survived and these are mostly in a precariously bad state of preservation. Moreover these monuments are almost without exception of religious imagery. Only a minority of works on secular themes have lasted over the centuries because change in taste exposed them more unevenly to acts of destruction than their religious counterparts. Again it is book painting–the illustrations of profane texts–which can help us to fill the gap in our knowledge of secular art which we know had enormously increased at Gothic times.

Book paintings have a further advantage over monumental works as they are generally in excellent condition: frescoes, panel paintings and stained glass have been exposed to damage at various times and as a result have been continually added to or restored in such a way that it is often difficult to reconstruct what they originally looked like. Miniature paintings have maintained their original colour and luminosity because of the way they have been stored in the book, completely protected from light and other atmospheric effects. In addition illuminated manuscripts at an early time became pure collector's pieces. This, however, meant that book paintings were spared those modernising alterations and renovations which apart from the ravages of time and wilful destruction, such as the iconoclastic outrages at the time of the French Revolution, have done so much to decimate our heritage of monumental art.

If we emphasize the part illumination can play as a substitute for the monumental sister art that has greatly disappeared this must by no means be understood as meaning that illuminations can be regarded simply as miniature panel paintings found by chance in the context of books. The art of illustrating books has its own creative forms which could develop only within the medium of the book and in no other genre of art, as for instance can be seen in the various ways of illuminating initials (by decoration, figures or historical scenes), in the different types of borders etc. Most of the modes of expression peculiar to book illustrations were developed north of the Alps; in fact, book illustration in general largely represents a northern domain of art (with England and France as the leading nations); in Italy book illustration never played such an important part as it did north of the Alps, where it is unquestionably classed among major art forms. The predominance of the north in the field of book illustration and the exceptional reputation of Parisian miniatures of the Gothic period is also confirmed in the well known passage of the 11th canto of Purgatory (line 79 ff.) by Dante who, on his meeting with Oderisi da Gubbio (an extremely famous illuminator of the time) defines book illustration in French terminology: . . . *"quell'arte ch'alluminar chiamata è in Parisi"* (the art which in Paris is called illumination). It is also a significant fact that works of Italian authors often received substantial illustrations only north of the Alps. The first complete sequence of illustrations to Boccaccio's Decamerone was done in France (about 1415, about half a century after the work was written).

Manuscripts were always precious things, particularly if they were richly illuminated ones which only the upper classes of society could afford to acquire, the aristocracy, the higher clergy, important churches and monasteries and finally, in the later Middle Ages, wealthy people of the bourgeois class. In some cases manuscripts were also produced 'for the market'–as quasi serials in advance if the demand was certain. This was the case with the bibles produced at the peak of the Parisian Gothic, which were collected editions of the holy scriptures in minute format, written on extremely fine vellum and nimbly decorated. Such bibles were considered a Parisian speciality and represented a regular export. With books of hours there developed also a tendency to keep them in supply–especially in the late Middle Ages, which had a permanent demand for them. Other examples were topical or especially popular contemporary texts which appeared as serials (from the chronicle 'La Bouquechardière' for instance a whole series of illustrated copies appeared within only a few years as work of a provincial studio).

Major differences can be found in the degree of richness of the manuscripts; according to the customer's financial resources the grades vary from comparatively plainly illustrated copies to magnificent specimens whose value seemed to be regarded as exceptional even by contemporaries. Manuscripts like these were usually intended for the king, members of the royal household or the high ranks of the nobility. The best known of these are the manuscripts written for the Duke of Berry, the brother of King Charles V of France (the most famous manuscript in his collection is characteristically described in contemporary documents under the title of 'The *très riches* heures de Jean de Berry'). The bibles moralisées also belong to the category of royal commissions.

The conditions under which manuscripts were produced were not the same for all periods of the Middle Ages. Until the 12th century monasteries formed the main centres where manuscripts were written and illuminated. During the Gothic period, i. e. from the 13th century onwards, professional lay studios increasingly took over the production. Professional lay illuminators are occasionally known as early as the 11th and 12th centuries. In the second half of the 13th century they have become quite common. In 1300 17 studios for book illumination are entered in the tax lists of the City of Paris (included among these is the studio of 'Maître Honoré', whose style is represented by a psautier-livre d'heures in the Viennese collection, Cod. Ser. n. 2596). The figures rise: in 1400 there are already several dozen. With the increase in production the tasks involved in the writers' workshops were soon split up and specialists appeared for different fields in illustration. There is very early evidence for the distinction between 'illumineur' and 'historieur' in the history of book illustration; the former was responsible for the decoration (initials, borders, ends of lines), the latter for the scenic representations (the 'stories'). The division of labour and specialisation still continued: simple decorated initials for instance or the less intricate border decoration were not carried out by the same illuminator as the rich borders of the main illustrations of the manuscript; nor were the main miniatures always done by the same hand as the secondary scenes and border scenes etc.

The cooperation involved in producing a manuscript can best be observed in the books of hours. As there was a constant demand for them, serial treatment was the obvious solution, although special commissions never ceased to be made. They further show a clearly defined hierarchy in their illustration with regard to both miniatures and decoration: the miniature for the Mattins of the hours of Our Lady (almost always the Annunciation) and the frontispiece to the psalms of penitence representing David in prayer or another scene from the story of David and Bathseba take the first place in this hierarchy; as a rule they were painted by the head of the studio (this may account for their high quality; it may happen, however, that the miniatures for the main subjects are more old-fashioned, while modern tendencies are found in less important parts of the illustration done by younger artists). The next miniatures in importance were the little pictures for the office of the dead, the hours of the Cross and the holy Spirit, for the suffrages of the saints, the remainder of the hours of the Virgin, and the illustrations of the gospel extracts. This kind of work was generally done by the associates of the master. Calendar paintings and miniatures for the various meditations on the saints figure quite often in the lower category of this hierarchy of illustration. The miniatures of the master–as mentioned earlier also liturgically speaking the most important–are usually surrounded with an especially magnificent border; the remaining border decoration is correspondingly graded, the embellishments to the pages of text coming last.

A second form of the division of labour, which plays a part in particularly large sets of illustrations, is the allotment of various quires of a codex to different artists; the order of importance can be ascertained even here, as the frontispiece and the miniatures added at the beginning of the manuscript–and the following title pages of works in several volumes–are every time being done by the master. Examples of this can be seen in the series of illustrations to the story of Tristan (Cod. 2537) or in the Trionfi-manuscripts of the school of Rouen (Cod. 2581/2582).

A special form of the production of book arose in the early part of the 13th century in connection with the university centres: individual scribes or even complete writing institutions copied and duplicated texts needed for studies. A simple exterior is characteristic for this kind of manuscript, the pages are filled with writing, abbreviations abound, the whole usually without decoration. Manuscripts for daily use like these are obviously of less importance for the history of illumination, their interest lies in the edition of the text, which was strictly checked by the universities; they give a comprehensive picture of the opinions held by the various universities and are of major importance for the history of knowledge.

In general, texts of all fields of study were prepared in those writing centres which were affiliated to the universities. Specialisation could also result if a university enjoyed an especially good reputation in a particular field, as for example Paris for the edition of the bible or Bologna for jurisprudence. In both cases the corresponding texts were produced in greater numbers and sent abroad to other towns, monasteries and bishops' sees. In this type of manuscripts for daily use, illumination is frequently included. As mentioned above, the Parisian bibles were almost always dispatched in illuminated copies. In the decretals of Bologna, space was often left for illustrations and the paintings were done in the places of destination.

The names of the artists are seldom known. If a name is known it is from documents such as bills, which mention a particular name in connection with a commissioned work which can then usually be identified (the bill is normally written out by the money-giver, i. e. the patron who can very often be recognised by his coat-of-arms or other means of identification). Examples for identification of this kind are Maître Honoré and Jean Pucelle, who were active at the end of the 13th or in the second quarter of the 14th centuries (see Cod. Ser. n. 2596), or Maître François, Jean Colombe and Jean Bourdichon in the latter half of the 15th century.

Another much more frequent type of identification for illustrations arises from the fact that manuscripts often contain considerable documentary material in the form of coats-of-arms or emblems which may give a clue to the person to whom the book was dedicated or by whom it was commissioned or who simply owned it. Examples of this kind of derivation of the artist's name are 'Master of the Duke of Bedford', 'Master of Jean Jouvenel des Ursins', 'Coëtivy-Master' and so on. Sometimes a certain artistic style is even labelled with the name of the scribes, who carried out certain characteristic manuscripts and who tended to sign their names more frequently than the artists. This is true of the manuscripts located in Rouen under the name of 'Jacob ten Eyken'. By means of stylistic similarities it is usual to group the further works of an artist or studio around the signed manuscript where identification has been described by the methods mentioned above.

If the style of a manuscript can be identified as that of a particular artist or studio, the place of its origin is usually also known: the master of the Duke of Bedford and Maître François were active in Paris, while Jean Colombe worked in Bourges, the Jouvenel-master and Jean Colombe were to be found west of the Loire. Artists can, of course, also 'migrate', at least temporarily, especially if they are working for royal or princely courts: Jean Fouquet and Jean Bourdichon, who really represent the school of Tours, also worked for the royal court in Paris; Jean Colombe lived and illuminated in Bourges, but also worked on commission for the court in Paris as well as for the dukes of Savoy.

Books of hours and other religious texts offer a further possibility of location by means of the liturgical indices, but this kind of evidence is to be assessed with care and only with regard to all other known circumstantial evidence; we must also remember that the liturgical use may be due to the personality of the commissioner and not to the place of origin of the manuscript (as is the wellknown case of the Duke of Bedford's books for meditation, written in Paris, but with liturgy in the tradition of the English diocese of Salisbury).

The different possibilities of identification often combine and complement each other and so make a double check possible.

In the rather rare case that a manuscript can be located or even dated by means of a colophon, it must be stressed, that these data are primarily valid for the scribe's work. Whether they also apply to the decoration or the pictures has to be carefully checked. Cod. 2051, for instance, contains a colophon with the date 1329 whereas the main part of its decoration, especially the historiated initials, have to be dated at 1400 for stylistic reasons.

The centres of illumination in France change during the course of the historical development. In the early Gothic period the emphasis lay on Paris and the Ile de France for many years. The city of Paris even seems to have acquired a kind of monopoly in the production of illuminated manuscripts, which lasted through the whole of the 13th and 14th century. A second centre was established in Avignon in Southern France, which served as the papal residence during the 14th century. During the second quarter of the 15th century artistic activities shifted to some extent to the provinces, especially to Western France and the valley of the Loire. This was the consequence of the turn of political events that had resulted in the decline of royal power and patronage which had mainly been centred in Paris. The situation has found a telling expression in the nickname given to Charles VII of France as the 'King of Bourges'. Even with the reinforcement of royal rule in France and the revival of artistic activity in Paris in the second half of the 15th century the illustrator's studios in the provincial centres described above continued to exist.

As the theme of the exhibition would suggest, the individual exhibits are arranged in the present catalogue chronologically from the art historical viewpoint. This naturally produces a quite incoherent picture of the chronological order in which the texts contained in a manuscript had been made. For, the date at which the illumination was carried out is only rarely identical with that of the genesis of the text which is illustrated. It is at the same time informative to learn when certain texts were re-copied and illustrated, as this is evidence for an existing or a revived interest in the contents of that opus. On questions like these the collection of a single library, even a very rich one, can, of course, never be a basis sufficiently wide to reach valid conclusions. Only a comprehensive survey of all manuscripts preserved would solve the problem. In the case of a few important texts, however, where detailed research has been done, it is possible to gain adequate information. It can generally be said that a fair number of works enjoyed continuous popularity from the moment they appeared–such as the 'Consolatio Philosophiae' by Boethius (Cod. 2653 and 2595), the Arthurian Prose Romances (Cod. 2537 and Ink. 5. C. 11), the Roman de la Rose (Cod. 2592 and 2568), Boccaccio's 'De casibus virorum et feminarum illustrium' (Cod. Ser. n. 12766) and the 'Facta et dicta memorabilia' by Valerius Maximus (Cod. 2544). Others enjoyed only limited or local popularity (e. g. the 'Chronique de la Bouquechardière', Cod. 2543) or were so closely associated with a certain historical personality that, even if they were not exactly unique, have only little been disseminated such as the literary texts directly connected with René d'Anjou or Margaret of Austria (see Cod. 2617 and 2597; Cod. 3441, 2625 and 2584).

Often the texts themselves as well as the individual copies were commissioned by a particular patron. Even if no particular commission existed, the authors used to dedicate their works to someone who was their patron or thereupon became so (in this way Christine de Pisan created her clientèle at the Parisian royal court). It is a significant fact with regard to this situation that not seldom a fictitious name is given in non-commissioned 'freely' composed works, e. g. le Dieu d'Amour in the Roman de la Rose (Cod. 2592 and 2568; see also Cod. 2618). The people who commissioned texts are known to us today, because as a rule the author mentions them in the prologue to his work. They are mostly the same names familiar to us as bibliophiles and patrons of writers: King Charles V of France, his brother Jean de Berry, Jean Jouvenel des Ursins etc. (see for instance Cod. 2580, 2544 and 2559, Cod. Ser. n. 12766 or Cod. 2538).

These names can be quoted, however, not only because of the texts contained in some of the Viennese manuscripts, but also because several of them come from the private libraries of those bibliophiles; Cod. 2537 was ordered for the Duke of Berry, Cod. 2657 and 2573 for John, Duke of Burgundy, Cod. 122 for Charles of Normandy, brother to King Louis XI of France, Cod. Ser. n. 12735 for Charles the Bold of Burgundy, Cod. 2588 for Louis XII of France etc.

As has already been pointed out, the illuminated manuscripts have always been collector's pieces. They frequently changed hands, either through inheritance, presentation or purchase. It is often difficult if not well nigh impossible to trace their path uninterruptedly to the modern owners. The immediate previous owners of the manuscripts, that is before they became the property of modern public collections, are mostly well known. The most frequent case is that of the acquisition of a complete private library.

The French manuscripts in the Austrian National Library mainly come from two major collections–that of Prince Eugene of Savoy and of his Adjutant General, the Baron Wilhelm of Hohendorf (30 and 8 exhibits respectively). Both libraries were acquired by the Emperor Charles VI of Austria. In 1720 the collection of the Baron of Hohendorf, with 250 manuscripts and 7000 printed books, was bought for the sum of 60.000 gilders, in 1737 that of Prince Eugene for a pension to his heiress of 10.000 gilders annually; the collection came to the Court Library in 1738 with 240 manuscripts, a vast number of copper-plate engravings, portraits as well as printed books. Part of Prince Eugene's manuscripts once belonged to the library of the castle at Anet (see F. Avril in his review of 'Französische Schule I': F. Avril, Manuscrits à peintures d'origine française à la Bibliothèque nationale de Vienne, in: Bulletin monumental 134 [1976] 329–338). It deserves mention that the greater part of the secular manuscripts in the Viennese collection comes from these two libraries. Two more important groups–which mainly concern religious texts (psalters, breviaries or books of hours)–come from the library of Schloß Ambras in Tyrol or the Fideikommiss library, founded at the beginning of the 19th century as the private library of the Habsburg family. Other manuscripts came to the Austrian National Library through dynastic connections with France, individual purchases or various presentations and acquisitions (e. g. from the noble convent of Hall in Tyrol or the episcopal library of Wiener Neustadt).

As already hinted at, illumination possesses its own laws resulting from the endeavour to unite script, picture and ornament on a single whole. Of special importance are here initial and border, the specific forms and designs of which may be briefly described.

The initial–the first letter of a new section standing out by means of size and decoration–is one of the most important fields of invention in the medieval art of illumination. There is close coordination between writing, decoration and to some extent pictorial illustration with flexible transition between the individual fields. In this respect, medieval illumination is quite the contrary of the antique art of illustration, which strictly separated text and illustration and which began to mark even the beginning of the text only at a very late date. During its historical development the initial experienced many transformations. For Gothic illumination it is above all the historiated initial which is of importance, to a lesser extent also the figure initial.

The term 'historiated initial' is applied when the main body of the initial encloses individual figures or whole scenes. The earliest known example of this form of initial dates from the beginning of the eighth century, while in the ninth century a complete manuscript was illustrated in this way (the so-called Drogo-sacramentary). This form of decoration was discontinued at first. Here and there historiated initials appear during the Romanesque period, the break-through came in the Gothic period. Cod. Ser. n. 2611 and 2596 or Cod. 1254
pl. 19 can be cited as examples for this type of initial. The historiated initial in the first example is as it were also a fullpage picture, it takes up the whole page and contains medallions with scenes painted in them. The other examples show the
pl. 23 typically Gothic form, especially Cod. Ser. n. 2596 where the historiated initial is joined to the ivy scrolls which frame the script.

In the case of the figure initial the body or shaft of the initial itself is formed by figures. This type of initial was most popular in the Romanesque period, but took on highly original forms throughout the Middle Ages.

An example representative of the most accomplished type of figure initial can
pl. 17 be found in Cod. 1096: the upright figure of the author of the portion of text which begins at this point (the Gospel according to St. John) can be seen in the shaft of the I. The right hand of the figure points to the continuation of the text whose beginning is embodied by the figure itself, transfering the attention from the illustration to the words that follow: (I)*n principio* . . .

The same manuscript contains examples of an initial variant taken over from the rich vocabulary of Romanesque ornamentation with its constant transmutation of different motifs: scrolls change into bodies of animals or drolleries, anorganic spiral forms terminate in heads of animals or of human beings etc. This form of initial lives on in Gothic manuscripts, it is, for instance, still encountered in the Decretals of the monastery of Schlägl, i. e. in 1300. A typical feature of the ornamental style of that time is however the tendency of the single elements making up the shape of this initial type to 'wander off' into the border, thus forming one of the roots of those specifically Gothic formations of ivy-scrolls which either end in drolleries or are enlivened by them. The external border of the miniatures on the single leaves from the Austrian Mu-
pl. 21 seum for the Applied Arts clearly shows its origin from the kind of initial just described: the straight border stripes terminate on one end in leaf work, on the other end they transform themselves into the bodies of animals, which in turn culminate in human heads.

pl. 28 Excellent examples of figure initials can be found in Cod. 1254. They are a case for themselves in as far as the figure initials are at the same time historiated ones: the B in Beatus (f. 1 r), which encloses David playing the harp, is formed by the scene where David kills Goliath: David quickly preparing his sling forms the lower arch of the initial, the giant Goliath the shaft, while the rest of the letter is turned into a scenario with David's sheep grazing in the upper curve of the B which is formed by a curling scroll.

Both types, historiated and figure initials, continued throughout the period of manuscript illumination. The figure initial, however, becomes less and less frequent. An unusual example can still be found in one of the manuscripts on exhibition, namely the book of hours written in 1430 (Cod. Ser. n. 2615, reproduced in: French School I). The figure initial is taken out of the context of book and becomes the subject of a genre of its own, the late Gothic figure the alphabet, which is less current in France and more characteristic of northern Italy, Germany and the Netherlands.

The historiated initial has not kept the dominant position either which it held in the High Gothic period. Now it is seldom the main form in which illustrations appear in a manuscript, but is used additionally for supplementary scenes or figures like prophets, singing angels etc. A particularly richly decorated codex of this kind is the Lorraine book of hours written at the end of the 15th century (Cod. 1853*). It is evident that this form of initial now occupies the second grade in the hierarchy of illustration, where 'less important' passages are illuminated with historical initials instead of large miniatures. (Such an evaluation no longer corresponds to the original conception of this type of initial, which had been considered by itself perfectly suitable even for highly decorated manuscripts). This graded system of evaluation can, for instance, be seen in the book of hours painted by Bourdichon belonging to the University Library of Innsbruck: The title-pages of the individual passages are fullpage illustrations while everything else is illuminated with historiated initials (the diptychon of owner and patron saint stands out clearly as an exception).

Apart from the various forms of initials, frames and borders were a favourite opportunity for the illuminators to show their ingenuity in decorative inventions.

Typical of the Gothic period are the spiky ivy scrolls, mostly terminating in drolleries, which skirt both miniatures and columns of script. Excellent examples of this type of framework and its richness of variety can be seen in
Cod. Ser. n. 2596 and Cod. Ser. n.9450. Small spiky leaves are also frequently pl.23,5
found protruding from the corners or sides of the miniatures, which fix as it were the picture on the the parchment in the empty margins (see for example
Cod. 2599). pl.24

Of especial importance are architectural frames. They were frequently encountered in the history of book illustration. They are being more generally applied in the Gothic, which borrows several forms from architecture to organise the page: the medallion sequences of the 'bibles moralisées' are generally associated with the contemporary pattern system of stained glass windows. Other decorative forms as for instance quatrefoil picture areas are frequent during this
period (see for example the frontispiece of Cod. 1179 and the calendar illustra- pl.1
tions of Codex 1254). Miniatures can also be framed architecturally by means pl.28
of pinnacles, pointed arches or architraves (for reproduction see Porcher pl. L.).

A characteristic variant of these architectural divisions is the crowning of scenic
representations by gables or pointed arches in the upper area of the illustration.
The classical example is the Ludwigspsalter, one of the outstanding works in
the history of early Gothic illustration (reproduction in Porcher pl. LXIII.):
each fullpage picture is closed at the top by means of richly decorated double
gables supplemented by a surrounding framework of scrolls. The two single
pl.21 pages belonging to the Austrian Museum for the Applied Arts show a highly
similar architectural crowning, though planer and more decorative. Blind ar-
cades which form the upper end to one of the two Pucelle miniatures in
pl.22 Cod. Ser. n. 2596 and to a major part of the miniatures of the early Roman de
pl.3 la Rose (Cod. 2592) belong to the same type which disregards the relevance of
the architectural element to the subject matter of the picture.

Architectural frames with realistic meaning first appear in Parisian miniatures at
the beginning of the 15th century in the particular form of an inner frame; this
arose in letting the outer sides of the architectural setting of the scene coincide
with the enclosure of the miniature. A characteristic example is the miniature
pl.34 of the Annunciation by the Bedford Master in Cod. 1840. In principle, the type
of miniature border where a remainder of a building's front wall remains as an
interior architectural frame to the miniature, is found already among the imme-
diate stylistic predecessors of the Bedford Master (the representative manu-
script is the 'Terence des ducs' in the Arsenal Library in Paris, p. LXXII b,d in
Porcher). Among the Viennese manuscripts on exhibition we meet this form of
framework several times in the sequence of illustrations to Boccaccio's 'Cas des
nobles . . .', Cod. Ser. nov. 12766; for reproduction see 'Französische Schule I,'
pl. 222, 224).

About 1470 architectural framework is to a certain extent being revived, main-
ly in works by Ten Eyken and Maître François, at first still within a border of
tendrils and scrolls and in the stereotyped manner of flattened blind arcades
pl.47,48, through which we look into an interior (see for instance Cod. 2543, 2605,
13,54 2551 and 2559).

In the Renaissance phase of French illumination a purely architectural struc-
ture in bronze gold becomes one of the standard forms for framing miniatures.
Frames like these are often enlivened by statues in the manner of ornamented
Gothic church doors. This is typical for artists like Jean Colombe (see the book
of hours for Louis de Laval, pl. LXXXII in Porcher) and in different form also
for the late style of Maître François. A later example of the Colombe frames is
pl.58 found in the Viennese book of hours Cod. Ser. n. 2598, the book of the stat-
utes of the order of St. Michael can be quoted as an example for the late Maître
pl.55 François (Cod. 2637). Increasingly the Gothic vocabulary is suppressed in the
architectural frames and replaced by pure Renaissance elements. Characteristic
examples of the new architectural style can be found in the manuscripts of the
pl.65,66 Rouen school (see Cod. 2581, 2587).

Finally attention ought perhaps be drawn to a feature most characteristic for

the late period of illumination, namely the tendency to motivate the presence of lines of script within the context of fullpage illustrations: they are either presented as an 'inscription' on the architectural framework (Cod. Ser. n. 2598), or are made to look like partly unrolled pieces of paper in front of the pl. 58
page (C. P. 1. E. 26) or seem to be inscribed pedestals (Cod. 2558). Altogether pl. 77, 75
it is just the reverse of the situation characteristic of vast stretches of medieval illumination where figures and scenes are incorporated into the milieu of the script and subordinated to it.

Initials and borders are not the only intermediaries between ornament and representation, script and picture. In general it may be said that the different spheres are not strictly separated and can intermingle.

In the Avignon book of hours written about 1400, Cod. Ser. n. 9450, the drollery figures—a decorative element not normally associated with the sequence of scenes—introduce the various labours of the months: In the picture for the month of March, for example, that usually shows the cutting of the vines, the scrolls in the ornamentation are being cut by the figures emerging from them. Scenes extending beyond the picture frame were also a popular feature: in the book of hours mentioned above the two thieves of the crucifixion scene are painted between the floral ornamentation of the border and are not in the main picture (for reproduction see 'Französische Schule' I, pl. 271). In a bird-catching picture in Cod. 2573 the 'wire puller' of the scene is outside the picture on pl. 37
the margin (he should be hidden in the scene, to avoid being noticed by the birds). In a similar way, in the Changement de Fortune (Cod. 2625) two totally pl. 68
different spheres of existence and reality are interconnected (in two miniatures opposite each other); the one is of the allegorical figure of Fortune and the other the historical personage Margaret of Austria: Fortune is pulling at a string leading from one picture into the other in order to delodge the crown from Margarete's head. A similar connection of incongruous or different areas of reality comes into play when the ornamentation of the border in the picture of the Annunciation by the Bedford Master in Cod. 1840 is filled with prophets pl. 34
pointing to the event visible in the main picture which they had foretold. Cod. 2584 even shows a game with different levels of reality on pages contain- pl. 69
ing exclusively text: it is not the real page, but the leaves painted on it that carry the writing (the illusion is helped by the fact that at the lower end the painted leaves appear to roll up).

The specific forms of decoration and illustration can, as mentioned above, be regarded from yet a different point of view. They are not only independent forms of expression in the art of illumination, they all serve to make a whole out of two opposing spheres—word and picture—a task, which with the progress in conquering the third dimension in painting was becoming even more difficult to perform. As the dimensional content of the pictures increases, the discrepancy the text and the ornamentation widens. The problem is latent since the beginning of the Gothic. By means of the specific forms in the illumination of books described above—such as historiated initials, figure initials, various picture frames and borders—and because of the constant interchange between text, picture and decoration they effect, the dichotomy does not come into the open for a long time. The inner conflict became only manifest with the victory of the realism of Netherlandish painting in the second quarter of the 15th century when decoratively patterned backgrounds finally disappeared from Gothic miniatures to make room for fully developed spatial settings. (The polished golden background characteristic of the late Romanesque is partly continued in the Gothic period, in isolated cases until 1400. The dominating feature is the coloured, decoratively formed background; parallel to this is found from the third quarter of the 14th century onward [Boqueteaux-Master] the so-called tapestry landscape, a vertically unfolded array of landscape motifs which reaches up to the top of the illustration).

As soon as the concept of space is firmly established in pictorial representation, a corresponding reformation and matching of the borders follows. The flat scroll ornament with its light effect is substituted with heavy rather fleshy acanthus ornamentation by the Boucicaut Master—whose paintings also show the earliest examples of centralized perspective. The Bedford Master has developed out of this a frame pattern which became valid for decades: a broad border of acanthus scrolls often inhabited by a series of medallion pictures so that all scenic illustrations, those in the centre as well as those in the margins, are enveloped in a single ornamental pattern, which covers the whole illustrated
pl. 34, 6 page (see Cod. 1840 and 1855). The system of a more or less naturalistic ornamental border which is designed to counterbalance the three-dimensional space of the miniature, often containing subordinate scenes or enlivened by individual figures, birds or drolleries, retains its significance for almost the whole of the 15th century. It only gave way in the Renaissance period when it was superseded by a purely architectural frame of italianizing style. The specifically Netherlandish form of the naturalistic strew pattern border with its illusion of space that extends not only behind the page but also lies in front of it, has found a splendid postlude in the latest of the manuscripts on exhibition,
pl. 16 the book of hours of the later Henry III of France as King of Poland (Cod. Ser. n. 13241): the illusion is created as if flowers were laid on the margins of the page casting shadows on it.

An intermediary role between surface and space (or volume) can also be played by the colouring: the regular distribution of one or several colours gives the impression of a coloured pattern ordered in the picture plane and the specifically decorative quality of such a colour pattern tends to subdue the effects of the spatial element. Nowhere in Gothic book painting but in France can colour
pl. 2 compositions of this kind be found. An early example is that of the decretals

of the monastery of Schlägl. An intrinsically decorative use of colour can also be observed in the two leaves of the Austrian Museum for Applied Arts: or- pl. 21 ange, the only heavy colour, is distributed in fairly small patches over the whole picture area, recurring on numerous quite different objects such as halos, butterflies, insides of garments etc. In one of the miniatures of Cod. 2551 (dated 1470) the subject of the illustration, the ceremony of a parlia- pl. 13 ment sitting has been taken by the artist as a welcome opportunity to fuse spatial setting, furniture and people into one coloured pattern. In this connection a form of marginal decoration, the compartimented frame, must be mentioned, where the wide edge of the frame is divided into geometric stripes with alternating colours which correspond to the main tonalities of the enclosed miniature. A book of hours of the school of Rouen written in 1500 shows pl. 64 remarkable examples of this: in the illustration representing Christ being taken captive which is shown as a night scene the border is in the same gloomy dark colours as the main picture.

The estrangement between the medium of the written word and the new conception of pictorial space which had become manifest after the middle of the fifteenth century could ultimately not be overcome, despite the emergence of new refinements in the organisation of the illuminated page and numerous, often very ingenious attempts to mitigate the discrepancy between the two media.
Such was the situation which saw the arrival in the scene of a completely new means of production. With the invention of printing the decisive moment for the decline of the handwritten book and its illumination had been reached. For more than half a century transitional forms were still retained and occasionally efforts were made to give printed books, intended to serve representative purposes, the appearance of illuminated manuscripts. In the end mechanically produced graphic art became recognised as the only appropriate form of illustrating printed books and the art of illumination finally died out.

The collections of the Austrian National Library are so rich in French miniatures of the Gothic and Renaissance period, that they can illustrate almost the whole of the stylistic development from the 13th to the 16th centuries. (The later periods are naturally more fully represented than the earlier ones, a fact which is also in accordance with the gradually increasing production of manuscripts).
The beginnings of the Gothic, or rather the proto-Renaissance phase between the Romanesque and the real Gothic are excellently documented by the manuscripts of the Bibles moralisées (Cod. 1179 and 2554, 2nd quarter of the 13th century). An example of one of the first purely Gothic styles, closely related to the so-called 'Roman de la Poire'–group (after Ms. fr. 2186 of the Paris Nation-

al Library) is Cod. Ser. n. 2611, dating from the 3rd quarter of the 13th century. Two of the illuminators representative for the time from the later 13th to the 2nd quarter of the 14th century, Maître Honoré (and his workshop) and his successor Jean Pucelle have successively taken part in the execution of the psautier-livre d'heures Cod. Ser. n. 2596. The miniatures by Pucelle, the man who was the first to introduce France to the Italian art of the Trecento, are of particular interest as they still show the Master's pre-Italian style. From the same period are a number of works which are of the finest quality and typical for the style of the time, but cannot be ascribed to any known artistic personality: the decretals of the monastery of Schlägl (ca. 1300), the two single pages of the Austrian Museum for the Applied Arts (ca. 1320) and the Roman 'Meraugis de Portlesguez' (ca. 1340). Almost all these manuscripts were made in Paris or the Ile de France. Parisian illumination in the second half of the 14th century is represented by only two manuscripts, Cod. 2592 and Cod. 1969. In the former one notices the influence of the Boqueteaux Master, who introduced landscape backgrounds into book painting, which stretch like tapestries right up to the height of the picture, and made them the standard form of background (the main manuscript in this style is ms. fr. 1584 of the Parisian National Library). From about 1370 on, under the patronage of Charles V of France, the immigration of artists of foreign origin, mainly Netherlanders and Italians (including Jean Bondol from Bruges) becomes very conspicuous. Of this international trend of French illumination the Viennese library possesses only very few examples, one of them is the Boccaccio manuscript Cod. Ser. n. 12766 made about 1410, but still based on the international amalgamation of styles. Comparatively well represented in the Vienna Library is, however, Avignon, as a centre of book production in the 14th century second in importance after Paris. The Vienna manuscripts of the Avignonese school are of various dates, ranging from the middle of the 14th century to about 1400. Here Northern French (Parisian) currents are closely interwoven with strong Italian influences.

A new stylistic era—which can be roughly defined as a symbiosis of the International Gothic, the art of the Italian Trecento and a quite new realistic trend—begins in Paris with the Limbourg brothers who came from the Low Countries, the Boucicaut and the Bedford Master. The Vienna Library is not among the extremely few libraries possessing examples of the style of the Limbourgs, only a few reflexes of Limbourg compositions can be found in some of the miniatures of Cod. Ser. n. 2615. Nor is the Boucicaut Master himself represented among the Viennese manuscripts, but at least one can refer to a sequence of miniatures imitating his style (Cod. Ser. n. 2615). The Master of the Duke of Bedford on the other hand is very well represented in Vienna: the richly illustrated Book of Hours Cod. 1855 is entirely in his hand, as is part of the sequence of illustrations to the Tristan in prose (Cod. 2537) and various miniatures in three further codices. The illustration of the Roi Modus manuscript (Cod. 2573) was carried out in the studio of another important illuminator of this time, the Rohan Master.

For the following stylistic phase in French illumination the Vienna collection shows a gap which, however, could not really be closed even if one drew on the depots of the great French libraries. It is the time of the incisive stylistic break caused by the influx of the ars nova of the Low Countries, a phase which is not well documented and is difficult to reconstruct. The only artist in whom one can see an intermediary between the late style of the Bedford Master's studio and the modern style inaugurated by Jean Fouquet about the middle of the century is the Master of Jouvenel des Ursins, trained probably in one of the more conservative milieus and seeking to take over all the realistic achievements of Netherlandish painting, the observation of light and shadow, the new plasticity in figure design and the new dimension of pictorial space (Cod. 2617).

With Jean Fouquet–in Vienna a book of hours of small size comes from his immediate artistic circle (Cod. Ser. n. 13247) – French painting becomes orientated in a new direction, towards Italian art. From there Fouquet took his inspiration for space representation and perspective, for the treatment of figure movement and the organisation of crowded scenes.

The French schools of illustration in the second half of the 15th century are richly documented in the Viennese collection. Maître François, who was strongly influenced by Fouquet in the main period of his work (from about 1470) and whose style lives on in the miniatures of the incunabula printed by Antoine Vérard up to 1500, is represented by a whole series of richly illuminated manuscripts dating from the early sixties to the eighties. (Cod. Ser. n. 12735 and 13237, Cod. 1840, 2574, 2551, 2559 and 2637). Two manuscripts on exhibition, Cod. 2543 and 2605, are from the studio of Rouen which was extremely productive in the late 15th century and belong to the so-called Jacob Ten Eyken group. Cod. 2543 is especially typical of Ten Eyken's style and is one of the almost serially produced Bouquechardière manuscripts, the text of which had been written by a knight living near Rouen. Jean Colombe, founder of one of the most important provincial ateliers of this time (Bourges), completed at a fairly early date of his career a sumptuously illuminated manuscript of the history of the nine worthies for Louis de Laval together with an unknown master who had been trained by Fouquet (Cod. 2577/2578). Part of the illumination of the recently discovered book of hours of the Kunsthistorisches Museum (Inv. 14642) comes from the studio of the young Jean Colombe, while a late manuscript showing direct influence of Colombe is Cod. Ser. n. 2596, a book of hours possibly originated in Lyon.

Two of the codices on exhibition (Cod. 2617 and 2597) show a series of illustrations by the so-called Cœur Master (Rene d'Anjou?). They rank among the finest creations of the art of painting of all times. The cycle of miniatures of the Livre du cœur d'amour épris has a special place in the history of art with its hitherto unheard of luminosity of colour, with its sequence of poetic moods of light in interiors and outdoor views, such as night scenes and sunrise, shimmering mid-day sun or fading light at the evening-tide.

The book of hours painted by Jean Bourdichon for Jean Bourgeois, the father confessor of Charles 8th of France, can be quoted as a representative work of the last quarter of the 15th century (Innsbruck, University Library, Cod. 281). It is one of the rather small number of works unanimously considered to be of the Master's own hand and is noteworthy as being especially close to Fouquet, the founder of the school at Tours which Bourdichon continued.

The period around 1500 and the final phase of illumination in the first few decades of the 16th century are exceptionally well represented. A whole series of important works are from the Rouen school, the leading centre in illumination of the time (Cod. 1906, 2581/2582, 2565, 2587, 2624, 2625, 2584, Ser. n. 12733, Cod. 1883 and 2645). The Vienna library is also well stocked in manuscripts exemplifying the production and the characteristics of other provincial centres. Cod. 1853* and 2556 for Lorraine, Cod. 2558 for Western France, Cod. 3441 for works commissioned by or made for Margaret of Austria in Savoy.

The book of hours of the later Henry III of France (Cod. Ser. n. 13241), an excellent representative of the mannerist style of the Italianising school of Fontainebleau written in the mid sixteenth century forms the worthy conclusion to the selection of manuscripts.

A few examples of printed works are added to the manuscripts to show the transition from the illuminated manuscript to the printed book.

Although in this brief survey of the development of French Gothic and Renaissance illumination leading artists of various periods will be found missing in the Vienna collection such as for instance the Limbourg brothers or are only represented by works showing the influence of a key figure as in the case of Jean Fouquet, it may be permitted to add that the Austrian National Library in its turn possesses some masterpieces such as the two manuscripts illuminated by the René-Master, the two early Bibles moralisées or the late book of hours in the Fontainbleau style which are unique and for which real substitutes could hardly be found in any other library.

KATALOG

1 Cod. 1096

BIBEL (lateinisch)

Nordfrankreich, 2. Viertel 13. Jh. Abb. 17

Feines Pergament, 253 x 180 mm, 321 Blatt. Schriftspiegel 170 x 115 mm; geschrieben in kleiner französischer Bücherminuskel. 175 Initialen, 29 davon historisiert (diejenige zur Genesis in voller Höhe des Textspiegels, mit Medaillons), 4 Kanontafeln, 2 Tabellen in der Art von Kanontafeln. Zahlreiche kleine Fleuronnee-Initialen.
Gotischer Einband: kirschrotes Leder.
Die Handschrift wurde 1493 vom Breslauer Kanonikus *Johannes Schewerleyn* erworben (autographer Kaufvermerk auf dem Vorsatzblatt). Seit 1576 Eigentum der Hofbibliothek.

Text: Die Handschrift enthält alle Bücher des Alten und Neuen Testaments in der Vulgata-Fassung, das ist jene lateinische Übersetzung, die der hl. Hieronymus (gest. 420) redigiert hat.

Ausstattung. Der Beginn der Bücher der Bibel ist mit prunkvollen Initialen geschmückt, der Beginn der jeweils vorangehenden Kapitelverzeichnisse mit etwas einfacheren, insgesamt sind es 175. Ein Teil (29) dieser Initialen ist durch Einfügen von Figuren oder Szenen hervorgehoben. Meist handelt es sich um eine Art Autorenbilder: bei den Büchern der Propheten, bei den Evangelien und bei den Apostelbriefen sind immer Standfiguren mit einem Spruchband in den Händen, den jeweiligen Verfasser repräsentierend, in den Schaft oder das Innenfeld der Initiale gemalt. Analog wird zum Prolog der hl. Hieronymus dargestellt (f. 1 r) und der thronende Salomon zum Liber proverbiorum (f. 134 v). In der Initiale zum Liber sapientiae (f. 142 r) thront eine Frau als Personifikation der Weisheit. Zwei weitere Initialen enthalten kleine Szenen: zum Beginn des Canticum canticorum Christus und Ecclesia als Sponsus und Sponsa, wie sie gemeinsam ein Kirchenmodell halten und, dem Textbeginn entsprechend *(osculetur me osculo oris sui),* einander küssen (f. 141 r), zu Beginn des Buches Daniel den Propheten Daniel, wie er Susanna gegen die beiden Alten verteidigt (f. 190 r). Besonders reich und prunkvoll ist der Beginn der Bibel, also die Initiale zum Buch Genesis ausgeführt (f. 4 v): die Initiale *I(n principio ...)* nimmt die gesamte Höhe des Textspiegels ein und enthält in ihrem Schaft sieben Medaillons mit den Darstellungen des Sechstagewerks der Schöpfung (von unten nach oben zu lesen) und, zuoberst, des thronenden Gottvaters mit segnend erhobener Rechten, in der Linken die fertige Erde (als kleine, farbig unterteilte Scheibe) vorzeigend. Die Querbalken der Initiale entstehen durch seitlich angeschobene Medaillons am oberen und am unteren Ende, in denen jeweils ein das Weihrauchfaß schwingender Engel dargestellt ist. Analog, wenn auch weniger reich, ist die Initiale zum Matthäus-Evangelium mit der Wurzel Jesse gestaltet (f. 230 v): unten die liegende Gestalt des Jesse, im Initialschaft die aus Ranken gebildete Medaillonfolge mit den Büsten der Vorfahren Christi. Sowohl historisierte wie reine Zierinitialen stehen in der Regel auf sorgfältig poliertem Goldgrund. Die Schäfte und Körper der Zierinitialen werden aus schmalen, mit lappigen Blättern besetzten Leisten oder aus langgezogenen geflügelten Drachen gebildet. Im Innern reich verschlungene symmetrische Spiralranken, die in verschieden geformte, bunte Blätter enden; manchmal auch hundeähnliche Tiere oder, f. 32 v, ein prächtiger Pfau. Das Kolorit ist von außerordentlicher Leuchtkraft, Orangerot und Hellgrün dominieren.

Die Handschrift ist ein anschauliches Beispiel für den Übergang von der Romanik zur Gotik. Das Ornamentrepertoire stammt noch aus der Romanik, Figuren- und Faltenstil gehören der Protorenaissance an (worunter die Kunst des Nikolaus von Verdun, des Ingeborg-Psalters und der frühen Bibles moralisées [vgl. Kat. nr. 2 und 3] verstanden wird); gotische Elemente sind in den Kanontafeln vorhanden, mit ihren vielfach gebrochenen, ineinander verflochtenen Arkaden.

Abbildung 17. Fol. 248 v/249 r: Prunkinitialen zu Prolog, Capitula und Beginn des Johannesevangeliums. Johannes der Evangelist steht im Schaft der Initiale I, die Rechte zur Rede erhoben und ein Buch in der vom Gewand verhüllten Linken. Der Buchstabenkörper ist ober- und unterhalb der Figur mit Ranken und Drachen gefüllt. Die Fortsetzung des Evangelientextes *(I)n principio erat verbum* ist in der Höhe der weisenden Hand des Evangelisten zu finden. Die Prologinitiale *h(ic est Johannes evangelista* . . .; auf f. 248 v) wird aus sich verflechtenden Spiralranken gebildet, deren Enden in kleine Blätter oder Drachenköpfe auslaufen.

Die aufgeschlagene Seite ist typisch für die prunkvolle Fassung wie die abgestufte Auszeichnung der Textanfänge der einzelnen Bibelabschnitte.

Literatur. H. J. Hermann VII/1, 13 ff.

2 Cod. 1179

BIBLE MORALISÉE (Fragment, lateinisch)

Paris, 2. Viertel 13. Jh. Abb. 1 (in Farbe)

Kräftiges Pergament, 430 x 295 mm, 246 Blatt. Geschrieben in französischer Bücherminuskel. 1 Vollbild (255 x 180 mm) und 245 Bildtafeln (255/275 x 185/205 mm) mit je 8 Miniaturen in Medaillons (ca. 65 mm im Durchmesser).

Französischer Barock-Einband von Etienne Boyet d. Jüngeren: dunkelbraunes Maroquin mit Handvergoldung, Wien, nach 1713.

Die Handschrift stammt aus dem Besitz des Prinzen Eugen von Savoyen und kam 1738 in die Hofbibliothek.

Text und Ausstattung. Die Handschriften der Bible moralisée gehören zu den am umfangreichsten illustrierten Werken der Buchmalerei überhaupt. Wort und Miniatur bilden ein eng zusammengehörendes Ganzes. Das Textprinzip ist, ebenso wie das der Bebilderung, eine Kombination von Bibelpassagen und entsprechendem Kommentar. Dieser Kommentar kann moralisierender (daher der Name dieser Handschriftengattung), typologischer und/oder allegorischer Natur sein.

Am Beispiel einer der Schöpfungsszenen soll dieses Prinzip kurz erläutert

werden. Der Bibelstelle von der Erschaffung des Menschen und der Tiere ist die übliche Darstellung der Erschaffung Evas, die der Schöpfer aus der Seite des schlafenden Adams herauszieht, beigegeben; die schon erschaffenen Tiere sind dahinter meist paarweise aufgereiht. In der entsprechenden Kommentardarstellung zieht Gottvater die Ecclesia (die Kirche) aus der Seite des mit geneigtem Haupt und geschlossenen Augen am Kreuz hängenden Christus. Rechts davon befinden sich in einem zweigeschossigen Gebäude Vertreter verschiedener kirchlicher Stände: ein Bischof und Mönche in unterschiedlichen Kutten. Im Bibelkommentar wird der Zusammenhang zwischen den beiden Szenen zusätzlich erklärt: 'Daß Gott Adam einschlafen ließ, bedeutet Gottvater, der seinen Sohn am Kreuz einschlafen ließ; Eva, die aus der Seite Adams herauskommt, bedeutet die heilige Kirche, die, bekrönt mit den zwölf Gnaden, aus der Seite von Jesus Christus herauskommt; die verschiedenen Tiere bedeuten die verschiedenen kirchlichen Stände.'
Nach diesem Prinzip wird die ganze Bibel hindurch gearbeitet. Der Text der Bibel- und Kommentarstellen ist in einer schmalen Spalte untereinander angeordnet und begleitet die jeweils zugehörigen Illustrationen, die als vertikale Medaillonabfolge eine zweite, breite Spalte bilden. Diese Anordnung, zweifach genommen, ergibt eine Codexseite. Sie beinhaltet jeweils vier Bibelstellen mit zugehörigem Kommentar sowie die entsprechenden Bibel- und Kommentarbilder. Die Leseabfolge verläuft spaltenweise von oben nach unten. Die Medaillonabfolge in der dekorativen Ordnung der Buchseite bestimmt den optischen Eindruck; der Text erscheint wie bloße Beischrift.
Die Gewohnheit, Bilder in Medaillons zu fassen, die von einem Rahmen zusammengeschlossen werden, bestand bereits in der Pariser Buchmalerei zur Zeit der Entstehung der Bible moralisée (3. Jahrzehnt des 13. Jahrhunderts) und wurde lediglich für die neue Aufgabe adaptiert.
Als Buchtyp hält sich die Bible moralisée bis in das 15. Jahrhundert, doch sind insgesamt nur wenige Exemplare hergestellt worden, offensichtlich wegen der gewaltigen Anzahl von Illustrationen. Von den frühen Erzeugnissen (denen des 13. Jahrhunderts) sind vier Exemplare erhalten, alle dem 2. Viertel bzw. der Jahrhundertmitte zuzuzählen. Die Wiener Nationalbibliothek besitzt zwei davon, ein lateinisches, nämlich die vorliegende Handschrift, und ein französisches (Cod. 2554, Kat. nr. 3, S. 69 ff.), die aus inhaltlichen und stilistischen Gründen als die beiden frühesten der erhaltenen Handschriften gelten. Eine erweiterte dreibändige Ausgabe befindet sich in Toledo (ihre 8 letzten Blätter in der Pierpont Morgan Library in New York, M 240); eine zweite dreibändige, um die Jahrhundertmitte entstandene, ist zwischen Oxford (Bodleian Library, 270b), Paris (Bibliothèque Nationale, ms. lat. 11560) und London (British Library, ms. Harley 1526/1527) aufgeteilt. Die Widmungsbilder in der Handschrift von Toledo und im Wiener Codex 1179 (f. 246 r, König mit Lilienszepter und Schreiber) sowie der große Umfang des Auftrags legen eine Entstehung der Bible moralisée in Paris, am französischen Königshof nahe. Das spezifisch auf

die östliche Champagne weisende Französisch des zweiten Wiener Exemplares (Cod. 2554) ist kein hinreichender Grund, die Entstehung der Handschrift selbst dort anzunehmen.

Die vorliegende Handschrift ist nicht vollständig: Vorhanden sind die alttestamentlichen Bücher von der Genesis bis Hiob, ein kleiner Teil des Buches Daniel, die Bücher der Makkabäer und die Apokalypse. Die Bibelfassung ist im allgemeinen knapper als die der dreibändigen Exemplare, dagegen sind die kommentierenden Erläuterungen zum Teil so umfangreich, daß die schmale Textspalte nicht genügend Platz bietet und am Rand weitergeschrieben wird. Der Arbeitsvorgang war so, daß der Text erst nach erfolgter Bebilderung hinzugefügt wurde, was sich daran zu erkennen gibt, daß er der Miniatur ausweicht, wo diese über die Medaillonspalte in den für den Text vorgesehenen Teil ausgegriffen hat.

Die Handschrift besitzt ein Vollbild mit dem thronenden Schöpfergott, der die Welt abzirkelt, die er im Schoß hält. Es folgen 245 Bildtafeln mit je 2 Kolumnen von je 4 Bildmedaillons. Ganze bzw. halbe Rosetten verklammern die Medaillons untereinander und mit den Kolumnenrahmen. Der gemusterte Grund der linken Medaillonspalte ist blau, der der rechten krapprot. In allen auftretenden Zwickeln sind halbe bzw. geviertelte Vierpässe eingeschrieben (in der linken Spalte blau, in der rechten krapprot), gefüllt mit halben oder geviertelten Adlern, Spiralmustern und heraldischen Lilien. Die Miniaturen in den Medaillons besitzen polierten Goldgrund. Auf je zwei sich gegenüberliegende Bildseiten folgen zwei leere usw.

Der Bildschmuck der Bible moralisée ist eines der hervorragendsten Beispiele des Muldenfaltenstils, in dem sich der Einfluß antik-klassischer Draperie-Bildung kundtut. Dieser Stil ist um die Jahrhundertwende, etwa im Ingeborg-Psalter (Chantilly, Musée Condé, ms. 1695) schon voll ausgebildet, hält sich aber bis ins zweite Viertel des 13. Jahrhunderts (z. B. Skizzenbuch des Villard de Honnecourt, Bibliothèque Nationale Paris, ms. fr. 19093). Das Prinzip, ein Hochformat mit Doppelreihen von Medaillons zu füllen, kehrt in der gleichzeitigen Glasmalerei wieder. Die monotone Wiederholung der Medaillonkonfiguration in der Bible moralisée läßt zunächst den unerhörten Erfindungsreichtum der Einzeldarstellungen nicht zur Geltung kommen. An der Ausführung des überreichen Bildschmucks haben drei derselben Stilstufe angehörende Meister samt Gehilfen mitgewirkt.

Abbildung 1. Fol. 1 v: Der Schöpfergott als Architekt des Universums. Von einem gelängten Vierpaßrahmen eng eingefaßt, thront der Schöpfergott, das Haupt geneigt, in blauem besticktem Gewand. Im Schoß hält er mit der Linken das kreisrunde Universum, dessen verschiedene Elemente in unterschiedlicher Farbe und zum Teil in bewegten Formen charakterisiert sind. Die erhobene Rechte steckt mit einem goldenen Zirkel den Radius der Weltenscheibe ab. Den gelängten Vierpaßrahmen halten in den Ecken des umschließenden Rechtecks vier heftig bewegte Engel. Die monumentale Inschrift über dem Bild, ein Hexameter, lautet: *HIC ORBIS FIGULUS DISPONIT SINGULA SOLUS*. Hier ordnet der alleinige Schöpfer die einzelnen Dinge des Erdkreises.

Literatur. H. J. Hermann VII/1, 29 ff. – R. Haussherr, Sensus litteralis und sensus spiritualis in der Bible moralisée, in: Frühmittelalterliche Studien, Jahrbuch des Instituts für Frühmittelalterforschung d. Universität Münster 6 (1972) 356–380. – Bible moralisée, Faksimile Ausgabe im Originalformat des Codex Vindobonensis 2554 der Österreichischen Nationalbibliothek, Kommentarband v. R. Haussherr, Graz/Paris 1973. – R. Branner, Manuscript painting in Paris during the reign of Saint Louis, a Study of Styles, Berkeley, Los Angeles, London 1977.

3 Cod. 2554

BIBLE MORALISÉE (Fragment, französisch)

Paris, 2. Viertel 13. Jh. Abb. 18

Kräftiges Pergament, 344 x 260 mm, 131 Blatt. Geschrieben in kleiner gotischer Bücherminuskel. 1 Vollbild (275 x 210 mm) und 129 Bildtafeln (280 x 200/210 mm) mit je 8 Miniaturen in Medaillons (ca. 65 mm Durchmesser). 6 Wappen aus dem 16. Jahrhundert.

Französicher (?) Renaissance-Einband: abgeriebener schwarzer Samt, 1. Hälfte des 16. Jahrhunderts.

Im 16. Jahrhundert war die Handschrift im Besitz der Familie Mercy-Luxembourg, sodann im adeligen Damenstift in Hall/Tirol; nach dessen Aufhebung (1783) kam sie in die Hofbibliothek.

Text. Die Bibles moralisées sind kommentierte und außerodentlich reich bebilderte Bibelhandschriften, in denen – am Ablauf der Heiligen Schrift orientiert – Text (Bibelstelle und Kommentar) und entsprechende Illustrationen ein eng zusammengehöriges Ganzes bilden. Die Miniaturen besitzen Medaillonform. Jede Buchseite besteht aus zwei vertikalen Medaillonreihen und zwei – schmäleren – Textspalten. Die Entstehungszeit der Bible moralisée fällt in das dritte Jahrzehnt des 13. Jahrhunderts, die vorliegende Handschrift gehört zu den frühesten erhaltenen Exemplaren (ausführlicher siehe die allgemeine Einleitung von Kat. nr. 2, S. 66 ff.).

Innerhalb der frühen Bibles moralisées (also denjenigen, die noch aus dem 13. Jahrhundert stammen) nimmt die vorliegende Handschrift eine Sonderstellung ein: sie ist nicht wie die anderen in Latein, sondern in Fanzösisch, in einem Dialekt der östlichen Champagne, abgefaßt, und sie besitzt eine andere Seitenorganisation als die lateinischen Exemplare: die Textspalten begleiten die beiden Medaillonkolumnen außen, die Leseabfolge, bezogen auf die Bibelstelleneinheiten (d. h. Textstelle, Kommentar und deren Bebilderungen), ist horizontal.

Die Handschrift ist ein Fragment, sie bricht mit dem 4. Buch der Könige ab. Möglicherweise ist der fehlende Teil nicht später verlorengegangen, sondern überhaupt nie vorhanden gewesen. Die Redaktion ist ähnlich wie bei Cod. 1179 (Kat. nr. 2, S. 66 ff.) wesentlich kürzer als die der (späteren) dreibändigen Bibles moralisées.

Ausstattung. Wie in den anderen frühen Bible-moralisée-Handschriften ist dem kommentierten und illustrierten Bibeltext ein Vollbild mit dem Schöpfer als Architekt des Universums vorangestellt; die Darstellung zeigt jedoch nicht wie die anderen Handschriften der Gruppe den Schöpfer als thronende Majestas Domini, sondern stehend und weit über die Welt gebeugt, die er mit einem großen Zirkel mißt. Die Miniatur besitzt auch eine bemerkenswerte Umrahmung, die Reste plastisch profilierter Ausbildung aufweist, wie sie Tafelbildrahmen besitzen.

Es folgen 129 Bildseiten zu je 8 Medaillons in der zuvor beschriebenen Anordnung. Dort, wo sich die Medaillons untereinander und mit dem Rand berühren, sind ganze bzw. halbe kleine Rosetten aufgelegt. In den Zwickeln befinden sich ganze, halbe bzw. viertel Quadrate mit angesetzten Halbbögen; zumeist beinhalten sie Engelbüsten, manchmal auch Halbfiguren Gottvaters oder Christi, die handelnd in die untere Szene eingreifen. Die Medaillons besitzen polierten Goldgrund. Der gemusterte Grund des großen Rechteckfeldes ist auf den Versoseiten blau, auf den Rectoseiten rot; die Medaillonrahmungen, die Rahmenleisten der Seite usf. in entsprechend alternierenden Farbkombinationen von Rot und Blau. Auf je zwei einander gegenüberliegende Bildseiten folgen je zwei leere, die ganze Handschrift hindurch.

Zwischen den Malereien der französischen Bible moralisée und denen der lateinischen (Cod. 1179, Kat. nr. 2) bestehen unzweifelhaft engste Zusammenhänge, so daß ihre Entstehung trotz des champagnischen Dialekts des Textes wohl ebenfalls in Paris anzunehmen ist. Auch sie gehören demselben Formkanon an, den man als Muldenfaltenstil charakterisiert, vertreten aber vielleicht eine etwas spätere Stilphase mit teilweise gesteigerter Dramatisierung und einer oft erstaunlichen Expressivität der figürlichen Aktion. Die Ausführung dieses Riesenwerkes ist die Arbeit eines Kollektivs, in dem der Maler des Weltenschöpfers im monumentalen Frontispiz die führende Persönlichkeit gewesen sein dürfte.

Abbildung 18. Fol. 1 r: Erste Genesisseite; vier Schöpfungsszenen und entsprechende Darstellungen des Kommentars.

Erstes Bild- und Textpaar (oben links): *Ici depart dex le ior de la nuyt,* 'Gott scheidet das Licht von der Finsternis': er trennt eine helle obere Halbkreisscheibe von einer unteren dunklen. *La clartei del ior senefie le clartei des angles et de sainte eglise* (Kommentar) 'Die Helle des Tages bedeutet das Licht der Engel und der heiligen Kirche': Zwei Seraphim, vierflügelige Engel auf Rädern stehend, und die Kirche, mit Kelch in den Händen und architektonisch gerahmt, als Repräsentanten des Lichts. Dünne helle Striche verbinden die lichte Scheibenhälfte des oberen Bildes mit den Figuren des Kommentarbildes.

Zweites Bild- und Textpaar (oben rechts): *Ici fet dex le firmament, la terre en mi et la mer entor* 'Gott erschafft das Firmament, die Erde inmitten und das Meer außenherum': unter der im Schöpfungsgestus hochgehobenen Rechten die Erde von Wasser umflossen. *La terre en mi ferme senefie sainte eglise ferme, la mer qi cort entor senefie la mer del munde qi flaele sainte eglise* (Kommentar) 'Die feste Erde inmitten bedeutet die starke Kirche, das Meer rundherum bedeutet die Welt, die die heilige Kirche geißelt': Die in der Mitte thronende Kirche mit Krone, Kelch und Fahne wird von beiden Seiten von Repräsentanten der verschiedensten Stände bedroht.

Drittes Bild- und Textpaar (unten links): *Ici depart dex la terre de la mer et garnist la terre d'arbres et d'oiseax et la mer de poissons de gros et de menuz* 'Gott scheidet die Erde vom Meer und belebt die Erde mit Bäumen und Vögeln, das Wasser mit großen und kleinen Fischen': neben der nach links ausschreitenden, doch zurückgewendeten Schöpfergestalt befindet sich oberhalb einer Wasserzone die Erde mit Bäumen, auf denen verschiedene, in ihrer Art genau charakterisierte Vögel sitzen. Die im Text erwähnten Fische sind nicht dargestellt (im Gegensatz zur anderen Wiener Bible moralisée, Cod. 1179, Kat. nr. 2). *La terre senefie sainte eglise, li oisel senefient les diverses genz del monde qi acrochent sainte eglise, li gros poisson senefie les gros usuriers qi mainiuent les petiz ce sunt la pouvre gent* (Kommentar) 'Die Erde bedeutet die heilige Kirche, die Vögel bedeuten die verschiedenen Leute auf der Welt, die die heilige Kirche mißhandeln, die starken Fische bedeuten die dicken Wucherer, welche die kleinen, das sind die armen Leute, auffressen': Die Kirche als kleine Sitzfigur mit Krone und Kelch auf einem Podest unter einer Arkade wird von Mönchen verschiedenen Habits mit Reißhaken angefallen.

Viertes Bild- und Textpaar (rechts unten): *Ici fet dex le soleil et la lune et les estoiles, li soleax enlumine la lune* 'Gott erschafft die Gestirne, die Sonne erleuchtet den Mond': unter der im Schöpfungsgestus ausgestreckten Rechten Sonne und Mond, umgeben von vielen Sternen. *Li soleuz (enlumin* gestrichen*) senefie tote devinitei, la lune senefie (tote divinitei* gestrichen*) sainte eglise, les estoiles senefient tote clergie et cels qi sunt enluminei de la divinitei deu* (Kommentar) 'Die Sonne bedeutet die ganze Gottheit, der Mond bedeutet die Heilige Kirche, die Sterne bedeuten den ganzen Klerus und diejenigen, die von der Gottheit erleuchtet sind': Die bekrönte Gestalt der Ecclesia (Kirche) hält ein geöffnetes Buch über ihr Haupt, von beiden Seiten strecken Kleriker die Arme hoch, die Hände gefaltet.

Literatur. H. J. Hermann VII/1, 47 ff. – R. Haussherr, Sensus litteralis und sensus spiritualis in der Bible moralisée, in: Frühmittelalterliche Studien, Jahrbuch des Instituts für Frühmittelalterforschung d. Universität Münster 6 (1972) 356–380. – Bible moralisée, Faksimile Ausgabe im Originalformat des Codex Vindobonensis 2554 der Österreichischen Nationalbibliothek, Kommentarband von R. Haussherr, Graz/Paris 1973. – R. Branner, Manuscript painting in Paris during the reign of Saint Louis, a Study of Styles, Berkeley, Los Angeles, London 1977.

4 Cod. Ser. n. 2611

BILDERBIBEL UND PSALTERIUM

Paris, 3. Viertel 13. Jh. Abb. 19

Feines Pergament (die Blätter mit ganzseitigen Miniaturen stärker), 178 x 132 mm, 204 Blatt. Schriftspiegel 95 x 72 mm; französische gotische Buchschrift. 14 Bildseiten mit je sechs Medaillons, 24 Kalenderminiaturen, 10 ganzseitige historisierte Initialen. Zahlreiche Zierinitialen im Text, die größeren in verschieden hohe Zierleisten auslaufend, die kleineren mit Fleuronnée-Verzierungen. Zeilenschlußleisten. Auf dem unteren Rand aller Rectoseiten diagonale Zierleiste.

Gotischer Einband: mehrere Bezüge über Holzdeckeln (zuunterst rotes Leder, dann schwarzer Samt und zwei stark beschädigte schwarze Seidenhüllen). Je fünf vergoldete Silberrosetten als Beschläge. Böhmen, spätes 14. Jahrhundert.

Die Handschrift befand sich im 14. Jahrhundert mit hoher Wahrscheinlichkeit im Besitz einer Adelsfamilie in der Lausitz und einer Äbtissin des Klarissenklosters Seußlitz bei Meißen (Nekrologeintragungen im Kalender). 1936 wurde sie mit dem Rest der Ambraser Sammlung auf dem Tauschwege aus dem Kunsthistorischen Museum in die Nationalbibliothek übernommen.

Text. Dem eigentlichen Psalterium, den 150 Psalmen Davids, sind ein Kalender, eine Heiligenlitanei und einige Gebete beigefügt.

Psalterien waren seit der karolingischen Epoche und bis weit ins 13. Jahrhundert das typische private Andachtsbuch der Laien – berühmt etwa der Psalter Karls des Kahlen aus dem 9. Jahrhundert oder derjenige des heiligen Ludwig aus dem 13. Jahrhundert. Im Laufe des 13. Jahrhunderts übernahm allmählich das Stundenbuch diese Rolle, wobei lange Zeit Übergangsformen bestanden, eine Art Kombination von Psalter und Stundenbuch (der wir z. B. in Cod. Ser. n. 2596 begegnen, Kat. nr. 8, S. 79). Daß in der vorliegenden Handschrift das reine Psalterium durch mehrere andere Texte bereichert wurde, ist als Symptom desselben Wandlungsprozesses anzusehen.

Ausstattung. In der Ausstattung der Handschrift müssen drei Teile unterschieden werden: eine Folge von 14 ganzseitigen Bildtafeln mit Illustrationen zum Alten und Neuen Testament (ff. 2 v–21 r), die Kalenderillustration mit den Darstellungen der Tierkreiszeichen und der Monatsarbeiten (ff. 23 v–34 r) sowie die eigentliche Psalterillustration, bestehend aus 10 ganzseitigen historisierten Initialen, vorwiegend mit Szenen aus dem Leben Davids (ff. 36 v–154 v). Die Gewohnheit, eigene lange Vollbildserien in die Psalterhandschriften einzufügen, besteht seit der romanischen Epoche und geht auf englischen Einfluß zurück. Die Themen dieser ohne jeden begleitenden Text eingeschobenen Bildtafeln können von Fall zu Fall variieren. In unserem Codex bilden sie eine Art Bilderbibel mit Szenen aus dem Buch Genesis und aus dem Neuen Testament. Jede Seite zeigt sechs thematisch zusammenhängende Medaillons, die in einen blau-roten Mustergrund eingelassen und wie eine Bildtafel gerahmt sind: das Sechstagewerk der Schöpfung (f. 2 v), die Geschichte des Sündenfalls (f. 4 r), die Sintflut (f. 6 v), die Geschichte Sodoms und Szenen aus dem Leben Abrahams (f. 7 r), Jakobsgeschichte (f. 8 v); besonders ausführlich ist die Josefsgeschichte illustriert, sie nimmt fünf Bildtafeln ein (ff. 9 r–13 v); das Neue Testament umfaßt vier Bildseiten, von der Kindheitsgeschichte Jesu (f. 16 v) zum Wirken Jesu (f. 18 r) und seiner Leidensgeschichte (f. 19 v), schließlich die Auferstehung, die Erscheinungen nach dem Tod und das Jüngste Gericht (f. 21 r). Die Kalenderseiten besitzen eine Rahmung, die oben in eine Art Doppelarkade ausbuchtet mit der Darstellung der jeweiligen Monatsbeschäftigung in der rechten Arkade. Auf derselben Seite darunter sind die Medaillons der Tierkreiszeichen angebracht, und zwar so weit in den Rand hinaus geschoben, daß auch hier die Rahmenleiste ausbuchten muß.

Die zehn ganzseitigen historisierten Initialen, die meist jeweils vier Medaillons umschließen, stehen vor einem rechteckigen gemusterten Rahmenfeld, dessen unterer Streifen das erste Psalmwort enthält (ff. 57 v, 72 v, 85 v, 88 v, 102 r, 119 v, 135 v, 138 v). Die erste und die letzte der historisierten Initialen (ff. 36 v und 164 v) weisen ein abweichendes Organisationssystem auf: das Innenfeld dieser Initialen ist nicht durch Medaillons unterteilt; auf f. 36 v sind acht Nebenszenen in die Randleiste des Mustergrundes eingefügt. Inhaltlich entsprechen die Illustrationen eher einer deutschen Tradition, die sich um den unmittelbaren Zusammenhang der Bilder mit dem Text wenig kümmert; ein solcher ist in unserer Handschrift lediglich dadurch gegeben, daß es sich bei nahezu allen Szenen um Episoden aus dem Leben Davids, also des Verfassers der Psalmen, handelt. Im Gegensatz dazu besteht das französische Bebilderungsprinzip in einer Art Wortillustration, derzufolge zum Beispiel beim 68. Psalm, der mit den Worten 'Herr, hilf mir, denn das Wasser steht mir bis zum Halse ...' beginnt, König David im Wasser stehend und betend dargestellt ist. Dieser Illustrationstyp, der schon seit dem frühen 13. Jahrhundert auch ikonographisch relativ fixiert ist, findet sich z. B. in Cod. Ser. n. 2596 (Kat. nr. 8, S. 82), Cod. 1254 (Kat. nr. 15, S. 94 ff.) und Cod. Ser. n. 12735 (Kat. nr. 43, S. 148). Es muß noch hinzugefügt werden, daß es im Laufe der Zeit und je nach geographischem Bereich in Europa verschiedene liturgische Psaltereinteilungen gab, die jeweils durch ein Bildpräludium (oder, in der Frühzeit, durch besonders reiche Dekoration) gekennzeichnet waren. Die vorliegende Handschrift weist die kombinierte Zehnerteilung auf, die aus einer Kreuzung der in England üblichen Dreiteilung (bei welcher der 1., 50. und 101. Psalm durch Dekor oder Illustration hervorgehoben werden) und der französischen Acht-Teilung (1., 26., 38., 52., 68., 80., 97. und 109. Psalm) entstanden ist.

Der reichen bildlichen Ausstattung des vorliegenden Codex steht der dekorative Schmuck in nichts nach. Die Textseiten besitzen nicht nur fein ausgeführte Fleuronnée-Initialen, sondern auch äußerst differenziert und abwechslungsreich gestaltete gemalte Zierinitialen und Zeilenschlußleisten, die häufig durch Droleriemotive oder Tierdarstellungen (z. B. ein Elefant f. 124 r, ein gesatteltes Pferd f. 105 v) belebt sind. Zusätzlich besitzt jede Rectoseite am unteren Rand ein schräges, lanzettförmiges Zierstück, das meist von einem Tiermaul knapp unterhalb der letzten Textzeile seinen Ausgang nimmt.

Stilistisch stellt die Handschrift einen Sonderfall dar, insofern, als ein Teil der Miniaturen Züge aufweist, die der deutschen Buchmalerei entstammen, insbesondere der sächsisch-thüringischen Malerschule, z. B. die Anklänge an den zackbrüchigen Stil in der Darstellung der Wurzel Jesse (f. 154 v). Die rein französischen Miniaturen, an deren Ausführung mindestens zwei verschiedene Maler beteiligt waren, können mit einer Stilrichtung in Verbindung gebracht werden, die nach dem Text einer der repräsentativsten Handschriften, des ms. fr. 2186 der Bibliothèque Nationale Paris, 'Roman de la Poire-Gruppe' benannt wird.

Abbildung 19. Fol. 72 v/73 r: Illustration zum 39. Psalm *(Dixi custodiam . . .).* Szenen aus dem Leben Davids in vier im Quadrat angeordneten, zeilenweise zu lesenden Medaillons in der Initiale D. Die restlichen Buchstaben des 1. Psalmwortes (Dixit statt Dixi) stehen im unteren Randstreifen.

Obere Reihe: der gerüstete und bewaffnete Goliath zwischen zwei Reitergruppen vor dem Kampf mit David. – David, in einem einfachen Kittel, holt mit der Schleuder gegen Goliath aus, der mit Schild, Speer und herabgelassenem Visier neben ihm steht. – Untere Reihe: David schneidet dem gestürzten Goliath mit dessen eigenem riesigen Schwert den Kopf ab. – Der Triumph Davids. Die Frauen Jerusalems, deren erste ein Tambourin schlägt, empfangen den mit dem abgeschlagenen Haupt Goliaths heranreitenden David.

Die gegenüberliegende Seite zeigt die typischen Zierelemente einer Textseite: Fleuronnée-verzierte Initialen, Zeilenschlußleisten (teils ornamental, teils in Drolerien, z. B. ein Drachenkörper mit menschlichem Kopf und Bischofshut) und die auf allen Rectoseiten vorhandene lanzettförmige, schräg nach unten geführte Zierleiste.

Literatur: Französiche Schule I, 121 ff., Abb. 173–188. – Über die 'Roman de la Poire-Gruppe' vgl. G. Vitzthum, Die Pariser Miniaturenmalerei, Leipzig 1907, 101 f. – Zur Geschichte der Psalterillustration: G. Haseloff, Die Psalterillustration im 13. Jahrhundert, 1938.

5 Cod. 2056

RAIMUNDUS DE PENNAFORTI, ARBOR CONSANGUINITATIS ET ARBOR AFFINITATIS

Nordfrankreich, um 1300 Abb. 20

1 Doppelblatt (ff. 301 und 302) zusammengebunden mit Gregorius IX. papa, Decretales cum glossis perpetuis (ff. 1–292 r) und Innocentius IV. papa, Constitutiones in concilio Lugdunensi anno 1245 celebrato edita (Schluß fehlt; ff. 292 v–300 v)

Pergament, 410 x 260 mm, 2 Blatt. Schriftspiegel 340 x 245 mm; geschrieben in kleiner französischer Bücherminuskel, 2 große Miniaturen (250/255 x 175 mm), Initialen.

Gotischer Einband: gebräuntes weißes Leder mit Blindstempeln, Deutschland, Ende des 15. Jahrhunderts.

Vermutlich befand sich die Handschrift im Besitz des Humanisten Johannes Cuspinianus (1473–1529), Vermerk von seiner Hand im Inneren des Hinterdeckels; schon 1576 war sie Eigentum der Hofbibliothek.

Text. Die kurze Abhandlung – als Doppelblatt einer italienischen Dekretalhandschrift (Sammlung von päpstlichen Entscheidungen, die durch ihren Vorbildcharakter Gesetzeskraft besitzen) beigebunden – beschreibt die Beziehungen und Verhältnisse der verschiedenen Verwandtschaftsgrade, sowohl die der Blutsverwandtschaft wie die der Verschwägerung, die in den beigegebenen Schaubildern auch graphisch dargestellt werden. Die Schrift stammt von Raimund von Peñaforte (1175/80–1275), demselben Autor, der im Auftrag Gregors IX. die Dekretalen neu geordnet hat.

Ausstattung. Das erste Schaubild, eine sparrenförmige Tafel, der *Arbor consanguinitatis* (der Stammbaum der Blutsverwandtschaft), die von einer gekrönten Figur gehalten wird, zeigt die Verwandtschaftsverhältnisse vom Urgroßvater (-mutter) etc. bis zum Urgroßneffen (-nichte) in direkter Deszendenz an und davon ausgehend die Verbindungen zu Bruder und Schwester auf jede Generation bezüglich. Zur nächsten Miniatur, dem *Arbor affinitatis* (dem Stammbaum der Verschwägerungen), siehe Beschreibung der Abbildung.

Die beiden Miniaturen sind um 1300 zu datieren, ihr Stil ist durch die überlängten Figuren-Proportionen und einen gewissen überfeinerten Linearismus gekennzeichnet.

Abbildung 20. Fol. 302 r: Arbor affinitatis (Stammbaum der Verschwägerungen). Die verschiedenen Grade der Verschwägerung sind in dem Schaubild in vertikaler Abfolge angegeben; durch die Bögen werden die Verwandtschaftsverhältnisse der angeheirateten Familienmitglieder untereinander definiert.

Über dem Schaubild wächst aus einer Löwenmaske ein Baum, der von einer vornehm gekleideten männlichen und weiblichen Figur flankiert ist, die in die Rankenzweige fassen; sie verbildlichen die eheliche Verbindung, aus der die im Tableau angezeigten diversen Verschwägerungen resultieren. Unter dem Verwandtschaftsschema ist eine Hirschjagd in stilisierter Landschaft dargestellt.

Literatur. H. J. Hermann VII/1, 82 ff.

6 Schlägl, Stiftsbibliothek, Cod. Plag. 15 (458) 3

HENRICUS DE SEGUSIA, SUMMA COPIOSA IN QUINQUE LIBROS DECRETALIUM

Ile de France (?), um 1300 Abb. 2 (in Farbe)

Pergament, 445 x 260 mm, 333 Blatt. Schriftspiegel 345 x 185 mm; geschrieben in Textualis formata. 7 Miniaturen, 3 davon nahezu ganzseitig (260/280 x 145/165 mm), die anderen in Spaltenbreite (60/100 x ca. 90 mm). Große, bis zu 12 Zeilen hohe Zierinitialen zu Beginn der vier letzten Bücher (der Anfang des ersten fehlt), zahlreiche kleinere Zierinitialen zu den verschiedenen Kapiteln; die Initialen teils mit Köpfen oder Drolerien gefüllt, letztere auch auf den Rankenausläufen. Auf den Pergamenträndern der Seiten häufig gezeichnete Drolerien.

Neuer historisierender Einband: braunes Leder mit Blindstempeln, Kloster Sint Catharinadal zu Oosterhout (Niederlande) 1971/1972.

Die Handschrift kam mit Johannes von Rabenstein, Propst von Vyšehrad, für den Handschriftenerwerbungen in den 50er und 60er Jahren des 15. Jahrhunderts nachweisbar sind, nach Schlägl.

Text. Dekretalen sind päpstliche Willensäußerungen und Verfügungen auf allen Gebieten päpstlicher Machtausübung, in Verwaltung, Rechtsprechung usw. Aus ganz bestimmtem konkreten Anlaß ausgesprochen, erlangen sie bald allgemeine Gültigkeit und finden, gleich Gesetzen, Anwendung auf analoge Fälle. Diese Form päpstlicher Gesetzgebung geht bis auf das vierte Jahrhundert zurück. 1234 ließ Gregor IX. die angesammelten Entscheidungen, nach verschiedenen Gesichtspunkten geordnet, neu herausgeben und in einer Bulle promulgieren (siehe auch Kat. nr. 14, S. 92 f.). Die vorliegende Handschrift ist eine *Summa copiosa* (oder auch *aurea*) *in quinque libros* zu diesen Dekretalen Gregors IX., eine erweiterte und stark bereicherte Ausgabe, von Henricus de Segusia, Kardinal von Ostia, 1239 abgefaßt; 1253 erfolgt eine zweite, vollständigere Ausgabe.

Ausstattung. Die Illustration der Handschrift besteht aus sieben Miniaturen, drei von ihnen in großem Format, nahezu ganzseitig, mit einer Darstellung der 'Göttlichen Bande' und der 'Teuflischen Fesseln' (f. 41 v; genaueres siehe im Kommentar zur Abbildung), einem Arbor consanguinitatis (f. 232 v) mit der Gestalt des Stammvaters, über dessen Körper ein sparrenförmiges Feld mit Medaillons gelegt ist (die verschiedenen Nachkommen und ihre Verwandtschaftsgrade sind nicht eingetragen), und einem Arbor affinitatis (f. 234 r), repräsentiert durch ein vornehm gekleidetes junges Paar zu beiden Seiten eines stilisierten Baumes (im unteren Teil des Bildfeldes wieder ein Diagramm von Medaillons für die Verwandtschaftsgrade, aber auch diese leer gelassen). Die übrigen vier Miniaturen sind kleinen Formats, spaltenbreit, und stehen am Anfang der Bücher II–V (der Beginn des ersten Buches samt Miniatur fehlt). Zu De iudiciis (f. 74 r) bekommt man einen thronenden, von je zwei Gestalten flankierten Richter zu sehen; zu De vita et honestate clericorum (f. 142 v) einen das Meßopfer feiernden Priester; zum Buch über das Eherecht (f. 212 r) eine Eheschließung; zum Buch über das Strafrecht (f. 248 r) nochmals einen thronenden Richter und eine Gruppe von vier Männern, alle lebhaft gestikulierend. Die Miniaturen sind von außerordentlicher Qualität. Die Figuren zeichnen sich durch langgezogene Proportionen und eleganten Fluß der Gewänder aus, sowie durch eine feine expressive Zeichnung der Gesichter; charakteristisch sind auch die in großen weichen Locken um den Kopf gelegten Haare. Es ist etwa die Stilstufe des Breviers von Saint-Etienne de Châlons-sur-Marne (Bibliothèque de l'Arsenal, Paris, ms. 595). Der virtuose Linearismus der Summa-copiosa-Handschrift, namentlich in der Gesichtsbildung mit ihren diminutiven Einzelformen im Innern vertikal gedehnter und zugespitzter Ovale, setzt wohl die Kenntnis der englischen Buchmalerei der Zeit um 1300 voraus. Stilistisch der Handschrift von Stift Schlägl am nächsten verwandt, wenn auch von weit geringerer Qualität, ist ein Codex der Leipziger Universitätsbibliothek, Ms. nr. 967, mit zwei Darstellungen korrespondierender Themen (Abb. 83 und

84 bei Bruck, siehe Literaturangaben); vgl. auch die Miniaturen des Royal Ms. 10 D VII der British Library London.
Andere illustrierte Handschriften der Summa copiosa sind ms. 98 der Bibliothek von Troyes, ms. 7452 der Bibliothèque Royale Brüssel, ms. 12 der Stiftsbibliothek Admont oder ms. lat. 400 der Bibliothèque Nationale Paris (Hinweis von F. Avril).
Auch die rein dekorative Ausstattung der Handschrift des Stiftes Schlägl ist äußerst sorgfältig und reich, in erster Linie bestehend aus gemalten Zierinitialen (zwei- bis zwölfzeilig) mit Füllungen von Dornblattranken, die oft in Drolerien mit Menschenköpfen enden; eine Reihe kleinerer Initialen umschließen Jünglingsköpfe. Öfters treten Drolerien auch als Schmuck der Pergamentränder hinzu, meistens in reiner Zeichnung.
Abbildung 2. Fol. 41 v: Göttliche *Matrimonia* (Bande) und teuflische *Vincula* (Fesseln). Gott in der Gestalt Christi ist in Dreiviertelfigur hinter einem mit Medaillons besetzten Spitzbogen dargestellt, in dessen Innenfeld sich weitere Medaillons befinden. In der Rechten hält er mit seinen betont schmalen und stark artikulierten Fingern eine Krone (die Krone des ewigen Lebens), in der Linken eine Schriftrolle mit den Worten *Ite maledicti* (Geht, ihr Verdammten). Die Medaillons sind im vorliegenden Fall leer geblieben, doch war für sie Text vorgesehen, wie aus anderen Handschriften gleichen Inhalts zu ersehen ist (z. B. dem ms. 12 der Stiftsbibliothek Admont, Abbildung 142 bei Buberl, siehe Literaturangaben): demnach repräsentiert der oberste Kreis Gott selbst mit allen seinen unikalen Eigenschaften, der linke Bogen und das Bogeninnere enthalten die Medaillons mit den verschiedenen ‘matrimonia’ zwischen Gott bzw. der Kirche und Maria, Christus, den Bischöfen, der gläubigen Seele usw.; die beiden an der Basis des Schaubildes herauskommenden und ein Medaillon haltenden Arme verbinden die ‘guten Werke der treuen Seele’ mit den Ordensgemeinschaften der Kirche. Über sie alle wird die Krone gehalten. Das Spruchband mit der Verfluchung auf der anderen Seite bezieht sich auf die Verstrickungen mit dem Teufel: den sündhaften Menschen, die treulose Seele, die Irrungen und Laster. Hier wird ein Teufel auch ganz konkret dargestellt: er stopft das weit aufgerissene Höllenmaul, aus dessen Ohren Flammen schlagen, mit Sündern voll. Das Ganze ist im Grunde eine Variante des Schemas von Jüngsten-Gericht-Darstellungen.
Am Fuße der Darstellung fauchen zwei mit den Hälsen ineinander verschlungene Drachenwesen sich gegenseitig an. Ihre Konfiguration zeichnet sich vor allem durch eine fein nuancierte und raffiniert ausgeklügelte Farbverschränkung aus: Ist der Kopf des einen Tieres grün, so der des anderen graublau, sind Hals und Schwanz des ersten blau, so sind die des zweiten von hellem Graubraun; sind die Flügel des einen weißlich mit zartbrauner Zeichnung, so die des anderen von einem warmen Braunton. Diese Farbe erhalten wieder die Beine des ersten Tieres, während die blaugrauen Beine des zweiten den Farbton des eigenen Kopfes aufnehmen. Die Blätter, in die die Schwänze beider Tiere aus-

laufen, sowie die einzelnen Kompartimente des Grundes variieren in Grün, Blau, Gelb und zwei Brauntönen. Dasselbe Prinzip der Farbverschränkung zeigt sich in der farbigen Behandlung der Hintergründe und den diversen Rahmungen: die aus mehreren Leisten zusammengesetzten Spitzbogenhälften etwa besitzen gegensätzliche Farbabfolge, der linke von außen her gelb, braun, blau und grün; der rechte in umgekehrter Abfolge. Analog wird mit den anderen Rahmenleisten verfahren. So bietet die Miniatur ein besonders reiches Beispiel für ein koloristisches Prinzip, dem man in der französischen Hochgotik immer wieder begegnet.

Literatur. G. Vielhaber und G. Indra, Catalogus Codicum Plagensium (Cpl.) manuscriptorum, Linz 1918, 20 f. – Zu den als Vergleichsbeispiele angeführten Handschriften vgl. H. Martin–Ph. Lauer, Les principaux manuscrits à peintures de la Bibliothèque de l'Arsénal à Paris, Paris 1929, pl. XX. f. – R. Bruck, Die Malereien in den Handschriften des Königreichs Sachsen, Dresden 1906, nr. 45. – P. Buberl, Die illuminierten Handschriften in der Steiermark, I. Teil, Leipzig 1911, Fig. 142 auf Seite 133 (zur inhaltlichen Klärung des Diagramms in der Handschrift des Stiftes Schlägl).

7 Wien, Österr. Museum für angewandte Kunst, Inv. 1073

THRONENDE MADONNA – KREUZIGUNG

Ile de France (Laon), zirka 1320 Abb. 21

Zwei Pergamenteinzelblätter, 165 x 125 mm, vermutlich aus einem Gebetbuch herausgeschnitten.

Miniaturen. Der Stil der beiden Miniaturen ist, wie F. Avril zuerst erkannt hat, nahezu identisch mit demjenigen einer 'Vie de Sainte Benoîte' (Leben der hl. Benedikta), die im Jahr 1312 für eine Nonne des Benediktinerklosters in Origny (Diözese Laon), Heluis d'Escoufflans, geschrieben wurde (ms. 78 B 16 des Kupferstichkabinetts in Berlin). Die starke Modellierung des Gekreuzigten findet ihre Parallelen in den Frühwerken Jean Pucelles. In den Wiener Miniaturen fällt die pseudoarchitektonische Gestaltung der Zone oberhalb der Szenen auf. Dieses Motiv geht noch auf den ca. ein halbes Jahrhundert früher entstandenen Psalter König Ludwigs des Heiligen (ms. lat. 10 525 der Bibliothèque Nationale Paris) zurück, in dem die gesamte, dem Psaltertext vorangestellte Vollbildserie mit einer Art architektonischer Binnenrahmung versehen ist: alle Szenen, ob sie nun im Innenraum oder in Freilandschaft stattfinden sollen, spielen unterhalb eines reich verzierten, auf hohen, dünnen Säulen ruhenden Doppelgiebels. Im Ludwigspsalter sind die frontalen Giebel jedoch Teil eines architektonischen Gesamtzusammenhangs, hinter ihnen ist die Seitenwand und das Dach der zugehörigen Kirche zu sehen; im Gegensatz dazu bilden die Giebel und Fialen der Wiener Blätter ein völlig flach auf den Grund gelegtes Muster, sie haben denselben rein dekorativen Charakter wie die in die Zwischenräume eingefügten Blattzweige oder die zarten Rankenbänder auf den Rahmenleisten. Charakteristisch für das Kolorit ist die musterhafte Verteilung von Orange (Heiligenscheine, Innenseite der Gewänder, Flügel des Falters).

Abbildung 21. Maria als Himmelskönigin *(regina celorum)* mit dem Christuskind. Maria sitzt mit einer Krone auf dem Haupt und in schwungvoll durchgebogener Haltung auf einer Thronbank. Mit ihrer Linken umfaßt sie den stehenden Christusknaben, der nach einem großen Falter zu fassen sucht, dessen voll ausgebreitete Flügel die besondere Schmetterlingspezies genau charakterisieren sollen. In der Rechten hält Maria mit betont eleganter Geste ein Szepter, auf dessen Knauf ein Distelfink sitzt, ebenso naturalistisch charakterisiert wie der Schmetterling gegenüber. Die Figurengruppe wird von vorgeblendeten Maßwerkgiebeln und Fialen bekrönt. In einigem Abstand wird das Bild von Rahmenleisten umschlossen, die jeweils ein Drolerie-Paar bilden: die leistenförmigen Teilstücke laufen nach außen in Blattwerk aus, nach innen gehen sie in Drachenleiber über, die wiederum in tierischen oder menschlichen Köpfen (z. B. Mönch und Nonne auf der linken Seite) enden. In ihrer Spezies charakterisierte Vögel sitzen auf den Dornblättern.

Die Umschrift im Intervall zwischen Bild und äußeren Rahmenleisten lautet: *ave mater pietatis* (oben) *et tocius trinitatis* (rechts), *nobile triclinium tu es* (links) *regina celorum* (unten) – Gegrüßt seist du, Mutter der Barmherzigkeit und der ganzen Trinität, ein edles Ruhebett bist du, o Himmelskönigin. Es handelt sich um die erste Strophe eines Marien-Hymnus, der sonst nur in Handschriften des 15. Jahrhunderts belegt scheint.

Literatur. P. Wescher, Die Miniaturen des Kupferstichkabinetts der staatlichen Museen Berlin, Leipzig 1931, 34 f., Abb. 27 f. (zur erwähnten Vergleichshandschrift ms. 78 B 16 des Kupferstichkabinetts).

8 — Cod. Ser. n. 2596

STUNDENBUCH (lateinisch und französisch) und **PSALTERIUM** (lateinisch)

Paris, um 1300 (Maître Honoré?)
bzw. 1310/1320 (Jean Pucelle) — Abb. 22 und 23

Pergament, 110 x 85 mm (teilweise stark beschnitten), 371 Blatt. Schriftspiegel 75 x 50 mm; geschrieben in französischer Textura. 2 Vollbilder (67 x 46 mm), 35 historisierte Initialen (35 x 35 mm), 1 Reliefmedaillon aus vergoldetem Silber und 1 bemalte Lederetikette; zahlreiche Initialen und Zeilenschlußleisten.

Renaissance-Einband: roter Samt (darunter Wildleder), auf den Schließen das Wappen Kaiser Ferdinands I.

Im 16. Jahrhundert gehörte die Handschrift Kaiser Ferdinand I; später in der Ambraser Sammlung, deren Rest 1806 nach Wien gelangte. 1936 wurde sie auf dem Tauschwege aus dem Kunsthistorischen Museum in die Nationalbibliothek übernommen.

Text. Die vorliegende Handschrift ist ein 'psautier-livre d'heures', stellt also eine Kombination zwischen Psalterium und Stundenbuch dar, wie sie für die Übergangsphase vom charakteristischen Laien-Andachtsbuch des Hochmittelalters – dem Psalterium – zu demjenigen der Hoch- und Spätgotik und der Renaissance – dem Stundenbuch – kennzeichnend ist.

Das Stundenbuch entwickelte sich aus dem Brevier. Die Bezeichnung Stundenbuch rührt daher, daß die dem Brevier entnommenen Gebete entsprechend der Tageseinteilung bei den Römern rezitiert wurden: Matutin und Laud (Nachtoffizien), Prim (6 Uhr morgens), Terz (9 Uhr), Sext (Mittag), Non (3 Uhr), Vesper (Sonnenuntergang), Complet (Nacht). Seit der karolingischen Epoche fügten die Kleriker den kanonischen Gebeten Zusätze bei, die im 13. Jahrhundert dann zum festen Bestand eines Breviers gehörten: Marienoffiz, Bußpsalmen und Totenoffiz. Die Laien, die ihre Frömmigkeitsübungen immer nach dem Vorbild des Klerus gestalteten, fügen diese Zutaten ihrem bis dahin üblichen Andachtsbuch, dem Psalterium, bei. So sammeln sich um den Psalter nach und nach die verschiedenen Hauptteile des Stundenbuchs samt einer Reihe anderer Gebete, zunächst noch als Anhängsel, die in der Folge aber immer wichtiger werden und sich schließlich zum Stundenbuch verselbständigen. Die frühesten Beispiele einer solchen Kombination von Stundenbuch und Psalterium stammen vom Ende des 12. Jahrhunderts, sie existiert aber noch das ganze 13. Jahrhundert hindurch. Gleichzeitig gibt es schon die ersten reinen Stundenbücher. Im 14. Jahrhundert tauchen kaum noch kombinierte Texte auf, aber auch Stundenbücher sind noch nicht übermäßig häufig. Den Höhepunkt bringt das 15. Jahrhundert, in dem das Stundenbuch zum Gegenstand einer regelrechten Industrie wird.

Im Laufe dieser Entwicklung hat sich schon relativ früh ein fester Kern von Stundenbuchtexten herausgebildet, der je nach Umfang der Handschrift und nach den Neigungen des Bestellers durch diverse Zusätze bereichert werden kann.

Die Grundbestandteile eines Stundenbuches sind in der Regel: Kalender, Fragmente der vier Evangelien, Marienstunden, die in Analogie zu diesen entstandenen Kreuz- und Geiststunden, Bußpsalmen mit Litanei, Totenoffiz und Heiligensuffragien. Häufig, vor allem bei etwas reicheren Stundenbüchern, werden die Mariengebete Obsecro te und O intemerata, die Passion Christi nach Johannes oder die Gebete Douce Dame und Doux Dieu hinzugefügt. Den Gebetszusätzen sind jedoch keine Grenzen gesetzt, es finden sich auch geradezu abergläubische Gebete, apokryphe Ablässe u. a. m. Die Wünsche eines Bestellers können für den gesamten Habitus einer Handschrift prägend wirken, Beispiel dafür sind etwa Cod. Ser. n. 9450 (Kat. nr. 16), in dem eine besondere Kreuzes- und Christusverehrung zum Ausdruck kommt, oder Cod. 1853* (Kat. nr. 53), dessen Textzusammenstellung ebenso wie sein Bilderzyklus durch eine betonte Verehrung der Unbefleckten Empfängnis charakterisiert wird. Die bis zum Ende des 15. Jahrhunderts ohne jede kirchliche Kontrolle oder Regelung vor sich gehende Entwicklung des Stundenbuches führt zu einer Fülle von lokalen und zeitlichen Varianten in den Texten.

Jedes Stundenbuch enthält eine Reihe liturgischer Indizien, die auf den Ort seiner Entstehung weisen. Einmal kann der Kalender durch die Hervorhebung bestimmter Heiliger (die, statt in Blau oder Rot, in Gold geschrieben sind) wichtige Informationen liefern, eine genaue Bestimmung des liturgischen Ge-

brauchs läßt sich nach bestimmten Stellen der Marienstunden (Antiphon und Capitulum von Prim und Non) und des Totenoffiziums (Responsorien der neun Lektionen der Matutin) durchführen. Die liturgische Identifizierung gibt oft wichtige Hinweise für die Lokalisierung der jeweiligen Handschrift und damit in der Regel auch ihrer malerischen Ausstattung. (Gebräuche großer liturgischer Zentren wie Paris oder Rom sind jedoch für die Lokalisierung nicht zwingend).
Das vorliegende 'psautier – livre d'heures' enthält noch nicht alle Bestandteile des später geläufigen Stundenbuch-Typus – so sind z. B. weder Heiligensuffragien noch Evangelienabschnitte vorhanden, auch fehlt der Kalender – doch ist eine ganze Reihe auch weniger geläufiger Texte schon hinzugefügt: Gebete zur heiligen Dreifaltigkeit, für den Empfang der Kommunion, zu Nikolaus, zu Christus, Hymnus zu den zehn Freuden Marias, zwei Gebete einer Frau für sich und ihren Ehemann. Die Marienstunden sind nach dem liturgischen Gebrauch von Chartres, das Totenoffiz nach demjenigen von Paris.

Ausstattung. Der Illustrationszyklus der Handschrift besteht aus zwei Teilen: 35 historisierten Initialen und einem vorgehefteten Doppelblatt mit zwei ganzseitigen Miniaturen. Die historisierten Initialen sind im Stil des Maître Honoré ausgeführt, eines in einer Steuerliste aus dem Jahr 1296 als in der rue Boutebrie in Paris ansässig erwähnten Buchmalers, der durch Rechnungsbelege desselben Jahres als Illuminator des Breviers Philipps des Schönen (ms. lat. 1023 der Bibliothèque Nationale Paris) gesichert ist. Die beiden Vollbilder stammen von Jean Pucelle, dem bedeutendsten Buchmaler der ersten Hälfte des 14. Jahrhunderts, der den Stil des Maître Honoré fortsetzt und weiterentwickelt. Die wichtigsten Werke Jean Pucelles sind das 1325 datierte Breviaire de Belleville (ms. lat. 10483/10484 der Bibliothèque Nationale Paris) und die sogenannte Billyng-Bibel (nach dem Schreiber Robert de Billyng).

Die historisierten Initialen zum Marienoffiz beinhalten bereits nahezu alle kanonischen Themen der Kindheitsgeschichte Christi: Verkündigung, Heimsuchung, Geburt Christi, Hirtenverkündigung, Anbetung der Könige, Darbringung und Marienkrönung, die sich – zusammen mit der hier ausgelassenen Flucht nach Ägypten – in allen Stundenbüchern bis ins 16. Jahrhundert wiederfinden werden und die im Gegegensatz zu anderen Bereichen der Stundenbuchillustration so gut wie keine ikonographischen Varianten aufzuweisen haben.

Außergewöhnlich ist in der vorliegenden Handschrift die volle Bebilderung von Kreuz- und Geiststunden, die in der Regel nur mit je einem Titelbild versehen sind (nahezu immer Kreuzigung und Pfingsten): zu den Kreuzstunden ist die Geschichte der Passion in acht Szenen dargestellt, zu den Geiststunden verschiedene Tauf- und Predigtszenen sowie einige geläufigere Themen wie Pfingsten, Verkündigung und Trinität. Illustrationen zu den Geiststunden bleiben in der ganzen Entwicklung des Stundenbuches eher eine Seltenheit und kommen nur bei ausgesprochen reichen Bilderzyklen vor; für ihre Ikonographie haben sich nie feste Regeln herausgebildet.

Beim Totenoffiz ist die für die Frühzeit geläufige Totenmesse dargestellt sowie eine Begräbnisszene. Bei den Bußpsalmen eine Majestas Domini.

Die Themen zu den beiden letztgenannten Textabschnitten erfahren im Laufe der Entwicklung des Stundenbuches die meisten Varianten: Das Totenoffiz kann auch mit dem Jüngsten Gericht illustriert sein, mit der Auferweckung des Lazarus, Hiob auf dem Misthaufen oder mit der Legende vom reichen Prasser und dem armen Lazarus. Die Themen der Titelbilder zu den Bußpsalmen rekrutieren sich in der Regel aus der David-Bathseba-Geschichte (David im Gebet, also die Darstellung der Reue Davids, David erblickt Bathseba im Bade, David überreicht Urias, dem Mann Bathsebas, seinen Brief). In gewissen Perioden werden jeweils bestimmte dieser Themen bevorzugt.

Der zweite Teil der vorliegenden Handschrift, das Psalterium, besitzt die für Frankreich typische Acht-Teilung und – mit Ausnahme einer Salbung Davids durch Christus – die geläufige Psalterikonographie: David Harfe spielend, David auf seinen Mund weisend, ein Narr, David im Wasser stehend, David beim Glockenspiel, singende Kleriker und Trinität.

Die Malereien dieses Teiles der Handschrift sind von einem anderen Miniator, jedoch gleichfalls im Atelier des Maître Honoré ausgeführt.

Abbildung 22. Fol. 2 v/3 r: Anbetung der Könige – Kreuzigung. Jean Pucelle. Maria wie eine Königin thronend, eine Krone auf dem Haupt und eine Lilie als Szepter in der Rechten. Das Christuskind steht auf ihrem linken Knie und segnet, ungeachtet seiner Rückwendung zur Mutter, den vor ihm knienden alten König. Dieser lüftet seine Krone und reicht einen Pokal als Gabe. Die beiden anderen Könige stehen dahinter und blicken auf den (im Bild nicht zu sehenden) Stern; der vordere weist hinauf. Die Szene steht vor Mustergrund und wird von zwei flachen Maßwerkbögen überdeckt. – Die zierliche Gestalt Christi hängt zusammengebogen am Kreuz. Zu seiten stehen Maria und Johannes mit Gesten der Trauer. Beide halten Bücher in den Händen (was besonders bei Maria sehr ungewöhnlich ist). Am oberen Bildrand sind Sonne und Mond, von Wolken umgeben, eingefügt. Wie in der gegenüberliegenden Miniatur Mustergrund.

Abbildung 23. Fol. 97 v: Grablegung in der Initiale *C(onverte ..)*, Maître Honoré (?). Christus wird von zwei Männern in einen maßwerkverzierten Sarkophag gebettet, während ein dritter (Josef von Arimathia?) Salböl auf seinen Körper gießt. Dahinter stehen trauernd Maria und Johannes, letzterer mit Buch. Eine Dornblattranke umfaßt in weitem Bogen ausfahrend den Schriftspiegel von zwei Seiten; auf ihrem Vertikalschaft hockt ein Drache. – Fol. 197 v: Salbung Davids in der Initiale *D(ominus ...)*, Atelier des Maître Honoré. Christus (mit Kreuznimbus) gießt Salböl auf das vorgeneigte Haupt König Davids. Völlig außergewöhnlich ist, daß Christus die Salbung vornimmt, David wird sonst immer von Samuel gesalbt. Die Dornblattrankenausläufe umklammern von allen Seiten den Text; belebt sind sie – anders als auf f. 97 v – von naturalistischen Motiven, einem Vogel und einem knabbernden Eichhörnchen.

Literatur. Französische Schule I, 126 ff., Abb. 189–221. – Zur Entwicklung des Stundenbuches vgl. L. Leroquais, Les livres d'heures manuscrits de la Bibliothèque Nationale, Band I, Paris 1927, Einleitung.

9 Cod. 2599

RAOUL DE HOUDENC, MERAUGIS DE PORTLESGUEZ

Ile de France, zirka 1340 Abb. 24

Pergament, 290 x 200 mm, 38 Blatt. Schriftspiegel 210 x 140 mm; geschrieben in französischer Bücherminuskel. 17 Miniaturen in Spaltenbreite (37/45 x ca. 70 mm), 1 historisierte Initiale, zahlreiche kleine Zierinitialen.

Französischer oder niederländischer Barock-Einband: gesprenkeltes braunes Leder, Ende des 17. Jahrhunderts.

Die Handschrift befand sich im 15. Jahrhundert in der Bibliothek der Burgunderherzöge (sie wird im Inventar von 1487 angeführt). Dann wird sie im Inventar Kaiser Karls V. aus dem Jahr 1536 erwähnt. Später gelangte sie in den Besitz des Freiherrn Georg Wilhelm von Hohendorf; seit 1720 in der Hofbibliothek.

Text. Die zu Beginn des 13. Jahrhunderts von Raoul de Houdenc verfaßte Versdichtung *Meraugis de Portlesguez* gehört zu jener Gruppe arthurischer Romane, die in der Nachfolge Chrétien de Troyes' und nach dessen Vorbild entstanden sind und die alle mehr oder weniger denselben Erzählungsablauf aufweisen: ein junger, bislang unbekannter Ritter der Tafelrunde des Königs Artus beweist im Verlauf einer Reihe von Abenteuern seine Tapferkeit, Klugheit und andere Qualitäten, gewinnt schließlich eine Frau und meist noch ein Königreich dazu. Dieses Schema ermöglicht es, die bekannten Elemente des arthurischen Abenteuerromans – geheimnisvolle Aufforderung zur Abenteuerfahrt, tückische Zwerge, Verlust und Wiedergewinnung der Geliebten, verzauberte Schlösser, freundliche Helfer usf. – in immer neuen Varianten zu schildern und zu kombinieren. Im 'Meraugis de Portlesguez' bildet der Konflikt zwischen den Freunden Gorvain und Meraugis, die dieselbe Frau, Lidoine, lieben, den Hauptfaden der Handlung, anhand dessen die verschiedenen Motive entwickelt und verknüpft werden. Der Autor der Dichtung, Raoul de Houdenc, wurde von seinen Zeitgenossen Chrétien de Troyes, der den Höhepunkt der höfischen Dichtung darstellt, gleichgesetzt. Der vorliegende Text ist noch in drei weiteren Handschriften erhalten: ms. Vat. Reg. 1725 der Biblioteca Apostolica Vaticana; Cod. Liv 33 der Biblioteca Nazionale Turin; ms. gall. qu. 48, Berlin.

Ausstattung. Die Handschrift ist mit 17 kleinen, queroblongen Miniaturen von außerordentlicher Feinheit und hoher Qualität geschmückt. Die Darstellung der einzelnen Figuren zeichnet sich durch ausdrucksvolle und lebhafte Handlungsbezogenheit in Gebärdensprache und Mimik aus. Dem Inhalt der Erzählung entsprechend sind vorwiegend Turnier- oder Einzelkampfszenen wiedergegeben, aber auch die weniger kriegerischen Momente der Handlung werden anschaulich dargestellt, etwa das verzauberte Marmorschloß, in das Meraugis bei der Verfolgung eines grausamen Ritters gerät (wer dort eintritt, fängt an zu singen und vergißt alles – wohl das Schlimmste, was einem mit ganz bestimmten Aufgaben betrauten Artusritter passieren kann; die zugehörige Miniatur zeigt den Schloßgarten, in dem singende Mädchen einen Reigen tanzen). Die Miniaturen besitzen entweder einen farbigen Mustergrund oder Goldgrund mit punziertem Dekor. Die Figuren stehen meist auf einer dunkelgrünen Bodenlinie, vereinzelt sind stilisierte Bäume zur Kennzeichnung des Szenariums beigegeben. Die historisierte Initiale zu Beginn des Textes zeigt den Autor, Raoul de Houdenc, neben einem Pult mit aufgeschlagenem Buch und sprechend erhobenen Händen (er liest sein Werk vor).

Abbildung 24. Fol. 5 v: *Lidoine* beendet den Zweikampf der beiden Freunde *Meraugis de Portlesguez* und *Gorvains Cadruz.* Die in ein langes modisches Gewand gekleidete Lidoine hält die beiden voll gerüsteten und mit erhobenem Schwert aufeinander losgehenden Ritter mit ausgebreiteten Armen auseinander. Die Szene wird von Höflingen (rechts) bzw. einem Knappen mit Pferd in Turniermontur (links) flankiert. Die beiden Ritter waren in Streit geraten, weil sie beide in Lidoine verliebt waren, Gorvains ihrer Schönheit wegen, Meraugis ihrer Courtoisie halber. Lidoine schlägt König Artus als Schiedsrichter vor und verspricht, die Liebeswerbung des Siegers anzunehmen (die Entscheidung, von König Artus an Königin Guenièvre delegiert, fällt zugunsten des Meraugis aus, weil er nicht die äußeren Vorzüge der Angebeteten, sondern ihre inneren Qualitäten als Grund seiner Liebe angeführt hatte). – Fol. 33 r: Lidoines Freundin *Avice* erscheint bei einem Festmahl des Königs Artus. König Artus tafelt in Gesellschaft zweier Männer und Frauen an einem reichgedeckten Tisch. Links im Bild die Freundin Lidoines, einen vom Rahmen überschnittenen Maulesel am Zügel führend; sie fordert einen der Artusritter, *Gauvain* (offenbar ganz rechts im Bild), auf, Lidoine aus der Gefangenschaft des feindlichen Ritters *Belchis li Lois* zu befreien.

Literatur. H. J. Hermann VII/2, 43 f.

10 Cod. 2592

GUILLAUME DE LORRIS UND JEAN DE MEUN, LE ROMAN DE LA ROSE

Paris, 1360/1370 Abb. 3 (in Farbe)

Pergament, 300 x 212 mm, 175 Blatt. Schriftspiegel 210 x 145 mm; geschrieben in kalligraphischer französischer Bücherminuskel. 65 Miniaturen (60/80 x 70 mm) mit Zierrahmen bzw. Zierleisten, zahlreiche Zierinitialen.

Französischer Barock-Einband: rubinrotes Maroquin mit Handvergoldung, um 1700.

Die Handschrift befand sich im Besitz des Freiherrn Georg Wilhelm von Hohendorf und kam 1720 in die Hofbibliothek.

Text. Der Rosenroman *(Li romanz de la rose),* mit dem die allegorische Dichtungsform zum Durchbruch gelangte (die zwei Jahrhunderte lang mehrere literarische Gattungen entscheidend beeinflussen sollte), stammt von zwei verschiedenen Dichtern: Er wurde ca. 1230 von Guillaume de Lorris begonnen und unvollendet hinterlassen. Die Fortsetzung entstand etwa 40 Jahre später, zwischen 1269 und 1278; ihr Autor ist Jean de Meun. Die beiden Teile besitzen ein völlig gegensätzliches Gepräge.

Die Dichtung des Guillaume de Lorris – auf Geheiß Amors verfaßt und seiner Dame gewidmet, die so liebenswert sei wie eine Rose – schildert einen Traum des Liebenden, der nach dem Anspruch des Verfassers eine Ars amandi darstellen soll. An einem schönen Frühlingsmorgen wandert der Dichter in die Natur hinaus und gelangt zu dem von einer hohen Mauer umschlossenen Liebesgarten. Oiseuse (Müßiggang) läßt ihn ein, und der Dichter trifft auf die anderen Bewohner des Gartens, wie sie vom Liebesgott angeführt miteinander Reigen tanzen: Deduit (Sorglosigkeit), Liesse (Fröhlichkeit), Jeunesse (Jugend), Beauté (Schönheit), Richesse (Reichtum), Largesse (Großmut) u. a. m., allesamt Verkörperungen höfischer Tugenden: nur wer sorglos, fröhlich, jung, schön, reich usw. ist, kann dieser Idealwelt der höfischen Minne angehören (die Gegenstücke dieser allegorischen Gestalten, Alter, Armut, Traurigkeit, Geiz etc., hat der Dichter auf der Außenmauer des Gartens – also aus dem Bereich der höfischen Liebe ausgeschlossen – dargestellt gesehen). Der Dichter nimmt am Reigentanz teil, um dann weiter durch den Garten zu spazieren, bis er die Rosenknospe entdeckt, in die er sich verliebt. Die verschiedenen Etappen der Annäherung oder Zurückweisung werden durch eine Reihe neuer allegorischer Gestalten veranschaulicht, auf der einen Seite z. B. Bel Accueil (Liebenswerter Empfang), auf der anderen Danger (Gefahr), Honte (Scham), Jalousie (Eifersucht) und weitere der Liebe feindlich gesinnte Kräfte. Die Dichtung des Guillaume de Lorris bricht mit der Erbauung einer Festung um die Rose ab, in der Bel Accueil gefangen gesetzt wird.

Jean de Meun übernimmt von Guillaume de Lorris Rahmenhandlung und Figuren, von der höfischen Minneallegorie seines Vorgängers bleibt jedoch nicht viel bestehen. Unter Benützung der reichlich vorhandenen frauenfeindlichen Literatur des Mittelalters sucht Jean de Meun die Verachtenswürdigkeit des weiblichen Geschlechts darzulegen und rät dringend von der Liebe oder Ehe ab; wichtig sei allein die Fortpflanzung, für die die Natur unablässig sorgen müsse, um die durch den Tod gerissenen Lücken wieder zu füllen. Der Handlungsablauf wird immer wieder durch ausführliche Erläuterungen zu diesem Standpunkt sowie durch eine Reihe umfangreicher Abhandlungen unterbrochen, in denen der Autor moralische Fragen erörtert, zu Zeitproblemen (z. B. der Auseinandersetzung um die Bettelmönche) Stellung nimmt, mit großer Sachkenntnis wissenschaftliche und philosophisch-theologische Belehrungen erteilt usw. Die Gewinnung der Rose erfolgt schließlich nach langer Belagerung der von Jalousie errichteten Festung und nach ausgedehnten Debatten mit Raison (Vernunft), Ami (Freund), Nature und Genius.

Ausstattung. Das Titelbild (vier Einzelminiaturen in einem gemeinsamen

Rahmen zusammengefaßt) illustriert die Ausgangssituation der Dichtung: zunächst ist der schlafende Autor dargestellt, dann der Moment des sich Ankleidens nach dem Erwachen, als nächstes sieht man ihn zwischen Bäumen spazieren, schließlich neben einer Quelle vor einem Garten, dem Garten der Liebe. Auf seiner Suche nach dem Eingang geht der Dichter die Gartenmauer ab, auf die eine Reihe von Figuren gemalt sind, die schon erwähnten, aus dem Garten ausgeschlossenen allegorischen Gestalten Haß, Geiz, Neid, Traurigkeit, Alter, Armut usw. Jeder dieser Allegorien ist eine eigene Miniatur gewidmet. Bemerkenswert ist z. B. die Darstellung der Armut, die in zerfetztem Gewand, mit zerrauften Haaren und Gesten der Verzweiflung auf einer Art Strohhaufen hockt. In weiteren Einzelbildern werden dann die als schön und anmutig charakterisierten allegorischen Gestalten im Inneren des Gartens dargestellt. Anschließend erfolgt die Schilderung der verschiedenen Etappen des Auffindens der Rose, der Annäherung oder Abweisung. Meist sind zwei Gestalten im Gespräch wiedergegeben, Amant und Bel Accueil, Raison und Amant, Jalousie und Honte usw. Einzelne Momente sind aber auch in szenischer Form verbildlicht: Bel Accueil gibt dem Liebenden ein Blatt vom Rosenstock, oder es wird, in der Phase des Überwiegens der der Liebe feindlich gesinnten Kräfte, die Erbauung eines Turms um den Rosenstock gezeigt. Mit einem Autorbild setzt f. 30 v der zweite, von Jean de Meun verfaßte Teil ein, der mit weniger als halb so viel Bildern geschmückt ist wie derjenige des Guillaume de Lorris, obwohl viermal so lang: meist ebenfalls Dialogszenen oder Darstellungen der in den langen Dissertationen des Jean de Meun angeführten Exempla (Selbstmord der Lucretia, Didos Selbstmord, Pygmalion u. a.); die letzte Etappe der Erzählung mit der Einnahme der Festung ist wieder dichter bebildert, u. a. erscheint zweimal Venus, wie sie auf den Turm, in dem Bel Accueil eingeschlossen ist, Pfeile abschießt. Die letzte Miniatur zeigt, wie der Liebende die Rose pflückt. Zum 'Testament des Jean de Meun' am Schluß der Handschrift ist eine Trinität des Gnadenstuhltypus dargestellt, in der Initiale darunter ein betender Stifter mit nicht identifiziertem Wappen (goldene Rauten auf blauem Grund).

Die Miniaturen stehen vor verschieden gemusterten Hintergründen, meist mit architektonischen Zierblenden am oberen Rand des Bildfeldes. Das Kolorit zeichnet sich durch helle, leuchtende Farben aus, mit besonderer Vorliebe wird Orange verwendet, aber auch verschiedene Abstufungen von Rosa und Lila. Die Bewegungen der modisch gekleideten Figuren sind betont elegant. Einige Landschaftsdarstellungen enthalten schon die für den Maître aux Boqueteaux typischen Baumformen, sodaß die Entstehung der Handschrift um 1360/70 angenommen werden kann.

Abbildung 3. Fol. 15 v: Zwei Szenen zwischen dem Liebenden und dem Liebesgott. Beim Spaziergang durch den Garten der Liebe hatte der Dichter eine Rosenknospe erblickt, im selben Moment schoß Amor einen Pfeil auf ihn ab, und der Dichter wurde zum Liebenden. Die erste Szene (in der linken Spalte) stellt dar, wie Amor den Liebenden in seine Dienste nimmt *(Comment l'amant fet hommage au dieu d'amours et comment il le reçoit,* 'Wie der Liebende dem Liebesgott seine Huldigung erweist und wie dieser ihn empfängt'): Der geflügelte und bekrönte Amor beugt sich zu dem vor ihm Knienden und bietet die Wange zum Kuß. – Die zweite Miniatur (in der rechten Spalte) illustriert, daß der Liebende nun einzig und allein dem Liebesgott untertan ist: Amor hält einen großen Schlüssel zur Brust des Liebenden *(Comment li dieu d'amours ferme a l'amant le costé a la clef,* 'Wie der Liebesgott dem Liebenden die Seite mit einem Schlüssel verschließt').

Die Szenen spielen vor Mustergrund (blaugoldenes Schachbrettmuster in der linken Miniatur, goldene fedrige Spiralranken auf blauem Grund in der rechten), von dem sich das reichlich verwendete Orange leuchtend abhebt. Auffallend ist auch das feinnuancierte Changeant im Gewand des Liebesgottes der zweiten Szene, wo ein schleierartig durchschimmernder bläulichweißer Überwurf mit dem darunterliegenden orangefarbenen Gewand farblich kombiniert ist.

Literatur. H. J. Hermann VII/2, 76 ff. – Ausgabe des Textes: E. Langlois, Le Roman de la Rose par Guillaume de Lorris et Jean de Meun, 5 Bände, Paris 1914–1924 (Société des anciens textes français). – G. Ineichen, Guillaume de Lorris, Der Rosenroman, übersetzt und eingeleitet von G. I., mit einem Vorwort von W. Stammler, Berlin 1956. – Einen Überblick über die verschiedenen Interpretationen, die der Rosenroman erfahren hat, gibt M. R. Jung, Der Rosenroman in der Kritik seit dem 18. Jahrhundert, in: Romanische Forschungen 78 (1966) 203–252. – Zur spezifischen Form der Dichtung vgl. H. R. Jauss, Entstehung und Strukturwandel der allegorischen Dichtung, in: Grundriß der Romanischen Literaturen des Mittelalters, Band VI/1, La littérature didactique, allégorique et satirique, Heidelberg 1968, 146–244.

11 Cod. 1969

STUNDENBUCH (lateinisch und französisch, lückenhaft)

Ile de France, zirka 1380 Abb. 4 (in Farbe)

Pergament, 142 x 103 mm, 215 Blatt. Schriftspiegel 85 x 55 mm; geschrieben in kalligraphischer französischer Minuskel. 12 Miniaturen, zahlreiche Zierleisten und Zierinitialen.

Klassizistischer Einband: rotbraunes Maroquin mit Handvergoldung (Wappen der Fürsten Lubomirski unter einer Fürstenkrone), Anfang des 19. Jahrhunderts.

Die Handschrift befand sich zu Beginn des 19. Jahrhunderts in der Bibliothek des Fürsten Alexander Lubomirsky; 1831 wurde sie für die Hofbibliothek angekauft.

Text. Das Stundenbuch enthält die üblichen Bestandteile: Kalender, Marienstunden, Bußpsalmen und Litanei (unvollständig), Geiststunden und Kreuzstunden sowie einen etwas selteneren Text: ein Gebet nach der Kommunion. Einer der Grundbestandteile eines Stundenbuches, das Totenoffiz, fehlt jedoch. (Zur Konstituierung des Stundenbuches als privates Andachtsbuch der Laien vgl. Kat. nr. 8, S. 79 ff.).

Ausstattung. Acht der zwölf Miniaturen illustrieren die Marienstunden (ff. 13 r, 44 r, 58 r, 75 r, 80 r, 85 r, 89 v, 97 v); sie weichen insofern von der Norm ab, als in die kanonischen Darstellungen der Kindheitsgeschichte Christi ein sehr selten in einem Hauptbild behandeltes Thema eingefügt ist, der bethlehemitische Kindermord (89 v). Zum Gebet nach der Kommunion ist ein Ecce homo mit den Leidenswerkzeugen dargestellt (f. 103 v), zu den Bußpsalmen (f. 107 r) Christus als Weltenrichter zwischen dem alten und dem neuen Bund (durch Gesetzestafeln bzw. einen Meßkelch symbolisiert), zu den Geiststunden eine Trinität des Gnadenstuhl-Typus (f. 126 r) und zu den Kreuzstunden die Gefangennahme Christi (f. 130 r).

Die in dunkler Grisaille (camaïeu gris) gemalten Szenen stehen auf leicht getönten Bodenstreifen und vor goldenem bzw. farbig gemustertem Grund; nur vereinzelt sind Buntakzente gesetzt (z. B. ein orangerotes Kissen bei der Geburt Christi), die aber dann umso stärker wirken. Die Miniaturen sind außerordentlich fein ausgeführt, die Modellierung der weich fließenden Gewänder und der Gesichter erfolgt in unmerklichen Abstufungen. Stilistisch eng verwandt zur vorliegenden Handschrift ist z. B. eine 1382 datierte Legenda aurea der British Library (Royal ms. 19 B XVII).

Abbildung 4. Fol. 80 r: Illustration zur letzten Marienstunde (Complet). Flucht nach Ägypten. Maria mit Kind sitzt auf einem Esel, den der sich eben umwendende Josef führt. Die Figuren und der Esel sind in Grisaille (camaïeu gris) gemalt, wodurch sie sich sehr bestimmt von dem in zarten Farben gehaltenen Hintergrund abheben (mattes Moosgrün, auf den ein blaßgelber Raster und Rosetten in Hellblau und Ziegelrot aufgelegt sind). Initiale und Bordüren werden aus Dornblattranken gebildet.

Literatur. H. J. Hermann VII/2, 87 ff.

12 Cod. 2583*

MATFRE ERMENGAU, BREVIARI D'AMORS (provenzalisch und lateinisch)

Südfrankreich, Mitte 14. Jh. Abb. 26

Pergament, 324 x 235 mm, 242 Blatt. Schriftspiegel 225/230 x 165 mm; geschrieben in derber Bücherminuskel. 214 Miniaturen, 4 Teufelsfiguren an den Rändern; zahlreiche Zierinitialen, z. T. mit Brustbildern, Tierköpfen, Fischen u. dgl.

Niederländischer (?) Barock-Einband: braunes Leder mit Handvergoldung, Anfang des 18. Jahrhunderts.

Aus dem Besitz des Georg Wilhelm Freiherrn von Hohendorf, seit 1720 in der Hofbibliothek.

Text. Das *Breviari d'amors* (Brevier der Liebe) ist ein Kompendium allen wissenschaftlichen, philosophischen und religiösen Denkens, über das man um 1300 verfügte. Doch weist schon der Titel, den der provenzalische Dichter Matfre Ermengau seinem 1288 begonnenen Werk gibt, auch auf andere Intentionen. Unter *amors* war zu dieser Zeit gemeinhin die höfische Liebe, die Liebe der Troubadours zu verstehen. Matfre Ermengau meint damit jedoch die Liebe zu Gott, was eine Auseinandersetzung mit der der Troubadours bedingt, die in einer abschließenden Abhandlung, dem *Perilhos tractat d'amors* (dem 'Gefährlichen Traktat über die Liebe') auch durchgeführt wird.

Die enzyklopädische Belehrung nimmt den Hauptteil des Werkes ein und gliedert sich wie folgt auf: Gott (sein Wesen, seine Tätigkeiten und die Schöpfung) – die Natur (Engel und Teufel, Kosmologie und Astrologie, Zeitenmessung und Meteorologie, Einflüsse des Himmels, Eigenschaften von Steinen und Kräutern, Naturwissenschaften allgemein und Bestiar) – der Mensch (Beziehungen zwischen Körper und Seele, Physiologie) – die Sünde – Naturrecht und menschliches Recht (ausführliche Behandlung der Pflichten des Menschen gegenüber Gott, Schilderung von Hölle und Jüngstem Gericht, Besprechungen der Tugenden, besonders der des Glaubens mit einer Erklärung des Glaubensbekenntnisses; eingeschoben ist die vollständige Lebensgeschichte Christi; es folgen die Apostelviten des Andreas, Johannes des Täufers und des Thomas). Dieser enzyklopädischen Gelehrsamkeit liegt jedoch kein einheitliches Konzept zugrunde, dem Dichter gelingt keine rechte Zusammenfassung der einzelnen heterogenen Teilgebiete, und er bringt Schaubilder, die keineswegs zwingende Beziehungen aufweisen: etwa den Baum der Liebe, der sich in Gott und Natur gabelt, letztere wieder in Naturrecht und menschliches Recht; das Naturrecht teilt sich seinerseits wieder in die physische Liebe und Liebe zur Nachkommenschaft, das menschliche Recht gabelt sich in Liebe zu Gott und dem Nächsten einerseits, zu den weltlichen Gütern andererseits.

Im 'Gefährlichen Traktat über die Liebe' zeigt sich deutlich Matfre Ermengaus Position auf seiten derer, die versuchen, einer Konzeption der Liebe entgegenzuwirken, wie sie von den Troubadours propagiert, von der Kirche jedoch nicht akzeptiert werden konnte. Dessenungeachtet kann sich auch Matfre Ermengau dem schon längere Zeit dominierenden Einfluß einer Liebesauffassung wie der höfischen nicht entziehen; so unternimmt er den paradox anmutenden Versuch, die höfische, eine letztlich per definitionem nicht eheliche Form der Liebe mit christlicher Moral zu verbinden: Die Troubadour-Liebe sei zu billigen, doch dürfe sie nicht sündhaft werden, ja sie zeitige sogar moralischen Gewinn, solange sie hehr genug bleibe. Widrigenfalls müsse man dagegen ankämpfen (und Matfre Ermengau gibt auch Hilfsmittel an: man solle an die Fehler der angebeteten Frau denken, ihr Reden für Geschwätz halten, andere weibliche Wesen für schöner erachten oder sich am besten gleich mit Jagd und Turnier ablenken, fromme Schriften lesen und die der Troubadoure meiden). Liebe sei wie der Baum der Erkenntnis: er stehe mitten im Paradies, doch dürfe man daran nicht rühren.

Ausstattung. Die Bebilderung der Handschrift ist außerordentlich reich, sie enthält mehr als 200 Miniaturen. Meist sind es kompositionell einfache Darstellungen, die in enger Folge den Text begleiten: Dreieinigkeit, Schöpfung und Engelsdarstellungen zu Beginn, die einzelnen Tierkreiszeichen, die Planeten, Winde, Jahreszeiten, Monatsarbeiten usw. im Abschnitt über die Natur und die Zeitenmessung, dann der Sündenfall, typologische Darstellungen zur Verkündigung (gewisse Stellen des Alten Testaments wurden als Präfiguration der unbefleckten Empfängnis gedeutet), Bilder der Propheten, die die Ankunft Christi vorhergesagt hatten, ausführliche Schilderung der Kindheit Christi, seines Wirkens und der Passion usw. Den 'Perilhos tractat d'amors' begleiten Miniaturen mit Liebespaaren und Teufeln oder Dialogbilder (Matfre Ermengau im Gespräch mit Liebenden). Häufig besteht die Illustration aus ganzen Serien analoger, ja fast identischer Darstellungen; so findet sich z. B. bei den Miniaturen zu den Voraussagen der Geburt Christi durch die alttestamentlichen Propheten immer wieder dasselbe Schema: der jeweilige Prophet als Standfigur mit sprechend erhobenen Händen, neben ihm, in Gesellschaft eines Teufels, ein Jude mit verbundenen Augen als Sinnbild für das jüdische Volk, das die Ankunft des Erlösers nicht zur Kenntnis nehmen wollte. Ähnlich ist bei den Illustrationen der Höllenqualen zehnmal hintereinander der aufgerissene Höllenrachen dargestellt, aus dem Flammen hervorkommen, darin dann die jeweiligen Sünder. Die Handschrift enthält aber auch einige größer angelegte Kompositionen, wie z. B. eine Darstellung des Jüngsten Gerichts und der Engelschöre, das Rad der sechs Weltzeitalter u. ä. Ein ganzseitiges didaktisches Tableau, von dem man sich nach der zweiten Ermengau-Handschrift (Kat. nr. 13, S. 91 f., Abb. 27) eine Vorstellung machen kann, wurde aus dem Codex herausgeschnitten.

In der Handschrift findet sich (f. 237 v) ein Wappen der Levis de Cousan, einer in Südwestfrankreich ansässigen Familie, was im Verein mit der Sprache des Textes (er ist größtenteils in Provenzalisch geschrieben) die Lokalisierung in Südfrankreich sichert. Als Entstehungszeit kann, berücksichtigt man den etwas provinziellen Charakter der Malereien, die Mitte des 14. Jahrhunderts angenommen werden.

Abbildung 26. Fol. 55 v: Die sechs Weltzeitalter. Ein Kreisschema dient Matfre Ermengau zur Darstellung der sechs Weltzeitalter und ihres Ablaufs. Der Engel, der das im Zentrum ausgesparte Sechseck einnimmt, bewegt die Zeit auf Geheiß Gottes. Die sechs Zeitabschnitte entsprechen ebenso vielen Sektoren: Schräg links oben sind die 1242 Jahre von Adam bis Noe (Inschrift am Kreisrand) dargestellt: Adam und Eva nach dem Sündenfall und die Arche Noe auf den Wassern (mit Aussendung und Rückkunft der Taube). Die anschließenden 942 Jahre, von Noe bis Abraham, repräsentiert Noe (vor einem Weinstock, Trauben und ein Trinkhorn in tierfußähnlicher Form in den Händen). Das Isaakopfer steht für die nächsten 505 Jahre, von Abraham bis Moses; Moses mit den Gesetzestafeln für die 480 folgenden, von Moses bis Salomon. König Salomon mit einer Darstellung des Tempels von Jerusalem (ein Lamm liegt auf dem Altar) besetzt das Feld des vorletzten Zeitalters, die 1130 Jahre von Salomon bis Christus. Der letzte Kreissektor, oben in der Mitte und somit als einziger aufrecht zum Beschauer gerichtet, ist der des letzten und noch andauernden Zeitabschnitts, des Neuen Testaments: Ein Priester feiert in einer Kirche, deren sich verjüngender viergeschossiger Turm hoch über das Zeitenrad hinausragt, das Meßopfer. Rechts daneben thront Maria mit Segensgestus, das Christuskind im Schoß, etwas beengt in den Zwickel abgedrängt.

Literatur. H. J. Hermann VII/2, 129 ff. – Zum Text siehe C. Segre, Le forme e le tradizioni didattiche in: Grundriß der romanischen Literaturen des Mittelalters VI (La littérature didactique, allégorique et satirique), Heidelberg 1968, 138 f. – K. Laske-Fix, Der Bildzyklus des Breviari d'Amor, München 1973 (Münchner Kunsthistorische Abhandlungen, Band V).

13 Cod. 2563

MATFRE ERMENGAU, BREVIARI D'AMORS (provenzalisch und lateinisch)

Südfrankreich (Toulouse), vor 1354 Abb. 27

Pergament, 350 x 238 mm, 249 Blatt. Schriftspiegel 260 x 185 mm; geschrieben in kräftiger Bücherminuskel. 242 Miniaturen, 5 davon ganzseitig, 16 in Textspiegelbreite, die übrigen in Spaltenbreite; Zierinitialen.

Barock-Einband von Etienne Boyet d. Jüngeren: rotes Maroquin mit Handvergoldung, Wien, nach 1713.

Aus dem Besitz des Prinzen Eugen von Savoyen, seit 1738 in der Hofbibliothek.

Text. Wie bei Kat. nr. 12 (S. 88 f.) eingehender dargelegt wird, ist das *Breviari d'amors* (Brevier der Liebe) ein im späten 13. Jahrhundert entstandenes umfängliches Kompendium allen damals verfügbaren Wissens wie philosophischen und religiösen Denkens. Autor ist der provenzalische Dichter Matfre Ermengau. Sein Anliegen ist jedoch, wie schon im Titel angedeutet, nicht allein eine enzyklopädische Überschau, er setzt sich auch mit der damals vorherrschenden Liebesauffassung der Troubadours bzw. der höfischen Dichter auseinander, die im Widerspruch zu den christlichen Moralbegriffen stand. In einer eigenen Abhandlung, dem *Perilhos tractat d'amors* (dem 'Gefährlichen Traktat über die Liebe') versucht der Dichter, aus kirchlich-restaurativer Sicht den Gefahren zu begegnen, die die gemeinhin eher freie Liebesauffassung der Troubadoure darstellt.

Ausstattung. Die Bebilderung der Handschrift ist völlig analog zu derjenigen des in der vorangehenden Katalognummer besprochenen Breviari d'amors (vgl. S. 89 f.). Zusätzlich sind vor Beginn des Textes zwei ganzseitige Miniaturen mit reich verziertem und durch Szenen belebtem Rahmen eingefügt: eine Kreuzigung Christi und ein von den vier Evangelistensymbolen umgebener thronender Christus (Majestas Domini). Im Vergleich zur anderen Breviari-d'amors-Handschrift der Österreichischen Nationalbibliothek ist der Stil der Miniaturen etwas altertümlicher, die Zeichnung der Körperorganik schematischer. Die drei auf f. 7 r dargestellten Wappen (eines davon nochmals f. 125 r, mit Stifterbild) konnten nicht identifiziert werden, doch findet sich am Schluß des Textes (f. 249 v) ein 1354 datierter Kaufvermerk, in dem als Kaufort Toulouse genannt wird.

Abbildung 27. Fol. 11 v: Der Baum der Liebe (nicht identisch mit demjenigen, der bei Kat. nr. 12, S. 89 angeführt wird). Die Darstellung ist ein gutes Beispiel für die didaktischen Schemata, die Matfre Ermengau programmatisch zur Verbildlichung seiner Gedankengebäude verwendet und auch für die relativ willkürliche Mischung von Elementen aus dem profanen wie religiösen Bereich.

Die weibliche Gestalt mit Krone auf dem Haupt und mit sternenbesticktem Umhang in der Bildmitte stellt nach der Inschrift ihres Nimbus die 'Liebe zu Gott' und die 'allgemeine Liebe' dar. Letztere ist etwas ausführlicher behandelt: Die Medaillons auf ihrem Unterkörper beziehen sich auf 'Kindesliebe', auf die 'Liebe zu den Gütern der Welt' und die 'Liebe zwischen Mann und Frau'. Diese wieder ist durch die Eigenschaften bestimmt, die in den Medaillons des darunterbefindlichen Speichenrades angegeben sind, z. B. 'eines einzigen Willens sein', sich 'seine Geheimnisse mitteilen' etc. Die zarten Bäumchen zu seiten des Oberkörpers der Königin beinhalten die Tugenden der Liebe, links die der christlichen, etwa Nächstenliebe, Frömmigkeit, Glaube usw., gipfelnd in Ewigem Leben; rechts die der höfischen mit Zurückhaltung, Verständnis, Frohmut, Kühnheit etc., endend in Nachkommenschaft *(filh e filhas)*. Bei den in den drei oberen Seitenfeldern dargestellten Figuren geht es um die Laster der Liebe: ganz oben um die fleischlichen Vergnügungen, bei den mit Schwert bewaffneten Männern darunter um Stolz und Verleumdung und im dritten Streifen, auf die beiden Fahnen geschrieben, um eine ganze Serie von Lastern wie Habsucht, Völlerei, Heimlichtun, Schmeichelei und so fort. Die Einbindung in die christliche Religion sollen der über den Teufel siegreiche Christus in der linken unteren Bildecke, die über die Synagoge triumphierende Ecclesia rechts unten und der oben in der Mitte herabkommende Heilige Geist bewerkstelligen.

Literatur. H. J. Hermann VII/2, 144 ff. – Zum Text siehe C. Segre, Le forme e le tradizioni didattiche in: Grundriß der romanischen Literaturen des Mittelalters VI (La littérature didactique, allégorique et satirique), Heidelberg 1968, 138 f. – O. Mazal, Buchkunst der Gotik, Graz 1975, Abb. 43. – K. Laske-Fix, Der Bildzyklus des Breviari d'Amor, München 1973 (Münchner Kunsthistorische Abhandlungen, Band V).

14 Cod. 2051

DEKRETALEN PAPST GREGORS IX.

Avignon, um 1400 Abb. 25

Pergament, 450 x 310 mm, 338 Blatt. Schriftspiegel 375/395 mm x 250/285 mm (bzw. innerer Spiegel, 185/230 x 145/150 mm); geschrieben in französischer Bücherminuskel (Dekretalenschrift). 5 historisierte Initialen (Initialen mit Initialbildern), zahlreiche Zierinitialen.
Gotischer Einband: gebräuntes weißes Leder mit Blindstempeln, Süddeutschland, 2. Hälfte des 15. Jahrhunderts.
Die Handschrift befand sich in der Bibliothek der Grafen von Zimmern und gelangte 1576 durch Schenkung in die Bibliothek des Erzherzogs Ferdinand von Tirol nach Ambras. Mit der Ambraser Sammlung 1665 in die Hofbibliothek gekommen.

Text. Päpstliche Entscheidungen oder Willensäußerungen zu ganz konkreten Anlässen erlangten schon früh, ab dem 4. Jahrhundert, Allgemeingültigkeit; sie wurden kodifiziert und, gleich Gesetzen, für jeweils ähnlich gelagerte Fälle bindend. Im 13. Jahrhundert ließ Gregor IX. (1227–1241) Ordnung in die angesammelte umfangreiche Materie bringen, eine Aufgabe, mit der Raimund von

Peñaforte betraut wurde. Er nahm vor allem eine Unterteilung nach Sachgebieten vor: ein Buch handelt von denen, die Recht auf Jurisdiktion besitzen, ein zweites über Prozeßrecht, ein drittes über Personen- und Sachrecht, ein viertes über Eherecht und ein fünftes über Strafrecht. Zusammen mit den Kanones des dritten und vierten Laterankonzils wird das Werk 1234 durch die Bulle 'Rex pacificus' promulgiert. Der geläufige Name ist *Liber Extra* Gregors IX., oder, seltener, Dekretalen Gregors IX., und sie bilden heute einen Teil des Corpus iuris canonici.

Ausstattung. Alle Anfänge der fünf Bücher besitzen historisierte Initialen, das erste eine in Spaltenbreite, die anderen etwas kleinere: die Dreifaltigkeit zum *Liber primus de summa trinitate* (f. 4 r), ein Jüngstes Gericht zu *De iudiciis* (f. 89 r), das Letzte Abendmahl zu *De vita et honestate clericorum* (f. 165 r), eine Verkündigung, der der Apostel Petrus beigesellt ist, zu *De sponsalibus et matrimoniis* (f. 240 r) und eine Darstellung des Gekreuzigten mit Maria und Johannes zum *Liber de accusationibus, inquisitionibus et denuntiationibus* (f. 267 r). Die Initialen sind in gemusterte Rechteckfelder eingeschrieben; Dornblattranken greifen in den Textbereich über.
Dem Vermerk auf f. 335 v zufolge wurde die Handschrift im Jahr 1329 vollendet. Dieses Datum kann jedoch nur für die Fertigstellung der Schrift und für die Ausführung des größten Teils der Initialen gelten, und zwar jenes Typus, der wohl ein französisches Dornblattornament enthält, jedoch in stark italianisierter Form. Die Titelfelder der fünf Bücher waren offenbar frei geblieben und wurden erst Jahrzehnte später, um 1400, mit historisierten Initialen versehen. Ihr Stil ist eng verwandt mit demjenigen mehrerer für Avignon gesicherter Handschriften, z. B. der mss. 337 und 1197 der Bibliothèque municipale von Avignon (vgl. die Abbildungen in der unten angeführten Arbeit von H. Labande). Einige wenige rein französische Zierinitialen wurden ebenfalls zu diesem Zeitpunkt eingefügt (z. B. ff. 240 r oder 267 r).

Abbildung 25. Fol. 4 r: Historisierte Initiale G *(regorius)* mit der Dreifaltigkeit, Johannes dem Täufer und dem Besteller. Auf einer Thronbank sitzen Gottvater und Christus in weich fallenden, schwingenden Gewändern. Sie halten gemeinsam eine farbig zweigeteilte Welt in den Händen und segnen sie; darüber die Taube des Heiligen Geistes, deren ausgebreitete Flügel vom Mund Gottvaters zu dem Christi führen. Links steht Johannes der Täufer in härenem Gewand und weist mit der Rechten auf das Lamm mit dem Kreuzstab, das er, in ein Medaillon gefaßt, in der Linken hält. Gegenüber kniet der (nicht bekannte) Besteller der Handschrift. Die Initiale ist aus einem dünnen Buchstabenkörper gebildet, der an den seitlichen Verbreiterungen in Flechtwerk übergeht; sie ist in ein gemustertes rechteckiges Feld eingeschrieben, von dem nach allen Seiten Dornblattranken ausgehen. In der unteren etwas breiteren Rahmenleiste des Initialfeldes ist in Fortsetzung der Initiale (G)*regorius episcopus* in goldenen Lettern zu lesen, sodann, im Übergang zum Text *servus servorum dei dilectis filiis doctoribus et scolaribus universis Bononie* (Bologna) *commemorantibus salutem et apostolicam benedictionem.* Diese Zeilen sind der Beginn (Grußanrede) des Textes, den Gregor IX. an die für ihre Rechtswissenschaft berühmte Universität von Bologna schicken ließ, von wo die Gesetzessammlung dann in vielen Abschriften verbreitet wurde.

Literatur. H. J. Hermann VII/2, 114 ff. – Zu den vergleichbaren avignonesischen Handschriften siehe H. Labande, Gazette des Beaux-Arts I (1907) 239, 289 und 291.

15 Cod. 1254

BREVIER (lateinisch)

Avignon, um 1400 Abb. 28

Feines Pergament, 260 x 177 mm, 704 Blatt. Schriftspiegel 160 x 105 mm; geschrieben in kalligraphischer italienischer Bücherminuskel. 36 Kalenderdarstellungen und 242 historisierte Initialen, zahlreiche Zierinitialen.

Gotischer Einband: rotbraunes Maroquin mit Handstempeln, Italien, 2. Hälfte des 15. Jahrhunderts.

Die Handschrift wurde für den schismatischen Papst Benedikt XIII. (Pedro de Luna, 1394 in Avignon zum Gegenpapst Gregors XI. gewählt und 1409 durch das Konzil von Pisa wieder abgesetzt) hergestellt. Ende des 16. Jahrhunderts befand sie sich wahrscheinlich in der bischöflichen Bibliothek zu Wiener Neustadt, aus der sie bei der Verlegung des Bischofssitzes nach St. Pölten im Jahr 1785 in die Hofbibliothek kam.

Text. Als Brevier wird das offizielle Gebetbuch des Klerus bezeichnet, das sich aus dem frühchristlichen Gemeindegebet zu bestimmten Stunden des Tages entwickelte und bald festen liturgischen Regeln folgte; der Text unterlag der strengen Kontrolle der Kirche und wurde von ihr herausgegeben oder revidiert (im Gegensatz zum Stundenbuch, dem aus dem Brevier abgeleiteten Gebetbuch der Laien, das sich bis zum Ende des 15. Jahrhunderts ohne kirchliche Regelungen entwickeln konnte).

Das Brevier besteht aus folgenden Teilen: Kalender, Psalter, Proprium de Tempore (das sind die einzelnen Offizien im Ablauf des Kirchenjahres, beginnend mit dem ersten Adventsonntag), Proprium de Sanctis (Heiligenoffizien im Ablauf des Kirchenjahres) und Commune Sanctorum (Offizien für bestimmte Kategorien von Heiligen wie Apostel, Märtyrer, Bekenner, Jungfrauen, die kein eigens für sie abgefaßtes Offiz besitzen).

Ausstattung. Das Brevier ist mit einer Fülle von historisierten Initialen (fast 250) und einer reichen, ikonographisch teils sehr ungewöhnlichen Kalenderillustration geschmückt. Die Initialen sind meist drei bis fünf Zeilen hoch und enthalten Büsten von Propheten, Maria u. a., einzelne Standfiguren oder kleine Szenen (vgl. die Beispiele in der Abbildung). Die Anfänge der Hauptabschnitte des Breviers sind durch größere, meist ca. zehnzeilige historisierte Initialen ausgezeichnet. Zum Psalterium ist der harfespielende König David dargestellt; der in Grisaille gemalte Initialkörper *B(eatus vir)* wird seinerseits aus einer Szene gebildet, der Tötung Goliaths durch David (f. 10 r). Die Initiale zum

Proprium de tempore enthält den betenden Besteller in Halbfigur, Papst Benedikt XIII. (f. 109 r; seine Tiara wurde, offenbar von einem späteren Besitzer, weggekratzt, da es sich um einen schismatischen Papst handelt). Das Proprium de sanctis beginnt mit einer Szene aus dem Leben des hl. Saturnin (f. 391 r). Zum Beginn des Commune sanctorum schließlich sind drei Apostel – Petrus, Paulus und Johannes – in Halbfigur dargestellt (f. 655 r). Der Kalender enthält neben den Darstellungen der Monatsbeschäftigungen (in Vierpässen am unteren Rand der Seite) und der Tierkreiszeichen, die völlig in Bronzegold gemalt (nur die Fische in Silber) und frei auf den äußeren Pergamentrand gesetzt sind, eine ganze Reihe ungewöhnlicher Motive in den Initialen KL zu Beginn jeder Kalenderseite, etwa die Büste eines gekrönten Kadavers zum Monat Februar, die Büsten von Planetengöttern (Mars als Krieger zum Monat März, Venus zum Monat Mai, mit Flammen in der linken Hand, u. a.), zu den kalten Monaten vermummte Männerköpfe sowie auch einige nicht genau identifizierbare Büsten.

Die Datierung der Handschrift ist durch den Besteller gegeben, der aus der Erwähnung eines Papstes mit Namen Benedikt in einem Gebet f. 93 v erschlossen werden kann: Benedikt XIII., von 1394 bis 1409 avignonesischer Gegenpapst Gregors XI. Die gleichfalls durch den Besteller nahegelegte Lokalisierung nach Avignon wird durch den Stilbefund bestätigt: die Miniaturen lassen vielfache Beziehungen zu italienischen Vorbildern erkennen, sowohl in einzelnen ikonographischen Motiven (etwa dem Christuskopf auf f. 95 v oder der Madonnenbüste f. 546 v) als auch im Figuren- und Gewandstil mit ihrer Neigung zu einer stärkeren Körperlichkeit und plastischen Modellierung. Die Blattranken weisen die für Avignon typische Umformung italienischer Akanthusranken auf.

Abbildung 28. Fol. 1 v: In den Initialen *KL* zum Monat Februar Brustbild eines Kadavers mit einer Krone auf dem Kopf und leicht geöffnetem Mund. – Fol. 3 r: Monatsbild des Mai. Eine mit Zweigen bekränzte Figur in modischer Zeittracht (weite, fast bis zum Boden herabfallende Ärmel; Schuhe, die in überlange Spitzen auslaufen) hält einen Jagdfalken und einen belaubten Ast. – Fol. 10 r: Historisierte Initiale *B(eatus vir . . .)* zum ersten Psalm. Vor gemustertem Grund sitzt David, Harfe spielend, und blickt zu Gott, der mit Segensgestus als Büste im oberen Initialfeld erscheint. Der Initialkörper selbst verbildlicht in höchst origineller Weise die David-Goliath-Geschichte: Der Hirt David (er bildet den unteren Bogen des B) holt in weitem Schwung mit seiner Steinschleuder aus; seine Herde wird durch zwei Schafe (in der gewundenen Ranke im oberen Bogen des B) angedeutet. Im gegenüberliegenden Buchstabenteil die Fortsetzung der Szene: Ein Steinbrocken schlägt gerade gegen die Stirn des Riesen Goliath, der wohlgerüstet und mit einem großen Schwert bewaffnet den Schaft der Initiale bildet. Die Figuren des Initialkörpers sind in Camaïeu-Technik. Die Zwischenräume der Großbuchstaben unter der Initiale *(B)EATUs vir qui non habiit in CONSilio* . . . sind mit Zeichnungen (Rosetten, Tieren, Tierköpfen) gefüllt. – Fol. 30 v: Historisierte Initiale *D(ominus illuminatio mea)* zum 26. Psalm. Vor Mustergrund weist der vor Gott kniende David auf seine Augen (in Wortillustration zum Psalmbeginn 'Herr, meine Erleuchtung'). In Schaft und Bogen des Initialkörpers Maskenköpfe in Camaïeu. – Fol. 95 v: Initiale *X (Xriste,* d. i. Christe, *redemptor omnium . . .).* An der Kreuzungsstelle des aus Blattranken gebildeten Buchstabens der Kopf des jugendlichen Christus, mit Kreuznimbus. – Fol. 170 r: Historisierte Initiale *D(eus qui hodierna die . . .)* zur Epiphanie. Die drei Könige in Darbringung ihrer Gaben vor Maria und dem Christuskind. Der Initialkörper wird durch zwei in Camaïeu gemalte Hirten gebildet, der eine, links, mit Dudelsack. – Fol. 391 r: Historisierte Initiale *D(eus qui nos . . .)* zu Beginn der Heiligenfeste. Der heilige Saturninus und sein Diakon Sisinnius, den Wächter Apronianus taufend. Vor einer dem Beschauer zu geöffneten Architektur kniet der Wächter Apronianus mit gefalteten Händen. Der Diakon Sisinnius, im Haus befindlich, beugt sich heraus und tauft ihn. Im Inneren kniet der heilige Saturninus im Gebet.

Literatur. H. J. Hermann VII/3, 1 ff.

16 Cod. Ser. n. 9450

STUNDENBUCH (lateinisch)

Avignon, um 1400 Abb. 5 (in Farbe)

Pergament, 150 x 107 mm, 351 Blatt. Schriftspiegel 75 x 47 mm; geschrieben in französischer Textura. 30 Miniaturen (48/70 x 46 mm), 12 historisierte Initialen, 12 Monatsdarstellungen auf den Rankenausläufen der Kalenderrahmung; Zierrahmen auf allen Seiten, zahlreiche Initialen und Zeilenschlußleisten.
Gotischer Einband (erneuert): roter Samt mit Metallbeschlägen.
Die Handschrift wurde 1959 von der Österreichischen Nationalbibliothek erworben.

Text. Den Grundbestandteilen eines Stundenbuches – Kalender, Evangelienabschnitte, Heiligensuffragien, Marien-, Kreuz- und Geiststunden, Bußpsalmen und Totenoffiz – ist eine Fülle von Texten hinzugefügt, die – von den Mariengebeten 'Obsecro te' und 'O intemerata' und von der Passion Christi nach Johannes abgesehen – in Stundenbüchern des geläufigen Typus nur selten vorkommen: ein Gebet zu den 'Arma' Christi (dem 'Wappen', mit Leidenswerkzeugen), zum Kruzifix, zu den sieben letzten Worten Christi am Kreuz, zu den fünf Wunden Christi und zu den sieben Freuden Marias sowie eine Reihe kleinerer Gebete, etwa zum Schutzengel, gegen den Teufel, ein Abendgebet, ein Morgengebet usw. Die in diesen zusätzlichen Gebeten zum Ausdruck kommende Betonung der Passion Christi manifestiert sich auch in der Gestaltung des textlichen Grundbestandes: die Kreuzstunden sind zweifach vorhanden, als *hore magne passionis* und als kleines, gekürztes Offiz. Marienstunden und Totenoffiz sind nach dem liturgischen Brauch von Rom; im Kalender ist die Erwähnung eines bretonischen Heiligen, Guingaloeus (Winwaloé), besonders auffallend. (Zur Konstituierung des Stundenbuches als privates Andachtsbuch der Laien und zu den Möglichkeiten der liturgischen Identifizierung vgl. Kat. nr. 8, S. 79 ff.).

Ausstattung. Die Handschrift ist außerordentlich reich bebildert und weist in ihrem Miniaturenzyklus zahlreiche Abweichungen vom geläufigen Illustrationstypus auf. Die für den Text des Stundenbuches charakteristische Hervorhebung des Themas der Passion Christi kommt auch in den Miniaturen zur Geltung: zu den Kreuzstunden wird der gesamte Passionszyklus in Vollbildern dargestellt (in der Regel besitzen die Kreuzstunden nur eine Titelminiatur), zu den zusätzlichen Christusgebeten die Leidenswerkzeuge Christi, Veronika mit dem Schweißtuch, Zelebrierung des Meßopfers und schließlich Christus als Auferstandener auf einer Thronbank sitzend und seine Wundmale vorweisend. Demgegenüber sind die Marienstunden, die normalerweise den Hauptbestandteil der Illustration bilden, lediglich mit zwei Vollbildern versehen (Verkündigung und Heimsuchung), die restlichen Szenen der Kindheitsgeschichte Christi sind in der Rahmenleiste der Verkündigungsminiatur untergebracht (zusammen mit Propheten des Alten Testaments). Die weiteren Marienstunden (Prim bis Complet) sind nur durch historisierte Initialen hervorgehoben, in denen Propheten in Halbfigur dargestellt sind, bzw. zwei Szenen der Kindheitsgeschichte Christi (in Wiederholung zweier Themen der Randminiaturen der Verkündigung). Die Illustrationen zu Bußpsalmen, Totenoffiz und den Mariengebeten entsprechen der zur Zeit der Entstehung der Handschrift üblichen Ikonographie (thronender Christus, Sterbeszene, Madonna mit Kind in verschiedenen Varianten, einmal mit Stifterin). Die Evangelienabschnitte sind durch Initialen mit dem jeweiligen Evangelistensymbol gekennzeichnet. Die Darstellung der Monatsbeschäftigungen im Kalender erfolgt teilweise in Kombination mit drolerieähnlichen Figuren auf den Rankenausläufen.

Die Miniaturen der Handschrift zeigen einen sehr persönlichen, stark italianisierenden Stil, der sich in einer ganzen Gruppe von Handschriften findet und in Avignon lokalisiert werden kann (eine der Handschriften dieser Gruppe, ms. 110 der Bibliothèque municipale in Dijon, enthält einen Vermerk, demzufolge sie von Hugo de Ruppe, Kanonikus in Beaune, 1394 in Avignon in Auftrag gegeben wurde). Besonders eng verwandt sind die Wiener Miniaturen mit denjenigen des Uffiziolo der Valentina Visconti d'Orléans in der Biblioteca civica von Bergamo.

Abbildung 5. Fol. 49 v: Michaels Drachenkampf. Vor einem Rankengrund schwebend stößt Michael den Kreuzstab in das Maul eines Drachen, der sich am Boden windet und dessen Kopf vom Dunkel einer Höhle silhouettiert ist. Die Darstellung ist eine Vorstufe zum Limburgschen Kampf Michaels in den Lüften. Gedämpfte zarte Farben bestimmen das Kolorit.

Die prachtvoll ausgestaltete Bordüre besteht aus Rahmenleisten (die untere breitere etwas reicher verziert), deren obere Ausläufer von Grotesken gebildet werden: rechts ein Drache mit jammervoller Teufelsfratze, links eine Drolerie, die ihre eigenen Pfoten im Maul hält. An den Seiten und Enden der Leisten entspringen Dornblattranken.

Literatur. Französische Schule I, 141 ff., Abb. 258–284.

17 Cod. 2570

CHRONIQUE UNIVERSELLE JUSQU'A L'AN 1383 und GENEALOGIE DES ROIS DE FRANCE

Paris (?), um 1400 Abb. 29

Pergament, 325 x 250 mm, 171 Blatt. Schriftspiegel 220 x 160 mm; geschrieben in französischer Bücherminuskel mit kursiven Verbindungen. 1 Miniatur in Textspiegelbreite, 139 Vorzeichnungen in Spaltenbreite (66/78 x 67 mm), 2 im 16. Jahrhundert nachgetragene Federzeichnungen; im zweiten Teil Stammbäume.

Französischer Barock-Einband: braunes gesprenkeltes Maroquin mit Handvergoldung, um 1700.

Ende des 15. Jahrhunderts befand sich die Handschrift im Besitz eines *Philippe de Campremy,* etwas später in dem eines *Maistre Nicolas Bannerot*; ein Besitzvermerk um 1700 erwähnt einen *Monsieur François de Camps,* Abt von Signy. Später gelangte die Handschrift in die Bibliothek des Prinzen Eugen von Savoyen; seit 1738 in der Hofbibliothek.

Text. Die *Chronique universelle* (eine Universalgeschichte) besteht aus einer Sammlung von Begebenheiten, die in historischer Abfolge mit der Erschaffung der Welt beginnt und die, je näher sie dem Zeitpunkt der Abfassung (nach 1383) kommt, immer dichter, detail- und umfangreicher wird. Sie behandelt Episoden aus der biblischen, griechischen und römischen Geschichte, z. B. Alexander und dessen Vergiftung oder etwa Demokrit, der sich die Augen ausbrennen ließ, um seinen Verstand zu schärfen. Es folgen Ereignisse aus der Geschichte des Christentums, aus dem Leben Marias, Christi, der großen Männer der Kirche, der Heiligen usw.; Mohammed findet als falscher Prophet Erwähnung. Breiter und mit einer Fülle von Einzelheiten wird die französische Geschichte etwa ab dem späten 13. Jahrhundert geschildert: so erfährt man von den Templern und deren Hinrichtung durch Philipp IV., von der Pflasterung der Straßen von Paris, von den Unruhen der Bürger unter Etienne Marcel, von der Jacquerie, dem gegen die Feudalität gerichteten Bauernaufstand usf. Besonders ausführlich sind die Ereignisse der Zeit des englisch-französischen Krieges geschildert, soweit dieser noch in die Chronik (bis 1383) fällt, so etwa der Tod des Kriegshelden Bertrand du Guesclin oder das Zusammentreffen König Karls V. von Frankreich mit dem deutschen Kaiser Karl IV. in Paris.

Daneben wird Wissenswertes aus allen möglichen Gebieten erwähnt, Anekdotisches und Kurioses erzählt; auch Naturereignisse werden geschildert: immer wieder Überschwemmungen, ein Regenbogen (allerdings nicht aus eigener Sicht, sondern aus der des spätantiken Orosius) oder ein Meteoritenfall bei Cremona. Auch Äsop ist mit einigen seiner Fabeln vertreten.

Die Handschrift schließt mit einer *Genealogie des rois de France*, derzufolge der erste französische König 'Pharamont' wäre, gestorben um 430, Sohn eines Macromine, Herzogs von Sicambrien; weiter geht es über die Nachkommen des heiligen Ernoul, die Karolinger und die Kapetinger bis zu den Valois, mit deren erstem König, Philipp VI., als 38. in gerader Linie geführt, die Königsreihe endet.

Ausstattung. Die umfangreich geplante Illustration der Handschrift ist nicht vollendet. Mit Ausnahme der ersten Miniatur, die drei Schöpfungsszenen enthält, sind nur Vorzeichnungen vorhanden, z. T. nur leere Felder (auch die Initialen zu Beginn der Kapitel sind nicht ausgeführt). Gerade dieser halbfertige Zustand ermöglicht jedoch einen aufschlußreichen Einblick in den Prozeß der Herstellung einer Handschrift bzw. ihrer Ausstattung. Er zeigt deutlich, daß in der Regel nicht eine Miniatur nach der anderen fertiggestellt wurde, sondern zunächst die Vorzeichnungen durchgeführt, in einem zweiten Arbeitsgang die Hintergründe gemalt wurden (ein Teil der Zeichnungen ist blau oder orangegelb hinterlegt) und dann erst mit der detaillierten Ausführung der Malerei begonnen wurde. Diese verschiedenen Arbeitsprozesse weisen nicht nur auf eine technische Zerlegung der Ausführung eines Bildes durch ein- und denselben Miniator, sondern lassen auch auf eine gewisse Arbeitsteilung schließen, derzufolge 'Spezialisten' die ihnen jeweils zukommenden Aufgaben ausführen.

Abbildung 29. Fol. 111 v: (Linke Spalte) *Du mariage de Philippes, filz du roy Charles, et d'une nomée Dame Blanche* (Von der Hochzeit Philipps, Sohn des Königs Karl, und von einer Dame namens Blanche). In der Miniatur ist Dame Blanche, eine Tochter König Karls IV. d. Schönen von Frankreich und Gemahlin des Herzogs Philipp v. Orléans, mit drei Hofdamen, alle in modischem Gewand und Kopfputz (Escoffions à cornes, Hauben mit zwei hornförmigen Aufsätzen), dargestellt.

– (Rechte Spalte) *Du pape, qui envoia lettres au roy de France, qu'il se gardast du roy d'Angleterre* (Vom Papst, der dem König von Frankreich Briefe schickte, um ihn vor dem König von England zu warnen). Das Bild zeigt nicht etwa, wie es die Rubrik fordern würde, den Papst, wie er dem Boten einen Brief übergibt, sondern den Boten unterwegs, einen Speer geschultert und eine Tasche mit dem französischen Königswappen umgehängt. Er trägt einen an Papst Clemens VI. gerichteten Brief König Edwards III. von England mit sich, den der Papst an König Philipp VI. von Frankreich senden läßt.

Literatur. H. J. Hermann VII/3, 29–41.

18 Cod. Ser. n. 12766

GIOVANNI BOCCACCIO, DE CASIBUS VIRORUM ET FEMINARUM ILLUSTRIUM. FRANZÖSISCHE ÜBERSETZUNG VON LAURENT DE PREMIERFAIT

Paris, um 1410 Abb. 30

Pergament, 304 x 243 mm (stark beschnitten), 368 Blatt. Schriftspiegel 258 x 173 mm; geschrieben in französischer Textura. 98 Miniaturen, eine davon mehr als textspiegelbreit (165 x 195 mm), die anderen in Spaltenbreite (73/91 x 75 mm), Zierrahmen, Initialen, Zeilenschlußleisten.

Klassizistischer Einband: grünes Maroquin mit Goldverzierung, um 1800.

1924 wurde die Handschrift aus der Fideikommißbibliothek in die Nationalbibiothek übernommen.

Text. De casibus virorum et feminarum illustrium (Über die Wechselfälle im Schicksal berühmter Männer und Frauen), von Giovanni Boccaccio (1313–1375) verfaßt, ist ein moralischer Traktat, der das Walten Fortunas und die Eitelkeit irdischen Glücks veranschaulichen und die Herrschenden Weisheit und Mäßigung lehren soll. Es werden die Lebensgeschichten berühmter Personen beschrieben, die durch Hochmut oder Torheit ins Unglück gerieten, angefangen bei Adam und Eva bis zu König Johann d. Guten von Frankreich, der in der Schlacht von Poitiers 1356 in englische Gefangenschaft kam. Das Werk wurde rasch zu einem der meistgelesenen der Zeit und bildete zwei Jahrhunderte lang die Grundlage für Boccaccios literarischen Ruhm in Europa.
Die französische Übersetzung – *Des cas des nobles hommes et femmes* – stammt von Laurent de Premierfait (ca. 1370–1418) und wurde 1409 dem Herzog Jean de Berry gewidmet. Es ist die Umarbeitung einer vom selben Autor schon 1401 vollendeten Übersetzung, jedoch mit beträchtlichen Zusätzen, die teils aus anderen Werken Boccaccios wie *De claris mulieribus* (von den berühmten Frauen) oder *De genealogia Deorum* (über die Genealogie der Götter) stammen. Von den Übersetzungen Laurents haben sich mehr als 70 Manuskripte erhalten.

Ausstattung. Die Handschrift ist mit 98 Miniaturen geschmückt, sie gehört also jenem Illustrationstypus der 'Cas-des-nobles'-Handschriften an, bei dem die Exempla fortlaufend illustriert und nicht lediglich Titelbilder zu den neun Büchern eingefügt werden. Einen verwandten Illustrationstypus besitzen eine Handschrift in Genf (Bibliothèque universitaire, ms. fr. 190) und eine in Paris (Bibliothèque de l'Arsenal, ms. 5193). In allen diesen Handschriften ist jeweils eine Miniatur durch ihre Größe hervorgehoben (sie ist mehr als halbseitig, alle anderen sind nur eine Spalte breit): die Einnahme Jerusalems durch Titus und die Tributleistung der Juden, in zwei Registern übereinander dargestellt.
Die Miniaturen der vorliegenden Handschrift sind das Werk mehrerer Hände eines Ateliers, dessen Stil durch ein ganz eigentümliches Kolorit gekennzeichnet ist: wenige, helle Farben werden für die nur zarte Modellierung der Figuren verwendet, die sich meist gegen einen grünen Rasengrund und in verschiedenen Blauabstufungen getönten Himmel oder gegen Architekturen in kräftigem Rosa absetzen. Für Gewandborten, Kronen und Schmuck wird Gelb verwendet, in wenigen Fällen kommt aus illustrativen Gründen noch eine Buntfarbe dazu (etwa das Rot eines Feuers). Die stilistisch verwandtesten Malereien finden sich in einer Historienbibel der Pariser Nationalbibliothek (ms. fr. 9).
Da die Formensprache der Wiener Handschrift noch frei von jeder Einwirkung des Stils des Boucicaut- oder Bedfordmeisters ist, die in den Parallelhandschriften der 'Cas des nobles . . .' in Genf und Paris schon spürbar ist, dürfte das Wiener Exemplar die Urfassung der Bebilderung am getreuesten widerspiegeln und wohl knapp nach dem Datum der Übersetzung (1409) angefertigt sein.

Abbildung 30. Fol. 2 v: Adam und Eva im Paradies. Inmitten eines umfriedeten

Gartens stehen Adam und Eva zu seiten eines kunstvoll gearbeiteten Brunnens, von dem kleine Rinnsale, die (vier) Paradiesflüsse, ausgehen; hinter dem Brunnen zwei Engel. – Fol. 68 v: Der Tod des Mecius Suffetius, König von Alba. Unter der Befehlsgeste des Königs von Rom wird Mecius Suffetius, des Verrats verdächtig, von zwei Schergen an zwei mit Pferden bespannte Leiterwagen gebunden. Das aufsichtige Terrain ermöglicht den Blick auf einen der Wagen, dessen Pferde gerade eine Drehung ins Bildinnere vollführen; der zweite Wagen wie auch der rechte Scherge sind vom Bildrand überschnitten.

Literatur. Französische Schule I, 131 ff., Abb. 222–238. – Zu den erhaltenen Handschriften siehe P. M. Gathercole, The Manuscripts of Laurent de Premierfaits Works, in: Modern Language Quarterly XIX (1958) 262–270. – Boccace en France, de l'humanisme à l'érotisme, Paris 1975 (Ausstellungskatalog der Bibliothèque Nationale).

19 Cod. 2657

JEHAN PETIT, JUSTIFICATION DU DUC DE BOURGOGNE, JEAN SANS PEUR, SUR LE FAIT DE LA MORT DU DUC LOUIS D'ORLEANS (französisch und lateinisch)

Paris (Meister des Herzogs von Bedford), um 1410 Abb. 31

Pergament, 193 x 140 mm, 72 Blatt. Schriftspiegel 135 x 90 mm; geschrieben in kalligraphischer gotischer Bücherminuskel. 1 Miniatur (95 x 90 mm), 3 Zierrahmen, zahlreiche Zierinitialen und Zeilenschlußleisten.

Französischer Barock-Einband: rotes Maroquin mit Handvergoldung, Ende des 17. Jahrhunderts.

Aus dem Besitz des Georg Wilhelm Freiherrn von Hohendorf, seit 1720 in der Hofbibliothek.

Text. Die *Justification du duc de Bourgogne* . . . (Rechtfertigung des Herzogs von Burgund, Johann ohne Furcht, betreffs des Todes Herzog Ludwigs von Orléans) wurde zur Verteidigung eines der aufsehenerregendsten politischen Morde abgefaßt: Am Abend des 23. November 1407 ließ Jean sans Peur, Herzog von Burgund, seinen Vetter Louis d'Orléans, Bruder des geisteskranken französischen Königs Charles VI., in einer genau geplanten Aktion im Marais, dem damaligen Pariser Wohnviertel des Adels, von gedungenen Mördern in einen Hinterhalt locken und erschlagen. Zwischen den beiden Herzögen bestanden schon seit geraumer Zeit starke außen- wie innenpolitische Interessengegensätze; im 'Hundertjährigen' Krieg mit England war ein Waffenstillstand eingetreten, an dessen Bewahrung Jean sans Peur sehr gelegen war, um seine Herrschaft in den wirtschaftlich von England abhängigen flandrischen Provinzen zu konsolidieren; Louis d'Orléans hingegen drängte mit allen Mitteln zur Wiederaufnahme der Feindseligkeiten. Gleichzeitig hatte sich Louis d'Orléans am Hof des schwachsinnigen Königs im Verein mit seiner Schwägerin, der Königin Isabeau de Bavière, eine überaus einflußreiche Stellung aufgebaut; politische Dominanz am französischen Königshof war jedoch ein Hauptanliegen des immer mächtiger werdenden Herzogs von Burgund. Vermittlungsversuche – etwa die des gemeinsamen Onkels Jean, duc de Berry, – konnten die immer virulenter aufbrechenden Gegensätze nicht eindämmen, die schließlich zu dem Mord im Marais führten.

Jean sans Peur, beim Begräbnis seines Vetters noch ganz trauernder Verwandter, mußte sich aufgrund der scharfsinnig und erfolgreich geführten Untersuchungen bald als Urheber der Tat bekennen. Durch den Einsatz raffinierter politischer Propaganda und durch geschicktes Taktieren gelang es ihm jedoch, die Situation umzukehren: Bösewicht und Hochverräter war der Ermordete; er, Jean sans Peur, hatte ausschließlich zum Wohl der französischen Krone und deren Untertanen gehandelt. Des Herzogs selbstbewußtes Auftreten im Verein mit starkem militärischem Rückhalt ließ zudem keine Kritik an seinem Vorgehen aufkommen.

Der vorliegende Text, die *Justification* (Rechtfertigung), gehört zu den wichtigsten Zeugnissen des politischen Geschicks des Burgunderherzogs. Gelehrte der Pariser Universität unter Leitung Jean Petit's wurden mit der Abfassung der Rechtfertigungsschrift betraut, die in wissenschaftlich exaktem Aufbau, unter Einsatz aller rhetorischen und logischen Kunstgriffe, unter Berufung auf Autoritäten aller Epochen und mittels eingestreuter Exempla und lateinischer Sentenzen darzulegen versucht, daß Louis d'Orléans der Tyrannei und des Hochverrats schuldig sei, seine Ermordung daher vollauf gerechtfertigt; der Herzog von Burgund verdiene nicht Vorwürfe oder Anklagen, vielmehr schulde man ihm Dank für seine selbstlose Rettung der französischen Krone vor dem Zugriff eines Tyrannen.

Die Schrift wurde im März des auf den Mord folgenden Jahres im Hôtel Saint-Pol vor zahlreichem Publikum im Beisein des Thronfolgers Louis, duc de Guyenne, wie der wichtigsten Würdenträger des französischen Königreiches verlesen und widerspruchslos aufgenommen. Wenig später erhielt Jean sans Peur vom König volle Amnestie.

Ausstattung. Jean Petit's Justification wurde in einer ganzen Reihe von Kopien hergestellt, darunter auch in mit einem Titelbild versehenen Luxusexemplaren, von denen sich eines in der Österreichischen Nationalbibiothek erhalten hat.

Die Darstellung ist ein hervorragendes Beispiel des Stils des in Paris tätigen Bedford-Meisters (vgl. dazu Kat. nr. 22, S. 107 f.). Außer der Titelminiatur enthält die Handschrift noch drei sorgfältig ausgeführte Zierrahmen. Eine ganz ähnlich ausgestattete 'Justification' befindet sich im Musée Condé, Chantilly, ms. 879 (1694).

Abbildung 31. Fol. 1 v: Die Miniatur faßt die burgundische Interpretation der Geschehnisse in allegorischer Form prägnant zusammen. Ein Wolf versucht mit aufgesperrtem Rachen nach einer edelsteinbesetzten Krone zu schnappen, die von einer großen goldenen heraldischen Lilie herabzugleiten droht; ein mächtiger Löwe hindert ihn daran mit einem heftigen Prankenhieb und schlägt ihn blutig. Die Szene wird von einem weit geöffneten, lilienbesäten Zelt hinterfangen. Bekrönte Lilie und Lilienzelt repräsentieren das französische Königshaus,

der Wolf ist niemand anderer als Louis d'Orléans, der Löwe – wichtiger Bestandteil des Burgunderwappens – symbolisiert Jean sans Peur.
Unterhalb der Miniatur umschreibt ein gereimter Vierzeiler die Bildallegorie:

Par force le leu rompt et tire
A ses dens et gris la couronne,
Et le lyon par très grant ire
De sa pate grant coup luy donne.
(Gewaltsam zerrt und zieht der Wolf
mit Zähnen und Krallen an der Krone,
Und der Löwe in großem Zorn
versetzt ihm mit seiner Pranke einen mächtigen Hieb).

Literatur. H. J. Hermann VII/3, 27 ff. – R. Vaughan, John the Fearless, The Growth of Burgundian power, London 1966.

20 Cod. 2537

ROMAN EN PROSE DE TRISTAN

Paris (Atelier des Bedford-Meisters), vor 1416 Abb. 32

Pergament, 477 x 335 mm, 492 Blatt. Schriftspiegel 337 x 223 mm; geschrieben in französischer Bücherminuskel. 144 Miniaturen in Spaltenbreite, ein Zierrahmen, zahlreiche Zierleisten und Zierinitialen, Zeilenschlußleisten.
Barock-Einband von Etienne Boyet d. Jüngeren: rubinrotes Maroquin mit Handvergoldung, Wien, nach 1713.
Die Handschrift wurde für Jean duc de Berry hergestellt (autographer Besitzvermerk f. 492 r). Später gelangte sie in den Besitz des Prinzen Eugen von Savoyen; seit 1738 in der Hofbibliothek.

Text. Der Prosa-Tristan, *Roman en prose de Tristan,* wurde ca. 1230 von einem anonymen Autor verfaßt. Die in Prolog und Epilog erwähnten Autornamen Luce del Gast und Helie de Boron gelten als historisch nicht gesichert, ebenso fraglich ist die Widmung an König Heinrich III. von England.
Die eigentliche Tristan-Legende – die Geschichte der schicksalhaften Liebe zwischen Tristan und Isolde – spielt in der Prosa-Fassung nur noch eine untergeordnete Rolle. Der Prosa-Tristan ist in erster Linie ein Abenteuerroman geworden, Tristan zu einem Ritter der Tafelrunde des König Artus (mit dem er in der ursprünglichen Legende nichts zu tun hat), der sich die meiste Zeit auf Abenteuerfahrt befindet und nur zwischendurch am Hof von König Marke und Königin Isolde verkehrt. Die Fülle von Episoden und Figuren, in denen die ursprüngliche Legende untergeht, stammt größtenteils aus dem Bereich des arthurischen Romans, vor allem der Lanzelot-Erzählung. Nahezu alle berühmten Artusritter tauchen im Laufe des Romans einmal auf, keines der bekannten und beliebten Motive der Artus-Dichtungen fehlt. Der Prosa-Tristan ist im Zusammenhang mit der seit Beginn des 13. Jahrhunderts in Gang befindlichen Zyklenbildung im Bereich der Artus-Dichtung zu sehen, in deren Verlauf die in einzelnen, voneinander unabhängigen Versdichtungen behandelten Legenden

(Lancelot, Perceval usw.) in Prosa-Fassungen umgesetzt, miteinander in Einklang gebracht und zu einem einheitlichen Ganzen zusammengefaßt werden. Zwar gehört der Tristanroman nicht direkt zu diesem im Entstehen begriffenen Zyklus, doch hat der Verfasser darauf geachtet, die Geschichte der in seinem Werk auftretenden Artusritter so zu gestalten, daß sie nicht in Widerspruch zu deren Rolle und Stellung im 'Zyklus' gerät. Wie alle Prosa-Umsetzungen aus dem Bereich der Artusdichtung (vgl. dazu auch Kat. nr. 75, S. 205) erfreute sich der 'Roman de Tristan en prose' bis ins 16. Jahrhundert außerordentlicher Beliebtheit. Es haben sich ca. 80 Handschriften dieses Textes erhalten; zwischen 1499 und 1533 sind acht gedruckte Ausgaben erschienen.

Ausstattung. Der Illustrationszyklus der Handschrift umfaßt 144 Miniaturen in Spaltenbreite, von denen die ersten vier zu einem großen Titelbild zusammengefaßt sind, das samt dem Text darunter von einem prunkvollen Dornblattrahmen eingefaßt wird. Dieses Frontispiz (f. 4 r) zeigt den angeblichen Autor Luce del Gast bei der Abfassung seines Werkes, dann eine Szene mit Josef von Arimathia, der im Roman zu einem Vorfahren Tristans gemacht wird (als ursprünglicher Besitzer des Abendmahlkelches spielt er eine wichtige Rolle für das Gral-Thema, das Leitmotiv der arthurischen Prosaromane); es folgen zwei Szenen der Vorgeschichte, die die Verlagerung des Schauplatzes vom Vorderen Orient nach Cornwall motivieren soll. Nach einer Reihe von abenteuerlichen Verwicklungen und wunderbaren Episoden taucht in der Miniatur f. 26 v zum ersten Mal der eigentliche Held des Romans, Tristan, auf, wie er als neugeborenes Kind auf Anraten des Zauberers Merlin Governal zur Erziehung überlassen wird; sein Lebenslauf und die zahllosen Abenteuer, die er besteht (er wird u. a. auch auf die Gralsuche geschickt), werden in den weiteren Miniaturen illustriert. Die Szenen spielen meist vor einer gemusterten Folie, die nur einen Bodenstreifen als Standfläche läßt, vereinzelt finden sich jedoch auch Landschaftshintergründe.
An der überaus reichen Ausstattung waren eine Anzahl stark profilierter Meister beteiligt, die auch aus anderen für den Herzog von Berry gefertigten Handschriften bekannt sind. Zu den qualitätvollsten Miniaturen gehören die im Stil des Bedford-Meisters ausgeführten, wahrscheinlich eigenhändigen Frühwerke des Meisters (die Handschrift muß vor 1416, dem Tod des Besitzers Jean de Berry, vollendet gewesen sein). Eine andere Gruppe von Miniaturen steht dem Miniator der Berry-Apokalypse nahe (New York, Pierpont Morgan Library, ms. 133).

Abbildung 32. Fol. 474 v: Tristans Ende: seine Verwundung durch den vergifteten Speer König Markes – Markes Heimritt – der Abschied Tristans von seinem Schwert.
Tristan spielt Isolde auf seiner Harfe ein selbstgedichtetes Lai vor; beide kauern auf einer Wiese am Boden, Isolde auf einem reichbestickten Polster, eine Krone auf dem Haupt. König Marke will sich endlich seines Nebenbuhlers entledigen und stößt ihm eine vergiftete Lanze in den Arm (abweichend vom Text, wo

Marke mit einem vergifteten Schwert Tristan am Rücken verletzt). – Im nächsten Bild reitet König Marke, den Speer geschultert, in Begleitung seines Neffen Andret zu seinem Schloß Tintajol zurück. – Zuunterst nimmt der sterbende Tristan Abschied von seinem Schwert. Am Totenbett hintereinander gestaffelt, König Marke mit erstaunt erhobenen Händen, Isolde, die den Kopf trauernd in ihre Rechte gelegt hat, und Sagremor, Tristans Freund, der später dessen Schwert und Schild König Artus überbringen wird.

Die Szenen spielen auf einer schmalen Raumbühne, deren Boden durch einen Wiesenstreifen gebildet wird (auch bei der Innenraumszene) und die nach hinten durch einen Mustergrund abgegrenzt ist. Alle Figuren tragen modisch-höfische Zeittracht.

Literatur. H. J. Hermann VII/3, 44 ff. – Zum Inhalt der Dichtung vgl. E. Löseth, Le Roman en prose de Tristan, le Roman de Palamedes et la compilation de Rusticien de Pise, Paris 1891. – Kritische Teilausgabe und Handschriften-Stemma: R. L. Curtis, Le roman de Tristan en prose, tome I, München 1963. – Zu Provenienz und Prolog: D. Thoss, Ein Prosa-Tristan aus dem Besitz des Duc de Berry in der Österreichischen Nationalbibliothek (Cod. 2537), in: Codices manuscripti 3 (1977) 66–72. – M. Meiss, French Painting in the time of Jean de Berry, The Boucicaut Master, London 1968. – M. Meiss, French Painting in the time of Jean de Berry, The Limbourgs and their contemporaries, London 1974.

21 Cod. 2656

STUNDENBUCH (Fragment, französisch)

Paris (Meister des Herzogs von Bedford), 2. Jahrzehnt 15. Jh. Abb. 33

Pergament, 196 x 138 mm, 43 Blatt. Schriftspiegel 102 x 58 mm; geschrieben in kalligraphischer gotischer Bücherminuskel. 3 Miniaturen in Schriftspiegelbreite mit Zierrahmen; auf 80 Seiten beidseitig Zierleisten in Schriftspiegelhöhe, zahlreiche Zierinitialen und Zeilenschlußleisten.

Österreichischer (?) Renaissance-Einband: einfaches dunkelbraunes Leder, 16. Jahrhundert. Die Handschrift kam im 18. Jahrhundert, jedenfalls nach 1723 in die Hofbibliothek.

Text. Bei der vorliegenden Handschrift handelt es sich um Teile eines Stundenbuches – fünf Mariengebete und ein Gebet zu den Wunden Christi –, die zu einem eigenen Codex zusammengebunden wurden. Daß es sich tatsächlich um eine gezielte Auswahl aus einem vollständigen Stundenbuch und nicht um einen von vornherein als marianisches Gebetbuch geplanten Codex handelt, geht aus verschiedenen Indizien hervor: so befindet sich auf f. 11 r im Anschluß an das Gebet zu den fünf Wunden Christi noch ein Reklamant ('de la trinité') zu Heiligensuffragien, ebenso ist auf f. 1 r trotz Rasur das Schlußgebet der Bußpsalmen zu lesen.

Ausstattung. Die Handschrift enthält drei Miniaturen; eine thronende Madonna mit Kind, vor der eine Stifterin im Gebet kniet (f. 1 v), einen auf einem Regenbogen thronenden Christus mit Maria und Johannes (f. 8 r) und eine Madonna mit Kind im Rosengarten (f. 12 r). Alle drei Miniaturen haben einen Mustergrund und sind von einer U-förmigen gemusterten Goldleiste und Dornblattranken umschlossen. Die Schrift ist völlig identisch mit mehreren im Atelier des Bedford-Meisters illustrierten Handschriften (z. B. Add. ms. 18550 und Cotton ms. Domitian XVII der British Library London oder Cod. 1840 und 1855 der Österr. Nationalbibliothek Wien); in dieselbe Richtung weist der Stil der Miniaturen. Die Verwendung von Mustergrund legt eine eher frühe Datierung, also spätestens das 2. Jahrzehnt des 15. Jahrhunderts, nahe.

Abbildung 33. Fol. 12 r: Madonna im Rosenhag. Maria hockt in einem Gärtlein auf reichgemusterten Pölstern am Boden (Typus der Madonna humilitatis). Im Schoß hält sie das Christuskind, welches nach Blumen in einem Korb faßt, den ein kniender Engel mit prachtvollen Flügeln aus Pfauenfedern ihm entgegenhält. Das blaue Gewand Marias fließt in weiten Schwüngen über den Körper und breitet sich am Boden aus. Das Dreieck der Mutter-Kind-Gruppe wird von den Schrägen des Rosenzauns eingeschlossen, dessen räumliche Ausbuchtung sich als Rahmung in der Bildfläche auswirkt.
Die Bordüre ist aus Dornblattranken gebildet; die linke innere Rahmenleiste läuft oben in einen Drachen aus.

Literatur. H. J. Hermann VII/3, 137 ff.

22 Cod. 1855

STUNDENBUCH (lateinisch und französisch)
Paris (Meister des Herzogs von Bedford),
3. Jahrzehnt 15. Jh. Abb. 6 (in Farbe)

Feines Pergament, 265 x 190 mm, 261 Blatt. Schriftspiegel 110 x 70 mm; geschrieben in kalligraphischer französischer Bücherminuskel. Reiche Kalenderillustration, 24 große Miniaturen (ca. 140 x 70 mm) mit 172 Randminiaturen, 42 historisierte Initialen; zahlreiche Zierrahmen mit Drolerien; zahlreiche kleine Initialen mit Brustbildern; Zierinitialen, Zeilenschlußleisten.
Renaissance-Einband: erneuerter schwarzer Samt, Beschläge in vergoldetem Silber; vermutlich Paris, 3. Viertel des 16. Jahrhunderts.
Möglicherweise kam das Stundenbuch durch Königin Elisabeth von Frankreich (eine Tochter Maximilians II. und Gemahlin König Karls IX. von Frankreich) nach Wien, die nach dem Tod Karls IX. im Jahre 1574 in ihre Heimat zurückkehrte.

Text. Dem Grundbestand eines Stundenbuches – Kalender, Evangelienabschnitte, Marienstunden, Totenoffiz, Heiligensuffragien, Kreuzstunden und Bußpsalmen – sind einige weitere Texte hinzugefügt, teils geläufige wie die Passion Christi nach Johannes, das Gebet zu den 15 Freuden Marias oder zu den fünf Wunden Christi, aber auch so ungewöhnliche wie die Stundengebete der einzelnen Wochentage. Kalender, Marienstunden und Totenoffiz sind nach dem liturgischen Gebrauch der Diözese Paris.
(Zur Konstituierung des Stundenbuches als privates Andachtsbuch der Laien und zu den Möglichkeiten der liturgischen Identifizierung vgl. Kat. nr. 8, S. 79 ff.).

Ausstattung. Der Illustrationszyklus der Handschrift ist ungewöhnlich reich, in erster Linie auf Grund der Fülle von Darstellungen in den Bordüren. Aber auch die Serie der Vollbilder wurde gegenüber dem geläufigen Stundenbuchtypus erweitert: alle vier Evangelisten sind durch große Miniaturen vertreten, die Stundengebete der einzelnen Wochentage besitzen ebenfalls eine Reihe ganzseitiger Darstellungen, darunter ein Letztes Abendmahl (ein für Stundenbücher sehr ungewöhnliches Thema) und eine Schutzmantelmadonna. In die Bordüre eines jeden der Vollbilder ist eine Reihe zusätzlicher, mit dem Hauptbild thematisch zusammenhängender Darstellungen eingefügt. Bei der Verkündigungsminiatur finden sie in einem reichen architektonischen Rahmen Platz, bei den anderen in meist durch Ranken gebildeten Medaillons. Eine ganze Reihe dieser Randminiaturen zeichnen sich durch im Rahmen eines Stundenbuches sehr seltene oder überhaupt unikale Themen aus: z. B. eine Schöpfungsgeschichte (beim Trinitätsoffiz), Personifikationen der sieben Tugenden und der sieben Laster mit ihren Attributen oder in szenischem Zusammenhang (beim Titelbild zu den Bußpsalmen) sowie Darstellungen der Anzeichen des Weltuntergangs beim Jüngsten Gericht (Titelbild zum Totenoffiz).

Der Kalender ist außerordentlich reich bebildert. Auf jeder Rectoseite ist im oberen Bordürenstreifen das jeweilige Tierkreiszeichen und die entsprechende Monatsbeschäftigung dargestellt, letztere setzt sich in zwei weiteren Szenen des rechten Bordürenstreifens fort; im unteren Bordürenstreifen steht in der Mitte immer Ecclesia auf einem der zwölf Tore des himmlischen Jerusalem, eine Kirchenfahne mit wechselnden Darstellungen, die sich auf Glaubensartikel beziehen, in der Hand. Links des Tores Predigtszenen mit dem Apostel Paulus, rechts davon jeweils ein Apostel mit einem Propheten. Dieses System der Ausstattung von Kalenderseiten geht noch auf das 14. Jahrhundert zurück, den Prototyp bildet der Kalender des Breviaire de Belleville (ms. lat. 10483/10484 der Bibliothèque Nationale Paris). Das vorliegende Stundenbuch ist eine aus dem Atelier des Bedford-Meisters stammende Prachthandschrift, eng verwandt mit zwei im selben Atelier hergestellten und ähnlich reich ausgestatteten Stundenbüchern, dem für den Herzog John of Bedford und seine Gemahlin Anne de Bourgogne ausgeführten Add. ms. 18550 der British Library und dem für die Tochter der Isabeau de Bavière bestimmten Stundenbuch (Sotheby, London, 21. 6. 1937, Lot 1), das zwischen 1430 und 1432 datiert ist. Die Verwandtschaft zwischen diesen drei Handschriften bezieht sich nicht nur auf stilistische Kriterien im engeren Sinn (Figurentypen, Gewandstil, Raumauffassung u. ä.), viele Illustrationen stammen bis ins Detail der Komposition und der oft sehr spezifischen Ikonographie überein.

Unter Bedford-Meister versteht man die führende Persönlichkeit des bedeutendsten Pariser Buchmalereiateliers der 20er/30er Jahre des 15. Jahrhunderts. Die Bezeichnung geht darauf zurück, daß die wichtigsten Handschriften dieses Stils (British Library, Add. ms. 18550 und Paris, Bibliothèque Nationale, ms. lat. 17294) für Herzog John of Bedford (gest. 1435) ausgeführt wurden, den Bruder König Heinrichs V. von England und Regenten in Paris für seinen

Neffen Heinrich VI. während der englischen Besetzung der französischen Hauptstadt (ab der Schlacht von Azincourt 1415). Man kann diesen Buchmaler, der eine Zeit mit dem Boucicaut-Meister in derselben Werkstatt zusammengearbeitet hat, bis in die Anfänge des Jahrhunderts zurückverfolgen. Er repräsentiert die letzte rein französische Stilstufe vor dem Eindringen der realistischen Errungenschaften der neuen niederländischen Malerei und kann als klassisches Beispiel eines harmonischen Ausgleichs zwischen idealistischen und naturalistischen Tendenzen gelten. Ohne den Stilkanon der internationalen Gotik zu verletzen, versteht es der Bedford-Meister, einen ganz erstaunlichen szenischen Reichtum zu entfalten, und so seinen Werken starke narrative Qualitäten zu verleihen.

Abbildung 6. Fol. 137 v: Illustration zur Matutin der Kreuzstunden. Kreuzigung Christi und andere Passionsszenen. Die Hauptminiatur zeigt Christus am Kreuz zwischen den verrenkt angebundenen Schächern. Stepaton hat die Lanze in die Seite Christi gestoßen, aus der Blut fließt. Am Fuß des Kreuzes ist Maria zusammengebrochen; Johannes, Maria Magdalena und die beiden anderen Marien bemühen sich um sie. Rechts weist der bekehrte Hauptmann auf Christus, ein Spruchband gibt seine Worte wieder *(Vere filius dei erat iste).* Vorne, am Boden hocken Soldaten und würfeln um das Gewand Christi. In den Bordürenmedaillons sind die vorausgehenden Momente der Passion – Ölbergszene, Judaskuß, Christus vor Pilatus, Geißelung und Kreuztragung – sowie, als letzte Szene, die Grablegung dargestellt.

Literatur. Hermann VII/3, 142 ff. – E. Spencer, The Master of the Duke of Bedford: The Bedford Hours, in: Burlington Magazine 107 (1965) 495–502. – E. Spencer, The Master of the Duke of Bedford: The Salisbury Breviary, in: Burlington Magazine 108 (1966) 607–612. – M. Meiss, The de Lévis Hours and the Bedford Workshop, New Haven 1972.

23 Cod. 1840

STUNDENBUCH (lateinisch und französisch)
Paris, um 1420 (Meister des Herzogs von Bedford)
bzw. um 1460 (Maître François-Gruppe) Abb. 34

Feines Pergament, 250 x 178 mm, 239 Blatt. Schriftspiegel 120 x 65 mm; geschrieben in kalligraphischer französischer Textura von Johannes Parvi (der Kalender von einem anderen Schreiber). 25 Miniaturen (107/127 x 67 mm), 143 Randminiaturen im Kalender, in den Bordüren der großen Miniaturen und bei den Suffragien; Zierrahmen, Zierinitialen und Zeilenschlußleisten.

Barock-Einband: glattes braunes, marmoriertes Leder mit Handvergoldung, Wien 1755.

Die Handschrift soll im Besitz mehrerer englischer Könige gewesen sein. Dem in einer Abschrift Gentilottis noch vorhandenen Widmungsschreiben zufolge hat George III., Earl of Cumberland (1558–1605), das Stundenbuch seinem Haushofmeister Stephan Taylor geschenkt. Dessen Bruder Franz Taylor schenkte sie dem Kaiser (vermutlich Kaiser Ferdinand III.)

Text. Der textliche Grundbestand eines Stundenbuches – Kalender, Evangelienabschnitte, Marienstunden, Kreuzstunden, Bußpsalmen, Totenoffiz und

Heiligensuffragien – ist in der vorliegenden Handschrift um einige weitere häufig in Stundenbücher eingefügte Gebete bereichert: die Mariengebete Obsecro te, O intemerata, Douce Dame, das Gebet Doux Dieu sowie einige Meßandachten zum Heiligen Geist, zur Mutter Gottes und für die Verstorbenen. Kalender, Marienstunden und Totenoffiz weisen auf die Diözese Paris.
(Zur Konstituierung des Stundenbuches als privates Andachtsbuch der Laien und zu den Möglichkeiten der liturgischen Identifizierung vgl. Kat. nr. 8, S. 79 ff.).

Ausstattung. Die Ausstattung der vorliegenden Handschrift gehört zwei verschiedenen Epochen der französischen Buchmalerei an. Begonnen wurde sie ca. 1420 im Atelier des Herzogs von Bedford; aus dieser Zeit stammen, abgesehen vom Text selbst, der Großteil der Initialen, die Rahmungen der Textseiten und all jener Miniaturseiten, für die keine reichere Ausschmückung vorgesehen war, sowie die Titelminiatur zu den Marienstunden samt reicher Bordüre, wohl ein eigenhändiges Werk des Bedford-Meisters, für den u. a. der kompliziert verschachtelte Raum, in dem die Szene spielt, charakteristisch ist wie auch die Gestaltung der Bordüre mit ihren zu Medaillon-Rahmen eingerollten Akanthusranken, die aus Blütenkelchen herauswachsende Propheten- und Engelhalbfiguren umschließen (zum Bedford-Meister vgl. auch Kat. nr. 22, S. 107 f.).
Die fragmentarische Ausstattung wurde etwa vierzig Jahre später im Atelier des Maître François (vgl. zu diesem Miniator Kat. nr. 43, S. 148 f.) ergänzt. Aus dieser Phase stammen alle Miniaturen (mit Ausnahme der erwähnten Verkündigungsdarstellung), alle Bordüren, für die eine reichere Variante vorgesehen war (also bei den Titelbildern der Hauptabschnitte), sowie die Kalenderrahmungen.
Der Illustrationszyklus der Handschrift enthält die geläufigen Themen, doch ist er reicher als üblich, vor allem durch eine Fülle kleiner Miniaturen (es sind 145). Miniaturen großen Formats sind die vier Evangelistenbilder, eine Darstellung der Gregorsmesse, die acht Illustrationen zu den Marienstunden, die außergewöhnlich reiche Bebilderung der Kreuzstunden (statt einer einzigen Miniatur zu Beginn umfaßt sie einen ganzen Passions-Zyklus), die Titelminiaturen zu den Bußpsalmen (mit dem Jüngsten Gericht), Geiststunden (mit Pfingsten) und Totenoffiz (Bestattung eines Toten) sowie eine thronende Madonna mit Kind zum Mariengebet Douce Dame. Bei jeder dieser Miniaturen sind in die zugehörige Bordüre zusätzliche Szenen eingefügt, die thematisch mit dem jeweiligen Hauptbild zusammenhängen (z. B. beim Totenoffiz die Letzte Kommunion und das Einnähen des Leichnams in ein Tuch). Eine ganze Folge von Randminiaturen illustriert die Heiligensuffragien. Im Kalender sind zusätzlich zu den Monatsbildern und Tierkreiszeichen auch Heilige und Kirchenfeste dargestellt.

Abbildung 34. Fol. 27 r: Illustration zur Matutin der Marienstunden. Verkündigung an Maria in einem über Eck gestellten, kompliziert verschachtelten gotischen Raum, aus dessen kleinem Obergeschoß Gottvater auf Strahlenbahnen die Taube zu Maria sendet. Maria kniet und wendet sich von ihrem Betpult zum Engel zurück, dessen Spruchband mit den Grußworten um den schlanken,

Maria und den himmlischen Boten trennenden Pfeiler entrollt ist. Überall befinden sich musizierende Engel: bei Gottvater, in der Initiale sowie in den medaillonbildenden Ranken der Bordüre, die zum Teil auch Propheten in Halbfigur umschließen, die sich in allen möglichen Verdrehungen der Verkündigungsszene zuwenden und deren spiralig gedrehte Spruchbänder mit den Voluten der Akanthusranken konkurrieren.

Literatur. Französische Schule I, 80 ff., Abb. 142–150.

24 Cod. Ser. n. 2613

STUNDENBUCH (lateinisch und französisch)

Troyes, Anfang 15. Jh. Abb. 35

Pergament, 185 x 125 mm, 219 Blatt. Schriftspiegel 97 x 56 mm; geschrieben in französischer Textura. 12 Miniaturen (80 x 55 mm) mit Zierrahmen, Zierleisten auf nahezu allen Seiten, zahlreiche Initialen und Zeilenschlußleisten.

Renaissance-Einband: weiches weißes Pergament mit verblaßtem Gold- und oxydiertem Silberdruck, 16. Jahrhundert.

Die Handschrift wurde 1936 mit dem Rest der Ambraser Sammlung aus dem Kunsthistorischen Museum in die Nationalbibliothek übernommen.

Text. Von den ab Beginn des 15. Jahrhunderts üblichen Bestandteilen eines Stundenbuches (vgl. dazu Kat. nr. 8, S. 80) fehlen die Heiligensuffragien; hingegen ist die zu diesem Zeitpunkt noch eher seltene Passion Christi nach Johannes hinzugefügt sowie eine Reihe anderer nicht so geläufiger Texte (Ablaßgebet, Stabat Mater, Glaubensbekenntnis, ein Gebet zu Ehren der sieben letzten Worte Christi am Kreuz). Die im Kalender hervorgehobenen Heiligen und das Totenoffiz weisen das Stundenbuch liturgisch am ehesten in den Bereich von Troyes oder Metz.

(Zur Konstituierung des Stundenbuches als privates Andachtsbuch der Laien und zu den Möglichkeiten der liturgischen Identifizierung vgl. Kat. nr. 8, S. 79 ff.).

Ausstattung. Die Themen der zwölf Miniaturen der Handschrift – acht zu den Marienstunden (ff. 14 r, 28 r, 43 v, 49 r, 55 v, 61 r, 66 v, 75 r) und je eine zu Bußpsalmen (f. 96 r), Kreuzstunden (f. 120 r), Geiststunden (f. 124 r) und Totenoffiz (f. 128 r) – entsprechen dem feststehenden Kanon (vgl. dazu Kat. nr. 8, S. 81 f.), wobei die thematisch noch etwas variable Titelminiatur zu den Geiststunden eine Trinität an Stelle der bald obligatorischen Pfingstdarstellung zeigt. Die Bußpsalmen und das Totenoffiz, deren Bildthemen zu den abwechslungsreichsten der Stundenbuchillustration gehören, haben die zu dieser Zeit geläufigsten Darstellungen: David im Gebet und die Totenmesse.

Alle Bildseiten weisen reiche Zierrahmen auf, die aus zwei Bestandteilen gebildet werden, einer äußeren Spiralrankenbordüre und einem inneren dreiseitigen Rahmen aus Goldleisten von verschiedener Form und Musterung. Die Miniaturen besitzen ein auffallend blasses, zartes Kolorit. Mit Ausnahme der Heimsuchung (f. 28 r), der Hirtenverkündigung (f. 43 v) und der Flucht nach

Ägypten (f. 66 v), die einen durchgehenden Landschaftsgrund aufweisen, haben die Darstellungen einen dekorativen Hintergrund, vor dem sich die jeweils erforderlichen landschaftlichen oder Innenraum-Versatzstücke befinden, wobei die Grenzen zwischen Innenraum und Landschaft fließend sein können: bei der Geburt Christi (f. 49 r) und der Anbetung der Könige (f. 55 v) sitzt Maria auf einem Himmelbett, das auf einer Wiese steht. In den fast kreisförmigen Ausbuchtungen des Bildfeldes nach oben ist zumeist blauer Himmelsgrund zu sehen, manchmal sind die Segmente aber auch mit den Büsten Gottvaters, eines oder mehrerer Engel u. ä. ausgefüllt.

Die Malereien zeigen einen Stil, der in mehreren für Troyes oder Châlons sur Marne gesicherten Handschriften nachzuweisen ist, z. B. in ms. lat. 924 der Bibliothèque Nationale Paris, ms. Douce 120 der Bodleian Library Oxford und ms. 26 der University Library Chicago, alle drei liturgisch mit Troyes zusammenhängend, oder in einem Missale von Châlons sur Marne (New York, Pierpont Morgan 331). Die Miniatur der Trinität (f. 124 r) wurde von einem anderen Maler ausgeführt, der u. a. auch in einem Stundenbuch der Walters Art Gallery Baltimore (ms. 219) gearbeitet hat.

Abbildung 35. Fol. 61 r: Darbringung im Tempel (Illustration zur Non der Marienstunden). Vor einem schräggestellten Altar mit Stufen steht der Hohepriester Simeon und nimmt von der knienden Maria den Jesusknaben entgegen. Hinter Maria eine Magd mit Kerzen und Tauben. Über einer in die Altarrückwand eingelassenen Stange hängt eine Schriftrolle mit hebräischen Zeichen (Thora-Rolle), wodurch der Ort der Handlung als ein jüdischer Tempel kenntlich gemacht werden soll. Oberhalb des Mustergrundes, im Rahmenbogen, ist der freie Himmel zu sehen, obwohl die Szene in einem Innenraum vor sich geht. Diese auch in anderen Miniaturen (vgl. die Angaben zur Ausstattung) auffallende Mischung von Innen- und Außenraumelementen tritt in der mehrere Jahrzehnte dauernden Phase des Übergangs von staffageähnlichen Szenarien vor abstraktem Mustergrund zu logisch durchgestalteten Bildräumen des öfteren auf.

Literatur. Französische Schule I, 137 ff. Abb. 239–245.

25 Cod. Ser. n. 2614

STUNDENBUCH (lateinisch und französisch)

Paris (Atelier des Bedford-Meisters), um 1430 Abb. 36

Pergament, 218 x 157 mm, 210 Blatt. Schriftspiegel 104 x 72 mm; geschrieben in französischer Textura. 14 Miniaturen (97 x 71 mm), Zierrahmen auf allen Seiten, Initialen und Zeilenschlußleisten.

Gotischer Einband: braunes Wildleder, 15. Jahrhundert.

Die Handschrift wurde 1936 mit dem Rest der Ambraser Sammlung aus dem Kunsthistorischen Museum in die Nationalbibliothek übernommen.

Text. Dem textlichen Grundbestand eines Stundenbuches (vgl. Kat. nr. 8,

S. 80) sind fünf Gebete beigefügt, die häufig in Stundenbüchern vorkommen: Die Mariengebete Obsecro te, O intemerata und Douce Dame (ein Gebet zu den 15 Freuden Marias), Doux Dieu (ein Gebet mit 7 Bitten an Christus) und ein Gebet zum heiligen Kreuz. Das Stundenbuch folgt dem liturgischen Gebrauch der Diözese Paris.
(Zur Konstituierung des Stundenbuches als privates Andachtsbuch der Laien und zu den Möglichkeiten der liturgischen Identifizierung vgl. Kat. nr. 8, S. 79 ff.).

Ausstattung. Die Handschrift enthält denselben Themenzyklus wie Kat. nr. 24 (S. 110): die üblichen acht Darstellungen zu den Marienstunden (ff. 27 r, 51 v, 63 r, 69 r, 73 r, 77 v, 82 r, 89 r), David im Gebet zu den Bußpsalmen (f. 95 r), die Kreuzigung zu den Kreuzstunden (f. 114 v), Pfingsten zu den Geiststunden (f. 121 r) und die Darstellung der Totenmesse zum Totenoffiz (f. 136 v). Zu Beginn der Heiligensuffragien ist eine Trinität des Gnadenstuhltypus dargestellt (f. 182 v).
Zwei der fünf zusätzlichen Gebete sind ebenfalls mit Miniaturen geschmückt: eine Darstellung Marias mit Kind und Engeln zum Mariengebet Douce Dame, eine zweite Trinitätsdarstellung zum Christus-Gebet Doux Dieu.
Die drei wichtigsten Miniaturen – die Titelillustrationen zu Marienstunden, Bußpsalmen und Totenoffiz – sind durch eine reiche Rankenbordüre aus kandelaberartig angeordneten Akanthusranken und naturalistischen Blumen (Veilchen, Nelken usw.) ausgezeichnet; die übrigen Zierrahmen bestehen aus einer U-förmig das Bild umschließenden schmalen Zierleiste und Spiralranken.
Die Malereien wurden von einem im Bedford-Atelier (vgl. Kat. nr. 22, S. 107 f.) geschulten und arbeitenden Meister ausgeführt, der eine stark persönliche Note besitzt und erst in späteren Werken dieser Werkstatt, also ca. 1430/1440, faßbar wird. Charakteristisch für ihn sind u. a. das dunkle, warme Kolorit, reich verzierte Stoffe und Gewänder sowie die oben beschriebene Ausformung der Akanthusrankenbordüre mit naturalistischen Motiven.
Zum Werk dieses Miniators gehören u. a. eine Reihe von Stundenbüchern (ms. lat. 1158 und nouv. acq. lat. 3111 der Bibliothèque Nationale Paris, ms. 70 des Musée Condé in Chantilly, ms. I B 27 der Biblioteca Nazionale Neapel, Cod. 291 der Stiftsbibliothek Einsiedeln und ein Teil der Ausstattung der Sobieski Hours der Royal Library Windsor) sowie eine Legenda aurea (Sammlung von Heiligenlegenden) der Bayerischen Staatsbibliothek München (Cod. gall. 3).

Abbildung 36. Fol. 73 v: Anbetung der Könige (Illustration zur Sext der Marienstunden). Maria sitzt vor ihrem Pfühl, auf den Knien das Christkind, das sich mit ausgestreckten Armen lebhaft dem vor ihm knienden König zuwendet. Die anderen beiden Könige mit ihren Gaben in den Händen stehen gestikulierend dabei; weiter hinten ist noch Josef zu sehen. Die ganze Szene spielt unter einem Stalldach.

Literatur. Französische Schule I, 139 ff., Abb. 247–257. – Zu anderen Werken des Miniators vgl.: V. Leroquais, Les livres d'heures manuscrits de la Bibliothèque Nationale, 3 Bände, Paris 1927, I, 39–42. – Manuscrits à peintures offerts à la Bibliothèque Nationale par le comte Guy du Boisrouvray, Paris 1961, nr. 16. – M. Rotili, Miniatura francesa a Napoli, Rom 1968, Tav. XVII–XIX. – M. Meiss, The de Lévis Hours and the Bedford Workshop, New Haven 1972.

26 Cod. 2573

LIVRE DU ROI MODUS ET DE LA REINE RACIO

Atelier des Rohan-Meisters, 1410/1420 Abb. 37

Pergament, 310 x 217 mm, 181 Blatt. Schriftspiegel 210 x 150 mm; geschrieben in französischer gotischer Bücherminuskel, zum Teil mit kursiven Verbindungen (Bastarda). 70 Miniaturen (davon 51 in Textspiegelbreite); zahlreiche Zierinitialen, z. T. mit Zierleisten.
Barock-Einband von Etienne Boyet d. Jüngeren: rubinrotes Maroquin mit Handvergoldung, Wien 1713.
Die Handschrift wurde vermutlich für Jean sans Peur (Johann ohne Furcht, 1404–1419) hergestellt; 1467 befand sie sich nachweislich in der Bibliothek der Herzöge von Burgund. Später gelangte sie in den Besitz des Prinzen Eugen von Savoyen; seit 1738 in der Hofbibliothek.

Text. Le livre du roi Modus et de la reine Racio, das Buch von König 'Anstand' und der Königin 'Vernunft' beinhaltet zwei Texte, die nicht in zwingendem Zusammenhang miteinander stehen: Le livre des deduis des chiens et des oiseaux, ein im Spätmittelalter weit verbreiteter Jagdtraktat, und Le livre de pestilence, das Buch von der Pest, ein moralischer Traktat in allegorischer Form, der in der Sündhaftigkeit der Menschen die Erklärung für Unheil und Seuchen sieht. Beide Texte sind vermutlich in den 70er Jahren des 14. Jahrhunderts abgefaßt, wie Anspielungen auf historische Geschehnisse der Jahre 1373 bis 1377 nahelegen oder auch die Erwähnung eines modischen Details (im Jagdbuch wird abfällig von Schuhen mit überlangen Spitzen gesprochen, die zur Mode der Zeit König Karls V. gehören). Der Autor konnte über ein Buchstabenrätsel, das im ältesten Codex des vorliegenden Textes (Paris, Bibliothèque Nationale, ms. fr. 12399) enthalten ist, identifiziert werden: Henri de Ferrieres, aus normannischem Adelsgeschlecht, Krieger sein Leben hindurch und offenbar Dichter in seinen alten Tagen.

Im Jagdbuch, umfangmäßig etwas mehr als die Hälfte der Handschrift einnehmend, werden die Vorbereitungen zur Jagd, die verschiedensten Arten des Fangens und Erlegens aller in Frage kommender Tiere, das Zerlegen und Ausweiden beschrieben; Unterabteilungen des Traktats sind die Jagd mit Hunden, die Jagd mit Vögeln und schließlich der Vogelfang. In die Jagdschilderungen ist eine theologische Interpretation eingeschoben: Die zehn Geweih-Enden des Hirschen, eines 'sanften' Tieres, repräsentieren die zehn Gebote, die dem Menschen gegeben sind, um sich gegen seine drei Feinde zu wappnen: die eigene menschliche Natur *(la char)*, den Teufel und die Welt. Die Eigenschaften des Wildschweins jedoch, eines 'stinkenden' Tieres, werden den zehn Geboten des Antichristen gleichgesetzt. Ein eingefügtes Streitgespräch über die Frage, ob der Jagd mit Hunden oder der mit Falken der Vorzug zu geben sei, endet mit dem Richtspruch, daß beide ihre Vorteile hätten.

Im *Livre de pestilence et comment les vertus en furent chacies* (Buch von der Pest und der Vertreibung der Tugenden), einer Traumallegorie, klagen König *Modus* ('Anstand') und Königin *Racio* (Vernunft) die drei Stände vor Gott an: Klerus, Adel und arbeitendes Volk seien der Sündhaftigkeit (d. i. der eigenen menschlichen Natur, dem Teufel und der Welt) verfallen. Im Laufe des Verfahrens fechten personifizierte Tugenden und Laster Turniere aus, etwa Mäßigung, Geduld und Demut gegen eitlen Ruhm, jugendlichen Überschwang und Beleidigung. Um die Habgier der drei Stände aufzuzeigen, läßt König Modus (Anstand) Lebensmittel in den Palast des *Orgueil* (des Hochmuts), des Königs der Laster, bringen; wie erwartet, raufen sich alle darum. Nach einer Reihe weiterer allegorischer Episoden verurteilt Gott schließlich die drei Stände wegen ihrer Sündhaftigkeit; der Heilige Geist verkündet die Strafverfügungen, die aus der Konstellation der Gestirne vom 20. 3. 1345 zu ersehen seien: Krieg, Pest und Aufruhr. Diese Deutung, in der Erzählung von einem gelehrten Mönch vorgenommen, stellt wohl eine nachträgliche Erklärung für die Häufigkeit der Pestepidemien um die Mitte des 14. Jahrhunderts und für die nicht enden wollenden Verheerungen durch den englisch-französischen Krieg dar.

Es folgt noch eine Verherrlichung der Kriegstaten des Bertrand du Guesclin, als *Aigle d'Occident* (Adler des Abendlandes) bezeichnet, Retter Karls V. und Frankreichs (die hier gemeinte Phase des 100jährigen englisch-französischen Krieges sieht Frankreich siegreich).

Ausstattung. Die Handschrift enthält eine ausführliche Bebilderung der Jagd auf die verschiedensten Tiere, der Falkenjagd und der diversen Möglichkeiten des Vogelfangs; alle Arten von Fallen und Netzen sind sehr genau und anschaulich dargestellt. Der Miniaturenzyklus des Wiener Codex steht in engstem Zusammenhang mit demjenigen der ältesten erhaltenen Roi-Modus-Handschrift (ms. fr. 12399 der Bibliothèque Nationale Paris), die 1379 – also nur wenige Jahre nach Abfassung des Textes – datiert ist.

Daß die Wiener Handschrift für Jean sans Peur (Johann ohne Furcht, 1404–1419) hergestellt wurde, wird daraus geschlossen, daß die weiten Ärmel der Jägerkostüme mit Hopfenzweigen bestickt sind, einem der Embleme des Burgunderherzogs (es sollen sogar Gewänder mit aufgestickten Hopfenzweigen von Jean sans Peur an Mitglieder seines Hofes verschenkt worden sein).

Stilistisch stehen die Miniaturen der Wiener Handschrift Arbeiten der Werkstatt des Meisters der Grandes Heures de Rohan (ms. lat. 9471 der Bibliothèque Nationale Paris) nahe, was besonders in den Gesichtstypen und an der dekorativen, betont flächenhaften Gestaltung der Kompositionen deutlich wird. Auffallend ist das helle, leuchtende Kolorit der Malereien, in denen ein kräftiges Gelbgrün dominiert, das nicht nur in den Landschaften, sondern häufig auch in den Gewändern vorkommt.

Abbildung 37. Fol. 103 v: Finkenfang *(Cy devise comment l'on prent les pinçons aux champs à la passe aux arbres* – Hier wird dargetan, wie man die Finken zur Zeit des Finkenstrichs fängt). Die Miniatur gehört zu den Bildern, die die Anweisungen zum Vogelfang illustrieren. Finken umfliegen Bäume, die mit Leimruten versehen sind. Andere Finken, die als Lockvögel dienen, sind an eine unter diesen Bäumen gespannte Schnur gebunden; diese wird über einen Gabelstock geführt und von einem Mann, der außerhalb des Bildes, direkt auf den leeren Pergamentgrund gemalt, auf einem Rasenfleck sitzt, in Bewegung gehalten: die so zum Flattern gezwungenen angebundenen Vögel locken ihre Artgenossen an, die sich dann in den in den Bäumen hängenden Leimruten verfangen.

Die Ärmel des am Pergamentrand sitzenden Mannes sind mit Hopfenzweigen, dem Emblem des Jean sans Peur, bestickt, für den die Handschrift vermutlich hergestellt wurde.

Literatur. H. J. Hermann VII/3, 100 ff. – C. Nordenfalk, Kung praktiks och drottning teoris jaktbok, Stockholm 1955. – M. Meiss, French Painting in the time of Jean de Berry, The Limbourgs and their contemporaries, London 1974, 404, 475 n. 30.

27 Cod. Ser. n. 2615

STUNDENBUCH (lateinisch und französisch)

Provence oder Savoyen, 1430/1440 Abb. 7 (in Farbe) und 38

Pergament, 253 x 180 mm, 227 Blatt. Schriftspiegel 108 x 66 mm; geschrieben in französischer Textura. 24 Medaillons im Kalender (Durchmesser ca. 40 mm), 55 Miniaturen (80/120 x 67 mm; einige kleiner, 90 x 46 mm), 1 Figureninitiale (90 x 67 mm). Zierrahmen auf allen Seiten; zahlreiche Zierinitialen und Zeilenschlußleisten.

Französischer Renaissance-Einband: roter Samt (erneuert) mit Silberbeschlägen, um 1600. Die Handschrift stammt aus der Ambraser Sammlung, deren Rest 1806 nach Wien gelangte. 1936 wurde sie auf dem Tauschwege aus dem Kunsthistorischen Museum in die Nationalbibliothek übernommen.

Text. Die Handschrift enthält eine geläufige Textzusammenstellung. Dem Grundbestand – Kalender, Evangelienabschnitte, Marienstunden, Bußpsalmen, Kreuz- und Geiststunden, Totenoffiz, Heiligensuffragien – ist eine Reihe in Stundenbüchern häufig vorkommender Gebete beigefügt: die Mariengebete Obsecro te, O intermerata, Douce Dame, das Christusgebet Doux Dieu und einige Meßandachten (zum Heiligen Geist, zu Maria, für die Verstorbenen); etwas ungewöhnlicher ist ein kurzes Gebet zur Geburt Marias. Kalender, Marienstunden und Totenoffiz sind nach dem Gebrauch der Diözese Paris, allerdings ist auch ein für Südfrankreich charakteristischer Heiliger besonders hervorgehoben, Petrus von Luxemburg.

(Zur Konstituierung des Stundenbuches als privates Andachtsbuch der Laien und zu den Möglichkeiten der liturgischen Identifizierung vgl. Kat. nr. 8, S. 79 ff.).

Ausstattung. Der Illustrationszyklus der Handschrift ist außerordentlich reich. Er umfaßt nicht nur einen vollen Passionszyklus zu den Kreuzstunden, auch die fast immer nur mit einem Titelbild ausgestatteten Geiststunden sind komplett

bebildert; ferner ist eine umfangreiche Miniaturenfolge zu den Heiligensuffragien vorhanden. Die Themen weichen teilweise von der Norm ab: zur Vesper der Marienstunden findet sich der Marientod statt der kanonischen Flucht nach Ägypten, zu Beginn der Heiligensuffragien die in Stundenbüchern völlig unübliche Darstellung der Bergpredigt. Die ausführliche Illustration der Geiststunden bedingt weitere ungewöhnliche Themen wie Firmung, Gregorsinspiration, Schlüsselübergabe an Petrus, Verklärung am Berg Tabor. Die Meßandacht für die Verstorbenen beginnt mit einer Figureninitiale.
Die Handschrift enthält zwei Arten von Bordüren, deren eine besonders reich und aufwendig gestaltet ist und mit vielfältigem Formenrepertoire operiert: Dornblattranken, italianisierende Akanthusranken mit starken Bunttönen, Veilchengewinde, vereinzelt bronzegoldene Tiere und Drolerien, die als Rankenspeier fungieren, Masken und Vasen; zusätzliche innere Rahmungen bestehen aus Bändern pseudokufischer Schrift, Spitzenbändern oder sonstigen Zierleisten. Die zweite Bordürenart besteht aus Federspiralranken mit teils naturalistischen Blumen und Früchten, kombiniert mit farbigen Akanthusranken.
An der Ausstattung der Handschrift waren vorwiegend zwei Meister beteiligt. Für den ersten, der die vier Evangelienanfänge, die Marienstunden, die Bußpsalmen und die Kreuzmatutin illustriert hat, ist eine starke italianisierende Note charakteristisch, die in der starken Buntfarbigkeit von Gewändern wie Architekturen zum Ausdruck kommt oder in Details wie der stilisierten Wolkenbildung, die an Belbello da Pavia erinnert. Stilistisch eng verwandt mit dieser Miniaturenfolge sind ein Stundenbuch, das bei Sotheby, London, verkauft wurde (24. 6. 1969, Lot 63, ehemals Chester Beatty) und zwei in der Provence ausgeführte Codices (ms. 11 der Bibliothèque municipale von Aix en Provence und ms. lat. 878 der Bibliothèque Nationale Paris).
Der Rest der Illustrationen ist größtenteils von einem Miniator ausgeführt, dessen Figuren Analogien zum Boucicaut-Meister aufweisen; in einigen Darstellungen finden sich aber auch Anklänge zu Werken der Brüder Limburg. Eine matte, blasse Farbigkeit herrscht bei den Miniaturen dieser Hand vor. Einzelne Miniaturen stammen von einer dritten Hand, die sich durch besondere Nähe zum neuen niederländischen Realismus auszeichnet. Eine stark nordische Note besitzt auch die Figureninitiale zur Andacht für die Verstorbenen.
Die für die Handschrift kennzeichnende Mischung italianisierender Elemente mit solchen des höfischen Stils nordfranzösischer Zentren und mit Einflüssen des neuen niederländischen Realismus läßt am ehesten an eine Lokalisierung in Südfrankreich (Provence) oder in Savoyen denken.

Abbildung 7. Fol. 20 v: Illustration zum Mariengebet *Obsecro te.* Maria sitzt mit dem Kind in den Armen auf einem Baldachinthron mit hoch aufragenden Fialen. Zwei Engel halten ein über den Thronsitz gebreitetes gemustertes Tuch. Die Miniatur ist von einem inneren, ganz in Gold gehaltenen Rahmen aus Spitzenwerk bzw. pseudokufischen Schriftzeilen umschlossen; die äußere

Bordüre wird zum Großteil aus Veilchenranken gebildet, die den Mäulern zweier Drolerien entspringen, welche auf dem unteren, von Akanthus gebildeten Bordürenstreifen sitzen. (1. Miniator)

Abbildung 38. Fol. 185 r: Michaels Kampf mit dem Drachen. Daneben die Episode vom Monte Gargano: Ein Mann, der mit Pfeil und Bogen auf einen in der Nähe des Michaelsheiligtums weidenden Stier anlegt, wird vom zurückkehrenden Pfeil selbst in die Brust getroffen. (2. Miniator)

Literatur. Französische Schule I, 145 ff., Abb. 285–326 und Farbtafeln VI und VII. – F. Avril, Manuscrits à peintures d'origine française à la Bibliothèque nationale de Vienne, in: Bulletin monumental 134 (1976) 329–338.

28 Cod. 122

L. ANNAEUS SENECA, TRAGÖDIEN (lateinisch)

Westfrankreich (Normandie?), zirka 1460 Abb. 39

Feines Pergament, 285 x 205 mm, 369 Blatt. Schriftspiegel ca. 180 x 150 mm; geschrieben in französischer Bücherminuskel. 1 nahezu ganzseitige Miniatur (145 x 90) mit Zierrahmen, 59 Miniaturen von völlig unregelmäßiger Größe und in den verschiedensten Formaten (spalten- oder schriftspiegelbreit, betont hochrechteckig oder als niederes, queroblonges Feld auf dem unteren Pergamentrand, vereinzelt auch auf einem eigenen Stück Pergament beigebunden).

Gotischer Einband: braunes Leder, Frankreich, 1. Viertel des 15. Jahrhunderts.

Die Handschrift befand sich im Besitz des Charles de Normandie, Bruder König Ludwigs XI. von Frankreich, Herzog von Berry und der Normandie (Vermerke auf den Innenseiten des Vorder- und Hinterdeckels des Einbandes). Im Jahr 1570 wurde der Codex von dem Humanisten und Historiographen Johannes Sambucus gekauft, dessen Bibliothek in zwei Partien, 1578 und 1587, für die Hofbibliothek erworben wurde.

Text. Die Handschrift enthält die Tragödien Senecas: Hercules furens, Thyestes, Thebais, Hippolytus, Oedipus, Troades, Medea, Agamemnon, Octavia und Hercules Oetaeus (für die beiden letzten ist die Autorschaft Senecas nicht gesichert).

L. Annaeus Seneca (4 n. Chr.–65), Philosoph, Dichter und Politiker, der zeitweise starken Einfluß am römischen Imperatorenhof besaß, mußte auf Grund von Intrigen ab 41 nach Korsika ins Exil; 48 in Rom zurück, war er vorerst für die rhetorische Ausbildung des zukünftigen Kaisers Nero verantwortlich, später auch an dessen Erziehung ganz allgemein mitbeteiligt. Es wird angenommen, daß die Abfassung der Tragödien in die 40er Jahre fällt.

In Senecas Tragödien wird der Handlungsablauf für gewöhnlich von verzehrenden und zerstörenden Leidenschaften bestimmt, die bedingungslos, übersteigert und alleingültig wirken. Ein einmal gesetzter unfaßbarer, unheimlicher Zwang wird zum dominierenden Element, das nunmehr das Geschehen bis zum grausamen Ende bestimmt. Die dramatischen Regeln (Einheit von Ort, Zeit und handelnden Personen) werden nicht eingehalten; möglicherweise waren Senecas Tragödien nicht sosehr als Theaterstücke konzipiert, sondern für Rezitation bestimmt. Ab dem 14. Jahrhundert fanden sie wieder Beachtung und weitere Verbreitung.

Ausstattung. Wie die ungewöhnliche Anbringung eines Großteils der 60 Miniaturen – sie sind oft am unteren Pergamentrand angebracht oder auch auf eigenen Blättern eingeheftet, während andererseits für Miniaturen vorgesehene Felder leer geblieben sind – zeigt, war für die Handschrift ursprünglich ein anderer, weniger reicher Illustrationszyklus als der schließlich zur Ausführung gelangte geplant. Der Stil der Miniaturen ist insofern uneinheitlich, als neben einem altertümlichen Meister auch ein Miniator an der Ausstattung beteiligt war, der die Errungenschaften der neuen niederländischen Malerei in bezug auf die Plastizität der Figuren schon verarbeitet hat, was eine Datierung der Miniaturen nach der Mitte des 15. Jahrhunderts verlangt. Der Stil beider Hände läßt sich mit Handschriften in Verbindung bringen, deren Entstehung in Westfrankreich (Bretagne oder Normandie) gesichert ist, z. B. mit dem Stundenbuch der Marguerite d'Orléans (ms. lat. 1156 B der Bibliothèque Nationale Paris) oder mit einem Stundenbuch des sogenannten Master of Sir John Fastolf, ms. lat. 18 026 der Bibliothèque Nationale Paris.
Der durch autographen Besitzvermerk als Besitzer der Handschrift ausgewiesene Charles, Herzog der Normandie, ist für seine bibliophilen Neigungen bekannt; seine Bibliothek enthielt – ein durchaus ungewöhnlicher Zug zu dieser Zeit – eine beträchtliche Anzahl klassischer Texte.

Abbildung 39. Fol. 200 v: Illustration zur ersten Szene des vierten Aktes der Troaden. Die Opferung Polyxenas am Grab des Achill. Die Tragödie 'Troades' (die Trojerinnen) behandelt die blutigen Ereignisse nach dem Sieg der Griechen über Troia: Astyanax, Sohn des toten trojanischen Helden Hector und Enkel des Königs Priamos, soll erschlagen, Polyxena, Tochter des Königs, soll dem besten griechischen Kämpfer, dem gefallenen Achill, vermählt, das heißt, an seinem Grab gemordet werden. Achill war dem Talthybius als Schatten erschienen und hatte die Opferung Polyxenas gefordert; Pyrrhus, Achills Sohn, unterstützt vom Priester Calchas, hatte die Sache betrieben, der 'Brautschmuck' für die makabre Hochzeit war Helenas Werk. In der Miniatur ist dargestellt, was man im Drama nur indirekt, aus dem Mund eines Boten, erfährt, Polyxenas stoische Ergebenheit in die schreckliche Opferung, in die absurde Vermählung mit dem toten Helden der Griechen, Achill.
Polyxena, geschmückt mit edelsteinbesetztem Stirnreif und in einem reichen, langen Brautgewand, das sich am Boden in einem Faltenkranz staut, wird von Schergen auf der Grabstätte Achills niedergemacht. Die Gruppe der auf Polyxena mit gezückten Waffen Eindringenden steigt stufenweise an, bis sie im hoch über dem Haupt Polyxenas geschwungenen Schwert gipfelt.
– Innenseite des vorderen Einbanddeckels: Autographer Besitzvermerk des Charles de Normandie, Bruder König Ludwigs XI. von Frankreich. *Iste tragedie sunt Domini Karoli de Francia ducis Bituriae. Karolus* (Diese Tragödien gehören Karl von Frankreich, Herzog von Berry. Karl).

Literatur. H. J. Hermann VII/3, 86 ff.

29 Cod. 2568

GUILLAUME DE LORRIS UND JEAN DE MEUN, ROMAN DE LA ROSE

Nordfrankreich (?), zirka 1430 Abb. 40

Pergament, 335 x 270 mm, 204 Blatt. Schriftspiegel 250 x 190 mm; geschrieben in französischer Bastarda. 4 Miniaturen in Textspiegelbreite (drei davon mit Zierrahmen), 40 Miniaturen in Spaltenbreite (65/85 x 87 mm) mit Zierleisten; zahlreiche Zierinitialen.
Französischer Barock-Einband: rotes Maroquin mit Handvergoldung, um 1700.
Die Handschrift kam aus der Bibliothek des Prinzen Eugen von Savoyen 1738 in die Hofbibliothek.

Text. Der Rosenroman, wohl die bekannteste Dichtung des französischen Mittelalters und auch diejenige mit der längsten und umfangreichsten Wirkungsgeschichte, wurde von Guillaume de Lorris ca. 1230 begonnen und etwa 40 Jahre später von Jean de Meun zu Ende geführt. Guillaume de Lorris schildert, wie er im Traum in einen Frühlingsmorgen hinauswandernd, zum Garten Amors gelangt, in den er von Oiseuse eingelassen wird und in dem sich Amor und sein Gefolge (Personifikationen höfischer Ideale wie Jugend, Reichtum, Schönheit, Freimut u. a.) bei Tanz und Musik ergehen. Auf seiner Wanderung durch den Garten erblickt der Dichter eine Rosenknospe, in die er sich verliebt. Die verschiedenen Versuche der Annäherung und die wechselnde Haltung der in der Rose symbolisierten Angebeteten werden durch allegorische Gestalten und deren Handlungen veranschaulicht. Mit der Erbauung eines Turmes, der dem Liebenden den Zugang zur Rosenhecke versperren soll, bricht der erste Teil der Dichtung ab. Die höfische Minneallegorie Guillaumes wird von Jean de Meun nur scheinbar, in der Übernahme der Rahmenhandlung und der einzelnen Figuren, weitergeführt, inhaltlich stellt die Dichtung Jean de Meuns eine direkte Negation der im ersten Teil propagierten höfischen Ideale dar, etwa in der Umkehrung der Gebote Amors oder in der gegenteiligen Wertung einzelner Allegorien (Armut und Alter z. B. werden, anders als bei Guillaume de Lorris, nunmehr positiv gezeichnet). Der außerordentliche Umfang des zweiten Teils des Rosenromans (mehr als das Vierfache des ersten) erklärt sich aus der Vorliebe des Verfassers für ausgedehnte Dialoge und lange Abhandlungen zu verschiedensten Fragen und Problemen (vgl. auch Kat. nr. 10, S. 85).
Im Anschluß an den Rosenroman enthält die Handschrift Jean de Meuns *Testament* (f. 161 r–190 v), *Le tresor ou les VII articles de la foi* von Jean Chapuis (ff. 191 r–203 r) und *Le codicile ou epitaphe des trepassez* von Jean de Meun (203 r/v).

Ausstattung. Wie schon beim früheren Rosenroman der Wiener Sammlung (Kat. nr. 10), ist auch hier der erste, von Guillaume de Lorris stammende Teil viel ausführlicher bebildert als die Fortsetzung des Jean de Meun. Auch hier sind die allegorischen Figuren auf der Gartenmauer und diejenigen, die das Innere des Gartens bevölkern, in langen Bilderfolgen dargestellt. Allerdings gibt es auch signifikante Unterschiede: bei den auf der Mauer angebrachten

Gestalten wird beim vorliegenden Rosenroman verdeutlicht, daß es sich um einen anderen Realitätsgrad, also Bilder im Bild handelt – die Figuren befinden sich in einem plastischen architektonischen Rahmen, z. T. sogar auf Konsolen, daneben immer der Verfasser als Betrachter. Bei den szenischen Darstellungen sind zum Teil andere Handlungsmomente gewählt als im früheren Exemplar, bzw. sie sind realistischer verdeutlicht, z. B. wenn Danger den Liebenden, der sich zu weit vorgewagt hat, mit erhobener Keule über den die Rosenhecke umgebenden Zaun zurückjagt, oder wenn sich, beim Blick in den Narzißbrunnen, das Gesicht des Liebenden im Wasser spiegelt. Im großen und ganzen sind es jedoch dieselben Szenen: der Reigen Amors, Amor schießt auf den Liebenden, der Liebende ergibt sich Amor usw., bis zur Erbauung des Festungsturmes um die Rose. Der zweite Teil beginnt ebenfalls mit einem Autorbild des Jean de Meun, es folgen Dialogbilder, Illustration einiger Exempla (Goldenes Zeitalter, Selbstmord der Lucretia), zwei Szenen, in denen der Eifersüchtige seine Frau prügelt, die Absolution der Göttin Natura durch Genius, die Predigt des Genius, schließlich steckt Venus die Burg, in der Bel Accueil gefangen ist, in Brand.
Die Miniatur zum nächstfolgenden Text, dem Testament des Jean de Meun, zeigt den Autor beim Diktat des Testaments. Die sieben Glaubensartikel von Jean Chapuis sind mit Szenen der Lebensgeschichte Christi, Trinität und Jüngstem Gericht illustriert. Die Darstellung zum Codicile des Jean de Meun zeigt die den Nachlaß des Toten an sich reißenden Erben.
In einigen Bordüren fallen ungewöhnliche Dekorationselemente auf, wie naturalistische Veilchen oder leere Schneckenhäuser, aus denen sich Blumen und Ranken winden.
Die Lokalisierung der Handschrift ist zwischen Frankreich und den Niederlanden strittig. Die Tatsache, daß sich derselbe Stil in einem, nur im französischen Ambiente denkbaren Text, einer Geschichte des Connétable Bertrand du Guesclin (ms. 814 der Bibliothèque Sainte Geneviève, Paris) findet, spricht eher für eine Entstehung der Handschrift in Frankreich.

Abbildung 40. Fol. 10 v: Carole du dieu d'Amour (Reigentanz des Liebesgottes). Der Dichter trifft bei seinem Spaziergang durch den Garten der Liebe auf reigentanzende allegorische Figuren, darunter den geflügelten Amor. Von Courtoisie (höfischem Benehmen) aufgefordert, nimmt er am Tanz teil. Drei Schalmeien blasende Musikanten begleiten den Reigen. Die Figuren tragen modische Gewänder (Zaddelrock, Zaddelhut u. a.).
– Fol. 70 v: *Comment le jaloux bat sa femme et amy parle* ('Wie der Eifersüchtige seine Frau schlägt und der Freund spricht'). Einblick in einen nach vorne geöffneten Raum. Der Eifersüchtige zerrt seine halb auf den Boden gestürzte Frau an ihren langen Haaren und tritt auf sie. Die Malträtierte ist vom Rücken gesehen und hat die Arme erhoben; von ihrem ins Profil gedrehten Gesicht lassen die nach vorne gezogenen Haare gerade noch das Kinn frei. Hinter dem Eifersüchtigen steht eine Figur, die gestikulierend auf ihn einspricht (l'amy, der Freund).

Literatur. H. J. Hermann VII/3, 118 ff. – Zu Textausgabe, Überblick über die verschiedenen Interpretationen und Dichtungsform vgl. die Literaturangaben bei Kat. nr. 10.

30 Cod. 2653

BOETHIUS, DE CONSOLATIONE PHILOSOPHIAE. ZWEITE FRANZÖSISCHE VERS-PROSA-ÜBERSETZUNG

Westfrankreich (Anjou?), 1440/50 Abb. 41

Pergament, 200 x 143 mm, 173 Blatt. Schriftspiegel ca. 118 x 82 mm; geschrieben in kalligraphischer französischer Bücherminuskel, auf den 5 später eingefügten Blättern französische Renaissanceschrift der 2. Hälfte des 16. Jahrhunderts. Zum ursprünglichen Bestand gehören eine Miniatur mit Zierrahmen sowie die Initialen und Zeilenschlußleisten; 5 Federzeichnungen (Grisaillen) auf den später eingefügten Blättern (aus der 2. Hälfte des 16. Jahrhunderts).

Österreichischer Einband des 19. Jahrhunderts: braunes Saffianleder, Wien, 1. Hälfte des 19. Jahrhunderts.

Aus dem Besitz des Prinzen Eugen von Savoyen, seit 1738 in der Hofbibliothek.

Text. Der Autor des lateinischen Textes, Boethius (geb. um 480), ein vornehmer Römer im Dienst des Ostgotenkönigs Theoderich, wurde in einem Hochverratsprozeß der Konspiration mit Ostrom beschuldigt und 524 hingerichtet. Während seiner zweijährigen Kerkerhaft bei Pavia verfaßte er die *Consolatio Philosophiae* (Tröstung der Philosophie), die ein Gespräch mit der personifizierten Philosophie über Glück und göttliche Vorsehung zum Inhalt hat und in die Form der sogenannten menippeischen Satire gekleidet ist (bei der Gedichte in verschiedenen Versmaßen mit Prosa-Abschnitten alternieren). Die Schrift erlangte im Mittelalter außerordentliche Bedeutung und gehörte zu den meistgelesenen Werken. Sie galt als ein Handbuch antiker Bildung; zudem war in ihr die Verschmelzung von antiker Philosophie und christlichem Denken bereits vollzogen. Die Consolatio Philosophiae wurde nicht nur im lateinischen Urtext immer wieder kopiert und von bedeutenden mittelalterlichen Philosophen kommentiert, sondern auch in mehrere Volkssprachen wie Althochdeutsch, Angelsächsisch und Französisch übersetzt. Allein aus dem französischen Sprachbereich sind zehn verschiedene Übersetzungen überliefert. Die Version der vorliegenden Handschrift läßt wie das lateinische Original kurze Gedichte mit Prosa-Abschnitten abwechseln; im wesentlichen eine Umarbeitung einer etwas früheren französischen Vers-Prosa-Übersetzung, stützt sie sich stellenweise doch auch direkt auf den lateinischen Text oder dessen sehr getreue Übersetzung durch Jean de Meun. Von der Übersetzung des Jean de Meun – berühmt als Autor des zweiten Teils des Rosenromans (vgl. Kat. nr. 10) – hat der anonyme Verfasser unseres Textes auch die Vorrede übernommen und seiner Bearbeitung vorangestellt, so daß die vorliegende Textredaktion lange Zeit fälschlicherweise als diejenige Jean de Meuns galt; sie fand große Verbreitung und ist in einer Reihe von Handschriften und mehreren Inkunabel-Drucken erhalten.

Ausstattung. Vier der sechs Illustrationen der Handschrift stellen Boethius im Gespräch mit der personifizierten Philosophie dar (ff. 37 v, 63 v, 102 r, 139 v); f. 13 r zeigt Boethius im Gefängnis, f. 7 r illustriert den Prolog (Jean de Meun überreicht König Philipp IV. von Frankreich seine Übersetzung; über die Stellung des Prologs zu unserem Text vgl. obigen Abschnitt). Nur eine dieser Illustrationen, f. 102 r, gehört noch dem ursprünglichen Miniaturenbestand an, die restlichen fünf wurden offenbar schon im 16. Jahrhundert herausgeschnitten und durch Kopien (Grisaille-Zeichnungen) ersetzt, die außerordentlich sorgfältig und erstaunlich getreu durchgeführt sind. Eine der herausgeschnittenen Miniaturen befindet sich im Cabinet des dessins im Louvre (vgl. dazu und zu den folgenden Ausführungen die unten zitierte Studie von E. König). Derselbe Miniator hat noch eine zweite Consolatio Philosophiae bebildert (ms. 14035 der Bibliothek Leningrad, abgebildet bei A. Laborde, siehe Literaturangaben). Von ihm stammt auch die Ausmalung eines dreimal bei Sotheby, London, versteigerten Stundenbuchs (vgl. die Verkaufskataloge vom 25. 6. 1914, 3. 12. 1968 und 13. 7. 1977), bei dem neben Figurenstil und Gesichtstypik vor allem die Art der Bordürenrahmungen eng mit der Wiener Miniatur verwandt ist (Abbildungen in den Sotheby-Verkaufskatalogen vom 25. 6. 1914, nr. 1 und 13. 7. 1977, nr. 75). Das umfangreichste Werk dieses Malers bildet die Illustration einer zweibändigen Handschrift der 'Propriété des choses' (Bibliothèque Nationale Paris, ms. fr. 135 und 136), deren Widmungsminiatur engste Parallelen mit derselben Szene der Wiener Handschrift aufweist. Die von E. König in der angeführten Studie vorgenommene Identifizierung des Miniators mit dem Maler des Oktoberbildes der 'Très riches heures' der Brüder Limburg (Chantilly, Musée Condé) ist eine umstrittene Hypothese (vgl. O. Pächt, Literaturangaben).

Erwähnung verdient noch der außerordentlich fein ausgeführte und farblich zart abgestimmte ornamentale Schmuck der Textseiten, der den Codex aus der gleichzeitigen Handschriftenproduktion heraushebt: an größere Initialen sind Zweige stilisierter Blumen in Silber und Gold (ähnlich denen der einzigen erhaltenen Bordüre) angefügt, die Zeilenschlußleisten werden aus verschiedenen Ziermotiven in Blau und Gold gebildet; die ebenfalls in Blau oder Gold gemalten kleinen Initialen haben feine Fleuronnée-Verzierungen.

Abbildung 41. Fol. 102 r: Boethius disputiert mit der Personifikation der Philosophie über die Belohnung der Guten und die Bestrafung der Bösen (Thema des 4. Buches der Consolatio). In der Bordüre rechts ein Spruchband mit der Devise des nicht identifizierten Bestellers, *en bien*, unten die Anfangsbuchstaben seines Namens, *RG,* von zwei Straußenfedern gerahmt.

Literatur. A. de Laborde, Les principaux manuscrits à peintures de l'ancienne Bibliothèque impériale et publique de Saint-Petersbourg II (Bulletin de la Société française de reproduction de manuscrits à peintures, t. XXII, 1938) 178–189, LXXXI. – Hermann VII/3, 202 ff. – E. König, Le peintre de l'octobre des 'Très riches heures du duc de Berry', in: Les dossiers de l'archéologie 16 (1976) 96–123. – O. Pächt, 'La terre de Flandres', in: Pantheon XXXVI

(1978) 3–16. – Zur hervorragenden Bedeutung des Boethius für die mittelalterliche Bildung vgl. E. K. Rand, Founders of the Middle Ages, Cambridge/Massachusetts 1925, 135–180. – Einen umfassenden Überblick über die Bildtradition der Consolatio Philosophiae-Handschriften gibt P. Courcelle, La consolation de Philosophie dans la tradition littéraire, antécédents et postérité de Boèce, Paris 1967. – Zu den verschiedenen französischen Übersetzungen vgl. die Einleitung zur Textausgabe einer der französischen Versionen: R. Schroth, Eine altfranzösische Übersetzung der consolatio philosophiae des Boethius (Handschrift Troyes Nr. 898), Edition und Kommentar, Bern 1976.

31 — Cod. 2586

RAOUL LE FEVRE, LE LIVRE DU FORT HERCULES

Nordfrankreich (?), 50er/60er Jahre 15. Jh. — Abb. 42

Pergament, 315 x 225 mm, 112 Blatt. Schriftspiegel 196 x 150 mm; von dem Kalligraphen Johannes Leodegary in französischer Bastarda geschrieben. 41 Federzeichnungen, eine davon in der Breite des Textspiegels (122 x 150 mm) mit Zierrahmen, die anderen in Spaltenbreite (49/85 x 70 mm) mit Zierleisten: zahlreiche Zierinitialen.

Barock-Einband von Etienne Boyet d. Jüngeren: rubinrotes Maroquin mit Handvergoldung, Wien, nach 1713.

Für Jacques d'Armagnac, duc de Nemours (gest. 1477) ausgeführt (autographer Besitzvermerk f. 112 v und Wappen ff. 1 r und 8 v); später im Besitz des Prinzen Eugen von Savoyen, seit 1738 in der Hofbibliothek.

Text. Raoul le Fèvre hat *Le Livre du fort Hercules* (Das Buch vom starken Herkules) für Philipp den Guten, Herzog von Burgund, verfaßt (wie aus dem Prolog f. 1 v und dem Schluß f. 112 v hervorgeht). Er hat die auf Herkules bezüglichen Passagen seines umfänglichen Werkes *Recueil des troyennes histoires* mitsamt einer Genealogie zu einem eigenen Buch zusammengestellt. Sowohl Herkules wie die Geschichte Trojas waren äußerst beliebte Themen am burgundischen Hof. Der vorliegende Text umfaßt die ganze Lebensgeschichte des antiken Helden, angefangen von der Vermählung des Amphitryon mit Alkmene, der Täuschung Alkmenes durch Zeus, der die Gestalt Amphitryons annimmt, um Herkules zu zeugen, der ersten Heldentat des noch kleinen Kindes, dem Erwürgen der von Hera gesandten Schlangen etc. bis zu seinem Ende in den Flammen des von Dejanira geschickten und mit dem Blut des Nessus getränkten Hemdes.

Ausstattung. Die erste der 41 ungerahmten, in sepiabrauner Tinte ausgeführten Federzeichnungen zeigt Philipp den Guten, wie er Anweisung gibt, das Buch abzufassen. Dann folgen in 40 Bildern Leben und Taten des Herkules in bunter Folge ohne Anspruch auf exakten Ablauf und Vollständigkeit (so sind etwa von den 12 berühmten Arbeiten im Dienst des Eurystheus nur fünf bebildert).

Die Federzeichnungen sind in skizzenhafter und pointillierter Technik; durch breitere Striche und Schattenlagen wird plastische Modellierung erreicht. Die Verwendung von Zeichnungen als Handschriftenillustration ist für Frankreich eher ungewöhnlich. Der Codex gehört stilistisch in die 50er bis 60er Jahre; er ist von dem Kalligraphen Johannes Leodegary geschrieben und für Jacques d'Armagnac ausgestattet.

Abbildung 42. Fol. 31 r: Herkules kämpft gegen den nemeischen Löwen. Herkules' erste Arbeit im Dienst des Eurystheus war, einen die ganze Gegend verheerenden riesigen Löwen zu töten, dessen Fell Eisen, Bronze und Steinwurf standhielt. Da alle Waffen nichts halfen, rang Herkules den Löwen nieder. Dargestellt ist der Kampfesmoment, wo Herakles seine Keule nutzlos an dem Löwen zerdrischt. Daß es sich in der Miniatur um drei (formal noch stark vom Heraldischen bestimmte) Löwen handelt, geht auf den vorliegenden Text zurück, der statt eines einzigen Löwen drei oder sogar mehr erwähnt. Nach dem Kampf zieht Herkules dem Löwen das Fell ab und benützt es als schützenden Umhang, der zu einem seiner Attribute wird. – Fol. 43 r: Ceres im Gespräch mit Theseus und Peirithoos. Ceres ist als modisch gekleidete Dame dargestellt, Theseus und Peirithoos tragen Rüstungen und kurze Waffenröcke; alle drei sind im Gespräch, die Hände gestikulierend erhoben. Dem Text zufolge war Ceres zur Hochzeit des Peirithoos nach Thessalien gereist, in der Hoffnung, einige der beim Fest versammelten griechischen Helden bewegen zu können, ihre von Pluto geraubte Tochter Proserpina aus der Unterwelt zu befreien.

Literatur. Französische Schule I, 27 ff., Abb. 24–31.

32 Cod. 1929

STUNDENBUCH (Fragment, lateinisch und französisch)

Mit einem Druck von Gilles Hardouin, 1509, zusammengebunden.

Westfrankreich (Coëtivy-Meister), zwischen 1458 und 1473 Abb. 43

Pergament, 177 x 123 mm (stark beschnitten), 154 Blatt. Schriftspiegel 92 x 61 mm; geschrieben in kalligraphischer französischer Bastarda. 15 Miniaturen (92 x 63 mm) mit Zierrahmen, Zierleisten auf nahezu allen Seiten, zahlreiche Initialen und Zeilenschlußleisten; 8 große Wappen auf später eingefügten Blättern.

Erneuerter Einband: schwarzes Leder mit einfachen Zierlinien, vermutlich in Anlehnung an den alten Einband.

Die Handschrift wurde für Olivier de Coëtivy und Marie Marguerite de Valois (zweite natürliche Tochter König Karls VII. und der Agnes Sorel, gestorben 1473) ausgeführt (Stifterbildnisse ff. 15 r und 31 r, Wappen, Allianzwappen und Initialen O und M mit Liebesknoten in einigen Zierrahmen). Danach im Besitz der jüngsten Tochter der Besteller, Gilette de Coëtivy. Später in der Bibliothek des Salzburger Domkapitels, seit 1806 in der Hofbibliothek.

Text. Die Handschrift enthält die üblichen Stundenbuchtexte (vgl. Kat. nr. 8, S. 80), zusätzlich die Mariengebete Obsecro te, O intemerata und Douce dame sowie die Sept vers de Saint Bernard. Die Texte sind lückenhaft und z. T. falsch eingebunden. Kalender, Marienstunden und Totenoffiz weisen auf die Diözese Paris; die Erwähnung einiger bretonischer Heiliger in Kalender und Litanei (Julianus von Brioule, Tnugdalus, Yvo von Tréguier u. a.) erklärt sich aus der bretonischen Herkunft der Familie Coëtivy.

(Zur Konstituierung des Stundenbuches als privates Andachtsbuch der Laien und zu den Möglichkeiten der liturgischen Identifizierung vgl. Kat. nr. 8, S. 79 ff.).

Ausstattung. Die Illustrationen behandeln die üblichen Themen der Kindheitsgeschichte Christi zu den Marienstunden (allerdings unvollständig wie der Text selbst), Kreuzigung und Pfingsten zu den Kreuz- und Geiststunden, die Reue Davids zu den Bußpsalmen (in der Bordüre außerdem David neben Bathseba im Badeschaff) und die Bestattung eines Toten zum Totenoffiz. Erwähnenswert ist das Vorhandensein dreier Vollbilder in den Heiligensuffragien, davon zwei für die bretonischen Heiligen Yvo von Tréguier und Julianus von Brioule.

Stilistisch gehören die Miniaturen zum Oeuvre des sogenannten Coëtivy-Meisters (nach der Wiener Handschrift so bezeichnet), der möglicherweise mit Henri de Vulcop identisch ist, einem aus Flandern stammenden und für Angehörige des französischen Hofes arbeitenden Künstler. Dem von P. Durrieu und N. Reynaud (siehe Literaturangaben) zusammengestellten Werk dieses Miniators können mehrere Handschriften hinzugefügt werden, z. B. ms. 222 der Pierpont Morgan Library in New York, ms. 297 der Walters Art Gallery in Baltimore oder, als Spätwerk, ein Stundenbuch der Sammlung Serra de Alzaga, Valencia. Charakteristisch für diesen Meister ist eine teils derb realistische, teils skurrile Note in den Gesichtstypen.

Abbildung 43. Fol. 31 v: Illustration zur Matutin der Kreuzstunden. Christus am Kreuz. Links vom Kreuz die Gruppe der Frauen mit Johannes; Maria Magdalena umfaßt kniend den Kreuzesstamm. Rechts hält Stepaton die Lanze noch zur Seitenwunde Christi, während der Hauptmann Longinus, zu Pferd, auf den Gekreuzigten weist; dahinter Soldaten. Die Szene spielt vor einer hügeligen Landschaft mit einer Stadt (Jerusalem) am Horizont.

Seitlich, in der Bordüre, kniet vor einem Betpult Marie Marguerite de Valois (zweite natürliche Tochter König Karls VII. von Frankreich und der Agnes Sorel), 1458 mit Olivier de Coëtivy vermählt und 1473 gestorben. Die Rautenform des Allianzwappens im unteren Bordürenstreifen, die für Frauen üblich ist, und das Genus femininum in den Gebeten Obsecro te und O intemerata machen es wahrscheinlich, daß das Gebetbuch für sie (und nicht für den bei der Verkündigung dargestellten Olivier de Coëtivy) hergestellt wurde.

Literatur. Französische Schule I, 29 ff., Abb. 32–41. – P. Durrieu, Les heures de Coëtivy à la bibliothèque de Vienne, in: Bulletin de la société nationale des antiquaires de France, Paris 1921, 301–317. – N. Reynaud, La Résurrection de Lazare et le maître de Coëtivy, in: La Revue du Louvre et des Musées de France 15 (1965) 171–182.

33 Wien, Kunsthistorisches Museum, Stiftung Kraußhaar, Inv. 14 642

STUNDENBUCH (lateinisch und französisch)

Bourges (Atelier des frühen Jean Colombe), 1460/70 Abb. 44

Pergament, 103 x 70 mm, 218 Blatt. Schriftspiegel 57 x 37 mm; geschrieben in französischer Bastarda. 11 Miniaturen (ca. 55 x 35 mm), zahlreiche Zierinitialen und Zeilenschlußleisten.

Einband des 19. Jahrhunderts: violetter Samt über dicken Deckeln, ziselierter Metallrücken, Metallkanten und -schließen; in den Rücken und in die Schließen sind Schmucksteine eingesetzt.

Text. Das Stundenbuch enthält die üblichen Texte (Kalender, Evangelienabschnitte, Obsecro te, Heiligensuffragien, Marien-, Kreuz- und Geiststunden, Bußpsalmen und Totenoffiz sowie am Schluß ein kurzes Marienoffizium). Der liturgische Brauch sowohl der Marienstunden wie des Totenoffiziums ist derjenige der Diözese Bourges (Loire-Gebiet). In diesen Bereich weisen auch einige im Kalendarium hervorgehobene Heilige.
(Zur Konstitutuierung des Stundenbuches als privates Andachtsbuch der Laien und zu den Möglichkeiten der liturgischen Identifizierung vgl. Kat. nr. 8, S. 79 ff.).

Ausstattung. Die Marienstunden besitzen nur eine Illustration (im Gegensatz zu den sonst üblichen acht), nämlich die für die Matutin des Marienoffiziums übliche Verkündigung. Kreuzstunden, Geiststunden und Bußpsalmen haben die kanonischen Darstellungen (Kreuzigung, Pfingsten und den reuigen David im Gebet), für das Totenoffiz ist ein zum Zeitpunkt der Entstehung der Handschrift noch eher seltenes Thema gewählt: Hiob auf dem Misthaufen, im Gespräch mit den drei Freunden.
Die fünf Miniaturen sind äußerst fein und sorgfältig ausgeführt und gehen stilistisch mit den Frühwerken Jean Colombes zusammen, was völlig mit dem liturgischen Befund (das Stundenbuch folgt dem Brauch der Diözese Bourges) übereinstimmt (Jean Colombe war in Bourges tätig, vgl. Kat. nr. 42, S. 145 f.). Typisch für den Stil Colombes ist etwa die starke Verwendung von Goldhöhung in den Gewändern oder die Einfügung von Hintergrundszenen mit winzigen bronzefarbenen Figürchen (z. B. David und Goliath beim betenden David, oder bei Hiob auf dem Misthaufen, die Frau des Hiob im Gespräch mit dem Teufel). In den Gesichtstypen und Figurenschemata sind aber auch Anklänge an den Jouvenel-Meister (vgl. zu diesem Miniator Kat. nr. 34, S. 128 f.) unverkennbar, wie sie sich auch in anderen Frühwerken dieses Miniators finden (vgl. Abb. 7 bei C. Schaefer).
Sechs weitere Miniaturen zu den Heiligensuffragien sind wohl im selben Atelier gefertigt, jedoch von weit schwächerer Qualität und ohne die typischen Merkmale des persönlichen Stils Jean Colombes.

Abbildung 44. Fol. 37 r: Verkündigung (Illustration zur Marienmatutin und einzige Miniatur der Marienstunden). Maria kniet neben einem Betschemel und vor einem Zeltbaldachin, dessen Vorhang vom Verkündigungsengel leicht beiseitegezogen wird. Hinter Gabriel, dessen Kopf sich in reinem Profil vom Heiligenschein abhebt, öffnet sich der Raum in den freien Himmel, aus dem goldene Strahlen auf Maria fallen.

Literatur. C. Schaefer, Les débuts de l'atelier de Jean Colombe: Jean Colombe et André Rousseau, prêtre, libraire et 'escrivain', in: Gazette des Beaux Arts 1977, 137–150.

34 Cod. 2617

GIOVANNI BOCCACCIO, LA TESEIDA. FRANZÖSISCHE PROSAÜBERSETZUNG

Anjou (Cœur-Meister und Jouvenel-Meister)

um 1460 Abb. 8 und 9 (in Farbe)

Feines Pergament, 266 x 200 mm, 195 Blatt. Schriftspiegel 145 x 95 mm; geschrieben in kalligraphischer steiler Bücherminuskel mit reichen Schreiberverzierungen an den Oberlängen der ersten Zeilen; Rückseite der bebilderten und die lagemäßig korrespondierenden Blätter mit Bastardschrift. 16 Miniaturen (130/160 x 160/180 mm) und eine historisierte Initiale, jeweils mit Zierleisten, zahlreiche Zierinitialen.
Schmuckloser, grün gefärbter, abgewetzter Pergamenteinband.
Im Jahr 1524 befand sich die Handschrift im Besitz der Erzherzogin Margarethe von Österreich. Ende des 16. Jahrhunderts gehörte sie dem Statthalter der Niederlande, Erzherzog Matthias, dem späteren Kaiser und gelangte dann in die kaiserliche Schatzkammer; seit 1783 in der Hofbibliothek.

Text. Giovanni Boccaccio (1313–1375) verfaßte die Teseida, die zu seinen weniger bekannten Werken gehört, in den frühen 40er Jahren. Den Anstoß zur Dichtung bildete nach Boccaccios eigener Aussage ein autobiographisches Moment: Fiammetta, seine treulose Geliebte, sollte zurückgewonnen werden. Diese Geliebte, der Boccaccio zum ersten Mal in der Kirche San Lorenzo in Neapel begegnet sein will und hinter der man, Boccaccios Anspielungen Glauben schenkend, lange Zeit eine Tochter des Robert von Anjou, König von Neapel, vermutete, hat es jedoch niemals gegeben, es handelt sich um eine bloße literarische Fiktion. In der Teseida wird eine Liebesgeschichte nach Rittermanier in episch-klassischem Gewand unter reichlicher Verwendung mythologischer Stoffe präsentiert. Darin sah Boccaccio selbst den Hauptvorzug seines Werkes, rühmte er sich doch, der erste zu sein, der ein Epos nach klassischer Art in italienischer Sprache schreibe (seine Vorbilder waren Vergils Aeneis und die Thebaïs des Statius). Der Verfasser der französischen Übersetzung ist nicht gesichert; als die wahrscheinlichsten Anwärter auf die Autorschaft kommen Pierre oder Louis de Beauvau in Frage, die dem literarischen Kreis um René von Anjou angehören. Der Prolog zur französischen Übersetzung eines anderen Werkes Boccaccios (des Filostrato) fängt mit der Devise der Beauvau an. Das Werk ist einer nicht namentlich genannten Dame gewidmet.
Die Erzählung beginnt mit der Schilderung des Kriegszugs der Griechen unter Führung des Theseus gegen die Amazonen, in dessen Verlauf die Amazonen besiegt werden. Theseus heiratet deren Königin Hippolyta und kehrt mit ihr und ihrer Schwester Emilia nach Athen zurück. Durch einen anschließenden Feldzug gegen Kreon von Theben gelangen zwei thebanische Jünglinge, Palemon und Arcitas, als Gefangene in Theseus' Schloß nach Athen. Vom Fenster ihres Kerkers aus erblicken sie Emilia und beide verlieben sich in sie. Arcitas wird wenig später mit der Auflage, Athen zu meiden, aus der Haft entlassen, kehrt jedoch unter falschem Namen in das Schloß des Theseus zurück. Palemon erfährt davon, entflieht aus dem Gefängnis und fordert seinen

Rivalen zum Zweikampf. Emilia und Theseus, die sich gerade auf einem Jagdausflug befinden, stoßen auf die beiden Kämpfenden, trennen sie und erfahren ihre Geschichte. Theseus sieht seinen beiden Gefangenen ihr unbotmäßiges Verhalten nach, stellt jedoch die Bedingung, daß sie nach Jahresfrist mit je hundert Kämpfern zu einem Turnier in Athen zu erscheinen hätten, um dort um die Hand Emilias zu streiten. Die ausgesuchtesten Helden Griechenlands sind ein Jahr darauf zur Stelle. In dem Turnier bleibt Arcitas Sieger, wird jedoch so schwer verletzt, daß er – nachdem er noch den Triumphzug feiern und als Siegeslohn Emilia heiraten konnte – stirbt; vor seinem Tod bittet er Theseus, Emilia seinem Freund und späteren Rivalen Palemon zur Frau zu geben.

Ausstattung. Die Bebilderung der Handschrift umfaßt ein Widmungsbild (f. 14 v), eine historisierte Initiale mit der Darstellung Boccaccios in seiner Studierstube (f. 17 v) und die Miniaturen zu den einzelnen Kapiteln der Theseide: eine doppelseitige Miniatur mit der Landung der griechischen Flotte und dem Kampf gegen die Amazonen (ff. 18 v/19 r), Theseus' Einzug in Athen mit Hippolyta und Emilia (f. 39 r), Emilia im Burggärtlein, beobachtet von Arcitas und Palemon (f. 53 r), Freilassung des Arcitas (f. 64 r), Emilias Ausritt zur Jagd (f. 76 v), Zweikampf zwischen Arcitas und Palemon (f. 77 r), Fürstenversammlung zur Vorbereitung des Turniers (f. 91 r), Arcitas, Emilia und Palemon im Gebet zu Mars, Diana und Venus (f. 102 r), Turnierkampf (f. 121 r), Herinis, eine von Venus gesandte Furie, erschreckt das Pferd des Arcitas (f. 138 v), Vermählung Emilias mit dem schwerverletzten Arcitas (f. 139 r), Trauerfeier für einen im Turnier gefallenen Griechen (f. 152 r), Emilia umarmt den sterbenden Arcitas (f. 169 r), Vermählung von Emilia und Palemon (f. 182 r).

Die Miniaturen sind von zwei verschiedenen Künstlern ausgeführt. Die ersten sechs sowie diejenige auf f. 102 r stammen vom Meister von Renés Cœur d'Amour, alle übrigen vom Meister des Jouvenel des Ursins; im Bild des Ausritts zur Jagd f. 76 v überschneiden sich die beiden Hände: die Anlage des Bildes und die Vorzeichnung sind vom René-Meister, ausgeführt wurde es vom zweiten Miniator.

Die von der Hand des Cœur-Meisters stammenden Theseide-Illustrationen gehören wie die Miniaturen der Wiener Cœur-Handschrift zu den allerbedeutendsten Schöpfungen nicht nur der französischen Buchmalerei, sondern der europäischen Malerei schlechthin. In der Entwicklung des Cœur-Meisters (zur Frage der Identität dieses Künstlers siehe Kat. nr. 35, S. 132 f.) vertreten die Theseide-Miniaturen eine Stilstufe, die noch vor der der Cœur-Illustrationen liegt.

Der zweite Miniator der Theseide wird nach dem Besteller einer seiner bedeutendsten und am reichsten illustrierten Handschriften (der 'Mer des histoires' der Bibliothèque Nationale Paris, ms. lat. 4915) Meister des Jouvenel des Ursins bezeichnet. Mit diesem Namen wird ein umfangreiches Oeuvre in Verbindung gebracht, das etwa zwischen 1440 und 1470 datiert und im Loire-

Gebiet lokalisiert werden kann; es umfaßt wohl mehrere Maler einer Stilrichtung, deren einzelne Anteile noch nicht klar geschieden sind. Die Miniaturen der Wiener Theseide sind das Werk der führenden Persönlichkeit der Gruppe und um 1460 zu datieren.

Abbildung 8 (Meister des René d'Anjou). Fol. 102 r: Vor Beginn des großen, von Theseus angeordneten Turniers zwischen Palemon und Arcitas um die Erringung der Hand Emilias, der Schwester Hippolytas, beten die drei Protagonisten zu der jeweils erwählten Schutzgottheit: Arcitas zu Mars, um den Kampf zu gewinnen und damit Emilia; Palemon bittet für dasselbe Ziel Venus um Unterstützung; Emilia betet zu Diana. Statt, wie es dem Text entsprechen würde und in einem zweiten Exemplar der Wiener Nationalbibliothek (Cod. 2632) auch vorgesehen war, die drei in räumlich voneinander getrennten Heiligtümern spielenden Episoden in drei eigenen Miniaturen darzustellen, sind sie zu einer einzigen Szene zusammengefaßt. Die drei heidnischen Göttertempel wurden in eine Abfolge unmittelbar aneinandergrenzender romanischer Kapellen verwandelt, wodurch die Parallelität der Gebete augenscheinlich wird. Die Götterstatuen stehen oder thronen auf teils in romanischen, teils in gotischen Formen reich verzierten Säulen; Mars in voller Rüstung, mit Speer und Schild, einen blutüberströmten Getöteten unter den Füßen, Diana auf einer Mondsichel und die nur mit einem übergeworfenen Tuch bekleidete Venus mit Pfeil und Bogen. Vor den Götterstatuen knien Arcitas, Emilia und Palemon, jeder mit kleinem Gefolge. Die raumdiagonale Anlage der Szenerie bietet einen guten Überblick über das dreifach gleiche Geschehen und macht das verlorene Profil zu einem eindrucksvollen Faktor dieser Miniatur.

Die Götter werden die an sich unvereinbaren Bitten der Gegner erhören: Arcitas wird, wie er es von Mars erfleht, siegen, Venus, von Palemon um Hilfe gebeten, schickt jedoch eine Furie (in Form eines Drachens) auf den Kampfplatz, die das Pferd des Arcitas so erschreckt, daß dieses seinen Reiter abwirft und schwer verletzt (f. 138 v). Emilia heiratet zuerst den sterbenden Arcitas, dann Palemon.

Abbildung 9 (Meister des Jouvenel des Ursins). Fol. 139 r: Vermählung von Emilia und Arcitas. Arcitas, zwar Gewinner des großen Turniers, doch durch Eingreifen der Schutzgöttin seines Gegners, Venus, schwer verletzt, wird in einem Prunkhimmelbett liegend mit Emilia vermählt, indem ein Priester mit Bischofsmitra die Hände der beiden ineinanderlegt. Die Großen Athens und Griechenlands assistieren gestikulierend der Zeremonie. Am Fußende des Bettes weist ein aus dem Bild herausblickender Mann auf seinen Nachbarn, der wohl Palemon darstellen soll, Freund und Nebenbuhler des Arcitas. Die Rückwand des Raumes ist mit orientalischen Seidentüchern behängt.

Literatur. Französische Schule I, 32 ff., Abb. 43–56 und Farbtafeln I, II. – Zum Inhalt und der Bebilderung der Handschrift vgl. E. Chmelarz, Eine französische Bilderhandschrift von Boccaccios Théséide, in: Jahrbuch der Kunsthistorischen Sammlungen des Allerhöchsten Kaiserhauses XIV (1893) 318–328 und O. Smital/E. Winkler, Herzog René von Anjou, Livre du cuer d'amours espris, Wien 1926, 50–54, Tafeln XIX–XXIII. – Zur Übersetzung ins Französische: H. Hauvette, Les plus anciennes traductions françaises de Boccace, V. La Teseida, in: Bulletin italien VIII (1908) 189 ff. – Zur Wirkungsgeschichte Boccaccios in Frankreich vgl. den Katalog der Ausstellung 'Boccace en France, De l'humanisme à l'érotisme', Bibliothèque Nationale Paris, 1975. – Über den Meister des Jouvenel des Ursins: P. Durrieu, La question des œuvres de jeunesse de Jean Fouquet, Recueil de Mémoires publié par la société des antiquaires de France à l'occasion de son centenaire, Paris 1911; O. Pächt, Jean Fouquet, A Study of his Style, in: Journal of the Warburg and Courtauld Institutes IV, London 1940/41; C. Schaefer, Deux enluminures du Maître de Jouvenel des Ursins à la Biblioteca Nacional à Lisbonne, in: Arquivos do centro cultural português VII (1974) 117–147; C. Schaefer, Le maître de Jouvenel des Ursins (Coppin Delf?), illustrateur du 'Speculum historiale' de Vincent de Beauvais (ms. 126 de la Biblioteca Nacional à Lisbonne), in: Arquivos de centro cultural português VIII (1974) 81–114; E. König, Un atelier d'enluminure à Nantes et l'art du temps de Fouquet, in: Revue de l'art XXXV (1977) 64–75. – Über den Meister des René d'Anjou: O. Pächt, René d'Anjou-Studien I und II, in: Jahrbuch der Kunsthistorischen Sammlungen in Wien 69 (1973) 85–126 und 73 (1977) 7–106. – F. Avril, Manuscrits à peintures d'origine française à la Bibliothèque nationale de Vienne, in: Bulletin monumental 134 (1976) 329-338. – F. Avril, Pour l'enluminure provençale, Enguerrand Quarton peintre de manuscrits?, in: Revue de l'art 35 (1977) 9–40.

35 Cod. 2597

RENE D'ANJOU, LIVRE DU CUER D'AMOURS ESPRIS

Anjou (Cœur-Meister), späte 60er Jahre 15. Jh. Abb. 10 (in Farbe)

Pergament, 290 x 207 mm, 127 Blatt. Schriftspiegel 165 x 115 mm; geschrieben in kalligraphischer Bastarda, 16 Miniaturen (105/160 x ca. 170 mm) mit dreiseitigen Zierleisten, ebensolche Zierleisten auf den Seiten mit Rahmen für zusätzlich geplante Miniaturen, ein Zierrahmen und zahlreiche Zierinitialen.

Französischer Barock-Einband: gelbes Maroquin mit silbernem Dekor (in der Mitte eine Kartusche unter einer Herzogskrone, im Inneren Monogramm aus zwei verschlungenen C), um 1700.

Aus dem Besitz des Prinzen Eugen von Savoyen, seit 1738 in der Hofbibliothek.

Text. Verfasser des *Livre du Cœur d'Amour épris* ('Buch vom liebentbrannten Herzen') ist René d'Anjou (1409–1480; König von Neapel, Sizilien, Ungarn und Jerusalem, Herzog von Anjou, Bar und Lothringen, Graf der Provence), von dem auch noch andere literarische Erzeugnisse überliefert sind (eine religiöse Allegorie, 'Kasteiung eitlen Vergnügens', sowie eine Anweisung zur Organisation von Turnieren und ein Schäfergedicht). Das Livre du Cœur d'Amour épris ist eine Traumallegorie, vertritt also eine Dichtungsart, die ihre vollendete und für zwei Jahrhunderte die Gattung bestimmende Ausprägung schon im 13. Jahrhundert, im Rosenroman (vgl. Kat. nr. 10 und 29) erhalten hat. Weitere Anregungen verdankt die Dichtung den zur Zeit Renés sich immer noch großer Beliebtheit erfreuenden Ritterepen (der Handlungsablauf der Allegorie ist in die Form einer abenteuerlichen Ritterfahrt gekleidet) sowie Charles d'Orléans (Cousin Renés, einst Haupt der Armagnac, jedoch in langer englischer Gefangenschaft zu einem bedeutenden Lyriker geworden), mit dem René eine Art dichterische Korrespondenz unterhielt.

Das Prinzip der allegorischen Darstellungsweise besteht darin, das breite Spektrum von Gefühlsregungen einer oder mehrerer Personen, von geistigen Einstellungen oder materiellen Existenzformen in die einzelnen Facetten zu zerlegen und ihrerseits zu verselbständigen; die aus dem gesamtpersönlichen Zusammenhang herausgelösten Aspekte werden in Gestalten aus Fleisch und Blut verwandelt (im Livre du Cœur d'Amour épris etwa *Ardent Desir,* brennendes Verlangen, *Esperance,* die Hoffnung oder *Jalousie,* die Eifersucht), aber auch in Landschaftselemente (z. B. *Forest de Longue Attente,* Wald des langen Ausharrens) oder in Dinge des alltäglichen Gebrauchs (die Sporen von Cœurs Pferd heißen *amoureux souvenir,* Liebesandenken). Mit den so isolierten psychischen Zustands- bzw. Verhaltensweisen, die selbständig agieren oder Wirkungen entfalten, können schwankende Stimmungen, ein Widerstreit der Gefühle u. ä. sehr konkret und anschaulich dargestellt werden. So wird z. B. eine Etappe der Verzweiflung in Cœurs beschwerlicher Ritterfahrt und der Versuch ihrer Überwindung folgendermaßen geschildert: *Melancolie,* eine traurig jämmerliche, schwarz gekleidete Alte führt Cœur und Ardent Desir (Brennendes Verlangen) den Fluß der Tränen entlang zum *Pas perilleux,* der gefährlichen Passage (einer schmalen, morschen Holzbrücke), wo der schwarze Ritter *Souci* (Sorge) den Übergang verwehrt. Cœur stellt sich dem Kampf, stürzt jedoch samt seinem Pferd *Franc Vouloir* (Frisch Drauflos) in die trüben Wasser des Flusses der Tränen *(Fleuve des Larmes). Esperance* (Hoffnung), eine auf den Spuren Cœurs und Ardent Desirs wandelnde, blaugewandete und bekrönte Dame, die immer wieder helfend einspringt, zieht Cœur schließlich aus den Fluten, und weiter geht es zum nächsten Abenteuer. Ziel des Ritters Cœur ist es, mit Hilfe der der Liebe geneigten Seiten seines Ich und seiner Dame die im *Manoir de Rebellion* (der Festung des Widerstandes) eingeschlossene *Doulce Mercy* (Erhörung) zu befreien und mit ihr zum *Château de Plaisance* (dem Schloß des Vergnügens), wo Amor und Venus Hof halten, zu gelangen. Die der Liebe mißgünstig gestimmten Eigenschaften seiner selbst oder seiner Auserwählten suchen das zu verhindern und verwickeln ihn in alle möglichen Abenteuer; sie sind es auch, die am Schluß die Oberhand behalten. Wohl gelingt zunächst die Befreiung von Doulce Mercy, doch auf dem Weg zum Château de Plaisance dringen noch einmal alle Feinde der Liebe auf Cœur und seine Begleiter ein; Ardent Desir wird getötet, Dame Doulce Mercy wird zum Manoir de Rebellion zurückgebracht und Cœur schwer verwundet. Resignierend zieht er sich mit Hilfe von *Compassion* (Mitleid) in das *Hospital d'Amour* (Spital für Liebeskranke) zurück, wo er im Verein mit allen unglücklich Liebenden – unter anderen auch König René d'Anjou, dessen Anwesenheit nur durch Traumlogik erklärt werden kann, da das Herz ja selbst, zumindest zu einem Teil, René ist – das Ende seiner Tage erwartet. Eingeleitet wird die Dichtung mit der Entwendung des Herzens aus der Seite des schlafenden René, den Abschluß bildet dessen Erwachen, wobei er ganz erschreckt seinen Diener auffordert, mit der Kerze nachzusehen, ob die Brust heil ist, was dieser lächelnd versichern kann.

Ausstattung. Das Wiener Livre du Cœur d'Amour épris ist nicht vollständig bebildert. Lediglich die ersten 16 Miniaturen sind ausgeführt, für weitere 29 ist Platz frei gelassen. Man kann sich von den fehlenden Miniaturen eine ungefähre Vorstellung machen, da sich in Paris (Bibliothèque Nationale, ms. fr. 24399) ein etwas später hergestelltes, vollständig illustriertes Exemplar des Cœur-Textes erhalten hat, wenn auch von wesentlich geringerer künstlerischer Qualität. Der Sachverhalt ist allerdings komplizierter als ein einfaches Vorbild-Kopie-Verhältnis: Der Pariser Codex spiegelt eine etwas frühere, dem Text näher stehende Erstfassung der Bebilderung von der Hand des Cœur-Meisters wider (was aus einem Vergleich mit den ausgeführten Bildern des Wiener Cœur-Exemplars zu erschließen ist).

Die im Wiener Codex ausgeführten Miniaturen – alle im ersten Drittel der Handschrift – sind: Das Traumbild (f. 2 r; ausführlich siehe Abbildung) – Ritter Cœur mit dem Knappen Ardent Desir bei Esperance (Hoffnung) (f. 5 v) – bei Jalousie (Eifersucht) (f. 9 r) – die beiden bei Nachtanbruch am Rande der Forêt de longue Attente (Wald des langen Harrens) in der Nähe der Fontaine de Fortune (Brunnen des Geschicks) (f. 12 v) – Cœur liest bei gerade aufgehender Sonne die Inschrift des Brunnens (f. 15 r) – Cœur tritt in die Hütte der Melancholie (f. 17 r) – Cœur und Ardent Desir mit Melancholie am Pas perilleux (gefährliche Passage) (f. 18 v) – Cœur wird, nach dem unglücklichen Zweikampf mit Souci (der Sorge), von Esperance aus dem Fleuve des Larmes (dem Strom der Tränen) gezogen (f. 21 v) – Cœur und Ardent Desir im Schloß des Courroux (des Zorns) (f. 25 v) – Zweikampf mit Courroux (f. 26 v) – Ardent Desir holt Hilfe zur Befreiung des gefangenen Cœur und trifft im Morgengrauen auf Humble Requeste (Untertänige Bitte) (f. 31 v) – Ardent Desir im Zeltlager des Honneur (Ehre) (f. 33 r) – Cœur, Ardent Desir und Générosité (Großzügigkeit) stehen bei Tagesanbruch vor dem von Rissen durchzogenen Haus des Grief Soupir (des Tiefen Seufzers) und lesen die Inschrift (f. 46 v) – die drei bei untergehender Sonne vor der Klause eines Eremiten (f. 47 v) – die Einschiffung zur Liebesinsel in voller Mittagssonne unter Führung von Fiance und Entente (Vertrauen und Eintracht) (f. 51 v) – die nächtliche Zwischenlandung auf dem felsigen Eiland von Compaignie und Amitié (liebenswerte Begleitung und Freundschaft).

Der Maler der Miniaturen wird nach dem Dichter des Textes René d'Anjou 'Meister des René d'Anjou' oder nach dem Titel des Buches 'Cœur-Meister' benannt. Seine Tätigkeit läßt sich von Werken, die mit der Gefangenschaft des jungen René in Dijon am Hofe Philipps des Guten von Burgund zusammenhängen (1431–1437; 5 Miniaturen in einem Stundenbuch, das in London aufbewahrt wird), bis zur Ausschmückung der beiden Wiener Codices, der Theseide (um 1460, Kat. nr. 34, S. 128) und des Livre du Coeur d'Amour épris (späte 60er Jahre), verfolgen und steht immer in engstem Zusammenhang mit René d'Anjou. Die angeführten Miniaturen bzw. Handschriften sind Originale des Cœur-Meisters; dagegen sind von der Bebilderung eines Turniertraktats, eines

Schäfergedichts und der christlichen Allegorie 'Mortifiement de vaine Plaisance' (Kasteiung eitlen Vergnügens) nur Kopien erhalten. Die frühen Miniaturen des Cœur-Meisters, die in das Londoner Stundenbuch eingeschobenen Blätter, die auf allerpersönlichste Weise Renés Wünschen und Befürchtungen seiner Dijoner Gefangenschaft bildlichen Ausdruck verleihen, stehen unter starkem Einfluß der großen Neuerer der niederländischen Malerei, insbesondere Jan van Eycks, was nicht überraschen kann, da Jan van Eyck Hofmaler des Burgunderherzogs war. Doch ist die französische Grundhaltung des Cœur-Meisters nicht zu verkennen, sie zeigt sich etwa in der Umsetzung des genau definierenden Eyck'schen Lichts in atmosphärisch flimmerndes diffuses Raumlicht. In den beiden Wiener Codices ist dann auch eine italianisierende Komponente nachzuweisen, wofür Renés Italienaufenthalte (vor allem in Neapel und Mailand) eine Erklärung bieten können.

Zur Frage nach der Identität des Künstlers wurden verschiedene Antworten gegeben. Immer wieder wurde ein in provenzalischen Urkunden Barthélemy Deick genannter Künstler ins Gespräch gebracht, den man ohne ausreichenden Grund mit einem in angevinischen Dokumenten öfters erwähnten Hofmaler Renés namens Barthélemy de Cler identifizieren zu dürfen glaubte. Der flämische Klang des Namens scheint genügt zu haben, um der Barthélemy-Deick-Hypothese eine gewisse Glaubwürdigkeit zu verschaffen. Es gibt jedoch gewichtige Gründe für die Annahme der Identität des Verfassers der Cœur-Dichtung und des Autors seiner Illustration: die auffallende Übereinstimmung des Itinerars König Renés mit den wechselnden Provenienzen der den Stil des Cœur-Meisters zeigenden Werke, und zwar von der Zeit von Renés burgundischer Gefangenschaft (1436) an; die ganz begrenzte Auswahl der Themen der Darstellungen, die ausnahmslos mit Renés persönlichen Erfahrungen, seinem Denken und Dichten, auf intimste Weise verbunden sind; die Vorliebe für heraldisch-emblematische Erfindung, eine in authentischen Nachrichten bezeugte Passion Renés; die geradezu erstaunliche Parallelität zwischen dichterischer und bildlicher Phantasie, sobald es sich um die Illustrierung von Renés eigenen Schriften handelt, während sich die Illustrationen des nicht aus Renés Feder stammenden Theseide-Textes große poetische Lizenzen erlauben; schließlich die bis in Renés Lebzeiten zurückreichende literarische Tradition (italienische wie französische Quellen), die von Renés Leidenschaft für die Malkunst und seinem Können in der Ausübung dieses Metiers berichtet, das als manuelle Tätigkeit nach den Anschauungen der Zeit unter der Würde eines Königs war.

Abbildung 10. Fol. 2 r: Das Traumbild. Der Liebesgott Amor, geflügelt und mit Pfeil und Bogen im Köcher, entnimmt der Seite des schlafenden Königs René dessen Herz, das Ardent Desir (Brennendes Verlangen), in weißem und zum Teil mit Flammen besetztem Gewand, in Empfang nehmen wird. Das Bild versucht, ganz wie der Beginn der Dichtung, die simple Realität des in seinem Gemach schlafenden René mit der bloß geträumten Irrealität der nachfolgenden Geschichte von Cœurs Ritterfahrt zu vereinen. Das Herz als anatomischer

Gegenstand, also noch nicht personifiziert, besitzt nicht denselben ideellen Charakter wie die allegorische Figur, die Ardent Desir verkörpern soll, aber nur dadurch wird eine wörtliche Darstellung der Übergabe des Herzens möglich. Schon im nächstfolgenden Bild wird auch das Herz zur handelnden Person, zu Ritter Cœur, während zugleich ein geflügeltes Herz als Helmzier dient und die Schabracke des Pferdes schmückt.

Nicht das auf den ersten Blick erstaunliche Geschehen macht die Einmaligkeit dieses Bildes aus, sondern es ist die geniale bildkünstlerische Ausgestaltung der Szene: ein dem Beschauer zu abgeschirmtes schwaches Kerzenlicht erleuchtet vom Boden her die Szenerie; angestrahlt wird, neben der unmittelbaren Umgebung der Lichtquelle, der Rücken des weißgekleideten Ardent Desir sowie dessen vorgestreckter Arm, das Antlitz Amors und dessen Linke, die das Herz Renés gerade in Empfang nimmt. Der Träumer selbst scheint allein schon durch die Beleuchtung entrückt: das Licht kommt von unten und verwandelt die für gewöhnlich schattigen Gesichtspartien in die einzig hellen. Aufgelichtet ist auch noch das herabhängende und zu Faltenbündeln zusammengeschobene Bettuch, Der übrige Teil des Gemachs ist in Halbdunkel getaucht, in dem die Farben nur gedämpft zur Geltung kommen. Der Raum selbst bleibt unklar: die Decke und die Seitenwände des Gemachs sind nicht mehr im Bild, die Bettstätten und der die Kerze abschirmende Schemel werden vom Bildrand angeschnitten, der Innenraum verläuft ins Dunkel und Ungewisse. Die Heimlichkeit der Nacht verwischt die Grenzen von wirklichem und nur im Traum ersonnenem Geschehen. Durch die geschlossenen Fensterläden von der Außenwelt vollkommen isoliert und nur von seiner eigenen Lichtquelle erhellt, wird das Gemach Renés zum totalen und unbedingten Interieur, dem ersten Interieur mit Nachtbeleuchtung der abendländischen Malerei überhaupt; es hat bloß ein Gegenstück, und auch dieses ist im Oeuvre des Cœur-Meisters zu finden, doch nicht mehr im Original erhalten: die Szene der Preisverteilung aus dem Turniertraktat, einer Zeremonie in geschlossenem Raum bei Kerzen- und Fackellicht.

Literatur. Französische Schule I, 37 ff., Abb. 57–73 und Farbtafel III. – O. Pächt, René d'Anjou-Studien I und II in: Jahrbuch der Kunsthistorischen Sammlungen 69 (1973) 85–126 und 73 (1977) 7–106. – F. Avril, Manuscrits à peintures d'origine française à la Bibliothèque nationale de Vienne, in: Bulletin monumental 134 (1976) 329–338. – F. Avril, Pour l'enluminure provençale, Enguerrand Quarton peintre de manuscrits?, in: Revue de l'art 35 (1977) 9–40.

36 Cod. 2580

PETRUS DE CRESCENTIIS, RURALIUM COMMODORUM LIBRI XII. ANONYME FRANZÖSISCHE ÜBERSETZUNG

Loire-Gegend (Atelier des Jouvenel-Meisters), zirka 1470 Abb. 45

Pergament, 325 x 240 mm, 204 Blatt. Schriftspiegel 225 x 165 mm; geschrieben in französischer gotischer Bücherminuskel. 14 Miniaturen, davon vier in der Breite des Schriftspiegels

(110/148 x 165 mm, einmal in 12 kleine Miniaturen unterteilt), die anderen in Spaltenbreite (95/125 x 72 mm); große und kleine Zierinitialen.
Barock-Einband von Etienne Boyet d. Jüngeren: gelbes Maroquin mit Handvergoldung, Wien, nach 1713.
Aus dem Besitz des Prinzen Eugen von Savoyen; seit 1738 in der Hofbibliothek.

Text. Le livre du rustican des profits ruraux (Das Buch des Landmanns zur Nutzung des Landes), eine anonyme, 1377 König Karl V. von Frankreich gewidmete Übersetzung des *Opus ruralium commodorum* des Pietro Crescenzi da Bologna, ist ein landwirtschaftlicher Traktat, der alle möglichen Bereiche bäuerlicher und gutsherrlicher Tätigkeit umfaßt, Anleitungen zur sinnvollen Nutzung von Wiese, Wald und Feld gibt sowie vielfältige und reiche Erträge ermöglichen soll. Das Werk ist in zwölf Abschnitte geteilt, die jeweils unterschiedliche Arbeits- bzw. Wissensgebiete behandeln. Es beginnt mit der Auswahl des zu bewohnenden Ortes: so darf die Gegend nicht etwa sumpfig sein, Wasser muß es jedoch in der Nähe geben. Der Autor bespricht die Anlage eines Gutshofes, die Anordnung der Innenhöfe etc. Er behandelt Art und Aussehen der Pflanzen, ihre Kultivierung und Verarbeitung, etwa die Anlage eines Weingartens, die Pflege des Weinstocks, die Weinlese und das Keltern der Trauben. Weiters geht er auf die Viehzucht ein und spricht auch vom Fang wildlebender Tiere usf. Den Abschluß des Traktats bildet eine monatliche Zusammenstellung aller anfallenden Tätigkeiten.

Ausstattung. Die Illustrationsfolge beginnt mit dem Widmungsbild: Karl dem V. wird die Handschrift überreicht. Sodann besitzt jeder einzelne Abschnitt eine ihn charakterisierende Miniatur: z. B. sind zum Kapitel des Getreidebaues alle Arbeitsvorgänge von der Aussaat bis zum Dreschen simultan dargestellt, der zeitliche Ablauf ist durch Placierung der früheren Arbeiten in den Hintergrund und der späteren in den Vordergrund suggeriert. Beim Weinbau wird der Arbeitsverlauf vom Aufbereiten des Bodens bis zum Auspressen der Trauben (im Vordergrund) gezeigt usw. Das letzte Kapitel ist mit einem aus den Darstellungen der zwölf Monatsarbeiten zusammengesetzten Tableau geschmückt.
Bei den Miniaturen befinden sich geschnittene italianisierende Initialen, Nachahmungen eines Antiqua-Alphabets, fast durchwegs mit Drolerien gefüllt.
Die Miniaturen sind sorgfältig ausgeführte Arbeiten aus dem Atelier des Maître de Jouvenel des Ursins (zu diesem Meister siehe Kat. nr. 34, S. 128 f.); sie sind, von einigen Details abgesehen, genaue Kopien eines vom Jouvenel-Meister eigenhändig ausgeschmückten Exemplars desselben Textes, das sich in Chantilly (Musée Condé, ms. 603) befindet.

Abbildung 45. Fol. 144 v: Illustration zum Abschnitt über die Viehzucht. Ein Hirt hält mit erhobenem Stock eine Herde von Kühen und Schafen zusammen, ein anderer kauert am linken Bildrand und bläst den Dudelsack. Etwas weiter hinten sind wieder Schafe und ein Teich mit Enten zu sehen. Im Mittelgrund stehen an den Seiten schloßartige Herrschaftsgebäude; zwischen ihnen Ausblick auf eine hügelige Landschaft. Am Beginn des Textes gleich unterhalb der Miniatur steht die geschnittene italianisierende Initiale *D(avant)*. Die Groteske im Inneren wird von einem nackten Frauenoberkörper und einem Hahnenrumpf gebildet; am Übergang der beiden Teile ein bärtiger Kopf.

Literatur. Französische Schule I, 55 ff., Abb. 92–99. – Zu dem als Vorlage dienenden Manuskript in Chantilly vgl. J. Meurgey, Les principaux manuscrits à peintures du Musée Condé à Chantilly, Paris 1930, 98 ff., pl. LXII f.

37

Cod. 2595

BOETHIUS, DE CONSOLATIONE PHILOSOPHIAE. ZWEITE FRANZÖSISCHE VERS-PROSA-ÜBERSETZUNG

Westfrankreich (?), 3. Viertel 15. Jh. Abb. 46

Pergament, 295 x 204 mm, 109 Blatt. Schriftspiegel 196 x 112 mm; geschrieben in kalligraphischer französischer Bastarda mit starker Betonung der Oberlängen, häufig Schreiberverzierungen an den Schäften. 9 Miniaturen (85/155 x 112 mm) mit Zierrahmen bzw. -leisten; Zierinitialen.

Barock-Einband von Etienne Boyet d. Jüngeren: rubinrotes Maroquin mit Handvergoldung, Wien, nach 1713.

Aus dem Besitz des Prinzen Eugen von Savoyen, seit 1738 in der Hofbibliothek.

Text. Die *Consolatio Philosophiae* (Tröstung der Philosophie) ist das letzte Werk des Boethius, 523 und 524 im Kerker verfaßt, bevor er wegen Hochverrats hingerichtet wurde. Sie galt im Mittelalter als Kompendium antiker Bildung und wurde aus dem Lateinischen in verschiedene Landessprachen übersetzt. Die vorliegende französische Übersetzung ist eine Umarbeitung einer etwas früheren französischen Fassung. Vorangestellt ist der Prolog einer dritten Übersetzung, der des Jean de Meun. (Ausführlicher bei Kat. nr. 30, S. 121)

Ausstattung. Die erste der neun Miniaturen (f. 1 r) ist eine Illustration des Prologs (Jean de Meun und König Philipp IV. von Frankreich), die übrigen sind Illustrationen des Textes: entweder Dialogszenen zwischen Boethius und der personifizierten Philosophie mit gleichzeitiger Darstellung des jeweiligen Gesprächsinhalts (ff. 20 r, 36 r, 45 r) oder ausschließlich Schilderungen der mythologischen und christlichen Themen, die im Text abgehandelt werden (f. 29 v: das Goldene Zeitalter, f. 61 r: Orpheus und Eurydike, f. 71 v: der Tod, f. 85 v: Herkules tötet die Hydra, f. 103 r: die Dreifaltigkeit). Alle Seiten mit Miniaturen besitzen sorgfältig ausgeführte Rankenbordüren. Die Malereien sind stilistisch nicht einheitlich, das Titelbild stammt von einer anderen Hand als die Illustrationen zum Text, von denen die mythologischen Darstellungen am interessantesten sind.

Abbildung 46. Fol. 61 r: Orpheus und Eurydike am Eingang zur Unterwelt. Die aus der antiken Mythologie stammende Episode ist in völlig mittelalterlicher Weise dargestellt: die Unterwelt als weit aufgerissener Höllenrachen, der Wächter Cerberus nicht als Hund, sondern als Teufel mit einem überdimensionalen Schlüssel. Diese Szene illustriert eine der Hauptthesen der tröstenden Philosophie, nämlich daß irdische Güter in Wahrheit nur Scheingüter seien, was anhand der Fabel von Orpheus und Eurydike erklärt wird: wer sich zu sehr an irdische Güter klammere und sich nach ihnen umwende wie Orpheus nach Eurydike, der verliere das höchste Gut, Gott. (Der französische Übersetzer kommentiert diesen Abschnitt ausführlich und gibt für jede der in der Fabel vorkommenden Personen eine allegorische Deutung; demnach habe man in Orpheus den besonnenen, vernünftigen Menschen zu sehen, in Eurydike die menschliche Begierde.)

Literatur. Französische Schule I, 49 f. und Abb. 74–79. – Wissenschaft im Mittelalter, 111, nr. 55. – Zur Bedeutung des Boethius für die mittelalterliche Bildung vgl. E. K. Rand, Founders of the Middle Ages, Cambridge/Massachusetts 1925, 135–180. – Ein Überblick über die verschiedenen französischen Versionen der Consolatio Philosphiae findet sich in der Einleitung zur Textausgabe einer nicht mit unserer Übersetzung identischen französischen Fassung: R. Schroth, Eine altfranzösische Übersetzung der Consolatio Philosophiae des Boethius (Handschrift Troyes nr. 898), Edition und Kommentar, Bern 1976. – Eine umfassende Zusammenstellung der Bildtradition der Consolatio-Philosophiae-Handschriften gibt P. Courcelle, La consolation de Philosophie dans la tradition littéraire, antécédents et postérité de Boèce, Paris 1967.

38 Cod. 2543

JEAN DE COURCY, CHRONIQUE DE LA BOUQUECHARDIERE

Normandie (Ten Eyken), um 1470 Abb. 47

Pergament, 423 x 308 mm, 404 Blatt. Schriftspiegel 290 x 200 mm; geschrieben in kalligraphischer französischer Bastarda. 6 Miniaturen (167/186 x 200 mm) mit Zierrahmen und großen Zierinitialen; eine weitere große und zahlreiche kleine Zierinitialen, letztere mit kurzen Zierleisten; Zeilenschlußleisten.
Barockeinband von Etienne Boyet d. Jüngeren: kirschrotes Maroquin mit Handvergoldung. Wien, nach 1713.
Aus dem Besitz des Prinzen Eugen von Savoyen, seit 1738 in der Hofbibliothek.

Text. Jean de Courcy, ein normannischer Ritter, verfaßte in hohem Alter – um, wie er im Vorwort schreibt, dem Müßiggang zu entgehen, da er zum Kriegsdienst nicht mehr tauglich sei – eine Geschichte des Altertums in sechs Büchern, die er nach seinem Schloß Bourg Achard (südwestlich von Rouen gelegen) *Bou*(r)*quechardiere* benannte. Er benötigte für die Abfassung sechs Jahre (1416–1422); seine erklärte Absicht war es, anhand des Verlaufs der Ereignisse darzulegen, daß es einen harmonischen Geschichtsplan Gottes gebe.

Ausstattung. Jedes der sechs Bücher ist mit einer Titelminiatur versehen, die eine oder mehrere Szenen aus dem jeweiligen Abschnitt zum Inhalt hat (f. 9 r: Auszug Noahs aus der Arche und die Gründung zweier Städte durch die Griechen; f. 105 r: König Priamus von Troja empfängt Helena; f. 164 r: die Gründung von vier Städten durch Nachfahren der Trojaner nach dem Untergang ihrer Stadt; f. 218 r: Nimrod läßt den babylonischen Turm bauen; f. 280 r: Fortuna und Alexander der Große / Eurydike ermordet ihre Söhne; f. 356 r: Plünderung des Tempels von Jerusalem durch die Syrer).
Die Miniaturen sind im Stil des sogenannten Ten Eyken gemalt. Jacob Ten

Eyken ist der Name eines Kalligraphen flämischer Herkunft, der mehrere von ihm geschriebene Codices signiert hat, die jedoch nur teilweise in dem nach ihm benannten Stil bebildert sind (z. B. ms. fr. 283—285 der Bibliothèque Nationale Paris, 1470 datiert). Der mit 'Ten Eyken' bezeichnete Stil wird in der Normandie bzw. in Rouen lokalisiert, da er sich vorwiegend in Handschriften findet, deren Entstehung in diesem Bereich gesichert ist (wie etwa in Stundenbüchern mit liturgischem Gebrauch der Diözese Rouen); auch die Ausstattung einer beträchtlichen Anzahl von Bouquechardiere-Handschriften in diesem Stil spricht für eine Lokalisierung des Malerateliers in der Normandie, wurde der Text doch auf dem Schloß Bourg Achard unweit von Rouen abgefaßt. Solche Bouquechardiere-Codices mit Miniaturen im Stil des Ten Eyken sind unter anderen: Bibliothèque Nationale Paris, mss. fr. 329, 2685, 6183, 15 459, 20 124, 20 130; Paris, Bibliothèque Mazarine, ms. 1556/1557 (nur Vorzeichnungen); Chantilly, Musée Condé, ms. 312; Berlin, Kupferstichkabinett, IX, 632/633; Waddeson Manor, Ms. 11; Cleveland, Museum of Art, W. H. Marlett Fonds.

Abbildung 47. Fol. 280 r: Illustration zum 5. Buch, das die Geschichte des mazedonischen Reiches zum Inhalt hat. Zwei verschiedene Szenen, die formal durch eine vorgeblendete Doppelarkade zusammengefaßt sind: Links Fortuna mit dem Glücksrad, auf dem Alexander der Große, auf der Höhe seiner Macht, thront; Alexander ist ein zweites Mal dargestellt, wie er vor dem Rad am Boden kauert und wehmütig die ihm entfallenden Herrscherinsignien betrachtet. Die Darstellung bezieht sich auf die Anrufung Fortunas nach der Schilderung der Ermordung Alexanders durch Gift. — Die Szene rechts zeigt die Großmutter Alexanders, Eurydike, die zwei ihrer Söhne wie ihren Schwiegersohn vergiften läßt, weil sie sich weigerten, mit ihr Inzest zu begehen.

Literatur. Französische Schule I, 57 f., Abb. 100—105.

39 Cod. 2605

CHRISTINE DE PISAN, LA CITE DES DAMES

Normandie (Ten Eyken), zirka 1470 Abb. 48

Pergament, 265 x 192 mm, 173 Blatt. Schriftspiegel 170 x 120 mm; geschrieben in kalligraphischer französischer Bastarda, z. T. mit Schreiberzügen an den Schäften der ersten und letzten Zeilen. 3 Miniaturen (140/160 x 115/120 mm) mit Zierrahmen; zahlreiche Zierleisten und -initialen, Zeilenschlußleisten.

Französischer Barock-Einband: dunkelrotes Maroquin mit Handvergoldung, Paris, um 1700. Anfang des 18. Jahrhunderts befand sich die Handschrift in der Bibliothèque Sainte Geneviève, Paris; später im Besitz des Prinzen Eugen von Savoyen, seit 1738 in der Hofbibliothek.

Text. Die Verfasserin der *Cité des dames* (Stadt der Frauen), Christine de Pisan, 1365 in Pizzano bei Bologna geboren, kam schon in früher Jugend nach Frankreich, als ihr Vater, der für seine medizinischen und astronomischen Kenntnisse geschätzte Thomas von Pezano, einem Ruf des französischen Königs an dessen Hof folgte. Mit 24 Jahren verwitwet, sah sie sich gezwungen, für sich und ihre drei Kinder den Lebensunterhalt als Schriftstellerin zu verdienen und wurde so die erste Dichterin Frankreichs, wenn nicht ganz Europas, die vom Ertrag ihrer Tätigkeit lebte.

Ein Hauptanliegen ihres Lebens war die Verteidigung der Rechte und Ansprüche der Frauen. Mit ihrer Schrift zum Rosenroman, dem *Dit de la Rose*, attackiert sie Jean de Meun, den Fortsetzer des Rosenromans (vgl. Kat. nr. 10, S. 87), der es sich angelegen hatte sein lassen, die Verderbtheit und Nichtswürdigkeit des weiblichen Geschlechts zu beweisen; sie leitet damit den Streit um den Rosenroman ein, der im Rahmen der Cours amoureuses, der Liebeshöfe, in langen Debatten abgehandelt wurde. Die Frauenfrage wird zum Gegenstand literarischer Diskussion. Christines Partei hat u. a. der Theologe Jean Gerson, Kanzler der Universität Paris, ergriffen, dem vor allem die vielen anzüglichen Passagen des Rosenromans und sein unverhohlenes Eintreten für Promiskuität ein Dorn im Auge waren, aber auch Marschall Boucicaut, der den 'Grünen Schildorden mit der weißen Dame' gründete, dessen Aufgabe es sein sollte, die Frauenehre zu verteidigen.

Die 1405 verfaßte *Cité des dames* ist ein Beispiel dieses von Christine de Pisan mit der Feder geführten Kampfes gegen die vielfältige Herabsetzung der Frau. Die Dichtung ist in die Form einer allegorischen Vision gekleidet: Christine ist nach der Lektüre des *Liber Lamentationum* des Matheolus – einer der ausführlichsten Schmähschriften des Mittelalters gegen die Frau – in tiefe Melancholie versunken; da erscheinen ihr drei Tugenden in Frauengestalt, deren eine, *Raison* (Vernunft), sie auffordert, die Verteidigung des weiblichen Geschlechts aufzunehmen und eine Stadt zu bauen, in die sich die Frauen zurückziehen können. Im darauffolgenden Gespräch mit Raison und den anderen beiden Personifikationen, *Droiture* (Redlichkeit) und *Justice* (Gerechtigkeit), werden die verschiedenen gegen Frauen gemeinhin geäußerten Vorurteile abgehandelt und jeweils durch Beispielreihen aus Geschichte, Bibel und Mythologie zu widerlegen versucht. So wird u. a. der Einwand diskutiert, die Frauen seien schwach und feig, oder sie seien nicht so intelligent; oder Christine kritisiert die Männer, die auf ihre Frauen böse sind, wenn diese 'nur' ein Mädchen zur Welt bringen; oder diejenigen, die finden, es schade nur, wenn Frauen gebildet seien usw. Im Laufe dieser Debatten wird die Stadt gebaut, deren Grundmauern durch die als Vorbilder angeführten Frauen gebildet werden, welche teilweise auch die Stadt bevölkern; schließlich werden Maria und heilige Jungfrauen in die fertige Stadt geführt. Ein großer Teil der von Christine de Pisan angeführten Beispiele ist Boccaccios *De claris mulieribus* (Über berühmte Frauen) entnommen; dort bilden sie jedoch eine lose Anekdotenfolge, statt, wie bei Christine de Pisan, in einen Gesamtplan eingebaut zu sein.

Christines Werke sind von allem Anfang an in reichillustrierten Handschriften verbreitet worden. Die Wiener 'Cité des Dames' ist ein verhältnismäßig spätes

Beispiel, das sich nur zum Teil noch an das ursprüngliche Illustrationsschema hält.

Ausstattung. Die Handschrift ist mit drei Miniaturen geschmückt, die die drei Hauptmomente der Erzählung wiedergeben: die Erscheinung der drei personifizierten Tugenden (f. 3 r), den Bau der Stadt im Verlauf des Gesprächs (f. 67 r) und den Einzug der Frauen und der Heiligen in die Stadt (f. 145 r).

Der Stil der Miniaturen ist der eines in der Normandie zu lokalisierenden Malerateliers, mit dem man den Namen Ten Eyken assoziiert (ausführlicher bei Kat. nr. 38, S. 137 f.). Besonders charakteristisch sind neben den Gesichtstypen, dem kräftigen auf Blau, Rot und Grün abgestimmten Kolorit und der starken Goldhöhung der Gewänder die in die Bordüre eingefügten geometrischen Goldkompartimente mit Akanthus-Füllung in grauem oder braunem Camaïeu.

Abbildung 48. Fol. 3 r: Drei personifizierte Tugenden, *Raison* (Vernunft), *Droiture* (Redlichkeit) und *Justice* (Gerechtigkeit) erscheinen der Autorin, Christine de Pisan. Christine sitzt nachdenklich in einem Lehnstuhl, neben sich ein Lesepult voller Bücher, auf den Knien ein aufgeschlagenes Buch (den 'Liber Lamentationum' des Matheolus, vgl. dazu die Ausführungen zum Text). Jede der drei Personifikationen hält ihr Attribut in der Hand: Raison einen Spiegel, Droiture ein Lineal (Richtscheit) und Justice Schwert und Waagschale.

Literatur. A. Jenaroy, Boccace et Christine de Pisan. Le 'De claris mulieribus', principale source du 'Livre de la cité des dames', in: Romania XLVIII (1922) 92–105. – Lucie Schaefer, Die Illustrationen zu den Handschriften der Christine de Pizan, in: Marburger Jahrbuch für Kunstwissenschaft (1937) 119–208. – Französische Schule I, 52 f. und Abb. 80–82.

40 Cod. 2544

VALERIUS MAXIMUS, FACTA ET DICTA MEMORABILIA. FRANZÖSISCHE ÜBERSETZUNG VON SIMON DE HESDIN UND NICOLAS DE GONESSE

Paris, zirka 1470 Abb. 49

Kräftiges Pergament, 415 x 302 mm, 349 Blatt. Schriftspiegel 310 x 205 mm; geschrieben in französischer Bastarda, 14 Miniaturen, eine davon in Breite des Schriftspiegels (210 x 205 mm) mit Zierrahmen, die anderen in Spaltenbreite (95/120 x 95 mm) mit Zierleisten; große und kleine Zierinitialien.

Barock-Einband von Etienne Boyet d. Jüngeren: kirschrotes Maroquin mit Handvergoldung, Wien, nach 1713.

Die Handschrift wurde wohl für Jacques d'Armagnac, duc de Nemours, hergestellt (radierter Besitzvermerk mit deutlicher autographer Eintragung *Jacques* auf f. 346 v); sie gehörte dann Tanguy du Châtel und Jeanne Raguenel de Malestroit (Allianzwappen f. 1 r). Später im Besitz des Prinzen Eugen von Savoyen, seit 1738 in der Hofbibliothek.

Text. Valerius Maximus stellt mit seinen um 30 n. Chr. abgefaßten *Facta et dicta memorabilia* eine Sammlung von 'Denkwürdigen Taten und Erzählungen' zusammen, die in leicht zugänglicher Form Rednern und Schriftstellern Exempla, Beispiele, zu ihren rhetorischen und dichterischen Ausführungen liefern sollen. Die einzelnen Bücher (ursprünglich zehn, das erste ist verlorengegangen) sind nach Themengebieten geordnet (Über die Religion, Über die Institutionen der Alten, mehrere Bücher über tugend- und lasterhaftes Verhalten, die letzten Bücher über Diverses). Die Beispiele behandeln abwechselnd Ereignisse aus der römischen Geschichte und solche aus der Geschichte anderer Völker. Die moralisierende Tendenz und eine bereichernde Ausschmückung der Geschehnisse schränken den historischen Wert ein. Die Zeit des Valerius Maximus selbst erhält besonderes Lob, Kaiser Tiberius wird mit Schmeicheleien überhäuft. Diese anekdotische Geschichtssammlung war von der Spätantike bis zur frühen Renaissance sehr beliebt (etwa 350 Handschriften dieses Textes haben sich erhalten); seit dem 14. Jahrhundert werden Übersetzungen in die verschiedenen Volkssprachen hergestellt. Die französische wurde 1375 von Simon de Hesdin für König Karl V. begonnen (die ersten sieben Bücher) und 1401 von Nicolas de Gonesse für den Herzog von Berry vollendet (vgl. Prolog des Simon de Hesdin, f. 2 r/v und Epilog des Nicolas de Gonesse, f. 346 v, sowie den Vermerk f. 110 r am Schluß des zweiten Buches).

Ausstattung. Die Illustrationsfolge wird mit einem zweifachen Widmungsbild eingeleitet: Valerius Maximus überreicht Kaiser Tiberius sein Werk, Simon de Hesdin überreicht König Karl V. von Frankreich die Übersetzung. Es folgen in 13 Miniaturen die Illustrationen einzeln herausgegriffener Ereignisse; so ist etwa zum I. Buch, Kapitel 8, *De miraculis* (Über wunderbare Ereignisse) Äskulap, der berühmte griechische Arzt, mit der sich um den Stab windenden Schlange dargestellt; zu III/2, *De fortitudine* (Von der Stärke) Marcus Caesius Scaeva, wie er im Alleingang eine Festungsruine gegen das Heer des Pompejus verteidigt; zu VI/1, *De Pudicitia* (Von der Keuschheit) der Selbstmord der Lucretia, oder es wird *De Luxuria* (Über die Ausschweifung, IX/1) durch drei nackte Frauen in einem Badebottich illustriert.
Die Miniaturen zeichnen sich durch Vorliebe für matte und gedämpfte Farben aus, die durch einige Buntakzente (z. B. orangefarbene Lichthöhung in Rot) belebt werden und durch reichliche Verwendung von Schwarz besonders zur Geltung kommen. Derselbe Stil findet sich in einer ebenfalls für Jacques d'Armagnac gearbeiteten Handschrift in Den Haag (Museum Meermanno Westreenianum, Ms. 10 A 17). Atelierzusammenhang besteht außerdem mit einer Gruppe von Handschriften, die für Jacques d'Armagnac und Jean de Mas ausgeführt wurden und deren Hauptwerk in ms. fr. 9140 der Bibliothèque Nationale Paris zu sehen ist.

Abbildung 49. Fol. 224 v: Das Rad der Fortuna (Illustration zu Buch VII, Kapitel 1). Die doppelgesichtige Fortuna mit in allen Farben schillerndem Gewand dreht das Rad des Schicksals. Auf dem Scheitel des Rades thront der im Augenblick Glückliche mit Krone, Schwert und der Beischrift *Regno* (ich regiere); während links der zukünftige Herrscher sich schon an die aufwärtssteigende Seite des Rades klammert (*Regnabo:* ich werde regieren) und rechts eine Figur im Herunterstürzen begriffen ist und die Krone verloren hat (*Regnavi:* ich habe regiert), sieht man zuunterst den vollends unter das Rad gekommenen Unglücklichen (*sumt* [statt sum] *sine regno:* ich bin ohne Reich).

Literatur: Französische Schule I, 53 ff. – Zu der verwandten Handschriftengruppe vgl. R. S. Loomis, Arthurian Legends in Medieval Art, London 1938, 110 f. – Zu den erhaltenen Handschriften vgl. D. M. Schullian, A Preliminary List of Manuscripts of Valerius Maximus, in: Studies in Honor of Ullman, 1960, 81–95.

41 Cod. Ser. n. 13247

STUNDENBUCH (lateinisch)

Tours (Fouquet-Atelier), um 1470 Abb. 50

Pergament, 121 x 83 mm (beschnitten), 138 Blatt. Schriftspiegel 62 x 40 mm; geschrieben in kalligraphischer französischer Bastarda, teilweise mit starker Betonung der Ober- und Unterlängen. 14 Miniaturen (80 x 40/45 mm) mit Zierrahmen, auf allen anderen Seiten Zierleisten in Textspiegelhöhe; Initialen, Zeilenschlußleisten.

Französischer Renaissance-Einband: blauschwarzes Kalbleder mit Handvergoldung und Blindlinien, in der Art der Grolier-Einbände der 30er Jahre des 16. Jahrhunderts.

1924 aus der vormaligen Fideikommißbibliothek in die Nationalbibliothek übernommen.

Text. Der textliche Grundbestand eines Stundenbuches (vgl. Kat. nr. 8, S. 80) ist um die beiden ebenfalls geläufigen Mariengebete Obsecro te und O intemerata erweitert. Die Marienstunden sind nach dem liturgischen Brauch von Dol (Bretagne), das Totenoffiz nach dem von Paris; die in Kalender und Litanei hervorgehobenen Heiligen weisen am ehesten auf die westliche Loire-Gegend. Die Marien-, Kreuz- und Geiststunden sind nicht in geschlossenen Abschnitten hintereinander geordnet, sondern ineinander verschachtelt, d. h., auf Marienmatutin und -laud folgen Kreuzmatutin und Geistmatutin, von der Prim bis zur Complet sind alle drei jeweils zusammengefaßt.

(Zur Konstituierung des Stundenbuches als privates Andachtsbuch der Laien und zu den Möglichkeiten der liturgischen Identifizierung vgl. Kat. nr. 8, S. 79 ff.).

Ausstattung. Die Miniaturfolge der Handschrift weicht vom üblichen Themenkanon der Stundenbuchillustration (vgl. Kat. nr. 8, S. 81 f.) völlig ab, insofern als das Leitmotiv der Bebilderung nicht Marienszenen (Kindheitsgeschichte Christi) sind, sondern Passionsdarstellungen: Christus am Ölberg (f. 26 r) zur Marienmatutin, Gefangennahme Christi (f. 37 r) zu Marienlaud, Christus vor Pilatus (f. 48 v) zur Kreuzmatutin; zu den kombinierten Marien-, Kreuz- und Geiststunden von Prim bis Complet die Geißelung (f. 51 v), die Kreuztragung (f. 58 v), die Entkleidung Christi (f. 64 r), die Kreuzigung (f. 69 r), die Beweinung Christi (f. 74 r) und die Grablegung (f. 81 v). Diese fortlaufende Schilderung der Passion wird lediglich durch die Verkündigungsdarstellung zur Pfingstmatutin (f. 50 r) unterbrochen (ein Thema, das normalerweise die Titelminiatur zu den Marienstunden bildet, während der Geistmatutin eine Pfingstdarstellung beigefügt zu sein pflegt.) Die Bußpsalmen sind mit der Übergabe des Urias-Briefes illustriert, ein zur Zeit der Entstehung der Handschrift

(ca. 1470) noch nicht so geläufiges Thema der Stundenbuchillustration, das jedoch im ausgehenden 15. und beginnenden 16. Jahrhundert zu den üblichen Varianten der Bußpsalmenbebilderung gehören wird (die Szene bezieht sich auf Davids ehebrecherische Beziehung zu Bathseba: David übergibt Urias, dem nur für kurze Zeit vom Krieg nach Hause gekehrten Mann Bathsebas, einen Brief an den Feldherrn, in dem dieser aufgefordert wird, Urias in den vordersten Schlachtreihen in den Kampf zu schicken, damit er den Tod finde). Äußerst ungewöhnlich ist die Illustration zum Totenoffiz mit dem auf einem Ochsen heranreitenden, die Menschen bedrohenden Tod (f. 106 r). Zum Abschnitt des Johannesevangeliums ist der Evangelist auf der Insel Patmos dargestellt (f. 16 r), zum Mariengebet 'Obsecro te' eine Madonna mit Kind in Strahlenkranz (f. 18 r).
Die Rankenbordüren auf den Seiten mit Miniaturen sind häufig durch bronzegoldene Figuren oder Drolerien belebt.
Die Handschrift ist ein hervorragendes Produkt des Fouquet-Ateliers. Die Nähe zu Fouquet wird besonders in den beiden Nachtszenen des Illustrationszyklus – der Gefangennahme Christi und seiner Vorführung vor Pilatus bei Fackellicht – deutlich, Kompositionen, die auch in anderen Fouquet oder seinem Atelier zugeschriebenen Stundenbüchern vorkommen oder bei Bourdichon, der die Fouquet-Schule in Tours fortsetzt. Am nächsten verwandt zum Wiener Codex ist ms. lat. 13 305 der Bibliothèque Nationale Paris.

Abbildung 50. Fol. 105 v/106 r: *La mort chevauchant le bœuf* – Der den Ochsen reitende Tod (Illustration zum Totenoffiz). Auf einem hageren Ochsen stürmt der Tod heran, ein flatterndes Leichentuch um den Körper geschlungen, eine Sense in der Linken; er schleudert einen langen Pfeil auf eine zusammengeballte Gruppe von Menschen, deren einige abwehrend die Arme hochwerfen. Am Boden unter dem Ochsen liegen schon Niedergemachte. Der breite Zierrahmen aus Akanthusranken ist durch Drolerien belebt.

Literatur. Französische Schule I, 164 ff., Abb. 368–375 und Farbtafel VIII. – Spezialstudie zu dem einen Ochsen reitenden Tod von A. Laborde, La mort chevauchant le bœuf, Paris 1923. – Zu Stundenbüchern der Schule von Tours (Fouquet und Atelier) vgl. K. G. Perls, Jean Fouquet, London/Paris/New York 1940, 27.

42 Cod. 2577, 2578

SEBASTIEN MAMEROT, HISTOIRE ET FAITS DES NEUF PREUX ET DES NEUF PREUSES

Bourges (Jean Colombe und ein Meister aus dem Umkreis Jean Fouquets), 1470/1480 — Abb. 11 und 12 (in Farbe)

Pergament, 328 x 245 mm, I. Band 266 Blatt, II. Band 271 Blatt. Schriftspiegel 230 x 160 mm; geschrieben in kalligraphischer französischer Bastarda mit starker Betonung der Oberlängen und Schreiberverzierungen an den Schäften (von dem Kalligraphen Robert Bryart). 65 Miniaturen (156/196 x 160 mm) und ein Wappenfrontispiz, 222 Randminiaturen; zahlreiche Zierinitialen.

Französische Barock-Einbände: rubinrotes Maroquin mit Handvergoldung (beide Einbände sind mit lothringischen Doppelkreuzen unter Herzogskronen übersät), um 1700.
Die Handschrift wurde für Louis de Laval ausgeführt (Wappen zu Beginn des I. Bandes). Um 1700 befand sie sich vermutlich im Besitz des Herzogs Leopold Josef von Lothringen und gelangte dann in die Bibliothek des Prinzen Eugen von Savoyen; seit 1738 im Besitz der Hofbibliothek.

Text. Das ganze Spätmittelalter hindurch sind die *Neuf Preux* (Neun Helden) ein überaus beliebtes Thema in der Literatur wie in den bildenden Künsten. Es handelt sich um eine Zusammenstellung berühmter Krieger aus der gesamten Menschheitsgeschichte. Sie werden in drei Dreiergruppen gegliedert, eine heidnische (Hector, Alexander der Große, Julius Cäsar), eine alttestamentliche (Josua, David, Judas Makkabäus) und eine christliche (König Artus, Karl der Große, Gottfried von Bouillon). Zum ersten Mal tritt diese Triade von Triaden heidnischer, jüdischer und christlicher Streiter im 1312/1313 verfaßten Versroman *Les Vœux du Paon* (Gelübde auf den Pfau) des lothringischen Dichters Jacques de Longuyon auf. Vorher, also im 13. Jahrhundert, läßt sich erst die Zusammenstellung je eines Helden der drei glaubensgeschichtlichen Epochen (Heidentum, Judentum und Christentum) nachweisen, oder es sind ungefähr entsprechende Vorformen für die eine oder andere Untergruppe zu finden.
Bei Longuyon bilden die erstmals komplett auftretenden Neuf Preux (oder IX meillours) keinen in die Haupthandlung integrierten Abschnitt, sondern lediglich einen Einschub von mehreren Strophen inmitten einer Schlachtendarstellung; sie sollen zur Charakterisierung und Hervorhebung der Tapferkeit des Helden des Versromans dienen. Die Neuf Preux, diese zahlenmäßig geschlossene, die Kontinuität des gesamten, in drei Epochen gegliederten Geschichtsablaufs dokumentierende Gruppe von Heroen wurde aber bald ein feststehender Begriff, ein Motiv, das vor allem nördlich der Alpen rasch weite Verbreitung fand. Bald emanzipieren sich die Neun Helden, sie bleiben nicht mehr bereichernde, panegyrische Zutat, sondern verselbständigen sich zu einer eigenen Prosaerzählung, nachdem die Einzelgeschichten an Umfang beträchtlich zugenommen haben und auch historisch immer weiter ausgegriffen wurde. Zu den Neuf Preux gesellen sich in der Folge noch die *Neuf Preuses*, neun heldenhafte Frauen; hier wird allerdings die drei mal dreifache Gliederung aufgegeben, da der Leitgedanke, kriegerischer Heldenmut, vor allem heidnisch-antike Frauen begünstigt (allein fünf Amazonen wurden in diese Zusatzreihe aufgenommen). In der erzählerischen Breite nehmen die Geschichten der Neuf Preuses weit weniger Raum ein als die ihrer männlichen Gegenstücke.
Eine nochmalige Erweiterung erfolgte mit der Aufstockung der Helden bzw. Heldinnen auf jeweils zehn: bei den Helden kommt Bertrand du Guesclin dazu, eine bedeutende Feldherrengestalt aus der ersten Phase des 100jährigen Krieges zwischen Frankreich und England; als weibliches Pendant fungiert Jeanne d'Arc, Heldin desselben französisch-englischen Krieges in dessen letztem Abschnitt. Diesen Entwicklungsstand des Themas muß die Erstfassung unseres Textes (zwischen 1460 und 1467 geschrieben) repräsentiert haben; das Auf-

treten der jeweils zehnten Gestalt ist in diesem Fall durch die privaten Beziehungen des Auftraggebers Louis de Laval mitbedingt, dessen Familie verwandtschaftliche bzw. persönliche Verbindungen zu Bertrand du Guesclin und Jeanne d'Arc besaß. In der vorliegenden Handschrift, die nur wenig später gefertigt und miniiert wurde, kommen Bertrand du Guesclin und die Jungfrau von Orléans nur mehr in den jeweiligen Prologen vor, Lebensgeschichten von ihnen gibt es nicht. Bertrand du Guesclin ist zwar dargestellt, doch nicht voll der Gruppe der Neuf Preux integriert: Er muß – im Frontispiz f. 1 r – mit einem Platz in der seitlichen Bordüre vorliebnehmen, während die Neun Helden das Mittelbild allein beherrschen.

Ausstattung. Die Handschrift ist mit 65 großen Miniaturen geschmückt, die meist von je vier Randillustrationen, in denen Nebenszenen dargestellt sind, begleitet werden. Der Anteil der einzelnen Helden an der Bebilderung ist sehr ungleich; die meisten Illustrationen – nahezu die Hälfte – nehmen die christlichen Helden in Anspruch, unter ihnen ist wieder König Artus besonders bevorzugt, seine Geschichte wird in 15 Bildseiten illustriert. Die Neuf Preuses, die weiblichen Helden, haben jede nur eine Darstellung; bei ihnen ist in die Bordüren statt der Nebenszenen meist das jeweilige Wappen, z. T. mit Wappenhaltern, eingefügt.

An der Ausstattung waren zwei Künstler beteiligt. Der weitaus größte Teil der Miniaturen ist im Stil des Jean Colombe ausgeführt. Jean Colombe gehörte einer großen Künstlerfamilie an (ein Philippe und ein François Colombe sind ebenfalls als Buchmaler belegt, sein Bruder Michel Colombe war Bildhauer). Seine Tätigkeit ist etwa ab 1463 in Bourges nachzuweisen, wo er bald eine vielbeschäftigte Werkstatt führte. Ab 1470 arbeitete er auch für die Herzöge von Savoyen, in deren Auftrag er zum Beispiel die unvollendet gebliebenen 'Très riches heures du duc de Berry' der Brüder Limburg fertigstellte. Andere Auftraggeber waren Louis Malet de Graville, Admiral von Frankreich (für ihn ist ms. fr. 364 der Bibliothèque Nationale Paris ausgeführt), Louis Bâtard de Bourbon (ms. fr. 177–178), die Seigneurs de Laval (ms. lat. 920 und ms. fr. 5594) und andere Angehörige des hohen Adels, aber auch wohlhabende Bürger wie Jacques Cœur in Bourges, reicher Kaufmann und Schatzmeister Karls VII. (Stundenbuch des Jacques Cœur, Cod. 1010 der Staatsbibliothek München). Jean Colombe muß zwischen 1493 und 1498 gestorben sein. Stilistisch gehört er zur Nachfolge Jean Fouquets, von dem Colombe z. B. die bildliche Darstellung von Massenszenen gelernt hat; auch die häufige Verwendung von Renaissanceformen in den Architekturszenerien ist ohne Fouquets Vorbild nicht denkbar.

Die Wiener Miniaturen, in die 70er Jahre des 15. Jahrhunderts zu datieren, repräsentieren eine relativ frühe Stilphase im Oeuvre Colombes; am nächsten stehen ihnen die Illustrationen der ebenfalls von Sébastien Mamerot im Auftrag von Louis de Laval abgefaßten Passages d'Outremer (Reisen nach Übersee [gemeint ist der Vordere Orient], ms. fr. 5594 der Bibliothèque Nationale Paris);

derselben frühen Stilphase gehört auch die Ausstattung einer Boethius-Handschrift der British Library, Harley 4335–4339, an, die durch eine Schreibernotiz in das Jahr 1476 datiert ist.
Der zweite an der Ausstattung des Wiener Codex beteiligte Künstler (ff. 10 r, 15 v, 26 r, 31 r, 44 v, 55 v, 81 r, 112 r und 200 r im 1. Band) zeichnet sich durch besondere Nähe zu Fouquet aus, sowohl im Kolorit, in dem Blau, Weiß und Gold vorherrschen, als auch in Gesichts- und Figurentypen oder in der häufigen Verwendung von ausgesprochen Fouquet'schen Renaissance-Architekturen. Die Hand dieses Künstlers findet sich in mehreren anderen Handschriften wieder, z. B. im Stundenbuch des Louis de Laval (ms. lat. 920 der Bibliothèque Nationale Paris), ebenfalls in Zusammenarbeit mit Jean Colombe, in Illustrationen eines Boccaccio (Über Schicksale berühmter Männer und Frauen) derselben Bibliothek (ms. fr. 227), weiters in zwei Handschriften der Universitätsbibliothek Genf: ms. fr. 189, einem mit 90 Miniaturen ausgestatteten Prosa-Tristan, und ms. fr. 187 (Le Jouvencel, von Jean du Bueil).

Abbildung 11. Fol. 44 v (Cod. 2577): David und Bathseba (Episode aus der Geschichte des zweiten alttestamentlichen Helden in der Reihe der Neuf Preux) – Meister aus dem Umkreis Fouquets.
Über einem Torbau, der an einen antiken Triumphbogen erinnert, blickt König David aus dem Fenster eines Turmes auf Bathseba, die mit geschürztem Kleid am Rand eines zweigeschossigen Brunnens inmitten eines Gartens sitzt und die Füße ins Wasser hält. Von Leidenschaft erfaßt, läßt er sie durch einen Boten – der schon im Torbogen zu sehen ist – zu sich rufen. – Die Nebenszenen in der Rankenbordüre sollen auf die Schlacht anspielen, in deren Verlauf Urias, der Mann Bathsebas, auf Davids Betreiben den Tod findet.

Abbildung 12. Fol. 239 v (Cod. 2578): *De la royne Seneppe* (Von der Königin Sinope); Sinope und eine ihrer Schwestern im Kampf gegen Herkules und Theseus (Illustration zum Kapitel über die Amazonenkönigin Sinope) – Jean Colombe.
Als die Griechen erfahren, daß die kriegerischen Amazonen, unter ihren Führerinnen Hippolyta, Sinope und Menelippe Kleinasien erobernd, sich immer mehr den griechischen Städten nähern, beschließen Theseus und Herkules, die beiden größten Helden Griechenlands, Schiffe auszurüsten und den Amazonen entgegenzufahren, um sie in einer Schlacht zu besiegen. Bei den Amazonen angekommen, verläßt sie der Mut und sie wagen nicht, in offener Feldschlacht anzugreifen. Sie landen heimlich des Nachts, stellen ihre Heere auf und überfallen bei Morgengrauen die noch schlafenden wehrlosen Amazonen in ihren Zelten. Der Maler hat die Lichtstimmung des erst heraufkommenden Tages über der mit Griechenschiffen besetzten Meeresbucht eingefangen. Im Mittelgrund kämpfen die überraschten, nicht gerüsteten Amazonen gegen gepanzerte Griechen, rechts im Vordergrund liegen die von den Griechen Getöteten. Die Anführerinnen der Amazonen – unter ihnen Sinope, der das Kapitel gewidmet ist –

hatten jedoch nicht geschlafen, sondern Beratungen abgehalten und konnten so, als sie den Angriff bemerkten, rasch die übrigen Amazonen um sich sammeln, zu einer Schlachtaufstellung formieren und die Eindringlinge zwingen, sich ihnen auf freiem Feld zu stellen. Das berittene Heer der Amazonen entwickelt sich vom linken Vordergrund in die Bildtiefe, die Anführerinnen sprengen bildeinwärts, wo von den Zelten her Herakles und Theseus herangaloppieren. Die Schlacht dauert den ganzen Tag und endet, als zwei der Königinnen den Griechen in die Hände fallen, mit einem Waffenstillstand, demzufolge die Amazonen nicht mehr weiter in griechisches Gebiet vorrücken dürfen. Eine der Amazonenköniginnen, Hippolyta, heiratet Theseus, Sinope hingegen kehrt in ihr kleinasiatisches Königreich zurück *et mourut en grant felicité en Amazone* (und lebte als Amazone glücklich bis an ihr Ende).

Literatur. Französische Schule I, 68 ff., Abb. 123–140. – Zur Geschichte der Neuf Preux vgl. H. Schröder, Der Topos der Nine Worthies in Literatur und bildender Kunst, Göttingen 1971. – Zu Jean Colombe vgl. C. Schaefer, Œuvres du début de la carrière de l'enlumineur Jean Colombe, in: Cahiers d'archéologie et d'histoire du Berry 35 (1973), Bourges 1974, 45–57. – C. Schaefer, Les débuts de l'atelier de Jean Colombe: Jean Colombe et André Rousseau, prêtre, libraire et 'escrivain', in: Gazette des Beaux-Arts 1977, 137–150. – Abbildungen aus den Vergleichshandschriften des zweiten Miniators in: B. Gagnebin, L'enluminure de Charlemagne à François Ier, Les manuscrits à peintures de la Bibliothèque publique et universitaire de Genève, Genève 1976, 122–126.

43 Cod. Ser. n. 12735

BREVIER (lateinisch und französisch)

Paris (Maître-François-Gruppe), vor 1467 Abb. 51

Feines Pergament, 210 x 148 mm, 550 Blatt. Schriftspiegel 130 x 81 mm; geschrieben in französischer Textura. 24 Randminiaturen im Kalender, 7 historisierte Initialen, 36 Miniaturen, davon drei in Textspiegelbreite bzw. ganzseitig (100/145 x 82 mm), die anderen in Spaltenbreite (34/65 x 36 mm); Zierrahmen auf allen Seiten, zahlreiche Initialen und Zeilenschlußleisten.

Klassizistischer Einband: blauschwarzes guillochiertes Schafleder mit roten Lederauflagen und Goldverzierung, Wien, Anfang des 19. Jahrhunderts.

Die Handschrift wurde für Karl den Kühnen von Burgund als comte de Charolais, d. h. vor 1467, hergestellt (Wappen auf allen Seiten mit großen Miniaturen, in zwei Miniaturen ist Karl der Kühne selbst dargestellt). 1924 wurde die Handschrift aus der ehemaligen Fideikommißbibliothek in die Nationalbibliothek übernommen.

Text. Breviarien, das offizielle Gegenstück zu den Stundenbüchern, waren in der Regel für Kleriker bestimmt, wurden fallweise jedoch auch für Laien gefertigt; allerdings handelte es sich dabei meist um hochgestellte Persönlichkeiten, so daß die Besitzer von Breviarien, anders als beim Stundenbuch, fast immer bekannt sind.

Die Bestandteile eines Breviers sind: Kalender, Psalter, Proprium de Tempore (das sind die einzelnen Offizien im Ablauf des Kirchenjahres), Proprium de Sanctis (Heiligenoffizien im Ablauf des Kirchenjahres) und Commune Sanctorum (Offizien für Heilige, die in Gruppen zusammengefaßt sind und die kein eigens für sie abgefaßtes Offiz besitzen).

Ausstattung. Die Hauptteile des Breviars sind durch drei große Miniaturen ausgezeichnet: zu Beginn des Psalters ist der Kampf Davids gegen Goliath dargestellt (f. 7 v), zu Beginn des Proprium de Tempore der Besteller der Handschrift, Karl der Kühne, im Gebet kniend und von Thomas von Aquin und vier Propheten umgeben (f. 88 r), zu Beginn des Proprium de Sanctis nochmals Karl der Kühne im Gebet angesichts des Martyriums des heiligen Andreas (f. 311 v). Von den kleineren Miniaturen enthalten diejenigen zum Proprium de Tempore Darstellungen verschiedener Kirchenfeste (Geburt Christi, Epiphanie, Auferstehung, Pfingsten, Trinität), alle übrigen illustrieren die Heiligenoffizien (meist Darstellungen des jeweiligen Martyriums, aber auch charakteristischer Szenen aus dem Leben der Heiligen). Der Psalter ist, der üblichen französischen Acht-Teilung folgend, mit einer kleinen Miniatur und sieben historisierten Initialen ausgestattet. Die erste dieser Darstellungen ist eher ungewöhnlich, sie zeigt König David an einem Schreibpult sitzend (normalerweise wird der Verfasser der Psalmen nicht schreibend, sondern die Harfe spielend repräsentiert). Die Themen der historisierten Initialen entsprechen der geläufigen französischen Psalterikonographie, die mit Wortillustration operiert (so wird zum Psalmvers 'Herr hilf mir, denn das Wasser steht mir bis zum Halse' der betende David im Wasser stehend gezeigt, oder der auf seine Augen weisende David zum Vers 'O Herr, meine Erleuchtung', zum Psalmbeginn 'Singt dem Herrn ein neues Lied' drei singende Kleriker usw.).

Der Bildschmuck der Handschrift ist im Stil des Maître François ausgeführt, doch darf nur ein Teil der Miniaturen als eigenhändig angesehen werden; an der Ausstattung waren mindestens noch zwei weitere Hände beteiligt.

Mit Maître François oder Stil des Maître François wird eine stilistisch eng zusammengehörige Gruppe von Miniaturmalern bezeichnet, die ab 1460 in einem Pariser Atelier zusammenarbeitet und eine sehr große Produktivität entwickelt hat, zwar in unterschiedlicher Qualität, doch durchwegs mit außerordentlicher handwerklicher Sorgfalt. Einen relativ repräsentativen Querschnitt bieten die in dem Wiener Handschriftenbestand vorhandenen Werke dieses Ateliers (Kat. nr. 23, 43, 44, 45, 46, 47 und 48; Cod. 2552/2553). Die erste Zusammenstellung des Oeuvres wurde von Durrieu vorgenommen und erfuhr in der Folge ununterbrochene Bereicherung. Die namengebende Handschrift ist eine Prachtausgabe einer Cité de Dieu (Paris, Bibliothèque Nationale, ms. fr. 18/19): in einem Brief wird ein 'egregius pictor Franciscus' als Schöpfer ihres Miniaturenschmucks bezeichnet; aufgrund einer Schreibernotiz, den Besitzerdaten und der Abfassungszeit des Briefes ist die Handschrift zwischen 1469 und 1471/1473 zu datieren. Versuche, diesen Franciscus mit François Fouquet, einem Sohn des Jean Fouquet, oder mit François Colombe, einem Bruder des Jean Colombe, zu identifizieren, haben nicht überzeugt. Der Großteil der Handschriften, die sich um die Pariser Cité de Dieu gruppieren lassen,

repräsentiert eine ausgereifte und ausgeprägte Stilphase, die schon die niederländische Entwicklung um 1450/1460 und den Stil Fouquets verarbeitet. Die Frühzeit dieses Ateliers ist noch wenig erforscht, doch lassen einige der bekannten Handschriften die stilistische Ausgangslage der Künstlergruppe erkennen: eine Schulung in der Werkstatt des Bedfordmeisters zur Zeit einer ersten Einflußwelle der niederländischen Neuerer (der Brüder van Eyck und des Meisters von Flémalle). Für Maître François selbst (lange Zeit nicht Haupt des Ateliers, wie etwa aus Stundenbuchillustrationen hervorgeht, da dem Hauptmeister in der Regel die liturgisch wichtigsten Miniaturen, z. B. die Verkündigung oder das Titelbild zu den Bußpsalmen, zufallen) ebenso wie für einige seiner Mitarbeiter ergibt sich damit eine Zeitgenossenschaft mit Jean Fouquet.
Das vorliegende Brevier ist die früheste der Wiener Maître-François-Handschriften, vor 1467, wie das Wappen des Bestellers zeigt: Karl der Kühne ist als Comte de Charolais gekennzeichnet, also bevor er die Herzogswürde erhielt. Überraschend ist, daß ein burgundischer Auftrag in einer Pariser Buchmalerwerkstatt ausgeführt wurde, also am Sitz des größten politischen Gegenspielers der Burgunder, des Königs von Frankreich.

Abbildung 51. Fol. 311 v: Andreaskreuzigung im Beisein Karls d. Kühnen, Comte de Charolais, späterer Herzog von Burgund (zum Offizium des heiligen Andreas am Beginn des Proprium de Sanctis; eines der drei Vollbilder des Codex). Unter der Befehlsgeste des rechts Thronenden wird Andreas ans Kreuz gebunden, ein Scherge umfaßt den Körper des Heiligen, ein anderer zerrt den Strick am rechten Bein fest. Völlig abweichend von der üblichen Ikonographie spielt die Szene in einem Innenraum, möglicherweise durch die Kombination mit dem Stifterbild bedingt: Das Martyrium erscheint gleichsam in die Residenz Karls d. Kühnen versetzt. Dieser kniet mit gefalteten Händen neben seinem Betpult, er trägt einen Wappenrock, der ihn als Comte de Charolais ausweist, also bevor er Herzog von Burgund wurde (1467). Er trägt die Kette des Ordens vom Goldenen Vlies um den Hals, die auch sein in die Bordüre gemaltes Wappen umgibt. Der Orden vom Goldenen Vlies erklärt auch das Auftreten des Andreas an einer so wichtigen Stelle des Breviers: der Apostel ist Schutzpatron dieses burgundischen Ordens.
Die reiche Bordüre zeigt auf goldenem Grund Drolerien, Tiere, Akanthusranken, Blumen, das erwähnte Bestellerwappen sowie, in der unteren Rahmenleiste, eine Hirschjagd.

Literatur. Französische Schule I, 157 ff., Abb. 345–365. – F. Avril, Manuscrits à peintures d'origine française a la Bibliothèque nationale de Vienne, in: Bulletin monumental 134 (1976) 329–338.

44 Cod. Ser. n. 13237

STUNDENBUCH (lateinisch und französisch)

Paris (Maître-François-Gruppe), 1460/70 Abb. 52

Pergament, 133 x 195 mm, 312 Blatt. Schriftspiegel 62 x 24 mm; geschrieben in kalligraphischer französischer Bastarda. 48 Kalenderminiaturen (39 x 25 mm bzw. 33 x 42 mm), 77 Vollbilder (65 x 42 mm), Zierrahmen auf allen Seiten; zahlreiche Initialen und Zeilenschlußleisten.

Französischer Renaissance-Einband: Schildpatt mit Metallbeschlägen, spätes 16. Jahrhundert.

Die Handschrift wurde 1924 aus der vormaligen Fideikommißbibliothek in die Nationalbibliothek übernommen.

Text. Die Handschrift enthält eine geläufige Textzusammenstellung, d. h., den um die Mariengebete Obsecro te und O intemerata sowie die Passion Christi nach Johannes bereicherten Grundbestand (vgl. Kat. nr. 8, S. 80). In die Heiligensuffragien sind außerdem einige an Maria bzw. Christus gerichtete Gebete in französischer Sprache eingefügt, die die verschiedensten Bitten beinhalten, z. B. den Beter vor Gift zu bewahren, vor schlechtem Essen oder plötzlichem Tod u. a. m. Die Marienstunden und das Totenoffiz sind nach römischem Brauch, Kalender und Litanei hingegen weisen auf die Diözese Paris.
(Zur Konstituierung des Stundenbuches als privates Andachtsbuch der Laien und zu den Möglichkeiten der liturgischen Identifizierung vgl. Kat. nr. 8, S. 79 ff.).

Ausstattung. Die Handschrift ist ungewöhnlich reich ausgestattet, sie enthält 77 Vollbilder und 48 Randminiaturen in den Bordüren des Kalenders.
Die Hauptminiaturen, also die acht Illustrationen zu den Marienstunden und die Titelbilder zu den Bußpsalmen, den Kreuz- und den Geiststunden, enthalten die üblichen Darstellungen (vgl. dazu Kat. nr. 8, S. 81 f.), zum Totenoffiz ist ebenfalls ein geläufiges Thema, die Bestattung eines Toten, gewählt. Alle vier Evangelienabschnitte sind mit einem Autorbild geschmückt; der Evangelist Johannes ist auf der Insel Patmos dargestellt, die anderen drei in Studierstuben. Die zusätzlichen Texte – die beiden Mariengebete und die Johannespassion – sind ebenfalls mit Miniaturen versehen: zwei Marienbilder und eine Kreuztragung.
Ganz außerordentlich ist jedoch die überaus reiche Illustration der Heiligensuffragien, die mit 58 Vollbildern ausgestattet sind. Es sind Szenen aus dem Leben des jeweiligen Heiligen dargestellt, meist sein Martyrium, manchmal auch ein charakteristisches Wunder. Unter diesen Miniaturen finden sich auch sehr seltene Darstellungen, wie z. B. die der heiligen Martha, die den gezähmten Drachen an einem Halsband (d. i. ihr Gürtel, den sie ihm umgelegt hat) führt. In der Legende wird diese Szene nach Südfrankreich, in die Umgebung von Tarascon, lokalisiert.
Völlig ungewöhnlich ist auch die Illustration des Kalenders. Die Rectoseiten enthalten die traditionellen Darstellungen der Monatsarbeiten und Tierkreiszeichen, die beiden Miniaturen der Versoseiten zeigen aber Personifikationen

der sieben Planeten und Darstellungen der jeweiligen 'Planetenkinder' (kämpfende und brandschatzende Soldaten beim Planeten Mars; Bildhauer, Maler und Schreiber bei Merkur; Müller und Fischer bei Luna usw.); auf den letzten fünf Versoseiten sind die Neuf Preux (die Neun Helden), jeweils zu Pferd und mit ihrem Wappen, dargestellt – eine ebenfalls sehr ungewöhnliche Kalenderillustration (zum Thema der Neuf Preux vgl. Kat. nr. 42, S. 144 f.).
Die Rankenbordüren zu den Vollbildern sind sehr abwechslungsreich gestaltet und meist durch Tiere, Vögel, Drolerien, Kampf- oder Jagdszenen belebt; vereinzelt sind Randszenen auch auf die Hauptminiatur bezogen (z. B. ist bei der Illustration zum Totenoffiz in der Bordüre das Einnähen des Leichnams in ein Tuch dargestellt); auch Tierfabeln können in die Bordüre eingefügt werden, z. B. der Fuchs, der den Hühnern predigt.
Die Miniaturen sind eine sehr persönliche Leistung des Maître-François-Ateliers, einer in der zweiten Hälfte des 15. Jahrhunderts sehr produktiven Malerschule (vgl. Kat. nr. 43, S. 148 f.); die Bordüren sind nicht vom Miniator der Hauptszenen ausgeführt. Den Miniaturen der Wiener Handschrift steht ein etwas früher entstandenes Stundenbuch der Königlichen Bibliothek Den Haag (ms. 74 G 37) am nächsten.

Abbildung 52. Fol. 5 v/6 r: Kalender-Doppelseite (Mai–Juni). Die Rectoseite zeigt die üblichen Kalenderdarstellungen, die Monatsarbeit und das Sternbild, für den Monat Juni: den Knecht bei der Heumahd und den Krebs *(cancer)*. Eine ungewöhnliche Bereicherung bildet die Darstellung der Planeten und Planetenkinder (d. h. der Menschen, die unter dem betreffenden, ihr Naturell bestimmenden Planeten geboren sind, bei ihren charakteristischen Tätigkeiten). Im vorliegenden Fall, der Versoseite des Monats Mai, wurde Venus gewählt; die in ihrem Zeichen geborenen Menschen frönen dem Vergnügen. Venus hält Blumen in den Händen und einen Spiegel, der ihr Gesicht reflektiert. Über ihr in zwei kleinen Medaillons sind die Sternkreiszeichen Löwe und Waage dargestellt. – *Ceulx de Venus,* die Planetenkinder, vergnügen sich: je zwei Männer mit Gesang und Musizieren, zwei Frauen in einem Badeschaff an einem gedeckten Tisch.

Literatur. Französische Schule I, 152 ff., Abb. 327–344.

45 Cod. 2574

HORLOGE DE SAPIENCE UND ANDERE ERBAULICHE TRAKTATE

(französisch)

Paris (Maître-François-Gruppe), um 1470 Abb. 53

Pergament, 330 x 250 mm, 293 Blatt. Schriftspiegel 233 x 150 mm; geschrieben in gotischer Bücherminuskel. 1 Miniatur in Schriftspiegelbreite (155 x 150 mm) mit Zierrahmen, zahlreiche Zierinitialen und -leisten.
Französischer Barock-Einband von Etienne Boyet d. Jüngeren: rubinrotes Maroquin mit Handvergoldung, Wien, nach 1713.
Aus dem Besitz des Prinzen Eugen von Savoyen, seit 1738 in der Hofbibliothek.

Text. Die Handschrift beinhaltet eine Sammlung erbaulicher Traktate: *Orloge de Sapience* (Uhrwerk der Weisheit), eine französische Übersetzung des vor 1341 entstandenen *Horologium Sapientiae* von Heinrich Suso, 1389 von einem lothringischen Franziskaner angefertigt. – *Traictie des VII fruitz ou utilitez qui se treuvent es tribulacions et adversitez de ce monde, quant elles sont paciemment endurees* (Traktat der sieben Früchte oder Nutzen, die man aus Drangsal und Widerwärtigkeiten dieser Welt ziehen kann, sofern man sie nur geduldig erträgt), der Rubrik f. 141 r zufolge 1449 von einem Angehörigen des Cölestinerordens verfaßt. – *Sermon du sacrement de l'autel* (Predigt über das Altarsakrament). – *Traictie pour la declaracion des VII douaires, c'est a savoir IIII du corps et III de l'ame* (Traktat zur Erklärung der sieben Leibgedinge, nämlich der vier des Körpers und der drei der Seele). – *Une devote meditacion de l'ame soy complaignant a dieu de la rebellion de son corps* (Eine fromme Betrachtung der Seele, die sich bei Gott über den Ungehorsam ihres Körpers beschwert). – *Une autre petite meditacion de saint Bernard a ce propos* (Eine weitere kleine Betrachtung des heiligen Bernhard zu diesem Thema). – *Plusieurs belles espitres faites et envoiees par saint pierre de Lucembourc a sa sœur* (Mehrere schöne Briefe des heiligen Pierre von Luxemburg an seine Schwester). – *Le secret parlement entre l'omme et son ame; la mendicité de l'ame* (Das heimliche Gespräch zwischen dem Menschen und seiner Seele; der Bettelstand der Seele) von Jean Gerson. – *Traictie lequel s'apelle des seulz parlers de l'ame a dieu fait par Saint Augustin* (Traktat von den einsamen Gesprächen der Seele mit Gott, verfaßt vom heiligen Augustinus), eine französische Übersetzung der *Soliloquia* des heiligen Augustinus. – *Aucuns devotes meditations dudit saint Augustin* (Einige fromme Meditationen des heiligen Augustinus).

Ausstattung. Der einzige Bildschmuck der Handschrift besteht in einer Illustration zum ersten, namengebenden Traktat, der Horloge de Sapience. Dargestellt ist der predigende Heinrich Suso und das Hauptmotiv seiner Abhandlung: die in das Uhrwerk eingreifende Weisheit. Die Miniatur ist von einem reichen kompartimentierten Zierrahmen umgeben, dessen Akanthusranken durch naturalistische Pflanzen, Vögel und Insekten belebt sind. Der Künstler gehört stilistisch zur Maître-François-Gruppe (ausführlich siehe Kat. nr. 43, S. 148 f.); seine persönliche Handschrift ist in mehreren Codices zu finden, etwa in einem Miroir des dames in Wolfenbüttel (Cod. Guelf. 32, 6 Augusteus 2°) oder in einem Text gleichen Inhalts, der Brüsseler Horloge de Sapience (Bibliothèque Royale, ms. IV. 111).

Abbildung 53. Fol. 2 r: Zwei Szenen sind übereinander angeordnet: die untere spielt in einem Innenraum, die obere in Landschaft. In dem knapp gefaßten Interieurausschnitt (nur die untere Raumhälfte ist zu sehen) predigt der Dominikaner Heinrich Suso. Vor ihm sein Auditorium, am Boden sitzende Damen und dahinter, stehend, Männer; ein zweiter Dominikaner hockt in nachdenklicher Haltung auf den Stufen des Predigtstuhls. Der Beginn der Rede schwebt auf einem Spruchband, das vom Mund des Predigers ausgeht, im Raum: *Sentes et entendes de dieu en bonte conformez vous en son (ordonnence et a sa voulonte . . .)* (Hört und versteht vom gütigen Gott, beugt euch seinen Geboten und seinem Willen . . .). Das Spruchband überschneidet die Trennungsleiste zum oberen Bild, in dem ein Gleichnis veranschaulicht wird, das Heinrich Suso zur Verdeutlichung seiner Gedanken verwendet. *Sapience* (die Weisheit), in weißem Gewand, von einer Gloriole umgeben auf einer silbernen Mondsichel thronend, einen Reichsapfel in der Linken und ein aufgeschlagenes Buch auf den Knien, greift in das Räderwerk einer Uhr. Weitere Instrumente zur ordnenden Erfassung von Zeit und Raum sind dargestellt. Sapience steht für Gott oder ihn vertretende Personen bzw. Begriffe, aber auch für Maria, auf die die Aufschrift des rechts befindlichen Räderwerks *homo natus est in Maria* (der Mensch ist aus Maria geboren) weist. In Sapience ist auch die ordnende Tugend Temperantia, also Mäßigung, 'Maß' halten inbegriffen, was auch die dargestellten Meßinstrumente bildlich verdeutlichen. Das Räderwerk der Uhr, der damals wohl kompliziertesten Maschinerie überhaupt, steht für den Menschen als Ganzes, für das vielfältige Zusammenspiel von Leib und Seele, aber auch für die Institutionen der Menschen. Alles zusammengenommen stellt die Miniatur dar: Die göttliche Weisheit greift in die menschlichen Belange leitend und korrigierend ein (oder soll es vielmehr).

Literatur. Französische Schule I, 87 f. – E. Spencer, L'Horloge de Sapience, Bruxelles, Bibliothèque Royale ms. IV. 111, in: Scriptorium XVII (1963) 277–299.

46 Cod. 2551

PHILIPPE DE MEZIERES, LE SONGE DU VIEIL PELERIN

Paris (Maître-François-Gruppe), 70er Jahre 15. Jh. Abb. 13 (in Farbe)

Pergament, 395 x 295 mm, 325 Blatt. Schriftspiegel 257 x 193 mm; geschrieben in kalligraphischer französischer Bastarda. 3 Miniaturen (200 x 193 mm) mit Zierrahmen; Zierleisten, -initialen, Zeilenschlußleisten.

Barock-Einband von Etienne Boyet d. Jüngeren: rubinrotes Maroquin mit Handvergoldung, Wien, nach 1713.

Wahrscheinlich für Tanguy du Châtel hergestellt (autographer Besitzvermerk f. 234 r); später im Besitz des Prinzen Eugen von Savoyen, seit 1738 in der Hofbibliothek.

Text. Der Verfasser des *Songe du vieil pèlerin* (Traum des alten Pilgers), Philippe de Mézières (1327–1405), hatte im Laufe seines Lebens verschiedenste militärische und Staatsämter inne, u. a. war er Kanzler des Königs von Zypern, später wurde er engster Berater Karls V. von Frankreich. Das Hauptziel all seiner diplomatischen und schriftstellerischen Tätigkeiten war es, die europäischen Fürsten zu einem Kreuzzug zu bewegen, der das lateinische Kaiserreich von Konstantinopel wiedererrichten und die Heiligen Stätten zurückgewinnen sollte. Er fand mit diesem Projekt jedoch keinen Anklang, sieht man von der Orient-Expedition von 1365 ab, die mit der Einnahme und Plünderung Alexandriens endete. Nach dem Tod seines Gönners König Karls V. zog sich

Philippe de Mézières in das Cölestinerkloster in Paris zurück, wo er 1389 den 'Traum des alten Pilgers' verfaßte.
Die Dichtung geht von der These aus, daß ein Volk immer dann untergegangen sei, wenn es aufgehört habe, die moralischen Prinzipien zu respektieren, auf denen seine Macht aufgebaut gewesen sei. Auf die aktuelle politische Situation angewandt bedeute das, daß der Pakt zwischen Gott und Moses, dem Gesetzgeber des Volkes Israels, erneuert werden müsse; die Rolle des neuen Moses soll Karl VI. von Frankreich spielen. Der Ablauf der Handlung ist in einen allegorischen Traum gekleidet. Der alte Pilger (Philippe de Mézières selbst) unternimmt eine Wanderung zu den Königinnen *Charité* (Christliche Nächstenliebe), *Sapience* (Weisheit) und *Vérité* (Wahrheit), die auf die Erde zurückkehren sollen, damit sie die Welt reformieren. Die Königin Vérité erklärt sich dazu bereit, und zusammen mit *Justice* (Gerechtigkeit), *Paix* (Friede) und *Misericorde* (Barmherzigkeit) unternimmt sie in Begleitung des Pilgers eine lange Reise, in deren Verlauf sie sich von den beklagenswerten Zuständen auf allen Gebieten der Erde und in allen Ständen der Gesellschaft, Papst und hohen Klerus inbegriffen, überzeugen kann. In Paris wohnen die Reisenden einem Parlament der drei Stände bei; drei Kammerzofen der Königin Vérité kritisieren nacheinander Justiz, Armee und Verwaltung und unterbreiten Reformvorschläge. Danach erfolgt eine ausgedehnte Belehrung des Königs durch Vérité, an die sich eine Apotheose Karls VI. anschließt. Der Epilog führt in die Klosterzelle bei den Cölestinern zurück: die Göttliche Vorsehung tröstet den erwachten Pilger, der betrübt feststellt, daß alles nur ein Traum war und die Wirren im französischen Königreich fortdauern.

Ausstattung. Drei große Miniaturen veranschaulichen die wichtigsten Etappen der allegorischen Wanderung: den Aufbruch und die ersten Stationen des Pilgers bis zu seiner Ankunft bei den Königinnen (f. 10 r), die Parlamentssitzung in Paris (f. 73 r) und die Apotheose Karls VI. von Frankreich (f. 130 r).
Die Malereien sind ein bedeutendes Produkt der Maître-François-Gruppe, eines der meistbeschäftigten Buchmaler-Ateliers der zweiten Hälfte des 15. Jahrhunderts in Paris (ausführlicher siehe Kat. nr. 43, S. 148 f.). Mit ihren groß angelegten Kompositionen und der z. T. theaterhaften Inszenierung erinnern die Miniaturen an Werke Jean Fouquets wie etwa dessen Lit de Justice, in denen sich aus dem szenischen Arrangement durch die Projektion auf die Bildfläche ein farbiges Bildmuster herauskristallisiert, welches, ohne die Raumillusion zu beeinträchtigen, dekorativen Eigenwert besitzt. Innerhalb der Maître-François-Gruppe stehen die Songe-du-vieil-pèlerin-Illustrationen auf der Stilstufe der zwischen 1469 und 1473 zu datierenden Pariser Cité-de-Dieu-Handschrift (ms. fr. 18/19), als deren Autor ein 'egregius pictor Franciscus' genannt wird (vgl. Kat. nr. 43, S. 148). Zusätzlich gibt das Todesjahr des Bestellers, Tanguy du Châtel, einen terminus ante von 1477.

Abbildung 13. Fol. 73 r: Das *Consistoire et divin parlement* der Königin Vérité im Palais royal zu Paris (Versammlung und göttliches Parlament der Königin Wahrheit im königlichen Palast von Paris). Im Verlauf der langen Reise, die Königin Vérité mit ihrem Hofstaat und in Begleitung des Pilgers *Ardent Desir* (Brennendes Verlangen) unternimmt, um sich von den korrumpierten Verhältnissen auf der Welt ein Bild zu machen, präsidiert sie eine Parlamentsversammlung in Paris: Am Durchgang einer reliefverzierten Abschrankung stehen der Pilger und sein Schutzgenius *Bonne Esperance et Volonté* (Gute Hoffnung und Wille) im Gespräch. Vor ihnen öffnet sich der mit einem Tonnengewölbe aus Holz überdeckte und mit fleur-de-lis-Tapeten bespannte Ratssaal. Perspektivisch ziehen sich die Fluchten der in mehreren Reihen übereinander gestaffelten Anwesenden in die Tiefe; die bunten Farben des Vordergrunds werden nach hinten zu immer gedämpfter. An der Rückwand des Saales thronen unter Baldachinen Königin *Vérité, Justice* (Gerechtigkeit), *Misericorde* (Barmherzigkeit) und, an die rechte Seitenwand gerückt, *Paix* (Friede). Zu ihren Füßen kauert die Schar der Kammerzofen. Auf der rechten Seite verfolgt König Karl VI. von Frankreich in seinem Thronsessel die Versammlung; er wird von *Humilité* (Demut) und *Patience* (Geduld) gestützt und ist durch einen weißen Falken gekennzeichnet. Neben ihm sitzt Louis d'Anjou, einen weißgeflügelten schwarzen Falken auf der Linken. Vor diesem Auditorium disputiert *Hardiesse* (Kühnheit) aus dem Gefolge der Vérité mit dem Procureur des Parlaments; sie kritisiert Finanzhierarchie und Justiz und unterbreitet Reformvorschläge.

Literatur. Französische Schule I, 89 ff., Abb. 157–159. – Dora M. Bell, Etude sur le 'Songe du vieil pèlerin' de Philippe de Mézières (1327–1405) d'après le ms. fr. B. N. 22 542. Document historique et moral du règne de Charles VI., Genève 1955. – Ausgabe des Textes von G. W. Coopland, Philippe de Mézières, Chancellor of Cyprus, Le Songe du Vieil Pelerin, II. Vols., Cambridge 1969.

47 Cod. 2559

FRANCISCUS PETRARCA, DE REMEDIIS UTRIUSQUE FORTUNAE. FRANZÖSISCHE ÜBERSETZUNG VON NICOLE ORESME

Paris (Maître-François-Gruppe), um 1470 Abb. 54

Pergament, 358 x 263 mm, 259 Blatt. Schriftspiegel 230 x 170 mm; geschrieben in kalligraphischer französischer Bastarda. 2 Miniaturen in Schriftspiegelbreite (180 x 175 mm), Zierrahmen und -initialen, Zeilenschlußleisten.

Barock-Einband von Etienne Boyet d. Jüngeren: kirschrotes Maroquin mit Handvergoldung, Wien, nach 1713.

Wohl für Jacques d'Armagnac, duc de Nemours, ausgeführt (Vermerk f. 259 r); dann im Besitz des Tanguy du Châtel (Allianzwappen du Châtel-Malestroit); später in der Bibliothek des Prinzen Eugen von Savoyen, seit 1738 in der Hofbibliothek.

Text. Francesco Petrarca (1304–1374), der erste große Humanist der italienischen Renaissance, vor allem durch seine in 'volgare', in Italienisch, geschriebenen Sonette an Laura berühmt geworden, versprach sich selbst den größten Nachruhm von seinen lateinischen Werken. Heute sind diese jedoch allesamt in

Vergessenheit geraten, das Heldengedicht *Africa* – nach seinem eigenen Urteil sein Hauptwerk (eine Verherrlichung von Roms Kampf gegen Karthago im zweiten Punischen Krieg) – nicht minder als der umfangreiche Moraltraktat *De remediis utriusque Fortunae* (von den Heilmitteln gegen Glück und Unglück), dessen französische Übersetzung hier vorliegt: *Le livre des remèdes de l'une et de l'autre fortune* (oder: *des prosperitez et adversitez de fortune).* Diese stammt von Nicolas Oresme (1330–1382), berühmt als Übersetzer der Hauptwerke des Aristoteles (Politik, Ökonomik, Ethik), und ist König Karl V. gewidmet. Der Traktat, 1358–1366 verfaßt, gehört zu den Alterswerken Petrarcas. Er zerfällt in zwei annähernd gleiche Teile; im ersten soll nachgewiesen werden, daß alles, was den Menschen glücklich macht, wertlos sei (darunter Dinge wie Bildung, Kunstwerke, Freiheit, Frauenliebe usw.), während im zweiten Teil dargelegt werden soll, daß das Unglück in Wahrheit gar nicht existiere; alles, was der Mensch als solches empfinde, vom Tod einer geliebten Person bis zu Nichtigkeiten wie Zahnschmerz oder Lärmbelästigung, diene nur dazu, den Menschen besser zu machen und ihn auf den Weg zu Gott zu führen. Antike Schriftsteller, Bibel und Kirchenväter werden zur Erläuterung dieser Gedanken herangezogen. Die Dichtung ist in die Form eines Dialogs gekleidet, der von der Personifikation der Vernunft mit 'Hoffnung' (im ersten Teil) bzw. 'Furcht' (im zweiten Teil) geführt wird. Das Werk wurde von Petrarca Azzo da Correggio gewidmet, weil dieser, wie der Dichter im Prolog ausführt, selbst die Unbeständigkeit des Glücks erfahren habe.

Ausstattung. Die Handschrift ist mit zwei Miniaturen geschmückt, die die beiden Hauptthemen der Dichtung, Glück und Unglück, illustrieren, das erste im Bild eines auf dem Glücksrad thronenden Königs, dem reiche Geschenke gebracht werden (f. 5 v), das zweite mit der Darstellung des Sturzes desselben Königs (f. 133 r). Die beiden Miniaturen sind bedeutende Arbeiten aus dem Atelier des sogenannten Maître François, der ab der Mitte des 15. Jahrhunderts eine große Buchmalerwerkstatt in Paris betrieben haben muß (ausführlicher siehe Kat. nr. 43, S. 148 f.). Die Ausmalung der vorliegenden Handschrift ist etwa um 1470 anzusetzen, als sich schon der Einfluß Jean Fouquets auf den Stil des Maître François bemerkbar machte, was besonders im Kolorit deutlich wird, in der Abstufung von leuchtenden Vordergrundfarben zu immer trüberen, gedämpfteren Farben dem Hintergrund zu.

Abbildung 54. Fol. 133 r: Illustration des zweiten Teils der Dichtung, die vom Unglück *(de l'adversité de fortune)* handelt. Die doppelgesichtige Göttin Fortuna hat das Glücksrad gedreht und ihr dunkles ('häßliches') Gesicht nach vorne gekehrt, der stürzende König wird vom Glücksrad gezerrt und seines kostbaren Tafelgeschirrs beraubt, während rechts bereits ein neuer König thront. Auf der goldumrahmten Tafel unterhalb der Gestalt Fortunas ist zu lesen:

Fortune suys fiere maistresse
A qui tourne ma laide face

l'un le pille, l'autre le laisse
Tous le moquent, chascun le chasse.
(Fortuna bin ich, die stolze Herrin.
Wem ich mein häßliches Gesicht zuwende
den plündert der eine, der andere verläßt ihn,
alle machen sich über ihn lustig, jeder jagt ihn davon).

Literatur. Französische Schule I, 85 f. und Abb. 153 f.

48 Cod. 2637

L'INSTITUTION ET LES STATUTS DE L'ORDRE DE SAINT MICHEL

Paris (Maître François), späte 80er Jahre 15. Jh. Abb. 55

Pergament, 228 x 167 mm, 59 Blatt. Schriftspiegel 140 x 86 mm; geschrieben in kalligraphischer französischer Bastarda. 2 Miniaturen (198 x 155 bzw. 70 x 86 mm), 4 historisierte Initialen (45/55 x 40/50 mm), 1 Zierrahmen, Zierleisten, zahlreiche Initialen und Zeilenschlußleisten, 1 Wappen.

Französischer Barock-Einband: hellbraunes Maroquin mit Handvergoldung, 2. Hälfte des 18. Jahrhunderts.

Die Handschrift befand sich um 1500 im Besitz König Ludwigs XII. von Frankreich (Besitzvermerk f. 3 r), später gelangte sie in die Bibliothek des Georg Wilhelm Freiherrn von Hohendorf; seit 1720 im Besitz der Hofbibliothek.

Text. Die vorliegende Handschrift enthält die Statuten des Michaelsordens, der 1469 von König Ludwig XI. gestiftet wurde. Es war dies eine relativ späte Gründung, verglichen mit den anderen Orden, etwa dem des englischen Hosenbandordens oder dem des burgundischen vom Goldenen Vlies. In allen diesen spätmittelalterlichen Ordensgründungen spiegelt sich eine nostalgische Rückbesinnung auf die Tage glorreichen Rittertums, sei es, daß man versucht, die Ideale kühner Unternehmungen wie der Kreuzzüge zur Wiedereroberung der Heiligen Stätten zu evozieren, sei es, daß man sich auf die schon legendären Rittergestalten der Tafelrunde um König Artus als Vorbilder beruft. Die Mitglieder eines solchen Ritterordens, anfangs beschränkt an Zahl, sollen eine ausgesuchte Gemeinschaft der Besten, Tapfersten, Christlichsten usw. bilden und schlossen gewöhnlich die Mächtigsten des jeweiligen Landes, vereinzelt auch Souveräne fremder Staaten, ein. Die Aufnahme in einen so illustren Kreis war natürlich eine hohe Ehre und deshalb sehr gesucht. Unbedingte Loyalität gegenüber dem Ordens-Oberhaupt, also dem jeweiligen Landesfürsten, galt als oberstes Gebot und selbstverständliche Voraussetzung – was gleichzeitig die Mitgliedschaft bei nur einem der Ritterorden bedingte. Periodische, in der Regel mit höchstem Prunk gefeierte Zusammenkünfte dienen der Abwicklung der Ordensangelegenheiten und der Erneuerung der ritterlichen Gelübde, insbesondere desjenigen der Loyalität. Oft dient das spirituelle und ethische Moment des Loyalitätsprinzips nur zur Bemäntelung der Verfolgung konkreter politischer Interessen und Aktionen. Die wichtigsten und mächtigsten der Vasallen konnten über den immer wieder bestätigten Loyalitätsschwur fest an

den Landesfürsten gebunden werden. Im speziellen Fall des französischen Michaelsordens ging es darum, dem burgundischen Streben nach Expansion in den Bereich der französischen Krone Einhalt zu gebieten. (Eine Reihe französischer Lehensnehmer waren schon dem burgundischen Orden beigetreten). Die Gründung des Michaelsordens geht auf die Initiative Ludwigs XI. zurück, dessen Politik bekanntlich vor allem der Konsolidierung des französischen Reiches galt und der mit dem Orden des Heiligen Michael, des himmlischen Streiters, sich ein Gegengewicht zum burgundischen Orden des Goldenen Vlieses schuf.
Die Statuten des Ordens wurden in miniierten Luxushandschriften niedergelegt, von denen sich mehrere Exemplare erhalten haben, darunter auch ein von Ludwig XI., dem Ordensgründer, in Auftrag gegebenes, dessen Ausstattung von der Hand Jean Fouquets stammt (ms. fr. 19819 der Bibliothèque Nationale Paris). Das Wiener Exemplar enthält bereits zwei Nachträge aus dem Jahr 1476 sowie die Anfangsworte eines Nachtrags König Karls VIII. von Frankreich (1470–1498).

Ausstattung. Die Handschrift enthält zwei Miniaturen – ein die Gründungsversammlung des Ordens wiedergebendes Vollbild (f. 11 v) und eine etwas kleinere Darstellung mit dem über den Drachen triumphierenden Michael (f. 47 v) – sowie vier historisierte Initialen mit Porträtbüsten der französischen Könige Ludwig XI. und Karl VIII. (ff. 38 v, 47 v, 58 r) bzw. mit Michaels Drachenkampf (f. 12 r). Es handelt sich dabei um qualitätvolle Arbeiten des sogenannten Maître François, eines Zeitgenossen Fouquets, der eine große Miniaturwerkstatt in Paris betrieben hat (ausführlicher siehe Kat. nr. 43, S. 148 f.). Die Ausmalung der vorliegenden Handschrift ist ganz ans Ende der Laufbahn des Maître François zu setzen, in die späten achtziger Jahre des 15. Jahrhunderts. Charakteristisch für den Spätstil dieses Meisters und seines Ateliers sind die starken Goldhöhungen in den Haaren und Gewändern der Figuren, das volle Oval der Gesichter wie auch die Ausformung des architektonischen, meist 'skulpierten' Rahmens.

Abbildung 55. Fol. 11 v: Eine reiche Architekturrahmung gibt den Blick auf eine Versammlung von Rittern des Ordens zum heiligen Michael frei. Die Stellung der Miniatur bald nach Beginn des Textes legt nahe, in ihr die Gründungsversammlung von 1469 dargestellt zu sehen. Der in der Mitte des Bildes befindliche König, angetan mit Krone und französischem Königsmantel, wäre somit Ludwig XI. Er hat das Hauptinsignium des Ordens, die Kette, umgelegt, deren Glieder Jakobsmuscheln nachgebildet sind; ihr Anhänger stellt einen Kampf Michaels mit dem Drachen dar. Weitere Ordensritter umgeben ihn, ebenfalls mit der goldenen Kette geschmückt. Der König weist auf die Ordensinsignien, die auf einem in die Bildtiefe sich erstreckenden Tisch präsentiert werden: ein weiteres Exemplar der Ordenskette, einen bodenlangen hermelingefütterten Mantel aus weißem Damast und einen karmesinroten Hut mit Sendelbinde. Im Vordergrund werden einem knienden Schreiber die Ordensstatuten diktiert.

Literatur. Französische Schule I, 92 f., Abb. 160–163. – Zu den erhaltenen Manuskripten der Statuten des Michaelordens vgl.: P. Durrieu, Les manuscrits des statuts de l'ordre de Saint-Michel, Bulletin de la société française de reproductions de manuscrits à peintures, Ière année, Paris 1911. – Millénaire du mont Saint-Michel, 966-1966, 181 ff.

49 Cod. 2538

JOSEPHUS FLAVIUS, DE BELLO IUDAICO. FRANZÖSISCHE ÜBERSETZUNG VON GUILLAUME COQUILLART

Westfrankreich, zirka 1480 Abb. 56

Pergament, 490 x 350 mm; 176 Blatt. Schriftspiegel 350 x 230 mm; geschrieben in kalligraphischer gotischer Bücherminuskel. 7 Miniaturen in Textspiegelbreite (250/290 x 230 mm) mit Zierrahmen; zahlreiche Initialen mit kurzen Zierleisten.

Französischer Barock-Einband; rubinrotes Maroquin mit Handvergoldung, 2. Hälfte des 17. Jahrhunderts.

Am Ende des 15. Jahrhunderts befand sich die Handschrift im Besitz eines Seigneur de Châteaubriand (Wappen auf allen Miniaturseiten). Als Besteller kämen dem übermalten älteren Wappen (Laval-Montmorency?) zufolge Pierre de Laval, 1473–1493 Erzbischof von Reims, oder Louis de Laval in Frage. 1725 (oder wenig später) vom Prinzen Eugen von Savoyen erworben, seit 1738 im Besitz der Hofbibliothek.

Text. Josephus Flavius (37/38 n. Chr.–nach 100) behandelt in seinem *De bello judaico* (Vom jüdischen Krieg) die römisch-jüdischen Auseinandersetzungen, die nach langer Vorgeschichte (die bei Josephus 175 v. Chr. beginnt) im jüdischen Aufstand von 66 n. Chr. zum Ausbruch kommen und zur Zerstörung Jerusalems durch Titus im Jahre 70 führen. Josephus Flavius gerät schon 67 in römische Gefangenschaft; bald freigelassen, befindet er sich bei der Eroberung Jerusalems im Gefolge des Titus. Wenig später verfaßt er sein in sieben Büchern gegliedertes Geschichtswerk, demzufolge die Hauptursache für die Auseinandersetzung mit den Römern in den Zeloten (einer radikalen religiösen Priestergruppe) zu suchen sei und nicht beim jüdischen Volk als gesamtem. Im Übrigen geht es ihm um die Verherrlichung des Kaisers Vespasian und des Feldherrn Titus.

Die französische Übersetzung wurde 1460 bis 1463 von Guillaume Coquillart abgefaßt und Jean Jouvenel des Ursins, Erzbischof von Reims, gewidmet (Vorrede und Schlußvermerk ff. 1 v bzw. 172 v). Weitere Handschriften dieses Textes sind mss. fr. 248/249 und 405/406 der Bibliothèque Nationale Paris und ms. fr. 1061 des Musée Condé in Chantilly.

Ausstattung. Die Handschrift enthält sieben Miniaturen, jeweils zu Beginn der einzelnen Bücher. Die erste Darstellung (f. 1 r) ist eine Kombination von Widmungsbild (mit der Buchübergabe) und historischem Ereignisbild, der Einnahme Jerusalems durch König Antiochus Epiphanes. Es folgt eine Szene vor Augustus (Archelaus und Antipas verteidigen ihre Thronansprüche) kombiniert mit einem Reiterkampf; im Mittelgrund nochmals die Eroberung Jerusalems und, etwas abgerückt, die Enthauptung Johannes des Täufers (f. 53 r).

Die weiteren Miniaturen illustrieren die Belagerung Jotapatas (oder Tarichäas; f. 83 v), die Erstürmung von Gamala (f. 99 r), die Ankunft der Flotte Vespasians vor Alexandrien (f. 109 r), die Kämpfe der Römer unter Titus vor Jerusalem (f. 119 v) und schließlich die Einnahme der Stadt wie die Brandschatzung des Tempels (f. 141 v).
Die Miniaturen und der darunterstehende Text sind für gewöhnlich von einer verzierten U-förmigen Goldleiste umschlossen. In den Bordüren alternieren Akanthusranken mit Blumen, vereinzelt durch Vögel und Drolerien belebt. Auf der unteren Bordürenleiste ist jeweils das Wappen der Familie Châteaubriand über ein älteres Wappen bzw. über Ranken und Blumen gemalt.
Die sehr sorgfältig ausgeführte Prachthandschrift entstammt wahrscheinlich einem westfranzösischen Atelier, das eine Reihe von Codices für die Familie Laval (Anjou-Bretagne) illustriert hat. Denselben Stil zeigt ein Teil der Miniaturen eines Titus Livius der Sorbonne (Paris, Bibliothèque Nationale, ms. fr. 20071).

Abbildung 56. Fol. 109 r: Die Flotte Kaiser Vespasians vor Alexandrien. Das Bildfeld wird von einem vollbemannten Dreimaster beherrscht; die Flotte andeutend, ragen von links und rechts die Büge zweier weiterer Schiffe ins Bild. Alle sind mit Doppeladlern geschmückt: außen an der Brüstung und auf den flatternden Fahnen. Hinter den Schiffen breitet sich die Hafenbucht Alexandriens aus; von der Stadt sind vor allem die turmbewehrten Mauern zu sehen. Links, am Strand, befindet sich eine kompakte Menschenmenge.

Literatur. Französische Schule I, 93 ff., Abb. 165–168.

50 Cod. 1819

PONTIFICALE ROMANUM (lateinisch)

Westfrankreich (Touraine), um 1480 Abb. 57

Pergament, 295 x 200 mm (beschnitten), 365 Blatt. Schriftspiegel 190 x 130 mm; geschrieben in kalligraphischer französischer Bücherminuskel. 9 Miniaturen in Spaltenbreite (105 x 59 mm) mit Zierrahmen; zahlreiche Initialen, z. T. mit Zierleisten.
Französischer Barock-Einband: rotes Maroquin mit Handvergoldung, 2. Hälfte des 17. Jahrhunderts. Spiegel und Vorsatz: Augsburger Goldpapier mit bunten Blumen.
Die Handschrift wurde für Guillaume de Clugny, Bischof von Poitiers (1477–1480), hergestellt (sein Wappen und seine Devise *Donum Dei* befinden sich auf allen Miniaturseiten). Später kam die Handschrift in die Bibliothek des Georg Wilhelm Freiherrn von Hohendorf; seit 1720 in der Hofbibliothek.

Text. Mit Pontifikale wird jener Typus des kirchlichen Buches bezeichnet, der die Gebete und Messen für die speziellen Funktionen eines Bischofs (Pontifex) enthält (z. B. Firmung, Weihe von Priestern, Subdiakonen, Äbten, Bischofsweihe, Grundsteinweihe von Kirchen, Weihe von neuen Soldaten, Waffen u. a. m., sowie ganze Meßfeiern zu bestimmten Festen des Kirchenjahres oder auch nur die den Bischof betreffenden Teile derselben). Die vorliegende Textredaktion stammt von Durandus, Bischof von Mende (1285-1296), im Mittel-

alter in erster Linie als Verfasser des Rationale Divinorum Officiorum berühmt; sie fand vor allem im 14. Jahrhundert relativ große Verbreitung.
Nicht selten kann der Name des Bischofs, für den ein Pontifikale hergestellt wurde, oder zumindest die jeweilige Kirchenprovinz, der der Bischof angehörte, gewissen Stellen des Textes entnommen werden (speziell dem Abschnitt über die Bischofsweihe mit der Befragung des neuen Bischofs). Im vorliegenden Fall trifft dies nicht zu, doch weisen Wappen und Devise in den Bordüren der Miniaturseiten auf Guillaume de Clugny, Bischof von Poitiers (1477–1480).

Ausstattung. Sieben der neun Miniaturen zeigen immer dasselbe Szenarium: einen Chorabschluß, in dem sich ein Altar mit skulpierter Rückwand und einem Schwebebaldachin befindet. Davor spielen sich die jeweiligen Szenen ab. Variiert wird die Komposition lediglich durch Blickpunktverschiebungen und die Verwendung anderer Accessorien (ff. 8 r, 37 v, 53 r, 67 v, 82 r, 98 r, 254 r). In den abweichend gestalteten Miniaturen ist einmal ein Bauplatz dargestellt, auf dem die Grundsteinweihe einer Kirche stattfindet (f. 181 r), das andere Mal wieder ein Altarraum, doch völlig anderer Art: die Ausschnitthaftigkeit des Raumes ist viel stärker betont; soweit der Altar zu sehen ist, weist er reine Renaissance-Formen auf (f. 117 r). Die letztgenannte Miniatur stammt von einer anderen Hand als der Rest der Ausstattung; sie ist im selben Stil ausgeführt wie einige für Mitglieder der Familie della Rovere hergestellte Handschriften, z. B. ein Missale der Pierpont Morgan Library, New York (M. 306), das zwischen 1479 und 1483 datiert werden kann, also ziemlich exakt in denselben Zeitraum wie unsere Handschrift (vgl. die Angaben im Abschnitt über den Text). Der für den überwiegenden Teil der Ausstattung verantwortliche Miniator kann mit einer Gruppe von Manuskripten in Zusammenhang gebracht werden, die liturgisch oder stilistisch auf Tours weisen, also denselben geographischen Bereich wie der Besteller der Handschrift, der, wie schon erwähnt, Bischof von Poitiers war (vgl. dazu F. Avril, Literaturangaben).
Die Handschrift besitzt einen außerordentlich reichen dekorativen Schmuck. Die Kompartimentierung der Zierrahmen entspricht der Stilphase des fortgeschrittenen 15. Jahrhunderts, auffallend ist jedoch das gedämpfte, fast düstere Kolorit (weinrot, blau und braun grundierte Felder herrschen vor). Die federartigen Akanthusranken, die, in Gold oder Silber gemalt, das Hauptmotiv sowohl der Initialen wie der farbigen Kompartimente des Rahmens bilden, entsprechen dem Formenrepertoire der Schule von Tours (Jean Fouquet).

Abbildung 57. Fol. 67 v: Die Weihe der Ostiarii (d. i. Türhüter, der unterste der vier niederen Weihegrade). Drei Kleriker knien schräg bildeinwärts gestaffelt in verlorenem Profil vor dem frontal thronenden Bischof mit Mitra und Krummstab. Der vorderste der Knienden faßt nach einem Glockenstrang, den noch zwei andere Kleriker halten. Ein Subdiakon, der ein aufgeschlagenes Pontifikale hält, und zwei Archidiakone stehen zu seiten des Bischofs. Hinter der Figurengruppe der auch in den meisten übrigen Miniaturen dargestellte Altar und, angedeutet, der Chorschluß.

Die Szene ist eine genaue Illustration der Textstelle *Tradit etiam eis funem campanarum, faciens eos campanas pulsare* (Er übergibt ihnen auch den Glockenstrang, indem er sie die Glocken läuten läßt). Die erste Phase der Weihe der Ostiarii, in der der Bischof den Klerikern Schlüssel überreicht, ist auf f. 53 r dargestellt.

Literatur. Französische Schule I, 95 ff., Abb. 169–172. – F. Avril, Manuscrits à peintures d'origine française à la Bibliothèque nationale de Vienne, in: Bulletin monumental 134 (1976) 339 ff. (zur Identifizierung des Wappens und zur Lokalisierung des Hauptmeisters). – Zum zweiten Miniator vgl. M. Levi d'Ancona, Le Maître des Missels della Rovere: Rapports entre la France et l'Italie vers la fin du XVe siècle, in: Actes du XIXe Congrès international d'histoire de l'art Paris 1958 (1959) 256–263, Abb. 67, 69.

51 Innsbruck, Universitätsbibliothek, Cod. 281

STUNDENBUCH

Schule von Tours (Jean Bourdichon), 1490/1495 Abb. 14 (in Farbe)

Pergament, 234 x 160 mm, 151 Blatt. Schriftspiegel 150 x 95 mm; geschrieben in französischer Minuskel, 7 Miniaturen und 73 historisierte Initialen, zahlreiche Zierinitialen und Zierleisten.

Renaissance-Einband: weißes Leder mit Blindpressung über Holzdeckeln.

Vermutlich zwischen 1490 und 1495 für den Beichtvater König Karls VIII. von Frankreich, Frère Jean Bourgeois, ausgeführt. Wie aus wenig später eingetragenen Heiligen geschlossen werden kann, gelangte die Handschrift bald nach Lothringen; 1607 befand sie sich im Besitz eines Friderich Villard, der sie von der Witwe seines Vetters, Guillemette Sage, erhalten hatte. Angeblich kam die Handschrift aus der Hofbibliothek der Erzherzöge Sigismund Franz und Ferdinand Karl im Wappenturm der Burg zu Innsbruck 1745 in die Universitätsbibliothek.

Text. Die Handschrift enthält die üblichen Stundenbuchtexte – Kalender, Evangelienabschnitte, Marien-, Kreuz- und Geiststunden, Bußpsalmen, Totenoffiz und Heiligensuffragien – sowie das ebenfalls geläufige Mariengebet Obsecro te. Die Texte zu den Marien-, Kreuz- und Geiststunden stehen nicht in geschlossenen Abschnitten hintereinander, sondern werden ab der Prim parallel geführt (auf Matutin und Laud der Marienstunden folgen Matutin der Kreuz- und Geiststunden, dann Prim der Marien-, Kreuz- und Geiststunden kombiniert, usw. bis zur Complet). Marienstunden und Totenoffiz sind nach dem liturgischen Brauch von Poitiers.

(Zur Konstituierung des Stundenbuches als privates Andachtsbuch der Laien und zu den Möglichkeiten der liturgischen Identifizierung vgl. Kat. nr. 8, S. 79 ff.).

Ausstattung. Die Bebilderung der Handschrift erfolgt vorwiegend durch historisierte Initialen, nur sieben Illustrationen sind selbständige Miniaturen großen Formats, nämlich die Titelbilder zu den textlichen Hauptabschnitten (Marien-, Kreuz- und Geiststunden, Bußpsalmen und Totenoffiz) sowie, in die Heiligensuffragien eingeschoben, Johannes der Evangelist und Jean Bourgois (also Schutzheiliger und Besteller) einander konfrontiert (146 v/147 r). Vom letztgenannten Bildpaar abgesehen, entsprechen die großen Miniaturen der üblichen

Thematik: Verkündigung (f. 21 r) für die Marienstunden, Kreuzigung (f. 38 r) für die Kreuzstunden, Pfingsten (f. 39 v) für die Geiststunden, David im Gebet (f. 73 r) und Hiob auf dem Misthaufen (f. 88 r) für Bußpsalmen und Totenoffiz.

In 73 historisierten Initialen werden die Heiligensuffragien, die Evangelienabschnitte und die weiteren Stunden der Marien-, Kreuz- und Geistoffizien (von Laud bzw. Prim bis Complet) illustriert, und zwar jeweils mit einem kompletten Zyklus: die üblichen Themen der Kindheitsgeschichte Christi für die Marienstunden, ein Passionszyklus für die Kreuzstunden und diverse Szenen, in denen der Heilige Geist in Erscheinung tritt (Taufe Christi, Wirken der Apostel u. ä.) für die Geiststunden.

Die Malereien stammen von Jean Bourdichon, einem der bedeutendsten Miniatoren des ausgehenden 15. Jahrhunderts, dem Repräsentanten der eigentlichen Renaissance-Phase der französischen Buchmalerei. Er genoß zu seiner Zeit einen außerordentlichen Ruf und arbeitete u. a. für das französische Königshaus (auch als Porträtmaler, in Archiven von 1490/1491 sind Porträts des Königs und der Königin von seiner Hand erwähnt): 1508 führte er die Grandes Heures der Anne de Bretagne, Königin von Frankreich, aus (ms. lat. 9474 der Bibliothèque Nationale Paris), ebenso stammt ein Stundenbuch für König Karl VIII. von seiner Hand (ms. lat. 1370 der Bibliothèque Nationale Paris). Jean Bourdichon kommt aus der von Fouquet begründeten künstlerischen Tradition, sein Werk setzt die Schule von Tours fort. Er muß bald Leiter eines riesigen Buchmalerateliers gewesen sein, da sich eine Unzahl von Werken seiner Stilrichtung erhalten hat.

Das Stundenbuch der Innsbrucker Universitätsbibliothek gehört zu den wenigen Werken, die als eigenhändig gelten. Es wurde für Jean Bourgeois, den Beichtvater des französischen Königs, ausgeführt (vgl. Abbildung). Die Miniaturen zeigen eines der hauptsächlichen Charakteristika Bourdichons: seine Vorliebe, menschliche Gestalten als Halbfiguren ins Bild zu bringen und auch ganze Szenen nur als Halbfiguren-Ausschnitte zu gestalten.

Abbildung 14. Fol. 146 v/147 r: Der Evangelist Johannes und Jean Bourgeois, der Besteller der Handschrift. In knapp bemessenen Dreiviertelfiguren und in unmittelbarer Nähe zum Betrachter befinden sich Jean Bourgeois und sein Namenspatron, der heilige Johannes, auf einander gegenüberliegenden Seiten: Jean Bourgeois mit gefalteten Händen an seinem Betpult, offenbar porträtgetreu wiedergegeben, Johannes der Täufer mit segnend erhobener Rechten. Der Segensgestus des Johannes, im vorliegenden Fall auf sein Gegenüber bezogen, wo er auch hinblickt, gilt in der geläufigen Ikonographie dem Becher, den er in der Linken hält und dem eine Schlange entweicht, da Gift darin war. Der Stiftersegen wurde der wunderwirkenden Geste unterschoben. Die dichtgedrängte Figurengruppe hinter Johannes gehört noch zur Wunderszene, es sind die durch ihre orientalisierenden Kopfbedeckungen gekennzeichneten Ungläubigen, die Zeugen des Wunders werden.

Die Darstellung weist eine ganz außerordentliche Nähe zu Jean Fouquet auf, etwa in der Gestaltung der dicht gedrängten Figurengruppe hinter Johannes, in der pilastergegliederten Renaissancearchitektur oder in dem porträthaften Jean Bourgeois. Im Kolorit herrschen gebrochene matte Farben (goldgehöhtes Violett und Moosgrün, bräunlich und bläulich abgeschattetes Weiß) vor.

Literatur. Beschreibendes Verzeichnis der illuminierten Handschriften in Österreich, herausgegeben von F. Wickhoff, I. Band; Die illuminierten Handschriften in Tirol, von H. J. Hermann, Leipzig 1905, 179 ff. – Zu Jean Bourdichon vgl. R. Limousin, Jean Bourdichon, peintre et enlumineur, son atelier et son école, Lyon 1954.

52 Cod. Ser. n. 2598

STUNDENBUCH (lateinisch und französisch)

Lyon (?), Ende 15. Jh. Abb. 58

Pergament, 156 x 88 mm (stark beschnitten), 127 Blatt. Schriftspiegel 88 x 49 mm (im Kalender 78 x 55 mm); geschrieben in französischer Bastarda; rote Überschriften, meist mit Cadeluren, die manchmal menschliche oder tierische Gesichter enthalten. 26 Vollbilder (132/135 x 71/80 mm) in architektonischen Zierrahmen, 24 Kalenderbilder mit Zierleisten, 1 historisierte Initiale (22 x 27 mm), 1 heraldisches Frontispiz; zahlreiche Zierinitialen und Zeilenschlußleisten.

Französischer Renaissance-Einband: hellbraunes Kalbleder mit Handvergoldung, Silbertingierung und gefärbtem Bandwerk, Mitte des 16. Jahrhunderts.

Auf einem nachträglich eingefügten Blatt (f. 13 r) befindet sich das Allianzwappen der Grafen von Zimmern und Oettingen (Hans Werner von Zimmern, gest. 1495, und Margarete von Oettingen, gest. 1528). Die Handschrift wurde 1936 mit dem Rest der Ambraser Sammlung aus dem Kunsthistorischen Museum in die Nationalbibliothek übernommen.

Text. Dem textlichen Grundbestand eines Stundenbuches (vgl. Kat. nr. 8, S. 80) sind neben den geläufigen Mariengebeten Obsecro te und O intemerata die 7 Visionen des hl. Bernhard beigefügt. Marienstunden und Totenoffiz sind nach römischem Brauch. Die in Kalender und Litanei hervorgehobenen Heiligen lassen sich nicht auf den Nenner einer bestimmten französischen Diözese bringen.

(Zur Konstituierung des Stundenbuches als privates Andachtsbuch der Laien und zu den Möglichkeiten der liturgischen Identifizierung vgl. Kat. nr. 8, S. 79 ff.).

Ausstattung. Die Handschrift ist relativ reich ausgestattet. Der Kalender enthält 24 kleine Miniaturen mit den Darstellungen der Monatsbeschäftigungen (auf den Rectoseiten) und der Tierkreiszeichen (Versoseiten). Alle vier Evangelienabschnitte sind mit Vollbildern geschmückt; zum Mariengebet Obsecro te ist eine Beweinung Christi dargestellt, die Initiale des Gebetes O intemerata umschließt eine Madonnenbüste. Der Illustrationszyklus der Marienstunden weicht vom üblichen Themenkanon etwas ab: die Miniatur zur Non zeigt eine Beschneidung Christi (statt der Darbringung); die zur Vesper enthält den Marientod (statt der Flucht nach Ägypten); die Verkündigungsdarstellung wird von einer zusätzlichen Abfolge von Szenen aus dem Leben Marias gerahmt. Den

Kreuzstunden ist die Kreuztragung beigefügt (statt der kanonischen Kreuzigung), die Geiststunden haben die übliche Pfingstdarstellung. Die den Bußpsalmen vorangestellte Szene – David erblickt Bathseba im Bade – hat gegen Ende des 15. Jahrhunderts die bis dahin kanonische Darstellung des reuigen David im Gebet abgelöst. Das Titelbild zum Totenoffiz dokumentiert ebenfalls einen um diese Zeit vollzogenen Wandel in der Stundenbuch-Ikonographie: es zeigt die Auferweckung des Lazarus statt der früher üblichen Totenmessen oder Begräbnisszenen. Die textlich relativ kurzen Heiligensuffragien sind ungewöhnlich reich geschmückt: jedem der neun Heiligen ist ein Vollbild gewidmet; die Figuren sind in diesen Darstellungen so nahe an den vorderen Bildrand gerückt, daß sie meist in Kniehöhe von der unteren Rahmenleiste überschnitten werden. Die Gestaltung des architektonischen oder landschaftlichen Ambientes zeichnet sich durch einen in der französischen Buchmalerei dieser Zeit eher seltenen Detailreichtum und einige ungewöhnliche Szenarien aus; so ist z. B. Maria Magdalena in eine enge, bewaldete Felsschlucht gestellt.
Stilistisch gehören die Miniaturen in die Nachfolge Jean Colombes, dessen Tendenz zur Abrundung von Gesichtstypen und Körpervolumen hier noch gesteigert erscheint; charakteristisch für den Colombe-Umkreis ist auch die Rahmung der Miniaturen durch über Eck gestellte, statuengeschmückte Pfeiler (vgl. zu Colombe Kat. nr. 42, S. 145 f.). Die starke Tendenz zur Verwendung von Dreiviertelfiguren setzt aber auch schon eine Kenntnis der Frühwerke Bourdichons voraus (vgl. zu diesem Miniator Kat. nr. 51, S. 163).
Es gibt eine ganze Gruppe eng verwandter Stundenbücher, die nicht nur denselben Figurenstil aufweisen, sondern auch in ikonographischen Besonderheiten und in den Kompositionen übereinstimmen, dieselben charakteristischen Rahmungen besitzen usw.; alle diese Handschriften sind offenbar nach demselben Modell gefertigt (dazu gehören u. a. ms. 3027 der Bibliothèque municipale Rouen, ms. nouv. acq. lat. 3117 der Bibliothèque Nationale Paris, ms. 5 der Bibliothèque municipale in Lunel, mss. 583 und 585 der Bibliothèque municipale Lyon, ferner ein bei Quaritch, London, 1931 [Lot 41] versteigertes Stundenbuch und eines, das bei Sotheby, London, am 13. 7. 1977 versteigert wurde [Lot 76]). Eine Schreibersignatur in einem dieser Codices (dem bei Quaritch verkauften) macht die Lokalisierung dieser Handschriftengruppe nach Lyon wahrscheinlich. Der Typus des Buches mit seinem schmalen, hochrechteckigen Format weist schon auf den Geschmack der Zeit um 1500.

Abbildung 58. Fol. 15 v/16 r: Illustration zum Evangelienabschnitt des Lukas. Der Evangelist sitzt, vom unteren Bildrand überschnitten, ganz vorne im Bildraum in greifbarer Nähe zum Betrachter. Die naturalistische Durchbildung und plastische Modellierung seines von einem zarten Heiligenschein umgebenen Charakterkopfes erhöhen die Unmittelbarkeit der Darstellung. Lukas schreibt auf einer Schriftrolle, die über seine Knie gelegt ist; hinter ihm sein Symboltier, der Ochse; neben diesem ein Pult mit einem geschlossenen Buch. Die luftige Loggia, mit von Figuren besetzten Säulen und medaillonverzierter Balustrade, öffnet sich in eine helle Landschaft. Die seitlichen Miniaturbegrenzungen bilden Pfeiler mit Figurennischen; auf der Sockelleiste ist der Evangelienbeginn *In ille tempor*(e) zu lesen.

Literatur. Französische Schule II, 142 ff., Abb. 302–322 und Farbtafel VIII.

53 Cod. 1853*

STUNDENBUCH (lateinisch und französisch)

Toul oder Nancy, Ende 15. Jh. Abb. 59

Pergament, 202 x 152, 237 Blatt. Schriftspiegel 110 x 75 mm (im Kalender 110 x 100 mm); geschrieben in gotischer Textura. 65 Miniaturen (50 durchschnittlich 135 x 75 mm, 3 ca. 65 x 75 mm, 12 ca. 30 x 25 mm), 41 historisierte Initialen; Zierrahmen auf allen Seiten, zahlreiche Zierinitialen, Zeilenschlußleisten.

Renaissance-Einband: roter Samt, vermutlich Österreich.

Die Handschrift wurde wohl für eine Angehörige des Herzogshauses Lothringen hergestellt, wie eine Reihe übermalter Wappen und das Vorkommen von Emblemen und Devisen, die von René I. von Anjou und Personen seiner Umgebung herrühren, nahelegen (daß das Stundenbuch für eine Frau hergestellt wurde, geht aus dem Genus femininum in den Gebeten Obsecro te und O intemerata hervor). Auch der liturgische Gebrauch und die Darstellung mehrerer Lokalheiliger in den Miniaturen weisen auf eine Entstehung des Stundenbuches in Lothringen (Toul oder Nancy). Der Kodex kam in der zweiten Hälfte des 18. Jahrhunderts in die Hofbibliothek.

Text. Das Stundenbuch ist von seiner textlichen Zusammenstellung her ungewöhnlich reich. Der Grundbestand (Kalender, Marien-, Kreuz- und Geiststunden, Bußpsalmen, Totenoffiz und Heiligensuffragien) ist nicht nur um relativ übliche Zusätze wie die Mariengebete Obsecro te, O intemerata, Stabat mater u. a. erweitert, es wurden auch eine Reihe äußerst ungewöhnlicher Texte hinzugefügt: ein kompletter Stundengebetszyklus zur Unbefleckten Empfängnis *(hore de conceptione)*, ein Gebet zum selben Thema *(Inviolata, integra et casta es. . .)*, Gebete vor dem Empfang der Kommunion, zum Gekreuzigten, zur 'Sainte Larme de Vendôme' *(Saincte larme glorieuse . . .)*, zur heiligen Katherina von Siena, ein Mariengebet von Guillaume Alexis *(O royne qui fustes mise et assise. . .)*, ein französisches Gebet in Versen zum Salve Regina *(Salve rose treffine. . .)* und einige kleinere Gebete (gegen den Teufel, zu Maria, Gottvater, Gottsohn, dem Heiligen Geist u. a. m). Der liturgische Gebrauch des Stundenbuches entspricht dem der Diözese Toul (Lothringen).

(Zur Konstituierung des Stundenbuches als privates Andachtsbuch der Laien und zu den Möglichkeiten der liturgischen Identifizierung vgl. Kat. nr. 8, S. 79 ff.).

Ausstattung. Ebenso ungewöhnlich wie die Textzusammenstellung des vorliegenden Stundenbuches ist sein außerordentlich umfangreicher Illustrationszyklus. So dürften etwa die Illustrationen der Stundengebete zur Unbefleckten Empfängnis im Rahmen eines Stundenbuches wohl einmalig sein: drei Szenen aus Legenden (Legenda aurea CLXXIX, 188), welche die Geschichte der Einführung des Festes der Unbefleckten Empfängnis zum Thema haben (Abt

Helsinus von Ramsey wird auf sein Versprechen hin, das Fest der Unbefleckten Empfängnis einzuführen, von Maria aus Seenot errettet; Maria erscheint einem jungen Novizen und fordert ihn auf, sich mit ihr statt mit einer anderen Frau zu vermählen; Maria rettet einen ehebrecherischen Priester vor dem Ertrinken), weiters die Szene der Überreichung der Bulle 'De conceptione' durch Papst Eugen IV. (Konzil von Basel 1439), eine allegorische Darstellung der Jungfräulichkeit Mariens, schließlich Moses mit dem brennenden Dornbusch (gleichfalls ein Symbol der Jungfräulichkeit). Weitere, teils ungewöhnliche, Marienbilder sind den verschiedenen Mariengebeten beigefügt, darunter die unikale Darstellung der Schwarzen Madonna von Le Puy en Auvergne (siehe Abbildung). Bemerkenswert sind ferner einige Miniaturen zu den Heiligensuffragien, in denen die auch im Kalender hervorgehobenen Lokalheiligen durch Vollbilder vertreten sind, etwa Aper, Gerardus und Mansuetus (Bischöfe von Toul), die heilige Libaria oder der selige Bernhard III., Markgraf von Baden (mit dem lothringischen Herrscherhaus verwandt). Völlig außergewöhnlich ist schließlich noch die beim Gebet 'Septem Verba' eingefügte Miniatur mit einem Autorbild des Beda Venerabilis.

Abweichend von der Norm der Stundenbuchillustration ist auch, daß die Kreuz- und Geiststunden, statt nur mit einer Titelminiatur ausgestattet zu sein, einen vollen Bilderzyklus besitzen (Passionsszenen bei den Kreuzstunden; Trinität, Taufe Christi, drei Pfingstdarstellungen, Predigt Petri und Aussendung der Apostel bei den Geiststunden). Für die Bebilderung der Marienstunden wurden die üblichen Themen der Kindheitsgeschichte Christi gewählt.

Bei den meisten Miniaturen befinden sich auf der gegenüberliegenden Seite, am Textbeginn, historisierte Initialen, die thematische Ergänzungen zu den Hauptbildern enthalten.

Das Dekorationssystem des Stundenbuches zeichnet sich durch eine außerordentlich variantenreiche Bordürengestaltung aus.

Die bildliche Ausstattung des Stundenbuches wurde in einem ostfranzösischen Atelier ausgeführt, in dem Anregungen aus verschiedenen regionalen Schulen und Stilen, vor allem denen der Loire-Gegend, verarbeitet sind: in erster Linie Kompositionen des Bourdichon-Kreises mit ihrer charakteristischen Bevorzugung von Dreiviertelfiguren, des Jean Colombe und der unmittelbaren Fouquet-Nachfolge. Vereinzelt kommen auch Rückgriffe auf frühere Bildkompositionen, etwa der Zeit der Brüder Limburg, vor. Stilistisch und in der Typik sind Beziehungen zu den Künstlern um Herzog René II. von Lothringen unverkennbar (für diesen ausgeführte, vergleichbare Handschriften sind: ms. lat. 10491 der Bibliothèque Nationale Paris, ms. 601 der Bibliothèque de l'Arsénal, Paris und ms. 42 der Collection Dutuit im Petit Palais, Paris).

Abbildung 59. Fol. 135 v: Illustration zum Mariengebet *O royne qui feustes mise. . .;* Schwarze Madonna, *Nostre Dame du Puy en Auvergne.* Die Miniatur zeigt die in der französischen Revolution zerstörte Kultstatue eines der bedeutendsten Wallfahrtszentren Frankreichs, Le Puy: eine frontal und starr

thronende Madonna mit vorgehaltenem Kind. Beide sind reich gekleidet, Gesicht und Hals besitzen ein tiefdunkles Inkarnat. Maria trägt eine polygonale edelsteinbesetzte Kronhaube mit einem Vogel an der Spitze, das Christuskind eine gotische Krone. Der Miniator hat die wohl aus der romanischen Epoche stammende, stark byzantinisierende Statue, also ein um Jahrhunderte älteres Bildwerk, stilistisch getreu wiedergegeben.
Die Darstellung der verlorengegangenen, einst hochberühmten Schwarzen Madonna von Le Puy ist als historisches Dokument von besonderer Bedeutung. Bis zum Bekanntwerden der Wiener Miniatur galt ein 1778 von Faujas de Saint-Fond angefertigter Stich als einzige authentische Wiedergabe.

Literatur. Französische Schule II, 91 ff., Abb. 196–241 und Farbtafel VI.

54 Cod. 41

PAULUS OROSIUS, HISTORIA ADVERSUS PAGANOS

Schule von Rouen, um 1500 Abb. 60

Pergament, 335 x 235 mm, 170 Blatt. Schriftspiegel 210 x 160 mm; geschrieben in kalligraphischer italienischer Renaissance-Bücherminuskel. Überschriften in Majuskel. 1 Miniatur, 7 Zierrahmen und zahlreiche Zierinitialen von hoher Qualität.
Französischer Renaissance-Einband: rotes Maroquin mit reicher Preß- und Handvergoldung; um 1575.
Die Handschrift wurde aller Wahrscheinlichkeit nach für Guillaume Briçonnet, Bischof von Saint-Malo (1493–1497), oder seinen gleichnamigen Verwandten, Bischof von Lodève bzw. Meaux, hergestellt. Vermutlich durch Schenkung kam sie in den Besitz des Kardinals Georges I. d'Amboise (Kardinal ab 1498, gestorben 1510), dessen Wappen über das des Bestellers gemalt ist (f. 1 r). Im frühen 17. Jahrhundert befand sich die Handschrift in lothringischem Besitz, wohl in dem der Louise Marguerite de Lorraine-Guise, wie aus den später eingestempelten verschränkten λ im Mittelfeld des Einbandes hervorgeht. Später gelangte sie in die Bibliothek des Georg Wilhelm Freiherrn von Hohendorf; seit 1720 ist sie im Besitz der Hofbibliothek.

Text. Der Codex enthält eine Abschrift der zirka 1476 von Hermann Lichtenstein in Vicenza gedruckten Orosius-Ausgabe (der Schreiber der Handschrift hat die Huldigungsrede an den Buchdrucker mit abgeschrieben).
Paulus Orosius (5. Jahrhundert) unternimmt in seiner *Historia adversus paganos* (Geschichte gegen die Heiden) den großangelegten Versuch, eine Universalgeschichte zu verfassen, die die Zeit von der Erschaffung der Welt bis zum Jahre 417 umspannt. Angeregt von Augustinus (dem das Werk auch gewidmet ist) und in Ergänzung zu dessen Civitas Dei (Gottesstaat) strebt er den Nachweis an, daß seit dem Wirken Christi die Zeiten besser geworden seien. Als Quellen dienen ihm alle großen römischen Geschichtsschreiber. Während des ganzen Mittelalters war sein unter christlichen Vorzeichen stehendes Geschichtskompendium wegen seines Materialreichtums sehr beliebt, was u. a. durch die hohe Zahl erhaltener Handschriften (etwa 200) belegt wird.

Ausstattung. Die Handschrift enthält eine einzige Miniatur mit dem von zwei

Engeln gehaltenen Wappen des Kardinals Georges I. d'Amboise (f. 1 r), im Stil der Schule von Rouen (vgl. Kat. nr. 59, S. 177 f.), sehr fein und sorgfältig ausgeführt.

Die Ausstattung zeichnet sich jedoch in erster Linie durch ihren außerordentlichen Reichtum an rein dekorativem Schmuck aus, der überaus abwechslungsreich gestaltet ist, und der mit seiner Einbeziehung italienischen Formengutes ein wichtiges Dokument für den Übergang von einem rein französischen zu renaissancehaft italianisierendem Stil darstellt: Zwei der sieben Bordüren (ff. 1 r und 107 r) sind mit ihren von Putti belebten Kandelabermotiven und Rankenarabesken Varianten italienischer Renaissance-Bordüren, ebenso repräsentieren einige Initialen (ff. 24 r, 39 v, 66 v, 69 v, 188 r) einen rein italienischen Typus, vermutlich nach neapolitanischem Vorbild. Die dem französischen Motivrepertoire konformen Bordüren und Initialen weisen ihrerseits ein ungewöhnlich variantenreiches Motivrepertoire auf: Die Initialkörper können aus Akanthusranken, eingerollten Bändern, Astwerk, ineinandergeschlungenen Drachen u. a. m. gebildet sein; sie umschließen ihrerseits die verschiedensten Motive wie Vögel, Insekten, Menschenköpfe, Blumen, Drolerien usf.

Abbildung 60. Fol. 80 v und 107 r (große Initialen mit Zierrahmen), 39 r, 42 r, 71 r, 88 r, 91 r (kleine Initialen). – Verschiedene Beispiele von Bordüren und Initialen: Initiale *S* aus einem geflügelten Drachen und Astwerk, auf Goldgrund mit Grisaille-Akanthus und Phantasieblüten, einer der Blütenkelche mit einer Putto-Halbfigur; die analog zum Initialfeld gestaltete Bordüre wird von einem Pfau belebt (f. 80 v). – Initiale *O*, glyptischer Buchstabenkörper; Bordüre und Initialfeld italianisierend: bronzefarbene Kandelabermotive bzw. Akanthusranken mit Putti bzw. einer Narren-Büste (f. 107 v). – Initiale *A* aus verschiedensten Elementen, nämlich Akanthusranke, Blattmaske und Vogelkopf, zusammengesetzt, im Innenfeld Blumen (f. 39 r). – Initiale *A* aus einem Fisch und Astwerk, im Innenfeld zwei Fliegen (f. 42 r). – Initiale *A* aus Blattmasken und Ranken (f. 71 r). – Initiale *I*: italienischer Typus; um den Buchstabenkörper gerollte Spiralranke auf grün-rot-blauem Grund (f. 88 r). – Initiale *A* mit Akanthusranke und eingerolltem Band als Vertikalschäfte, im Innern zwei Stieglitze (f. 91 r).

Literatur. Französische Schule II, 56 ff., Abb. 89–101.

55 Cod. 1849

STUNDENBUCH (lateinisch)

Florentinisch und französisch, Anfang 16. Jh. Abb. 61

Feines Pergament, die vier einzeln eingefügten Blätter mit den Vollbildern etwas stärker, 220 x 145 mm, 155 Blatt. Geschrieben in italienischer gotischer Büchersminuskel. 4 Vollbilder (105/115 x 70/75 mm), 15 kleine Miniaturen und 4 historisierte Initialen, alle mit

Zierrahmen, 9 weitere Zierrahmen (meist mit reichem Medaillonschmuck); auf allen Seiten Zierleisten, zahlreiche Zierinitialen.
Renaissance-Einband: dunkelbraunes Maroquin, dicht mit Flechtwerk überzogen, Neapel.
Die Handschrift wurde für ein Mitglied der Familie Mendoça de la Vega-Guzman ausgeführt (Wappen auf den Schließen des Einbandes).

Ausstattung. Es handelt sich bei der vorliegenden Handschrift um ein italienisches Stundenbuch, in das drei Einzelblätter mit Miniaturen von der Hand eines französischen Buchmalers eingefügt sind: die Auferweckung des Lazarus (f. 60 v, vor dem Totenoffiz), David im Gebet (f. 102 v, vor den Bußpsalmen) und Pfingsten (f. 133 v, vor den Geiststunden).
Die Malerei stammt von einem sehr eigenständigen Miniator, der noch keiner der bekannten französischen Buchmalereischulen der Zeit unmittelbar zugeordnet werden kann. Charakteristisch ist eine gewisse Manieriertheit der Gesichtstypen und die etwas preziöse Gestikulation. Stilistisch mit den drei Wiener Miniaturen identisch ist die Illustrationsfolge eines ebenfalls in Italien entstandenen Stundenbuches (ms. 169 der Biblioteca Palatina in Parma); auch dort handelt es sich um einzeln eingefügte Blätter mit leeren Rückseiten. Der italienische Teil der Ausstattung der vorliegenden Handschrift – ein Werk der Florentiner Buchmalerei (Schule der Brüder del Fora) – ist außerordentlich prachtvoll. Als einzigartig kann der unerhörte Reichtum des Repertoires an antiken Gemmen gelten, die zur Füllung der Medaillons in den Bordüren benützt werden.

Abbildung 61. Fol. 60 v: Auferweckung des Lazarus. Unter der wunderwirkenden Geste Christi richtet sich Lazarus mit Hilfe eines Mannes auf. Christus wird von der Schar der Apostel begleitet, Lazarus, eine ganz helle Figur, wird von der Gruppe seiner Angehörigen und Zuschauern, deren einige sich die Nase zuhalten, dunkel hinterfangen. Den Hintergrund bildet eine Landschaft mit einer befestigten Stadt. Die französische Miniatur steht in italienischem Ambiente: Die Bordüre ist in ihrem Formenrepertoire und ihrem Motivschatz rein italienisch; in die Arabeskenranken sind Medaillons eingelassen, die Kopien antiker Gemmen vorstellen sollen. – Fol. 61 r: Florentinisch, Anfang des 16. Jahrhunderts (Schule der Brüder del Fora). Ein gehörnter Tod, die Sense im Arm, reitet auf einem schwarzen Pferd über Tote. Die Bordüre nimmt in mehrfacher Hinsicht dieses Thema auf, zunächst wiederholt sie in dem eine römische Medaille kopierenden Medaillon des unteren Bordürenstreifens das Motiv des todbringenden Reiters; ein gerüsteter Feldherr, hoch zu Roß, stößt die Lanze einem gestürzten Feind in den Leib; dann zeigt sie Totenköpfe mit Todesdevisen und den Eremiten, der auf einen Totenkopf in seiner Hand weist.

Literatur. Französische Schule II, 154 ff., Abb. 328–330 und Farbtafel IX. – Zur Vergleichshandschrift in Parma vgl. A. Ciavarella, Codici Miniati della Biblioteca Palatina di Parma, Milano 1964.

56 Cod. 2618

PIERRE SALA, COMPLAINTE AU DIEU D'AMOUR

Lyon, Anfang 16. Jh. Abb. 62

Pergament, 255 x 180 mm, 23 Blatt. Schriftspiegel 163 x 88 mm; geschrieben in großer französischer Bastarda. 1 Vollbild in der Größe der gesamten Seite, 1 Zierrahmen, Initialen und Zeilenschlußleisten in jeder Zeile.

Klassizistischer Einband; rotbraunes Maroquin mit teilweiser Vergoldung, Wien, 1. Hälfte des 19. Jahrhunderts.

Widmungsexemplar für Kardinal François de Tournon ausgeführt (Wappen f. 2 r und Erwähnung im Epilog); später gelangte es in den Besitz des Prinzen Eugen von Savoyen, seit 1738 in der Hofbibliothek.

Text. Die *Complainte au dieu d'Amour* (Klage an Gott Amor) wurde vom Verfasser Pierre Sala (1457–1529), wie aus dem Epilog zu entnehmen ist, Kardinal François de Tournon gewidmet. Es handelt sich um eine in Versen geschilderte Traumvision des Autors, der in wehmütigen Gedanken an seine unerwiderte Liebe vom Schlaf übermannt wurde und dem nun Amor erscheint, um ihn zu trösten; der Liebesgott verspricht dem Liebenden, daß er ihm Erhörung verschaffen werde und gibt ihm noch einige Ratschläge. Bevor er ihn verläßt, erteilt er ihm den Auftrag, den Traum 'in Reimen' niederzuschreiben, zum Trost für die anderen treuen Diener der Liebe. Der Autor erwacht vom rauschenden Flügelschlag des davonfliegenden Amor.

Ausstattung. Die einzige Miniatur der Handschrift enthält die Darstellung einer topographischen Ansicht, in die die Ausgangssituation der Dichtung – Amor erscheint dem schlafenden Verfasser – als verschwindend kleine Episode eingefügt ist (genauer vgl. unter Abbildung). Die erste Textseite ist mit einem kompartimentierten Zierrahmen geschmückt, die ungleich langen Verszeilen sind durch Zierleisten bis zum Rand des Schriftspiegels aufgefüllt.

Abbildung 62. Fol. 1 r: Ansicht des Fourvière-Hügels von Lyon mit der Kathedrale Saint Jean am Ufer der Saône und dem Haus des Verfassers Pierre Sala (*l'anticaille,* wie es im Text f. 3 v genannt wird) auf der Kuppe eines Weinberges. In diesem Landschaftsporträt – wohl eine der allerfrühesten Ansichten von Lyon – ist das eigentliche Thema ein winziges Detail: im geöffneten mittleren Fenster des Hauses am oberen Bildrand lehnt der Verfasser als kleines Figürchen; ein gleichfalls in Miniaturformat wiedergegebener geflügelter Putto mit Krone auf dem Kopf und Pfeil in der Rechten – Gott Amor – schwebt auf den Schlafenden zu. Die Darstellung bezieht sich auf die Verse (f. 6 r)

Si m'endormis je contre une fenestre
Mon chef enclin dessus la main senestre.
En ce dormir me vint tel vision,
Dont amour veult, que fasse mention.
Advis m'estoit que droit a moy venoit
Le dieu d'amours. . .

(Ich schlief an einem Fenster ein
Den Kopf in die linke Hand gestützt.
Im Schlaf hatte ich die Vision,
die ich auf Amors Wunsch beschreiben soll.
Mir schien, daß der Liebesgott
geradewegs auf mich zukam. . .).

Literatur. Französische Schule II, 157.

57 Cod. 1927

STUNDENBUCH (lateinisch und französisch)

Paris (?), Mitte 15. (Text und Textdekoration) und Anfang 16. Jh. Abb. 63

Feines Pergament, 170 x 120 mm, 249 Blatt. Schriftspiegel 78 x 48/50 mm (Kalender 74 x 48 mm); geschrieben in kalligraphischer französischer Textura. 29 Vollbilder mit rundbogigem Abschluß (75 x 50 mm, f. 57 v: 93 x 52 mm), 23 kleinere Miniaturen (45 x 35 mm) und 145 Randminiaturen (40 x 10 mm, 35 x 30 mm, 40 x 25 mm), davon 120 im Kalender. Auf allen Seiten mit Miniaturen Zierrahmen, auf allen Textseiten Zierleisten; zahlreiche Zierinitialen, Zeilenschlußleisten. Die Schrift und die Dekoration innerhalb des Textes (Initialen und Zeilenschlußleisten) früher als der Rest der Ausstattung.
Klassizistischer Einband: braunes Maroquin mit Gold- und Blindpressung, Wien, Anfang des 19. Jahrhunderts.
Die Handschrift ist zu Beginn des 18. Jahrhunderts in der Hofbibliothek nachweisbar.

Text. Die Handschrift enhält die üblichen Stundenbuchtexte – Kalender, Kreuz- und Geiststunden, Evangelienabschnitte, Marienstunden, Bußpsalmen, Totenoffiz und Heiligensuffragien – zusätzlich zu den ebenfalls geläufigen Mariengebeten Obsecro te und O intemerata. Kalender, Litanei, Marienstunden und Totenoffiz weisen auf die Diözese Paris.
(Zur Konstituierung des Stundenbuches als privates Andachtsbuch der Laien und zu den Möglichkeiten der liturgischen Identifizierung vgl. Kat. nr. 8, S. 79 ff.).

Ausstattung. Die Handschrift zeichnet sich durch eine ganz außerordentliche Fülle des Bildschmucks aus, sowie durch ikonographisch völlig ungewöhnliche Darstellungen.
Zunächst ist der Kalender sehr reich illustriert, er enthält nicht weniger als 120 Randminiaturen, in denen, zusätzlich zu den Tierkreiszeichen und Monatsbeschäftigungen, Heilige und Kirchenfeste dargestellt sind. Weiters sind die Kreuz- und Geiststunden statt nur mit einer Titelminiatur mit einem vollen Bilderzyklus ausgestattet (die Miniaturen zu den einzelnen Stunden in kleinerem Format gehalten als die Titelbilder): die Kreuzstunden mit Darstellungen der Passion Christi, die Geiststunden – deren ausführliche Bebilderung besonders selten ist, und für die kein feststehender ikonographischer Kanon besteht – mit der Verkündigung (die normalerweise das Thema der ersten Darstellung der Marienstunden bildet und dort auch in unserer Handschrift nochmals zu sehen ist), Himmelfahrt Christi, Abschied der Apostel, einem Jüngsten Gericht und vor allem zwei ikonographisch ungewöhnlichen Darstel-

lungen des Heiligen Geistes als einer geflügelten göttlichen Person (statt als Taube). Die Marienstunden sind mit dem üblichen Zyklus der Kindheitsgeschichte Christi geschmückt, besitzen jedoch ein zusätzliches Titelbild mit der Darstellung der Wurzel Jesse (des Stammbaums Christi). Vollends ungewöhnlich ist die Illustrierung des Totenoffiziums: statt einer Miniatur sind es elf (zu Beginn des Textes und zusätzlich zur Matutin und zu den neun Lesungen), statt der für das Totenoffiz durchaus geläufigen Szene des Hiob auf dem Misthaufen ist ein ganzer Zyklus der Hiobsgeschichte vorhanden (die Vernichtung der Besitztümer Hiobs, der Tod seiner Söhne, Hiob von Teufeln geschlagen, von seiner Frau verspottet usw.).

An der Ausstattung der Handschrift waren mehrere Künstler beteiligt, die alle ein und demselben Atelier angehören und in enger Beziehung zur Schule von Rouen stehen. Sie verwenden ein helles, leuchtendes Kolorit und reichlich Gold in den Mustern und Lichthöhungen der Gewänder. Einer der Miniatoren, der jedoch nur wenige Bilder ausgeführt hat, zeichnet sich durch eine außerordentlich freie malerische Technik aus.

Stilistisch eng verwandte Handschriften sind u. a. mss. 79 und 1397 des Musée Condé in Chantilly, ms. Martainville 183 der Bibliothèque municipale Rouen, ms. Vit. 24–3 der Biblioteca Nacional in Madrid oder ein bei Sotheby, London, verkauftes Stundenbuch (Lot 63, 9. 12. 1974). Mit diesen Handschriften bestehen teilweise auch Übereinstimmungen in seltenen ikonographischen Motiven (z. B. finden sich Wurzel Jesse und Hiobsszenen auch im Madrider Codex).

Abbildung 63. Fol. 170 r: Titelbild zum Totenoffiz. Die Parabel vom reichen Prasser und vom armen Lazarus (Lukas 16, 19 ff.). Im Mittelbild ist der reiche Prasser in der Hölle dargestellt, wie er von Teufeln gepeinigt wird. Er leidet unermeßlichen Durst und weist mit der Linken auf seinen Mund in der Hoffnung, vom armen Lazarus Kühlung zu erhalten. Dieser bzw. dessen Seele (als kleines Kind dargestellt) befindet sich wohlbehütet in den Armen Abrahams, der wie sonst Gottvater als Büste in einem Wolkenkranz am Himmel erscheint, aber durch den Judenhut als Abraham erkenntlich ist. In den Randminiaturen ist die Vorgeschichte illustriert, die noch zu Lebzeiten der beiden Hauptbeteiligten spielt: in der Mitte der unteren Bordüre der vornehm gekleidete reiche Prasser in Damengesellschaft vor einem gedeckten Tisch, während rechts davon der arme Lazarus von der Tür gewiesen wird; in der Miniatur darüber der sterbende Lazarus. Die beiden Gestalten in den Architekturnischen am linken Bildrand unterstreichen mit ihren Gesten die Moral der Geschichte: sie weisen jeweils auf den Prasser, verschwenderisch und hartherzig im Leben, bestraft im Tod.

Literatur. Französische Schule II, 73 ff., Abb. 145–167 und Farbtafel IV.

58 Cod. 1906

STUNDENBUCH (lateinisch und französisch)

Schule von Rouen, zwischen 1503 und 1512 Abb. 64

Pergament, 193 x 135 mm, 234 Blatt. Schriftspiegel 125 x 80 mm; geschrieben in kräftiger französischer Textura (einzelne Abschnitte in Bastarda). 35 Miniaturen (17 davon 92/110 x 80/85 mm, mit rundbogigem oberen Abschluß; kleinere in rechteckigen Bildfeldern 60/95 x 80 mm), 1 Wappenfrontispiz (139 x 79 mm), alle mit Zierrahmen; zahlreiche Zierleisten, Zierinitialen und Zeilenschlußleisten.

Klassizistischer Einband: rotbraunes Maroquin mit reicher Handvergoldung, Wien, Mitte des 18. Jahrhunderts.

Die Handschrift wurde für Aimeric d'Amboise, Großmeister des Johanniterordens (seit 1503, gest. 1512) ausgeführt (Wappenfrontispiz auf f. 2 v, Wappen in Initialen auf ff. 36 r und 101 r; Kalender, Marienstunden usw. sind nach dem Brauch des Johanniterordens). Später kam das Stundenbuch in die Bibliothek des Prinzen Eugen von Savoyen; seit 1738 im Besitz der Hofbibliothek.

Text. Den Grundbestandteilen eines Stundenbuches – Kalender, Evangelienabschnitte, Marien-, Kreuz- und Geiststunden, Bußpsalmen, Totenoffiz und Heiligensuffragien – sind die in Stundenbüchern gleichfalls üblichen Mariengebete Obsecro te und O intemerata sowie die Passion Christi nach Johannes beigefügt, aber auch eine ganze Reihe weniger geläufiger Texte: Stundengebet zur Unbefleckten Empfängnis, verschiedene Vorschriften und Zusätze zu den Stundengebeten für die einzelnen Abschnitte des Kirchenjahres, Ablaßgebete, ein Gebet gegen Türken und Ungläubige, ein Gebet zu Christus und zwei Gebete zur Schmerzensmutter. Das Stundenbuch folgt dem liturgischen Gebrauch des Johanniterordens, wie aus dem Kalendarium, den Marienstunden, dem Totenoffiz und zwei Rubriken hervorgeht.

(Zur Konstituierung des Stundenbuches als privates Andachtsbuch der Laien und zu den Möglichkeiten der liturgischen Identifizierung vgl. Kat. nr. 8, S. 79 ff.).

Ausstattung. Die Miniaturenfolge der Handschrift entspricht dem üblichen Kanon der Stundenbuchillustration: Szenen aus der Kindheit Christi und Marienkrönung zu den Marienstunden, Urias-Brief zu den Bußpsalmen, Auferweckung des Lazarus zum Totenoffiz und die Trinität als Titelbild der Heiligensuffragien, gefolgt von einzelnen Heiligendarstellungen in kleinerem Format. Die wichtigsten der zusätzlichen Texte sind gleichfalls mit Miniaturen versehen: Gefangennahme Christi (zur Passion Christi nach Johannes), Begegnung an der goldenen Pforte (zur Matutin der Unbefleckten Empfängnis), Gregorsmesse und zwei Pietà-Darstellungen (zu den Gebeten an die Schmerzensmutter bzw. einem der Ablaßgebete).

Die Dekoration sowohl der Text- wie der Miniaturseiten ist außerordentlich mannigfaltig. Ein Teil der Bordüren besitzt durchgehenden Goldgrund mit Akanthusranken, halb stilisierten Blumen, Vögeln, Insekten und Drolerien. Die Mehrzahl der Rahmen ist jedoch kompartimentiert durch Dreiecke, Rauten, gerollte Bänder, Kreise, ganze und halbierte Herzen, Kreuze, Blattformen, Vierpässe usw., die, in Gold oder Farbe, das Grundmuster des jeweiligen Rahmens

bilden, in welches die weiteren Verzierungen – Ranken, Blumen, Vögel usw. – eingefügt werden.
Die Handschrift ist ein sehr persönliches und sorgfältig ausgeführtes Produkt der Schule von Rouen. Das Szenarium ist detailreich gestaltet, die Landschaften sind farblich stark differenziert (Aufhellung des Mittelgrundes, verblauende Ferne). Innerhalb der Schule von Rouen steht der Wiener Handschrift in erster Linie ein Stundenbuch der Universitätsbibliothek Gent nahe (ms. 234), das über die Verwandtschaft von Figurenstil, Gesichtstypik usw. hinaus bei zahlreichen Miniaturen nahezu identische Kompositionen aufweist. In den engeren stilistischen Umkreis der Wiener Handschrift gehören ferner ein Stundenbuch des Stonyhurst College, ms. XLV, sowie ein Stundenbuch der Biblioteca Estense in Modena, ms. W. 9. 13.

Abbildung 64. Fol. 22 r: Illustration zur Passion Christi nach Johannes. Gefangennahme Christi. Eine dichtgedrängte Gruppe von Schergen ist im Begriff, Christus abzuführen. Unmittelbar davor ist die Petrus-Malchus-Episode wiedergegeben: Malchus liegt halb aufgerichtet am Boden und hebt schützend seine mit einer Keule bewehrte Linke gegen Petrus; der Apostel hält das Schwert, mit dem er das Ohr des Malchus abschlug, noch in der Hand.
Die Miniatur ist eine ziemlich getreue Umsetzung eines Stiches von Martin Schongauer, in stark gedämpften und stumpfen Farben gemalt, was offenbar die Nachtstimmung wiedergeben soll. Der Himmel ist an der von vielen Lanzen unterbrochenen Horizontlinie durch das letzte Tageslicht gelb aufgehellt.

Literatur. Französische Schule II, 59 ff., Abb. 102–119. – Zur Vergleichshandschrift der Universitätsbibliothek Gent vgl. G. van Acker, Beschouwingen over herkomst en verluchting van de horae Romanae, gekend als het getijdenboek van Alexandre Petau (Universiteitsbibliotheek te Gent, Hs. 234), in: Gentse bijdragen tot de kunstgeschiedenis en de oudheidkunde XVII (1957–58) 219–239, mit 12 Abbildungen.

59 Cod. 2581, 2582

FRANCESCO PETRARCA, TRIONFI. FRANZÖSISCHE ÜBERSETZUNG MIT KOMMENTAR DES BERNARDO GLICINO (2 Bände)

Schule von Rouen, 1. Jahrzehnt 16. Jh. Abb. 65

Pergament, 325 x 210 mm; I. Band 296 Blatt, II. Band 304 Blatt. Schriftspiegel 225/235 x 125 mm; geschrieben in kalligraphischer französischer Bastarda. 152 Vollbilder (86 im I., 66 im II. Band, 260/285 x 150/170 mm) in architektonischen Zierrahmen, zahlreiche Zierinitialen und Zeilenschlußleisten.
Französische Barock-Einbände: marmoriertes braunes Kalbleder mit Handvergoldung, Ende des 17. Jahrhunderts.
Die Handschrift befand sich im Besitz des Herzogs Antoine von Lothringen (sie ist im Inventar seiner Bibliothek aus dem Jahr 1544 erwähnt; in beiden Bänden befindet sich das lothringische Wappen); später gelangte sie in die Sammlung des Prinzen Eugen von Savoyen, seit 1738 in der Hofbibliothek.

Text. Die *Trionfi* (Triumphe), ein wie die Göttliche Komödie Dantes in

Terzinen abgefaßtes Lehrgedicht, sind ein Alterswerk Petrarcas (1304–1374). Unter dem Einfluß Dantes verknüpft der Dichter die Verherrlichung seiner Angebeteten, Laura, mit einer groß angelegten Darstellung des Schicksals der Menschen (Dante hatte in der Divina Commedia Beatrice zur Führerin durch das Paradies gemacht). Der Schauplatz des Traumes ist Vaucluse, ein landschaftlich reizvolles, von Petrarca öfters gerühmtes kleines Tal in der Umgebung von Avignon: An einem schönen Frühlingstag versinkt der Dichter dort in tiefen Schlaf. Im Traum erscheinen ihm nacheinander die verschiedenen Triumphzüge, in deren Schilderung er die Geschichte seiner Liebe zu Laura einflicht; Laura tritt überdies selbst als eine der Triumphgestalten in Erscheinung. Zunächst erblickt der Dichter den von vier weißen Rossen gezogenen Triumphwagen Amors mit dem endlosen Zug von Personen, die dem Liebesgott im Leben untertan waren. Dann erscheint Laura, gleichzeitig Personifikation der Keuschheit, besiegt Amor und führt ihn auf ihrem Triumphwagen, begleitet von Gleichgesinnten, gefesselt zum Tempel der Pudicitia (Keuschheit). Laura wird jedoch vom Tod besiegt, der nun seinerseits seinen Triumph feiert. Die Toten wieder werden durch den Ruhm aus ihren Gräbern geweckt, und in langem Zug folgen berühmte Männer und Frauen dem Triumphwagen. Allein die Zeit siegt über die berühmten Namen. Zum Schluß triumphiert die Ewigkeit über alles. Die ersten vier 'Triumphe' – Liebe, Keuschheit, Tod und Ruhm – bilden jeweils den Auftakt zur Schilderung der Lebensgeschichten der dem Triumphwagen folgenden Personen. Am längsten ist die Serie der Lebensbeschreibungen im Abschnitt über den Ruhm. Das Kapitel des Triumphes der Zeit beinhaltet Betrachtungen des Dichters über die Lebensalter, die Jahreszeiten, den Lauf der Gestirne u. ä., der Triumph der Ewigkeit schließt mit der Hoffnung Petrarcas, Laura im Himmel wiederzusehen.

Die Trionfi gehörten bis weit ins 16. Jahrhundert zu den populärsten Werken des Dichters. Sie wurden von Simon Bougouync (oder Bourgoin), valet de chambre Ludwigs XII., ins Französische übersetzt. Es gibt jedoch nicht nur die in Versen abgefaßte Übersetzung des Bougouync, sondern auch eine – allerdings anonyme – Prosaversion. Diese liegt in der Wiener Handschrift vor. Die Bibliothèque Nationale Paris besitzt eine Reihe französischer Trionfi-Handschriften, u. a. mss. fr. 223, 594, 12 423, 12 424, 22 541, z. T. mit derselben Textredaktion wie das Wiener Exemplar.

Ausstattung. Die Handschrift ist außerordentlich reich illustriert. Den sechs Triumphzug-Darstellungen folgen jeweils mehr oder weniger umfangreiche Bilderserien zu den Scharen der Triumphzug-Teilnehmer, die reichste zum Kapitel über den Ruhm mit 84 Miniaturen (mehr als die Hälfte der gesamten Bebilderung). Die eigentlichen 'Trionfi'-Darstellungen zeigen den jeweiligen Sieger auf seinem Gefährt: Amor als geflügelten Putto mit Pfeil und Bogen, sein Wagen wird von vier weißen Pferden gezogen (f. 12 v); die Keuschheit als junge Frau in modischem Gewand (Laura), mit der Linken eine Säule umfassend, in der Rechten einen Palmzweig, zwei Einhorne vor den Wagen gespannt (f. 79 v);

den Tod in Gestalt eines Kadavers auf einem Ochsenkarren, über am Boden liegende Tote hinwegrollend (f. 129 v); Fama (der Ruhm) bläst in die Tuba, zwei weiße Elefanten ziehen ihr Gefährt (f. 179 v); im Triumph der Zeit wird ein auf Krücken gestützter bärtiger Greis von einem weißen Hirschenpaar gezogen, die Personifikationen der vier Jahreszeiten umgeben seinen Wagen (II. Band, f. 225 v); vor den Triumphwagen der Ewigkeit schließlich, die als Trinität dargestellt ist, sind die vier Evangelistensymbole gespannt, die vier Kirchenväter flankieren das Gefährt (II. Band, f. 270 v). Mit Ausnahme des Triumphs der Fama und desjenigen der Ewigkeit – in diesen Darstellungen führt der Zug frontal aus dem Bild heraus – handelt es sich um friesartige Kompositionen mit bildparalleler Anordnung des Triumphzuges. Alle Miniaturen der Handschrift besitzen pseudoarchitektonische Rahmungen in Renaissance-Formen, die z. T. sehr abwechslungsreich gestaltet sind.

An den Malereien waren mehrere Miniatoren beteiligt, die jedoch alle der Schule von Rouen angehören und auch in anderen von diesem Atelier ausgeführten Handschriften zusammengearbeitet haben.

Mit dem Namen 'Schule von Rouen' wird eine Buchmalerschule bezeichnet, die sich zu Beginn des 16. Jahrhunderts unter dem Mäzenatentum König Ludwigs XII. von Frankreich und seines Ministers, des Kardinals Georges d'Amboise, Erzbischof von Rouen, herausgebildet hat. Die kriegerischen Expeditionen der Könige von Frankreich nach Italien hatten den französischen Adel seit 1494 – Karl VIII. eroberte vorübergehend das Königreich Neapel – mit Italiens Kunstschätzen bekannt gemacht und in ihm Bewunderung für die italienische Kunst geweckt. So erwarb der Kardinal Georges d'Amboise einen beträchtlichen Teil der Bibliothek der Könige von Aragon in Neapel. Der Kardinal ließ aber auch in Frankreich selbst zahlreiche Handschriften herstellen, eine ganze Gruppe von Schreibern und Miniatoren arbeitete für ihn (es sind aus den Jahren 1502 und 1503 zahlreiche Rechnungsbelege erhalten). Man kann annehmen, daß die von Georges d'Amboise erstandenen italienischen Codices den französischen Miniatoren als Vorlagen oder Vorbilder zur Verfügung standen. Der italienische Einfluß macht sich zum einen in der Wahl der Texte bemerkbar (zu den berühmtesten und wichtigsten Werken der Schule von Rouen gehören Ovid- und Petrarca-Illustrationen), zum anderen in der Übernahme des italienischen Motivrepertoires für die Zierrahmen; im Falle der Trionfi hat eine italienische bildliche Fassung auch die entscheidenden Anregungen für die Ikonographie und Komposition der Titelbilder gegeben. Stilistisch und in der Typik der Figuren steht die Schule von Rouen in der Tradition von Jean Bourdichon (vgl. zu diesem Maler Kat. nr. 51, S. 163), aber auch ein Nachwirken Jean Colombes (vgl. Kat. nr. 42, S. 145 f.) ist festzustellen.

Die für Ludwig XII. und Georges d'Amboise ausgeführten Handschriften sind: eine Handschrift von Petrarcas Trionfi in der Bibliothèque Nationale Paris (ms. fr. 594), ein Exemplar der Heroiden (Briefe der Leidenschaft) Ovids (ebendort, ms. fr. 873/874) und ein Codex mit den Remèdes de l'une et de l'autre

Fortune (Heilmittel gegen Glück und Unglück) Petrarcas (ebendort, ms. fr. 225), alle drei für den König von Frankreich; für den Kardinal waren u. a. eine Josephus-Flavius-Handschrift (Antiquités judaïques, Geschichte der Juden im Altertum) in der Bibliothèque Mazarine Paris (ms. 1581), eine Chronik des Monstrelet (Bibliothèque Nationale Paris, ms. fr. 2678–2679) und ein Exemplar der Fleur des histoires (einer Geschichtsanthologie) von Jean Mansel in der Bibliothèque Nationale Paris (ms. fr. 54). Um diese sozusagen den Grundstock der Schule von Rouen bildenden Werke kann eine solche Fülle von im selben Stil gearbeiteten Handschriften gruppiert werden, daß dieses Buchmaleratelier als das produktivste und führende vom Beginn des 16. Jahrhunderts gelten muß.

Die rege Produktion und das Verlangen nach reicher Illustrierung erfordert die Beteiligung einer ganzen Reihe von Miniatoren, oft auch bei ein und demselben Codex. Vor allem, wenn es sich um weniger wichtige Besteller oder um zweite und dritte 'Auflagen' eines Illustrationszyklus handelt, wird der Anteil der weniger qualitätvoll wirkenden Miniatoren immer größer.

In den Wiener Trionfi-Handschriften hat die als führend und repräsentativ geltende Hand 32 der 152 Miniaturen ausgeführt, darunter alle Titelbilder, also die sechs Triumphzüge. Zwei ähnlich reich bebilderte und stilistisch aufs engste verwandte Trionfi-Handschriften, von denen sich jedoch nur jeweils ein Band erhalten hat, befinden sich in Paris (Bibliothèque Nationale, ms. fr. 12 424 und Bibliothèque de l'Arsénal, ms. 5065). Über die Stilverwandtschaft hinaus stimmen die Illustrationen dieser beiden Bände mit den entsprechenden Wiener Miniaturen oft bis in die ikonographische und kompositionelle Anlage überein, ja sie sind manchmal nahezu identisch. Auch läßt sich die Mitwirkung derselben Miniatoren, wenn auch in anderer Verteilung als im Wiener Exemplar, feststellen.

Abbildung 65. Cod. 2581, fol. 179 v: Triumph der Fama (des Ruhms). Fama steht in modischem Gewand und Kopfputz in eleganter Pose auf ihrem bronzegoldenen Triumphwagen und bläst die Tuba. Flankiert von zwei gerüsteten Reitern auf Schimmeln (Cäsar und Scipio Africanus) fährt der Wagen, von zwei weißen Elefanten gezogen, auf den Beschauer zu. Dahinter folgt dichtgedrängt die Schar weiterer berühmter Männer, viele mit Lanzen bewaffnet.

Die Darstellung ist eine Kombination zweier italienischer Triumphzugtypen der Fama: Des Frontalzugs mit Elefanten (wo Fama im Clipeus oder auf der Weltkugel thront, Schwert und Buch bzw. Schwert und Amorstatuette in den Händen) und der Fama als Standfigur mit der Tuba.

Die Miniatur hat eine pseudoarchitektonische Rahmung.

Literatur. Französische Schule II, 19 ff., Abb. 10 –56 und Farbtafel II. – Zu Illustrationen der Werke Petrarcas vgl. Prince d'Essling et E. Müntz, Petrarque, ses études d'art, son influence sur les artistes, ses portraits et ceux de Laure, l'illustration de ses écrits, Paris 1902. – Zur Schule von Rouen vgl. G. Ritter–J. Lafond, Manuscrits à peintures de l'école de Rouen. Livres d'heures normands, Rouen–Paris 1913.

60 Cod. 2565

PLUTARCH, VITEN DES DEMOSTHENES, CICERO, CATO (französisch)
Schule von Rouen, Anfang 16. Jh.

Pergament, 340 x 210 mm; 192 Blatt. Schriftspiegel 235 x 125 mm; geschrieben in kalligraphischer Renaissance-Bücherminuskel (von einem Schreiber, der sich mit den ligierten Buchstaben SNB bezeichnet). 49 Vollbilder; zahlreiche Zierinitialen; Zeilenschlußleisten.
Französischer Barock-Einband: braunes marmoriertes Kalbleder mit Handvergoldung, Ende des 17. Jahrhunderts.
Die Handschrift befand sich mit großer Wahrscheinlichkeit in der Bibliothek des Herzogs Antoine von Lothringen (Wappen des Herzogtums Lothringen auf f. 1 r); später gelangte sie in den Besitz des Prinzen Eugen von Savoyen, seit 1738 in der Hofbibliothek.

Text. Die Handschrift enthält drei Viten des Plutarch in französischer Übersetzung nach der lateinischen Fassung des Leonardus Aretinus, und zwar von Demosthenes, Cicero und Cato. Die Bedeutung der Viten Plutarchs liegt nicht nur im historischen Interesse, sie sollen Beispiele ethischer Lebensführung und vorbildlichen Verhaltens sein oder, umgekehrt, abschreckende Wirkung erzielen.
Demosthenes (384/83–322 v. Chr.), der berühmteste der großen Redner Griechenlands, hatte von klein auf mit Schwierigkeiten zu kämpfen: frühzeitig Waise, wird er von seinen Vormündern um sein Vermögen betrogen; von eher schwächlicher Natur und voller Hemmungen, besaß er einen ausgeprägten Sprachfehler: er konnte das r kaum artikulieren. Der Kampf um das Erbe war Anlaß zu eingehender juridischer Ausbildung, der Kampf um das r zu rhetorischer Meisterschaft. Mit unerbittlicher Zielstrebigkeit gelang es ihm, höchsten politischen Einfluß in Athen zu gewinnen und einen Teil der griechischen Städte für einen Kampf gegen den die Selbständigkeit Griechenlands bedrohenden Philipp von Mazedonien zu bewegen. In Anerkennung seiner Verdienste erhält er den goldenen Kranz zugesprochen. 338 v. Chr. besiegt Philipp die Griechen bei Cheironeia, was zu Demosthenes' Niedergang führte. Auseinandersetzungen in Athen zwingen ihn zweimal zur Flucht; ehe er von Häschern gefaßt wird, vergiftet er sich selbst.
Cicero (106–43 v. Chr.), Roms bedeutender und scharfsinniger Redner, erwarb sich seine Ausbildung auf dem römischen Forum. Schnell erlangt er rhetorischen Ruhm; er durchlief alle wichtigen römischen Ämter, 69 v. Chr. Ädil, 66 Prätor und 63 schließlich Konsul. Die Aufdeckung der Verschwörung des Catilina gehört zu seinen großen Erfolgen. In den Bürgerkriegsereignissen der Jahre ab 49 v. Chr. agiert er politisch nicht zu seinen Gunsten: zuerst ist er Anhänger des Verlierers Pompejus, doch wird er von Cäsar geschont; hierauf kämpft er gegen Antonius, und diesem gelingt es, ihn ächten und in der Folge ermorden zu lassen.

Cato (Censorius, 234–149 v. Chr.), Politiker, Schriftsteller und Feldherr, vor allem jedoch bedingungsloser Vertreter der altrömischen Virtus. Der zweite Punische Krieg dient ihm zu militärischer Bewährung und Auszeichnung. Seine politische Karriere führt ihn in die höchsten Ämter: 204 v. Chr. Quästor, 199 plebejischer Ädil, 198 Prätor, 195 Konsul; Cato erreicht auch in der Folge immer wieder wichtige militärische und politische Positionen: Als Feldherr gelingt ihm im Krieg gegen Antiochus III. v. Syrien ein entscheidender Erfolg durch Umgehung der Thermopylen. Als Censor ist er streitbar, streng und untadelig; er versucht vehement, Korruptheit und Amtsmißbrauch zu verfolgen. Resolut, doch vergeblich, bekämpft er den immer stärker werdenden Einfluß der hellenistischen Kultur. Bis zu seinem Tod bekleidet er das Amt eines Auguren.

Ausstattung. Die Handschrift ist reich illustriert, alle Miniaturen sind Vollbilder in architektonischen Rahmungen.

Die Vita des Demosthenes begleiten acht Darstellungen mit den wichtigsten Etappen bzw. Ereignissen seines Lebens: die rhetorische Schulung (Anhören von bedeutenden Gerichtsrednern oder das Einüben wirksamer, die Rede unterstützender Gesten vor dem Spiegel); seine Macht, die bis zur Hinrichtung der von ihm Bekämpften reicht, und sein wechselvolles Schicksal ab der von den Griechen verlorenen Schlacht von Cheironeia bis zu seinem Selbstmord durch Gift im Neptuntempel von Calauria.

Die Miniaturen zum Leben Ciceros (19 Bilder) beginnen mit der Darstellung der Bewunderung, die schon dem Knaben ob seines Wissens und Scharfsinns entgegengebracht werden. Breit wird sodann sein öffentliches Wirken geschildert (etwa wie er das Agrargesetz im Senat zu Fall bringt oder die Verschwörung des Catilina meistert) sowie seine Einmischung in die kriegerischen Auseinandersetzungen seiner Zeit um die Vorherrschaft in Rom, was ja letztlich zu seiner Ermordung durch Häscher des Antonius führt.

Bei der Bebilderung der Vita des Cato (22 Miniaturen) geht es vor allem wieder um die Verherrlichung seines hervorragenden und beispielgebenden Verhaltens ganz in der Tradition altrömischer Tugenden. Illustriert werden sollen diese etwa durch die Ausweisung des korrupten Lucius Quintus Flaminius aus dem Senatssaal, die Unterrichtung seines Sohnes im Waffengebrauch oder die geringschätzige Behandlung des Königs Eumenes von Pergamon, dem Senatoren ehrerbietig Reverenz erweisen. In die Exempla sind biographische Momente eingeschoben, z. B. die Ausbildung des Knaben im Ringen oder seine zweite Eheschließung, bereits im Greisenalter, mit der Tochter seines Schreibers. Den Ausklang bildet eine Vision bei seinem Tod: er sieht Karthago in Flammen aufgehen.

Stilistisch gehört die Handschrift zur Schule von Rouen, eines äußerst produktiven Buchmalereiateliers vom Anfang des 16. Jahrhunderts. An der Ausmalung waren mehrere Hände beteiligt, die sich auch in der (ebenfalls von der Schule von Rouen ausgeführten) Trionfi-Handschrift finden (Kat. nr. 59, S. 177 f.; ebendort ausführlichere Erläuterungen zu diesem Atelier).

Literatur. Französische Schule II, 40 ff., Abb. 57–69.

61 Cod. 2587

PSEUDO-PLUTARCH (DONATO ACCIAJOLI), VITA HANNIBALIS

(französisch)

Schule von Rouen, Anfang 16. Jh. Abb. 66

Pergament, 320 x 200 mm (stark beschnitten), 65 Blatt. Schriftspiegel 225 x 120 mm; geschrieben in kalligraphischer Renaissance-Bücherminuskel (von einem Schreiber, der sich mit den ligierten Buchstaben SB und SNB bezeichnet). 26 Miniaturen (270 x 160/170 mm; f. 31 v kleiner, 130 x 85 mm) in architektonischen Zierrahmen; Zierinitialen und Zeilenschlußleisten.

Französischer Barock–Einband: braunes marmoriertes Kalbleder mit Handvergoldung, Ende des 17. Jahrhunderts.

Wahrscheinlich war die Handschrift im Besitz des Herzogs Antoine von Lothringen (wie Cod. 2565 und 2581/2582, die analoge Einbände besitzen, Cod. 2565 auch dieselbe Schreibersignatur); später in der Bibliothek des Prinzen Eugen von Savoyen, seit 1738 in der Hofbibliothek.

Text. Plutarch, dem Verfasser zahlreicher bedeutender Biographien, werden des öfteren Lebensbeschreibungen zugeschrieben, die nicht aus seiner Feder stammen. Zu diesen gehört die Vita des Hannibal, deren wirklicher Autor Donato Acciajoli ist. Der französische Übersetzer ist nicht bekannt, möglicherweise ist es Simon Bougouync, valet de chambre König Ludwigs XII. von Frankreich, der Petrarcas Trionfi ins Französische übertragen hat und auch eine Vita Hannibalis übertragen haben soll.

Hannibal (247/46 v. Chr.–183), die den zweiten Punischen Krieg dominierende Feldherrngestalt, hat seine militärische Karriere in Spanien begonnen. Um einer römischen Offensive gegen karthagische Besitzungen zuvorzukommen, unternimmt er den Angriff gegen Italien. 218 v. Chr. zieht er über die Alpen, schlägt die Römer am Ticinus, verbündet sich mit den Kelten der Po-Ebene, überquert sodann den Apennin, besiegt nach vorhergehenden Zusammenstößen ein weiteres römisches Heer am Trasimenischen See (217), durchzieht Italien und vernichtet das letzte große römische Aufgebot bei Cannae (216). Die Römer ändern in der Folge ihre Taktik, sie beginnen mit einem erfolgbringenden hinhaltenden Kleinkrieg; Rom selbst kann Hannibal nicht einnehmen, da er keine mauerbrechenden Waffen besaß, und eine Verstärkung, die sein Bruder Hasdrubal heranführen sollte, aufgerieben wird. Schließlich sieht sich Hannibal gezwungen, nach Afrika überzusetzen, da dort P. Cornelius Scipio 'Africanus' mit einem römischen Heer gelandet war; er verliert die Schlacht bei Zama (202). Innere Machtkämpfe in Karthago veranlassen Hannibal zur Flucht, zuerst zu Antiochus III. von Syrien, nach dessen Niederlage gegen die Römer zu Prusias I. von Bithynien. Um einer drohenden Auslieferung an Rom zu entgehen, begeht er im Jahr 183 Selbstmord.

Ausstattung. Die 26 Miniaturen illustrieren ziemlich lückenlos den Erfolg der Karthager unter Hannibal wie auch dessen vergebliches Bemühen, noch nach der Niederlage von Zama Schlachtenruhm zu erlangen, zuerst bei Antiochus, später bei Prusias; zwei Miniaturen behandeln sein Ende. Die Geschehnisse sind

zuweilen nicht direkt geschildert, so etwa ist statt der Schlacht am Trasimenischen See die Klage der Römer über ihre dort erlittene Niederlage dargestellt. Auch für die Schlacht von Cannae wird ein ähnliches Bebilderungsprinzip angewandt: Von der Schlacht selbst ist nur ein Detail illustriert (Hannibal läßt Rinder mit brennenden Fackeln an den Hörnern gegen das römische Heer treiben), zwei Miniaturen verweisen indirekt auf den Sieg, nämlich der ehrerbietige Empfang Hannibals durch die Bürger von Capua bzw. die Überbringung der Siegesnachricht in Karthago durch Mago, einen Bruder Hannibals.
Alle Miniaturen besitzen architektonische Rahmungen. Der reiche Illustrationszyklus zeigt den Stil der Schule von Rouen, des wichtigsten französischen Buchmalereiateliers vom Beginn des 16. Jahrhunderts (ausführlicher zu dieser Werkstatt siehe Kat. nr. 59, S. 177 f.); die ausführenden Hände sind zum Teil auch in anderen Bilderhandschriften dieser Schule nachzuweisen, etwa in den Wiener Trionfi-Bänden (Cod. 2581/2582, Kat. nr. 59). Die qualitätvollste Hand ist besonders eng verwandt mit derjenigen, die die Titelminiatur des 'Monstrelet' des Georges d'Amboise (Paris, Bibliothèque Nationale, ms. fr. 2678/2679) ausgeführt hat.

Abbildung 66. Fol. 2 r: Repräsentationsbild des jungen Hannibal am Beginn des Buches. Das ganze Bildfeld beherrschend und aus dem Bild herausblickend, reitet Hannibal in modischer Rüstung und mit einem straußenfedergeschmückten Hut auf einem reich aufgezäumten Schimmel.

Literatur. Französische Schule II, 46 ff., Abb. 70–77.

62 — Cod. 2624

P. OVIDIUS NASO, HEROIDES. FRANZÖSISCHE ÜBERSETZUNG VON OCTOVIEN DE SAINT-GELAIS

Schule von Rouen, Anfang 16. Jh. (nach 1496) — Abb. 67

Pergament, 255 x 180 mm (beschnitten), 141 Blatt. Schriftspiegel 190 x 100 mm; geschrieben in kalligraphischer französischer Bastarda. 21 Vollbilder und 1 Wappenfrontispiz in architektonischen Zierrahmen.
Französischer Barock-Einband: rubinrotes Maroquin mit Handvergoldung, 2. Hälfte des 17. Jahrhunderts.
Die Handschrift wurde für ein Mitglied der Familie Coligny, vermutlich Caspar I. von Coligny (gest. 1522), ausgeführt; später befand sie sich in der Bibliothèque Sainte-Geneviève, Paris; danach war sie im Besitz des Prinzen Eugen von Savoyen, seit 1738 in der Hofbibliothek.

Text. Ovid hat in seinen Dichtungen des öfteren den Gegenstand der Liebe behandelt. Zu den weniger bekannten Werken aus diesem Themenkreis zählen die *Heroides* (Briefe der Leidenschaft). Berühmte verlassene Frauen schreiben ihren Geliebten bzw. Ehegatten Briefe. Angefügt sind noch solche von drei unglücklich liebenden Paaren. Die poetische Fiktion der briefschreibenden Heroinnen ermöglichte es Ovid, die verschiedenen Gefühle und Affekte vor allem der weiblichen Psyche zu schildern. Briefschreiberinnen sind: Penelope (an

Odysseus), Phyllis (an Demophon), Briseis (an Achill), Phädra (an Hippolyt), Oenone (an Paris), Hypsipile (an Jason), Dido (an Aeneas), Hermione (an Orest), Deianira (an Herkules), Ariadne (an Theseus), Canace (an Macareus), Medea (an Jason), Laodamia (an Protesilaos), Hypermnestra (an Lynkeus), Sappho (an Phaon); die drei Paare sind: Paris und Helena, Leander und Hero, Acontius und Cydippe.

Die französische Übersetzung stammt von Octovien de St. Gelais, Bischof von Angoulême; sie wurde im Jahr 1496 König Karl VIII. von Frankreich gewidmet.

Der Text ist durch nachträgliche Übermalungen auf den Miniaturenseiten unvollständig geworden; der Briefbeginn fehlt jedesmal. Weitere Handschriften dieses Textes, ebenfalls mit Illustrationen, sind: Bibliothèque Nationale Paris, mss. fr. 873, 874, 875 und 25397; Bibliothèque de l'Arsénal, Paris, ms. 5108; Bibliothèque de la Chambre des Députés, Paris, ms. 1466; Dresden, Sächsische Landesbibliothek, O.65.

Ausstattung. Die Handschrift enthält ein monumentales Wappenfrontispiz (f. 1r) und 21 Textillustrationen (ff. 2 r, 6 v, 10 v, 18 v, 25 r, 32 r, 38 r, 45 r, 49 r, 55 r, 60 r, 65 r, 73 r, 80 r, 84 v, 92 v, 96 v, 100 v, 118 r, 125 r, 130 r). Hauptthema der Darstellungen ist die Veranschaulichung des Schreibens, Überreichens oder Lesens der Briefe, während die Episoden aus dem Leben der Heroinnen und Heroen jeweils in den kleinen Szenenfolgen der seitlichen Randleisten gezeigt werden. Alle Bildseiten besitzen eine architektonische Rahmung, in die ein porphyrfarbener Sockel mit den Emblemen und Devisen des Bestellers (siehe dazu die Beschreibung der abgebildeten Miniatur) eingelassen ist. Die Innenräume und das Mobiliar zeigen Renaissance-Formen.

Die Miniaturen sind ein hervorragendes Beispiel für den Stil der Schule von Rouen, jenes um die Jahrhundertwende unter dem Mäzenatentum Ludwigs XII. von Frankreich (1498–1515) und dessen Ministers Georges d'Amboise, Kardinal von Rouen (gest. 1510), aufblühenden Buchmaler-Ateliers, das für etwa zwei Jahrzehnte eine ungeheuer reiche Produktion entfalten sollte (ausführlicher siehe Kat. nr. 59, S. 177 f.). Eine Besonderheit unserer Handschrift ist das ganz auf Weiß und Bronzegold abgestimmte Kolorit der Miniaturen, mit nur wenigen, gedämpften Farbtönen für Landschaften, Bodenfliesen usw. Vereinzelt findet sich ähnliches auch in anderen Werken der Schule von Rouen, u. a. in einem Einzelblatt aus einer verlorenen Heroiden-Handschrift (Sotheby-Verkaufskatalog vom 9. 7. 1973, Lot 5), ferner in einigen Stundenbüchern (Bodleian Library Oxford, ms. Canon. Liturg. 178; Bibliothèque Nationale Paris, ms. lat. 1171 und nouv. acq. fr. 3027). In den Figurentypen und dem Faltenstil stimmen diese Handschriften jedoch nicht mit dem Wiener Codex überein; die engsten Parallelen in dieser Hinsicht bietet eine reich bebilderte Handschrift von Antoine du Four's Vie des femmes célèbres (Leben berühmter Frauen), deren Text 1505 datiert ist (Nantes, Musée Dobrée, ms. 17).

Abbildung 67. Fol. 45 r: Dido. Die Herrscherin von Karthago sitzt in reichem

Gewand mit modisch geschlitzten Ärmeln auf einem Prunksessel mit hoher Rückenlehne. Sie hat die Arme verschränkt und den Kopf wehmütig sinnend zur Seite geneigt, ein Bild trauriger Schicksalsergebenheit. Aus einem loggienartigen Vorraum läuft rechts der kleine Ascanius, Sohn des Aeneas und der Kreusa, herbei. Ascanius' Anwesenheit bedeutet, daß Aeneas' Abreise noch bevorsteht, da dieser den Vater begleiten wird. Die nächste Szene spielt schon nach der Abfahrt des Aeneas: in der oberen Seitenminiatur rechts sitzt die verlassene Dido an einem Tisch beim Abfassen ihres Briefes voller Vorwürfe, Anklagen, Beschwörungen und Drohungen. In ihrer Verzweiflung greift sie zum Schwert, das Aeneas zurückgelassen hat, und stürzt sich, wie die mittlere Nebenminiatur zeigt, mitten in Karthago, vor den Augen der entsetzten Bewohner, hinein. Darunter steht in Landschaft ihr Sarkophag, dessen Deckel mit einer Liegefigur geschmückt ist; Anna, Didos Schwester, beugt sich mit gefalteten Händen darüber.

Ursprünglich war der Beginn des Briefes unterhalb des Hauptbildes zu lesen; er wurde später übermalt, indem die vier vorderen Plattenreihen des Fußbodens hinzugefügt wurden, was die Sitzfigur entgegen der ursprünglichen Konzeption nach hinten schiebt. Haupt- und Nebenbilder sind architektonisch gerahmt. In der Sockelzone finden sich Devisen und Embleme des Bestellers der Handschrift aus der Familie der Coligny: ein Joch, Gesetzestafeln mit pseudohebräischer Schrift und ein halbes Kettenhemd; die Devisen sind *Poc a poc* und *Il ce fera* ('nach und nach' / 'er wird es tun').

Literatur. Französische Schule II, 51 ff., Abb. 78–88 und Farbtafel III. – Zum Inhalt der Heroiden vgl. die Übersetzung von W. Gerlach: Ovid, Briefe der Leidenschaft, Heroides, Im Urtext mit deutscher Übertragung herausgegeben, München 1939.

63 Cod. 3441

JEAN LEMAIRE, LA COURONNE MARGARITIQUE

Savoyen (?), 1505 Abb. 15 (in Farbe)

Papier, 263 x 195 mm (stark beschnitten), 148 Blatt. Schriftspiegel 200 x ca. 135 mm; geschrieben in französischer Kursive. 9 Miniaturen in Aquarelltechnik (205/225 x 130/155 mm; f. 116 v: 263 x 195); 1 Zierinitiale.

Französischer Barock-Einband: hellbraunes Kalbleder mit Handvergoldung, 2. Hälfte des 17. Jahrhunderts.

Erster Besitzer der Handschrift war Philipp der Schöne, Bruder Margaretes, dem sie auf deren Wunsch 1505 im Schloß zu Cleve überreicht wurde (Vermerk auf f. 1 r; Initiale Q auf f. 5 r mit dem Schlageisen des Ordens vom Goldenen Vlies); später kam die Handschrift in die Bibliothek des Prinzen Eugen von Savoyen, seit 1738 im Besitz der Hofbibliothek.

Text. Jean Lemaire's *Couronne margaritique* entstand aus Anlaß des Todes von Philibert von Savoyen (gest. 1504), dem Gemahl der Margarete von Österreich (zu Margarete von Österreich siehe genauer Kat. nr. 64, S. 186 f.). Ist anfangs Trauer um das Ableben Philiberts inhaltsbestimmend, so wandelt sich der Charakter des Textes, wie auch der Titel schon anzeigt, rasch in eine Lobpreisung der Tugenden Margaretes. Zu Beginn werden die näheren Umstände des Todes Philiberts geschildert, wie er von *Infortune* (Unglück) und *Mort* (Tod), die als häßliches altes Paar auftreten, von langer Hand geplant und ausgeführt wurde. Mit Hilfe von *Prudence* (Klugheit) und *Fortitude* (Stärke) überwindet die trauernde Witwe ihren Schmerz; für diese Charakterfestigkeit wird ihr von *Vertu* (Tugend) eine Krone verliehen, deren Konzeption, Herstellung und Bewunderung das Thema der weiteren Schilderung bildet. Als Vorbild für die Krone wird ein Reigen von zehn tanzenden Mädchen aus dem Gefolge der Vertu, die die zehn höchsten Tugenden repräsentieren, gezeigt; jede trägt einen Edelstein auf der Stirn. Zehn berühmte Dichter, Redner und Philosophen halten Prunkreden zu jedem der zehn Edelsteine, die wie die Mädchen die zehn höchsten Tugenden darstellen, wobei jede Tugend anhand einer beispielhaften Frau aus der Geschichte gepriesen wird. Der Goldschmied *Merite* (Verdienst) fertigt schließlich die Krone nach dem vorgegebenen Muster. Den Abschluß der Dichtung bildet die Bewunderung, die der Couronne margaritique, i. e. der Tugend Margaretes, überall zuteil wird. Das Werk ist eine Mischung aus Historie und spätmittelalterlicher Allegorie, eine Figur wie die des Goldschmieds Merite stammt sogar noch aus dem Rosenroman (der berühmtesten allegorischen Dichtung des Mittelalters); es weist aber auch modernere, renaissancehafte Züge auf, etwa in der Verwendung des Motivs der Prunkrede, die auf antike Vorbilder zurückgeht.

Ausstattung. Die neun Miniaturen beinhalten ein Autorbild (f. 2 v), schon in Kombination mit den Geschehnissen um den Tod des Philibert, sowie weitere fünf Bilder zu diesem Thema (ff. 4 v, 9 v, 14 v, 21 v, 27 v), darunter die Beratung von Infortune mit Mort; es folgt der Entwurf der Couronne margaritique mit dem Tugendreigen (f. 32 v), die Ausführung in der Werkstatt des Merite (f. 40 v) und schließlich ihre Präsentation (f. 116 v). Die Handschrift wurde, wie aus Eintragungen auf den ff. 1 r und 1 v hervorgeht, noch im Jahr der Ausführung, 1505, Philipp dem Schönen, dem Bruder Margaretes, überreicht. Für den Stil der Miniaturen, die von ganz hervorragender Qualität sind, konnte im bisher bekannten Handschriftenmaterial nichts Vergleichbares gefunden werden. Die Bilder sind in Aquarelltechnik gemalt, in hellen Tönen und einer gedämpften Farbskala mit Vorliebe für changierende Farben. Der Darstellung Margaretes als trauernde Witwe (f. 27 v) liegt unzweifelhaft ein zeitgenössisches Porträt zugrunde, das mit jenem identisch sein muß, welches aus mehreren Repliken bekannt ist, hinter denen bisher ein Original Bernart van Orleys gesucht wurde. Auch die Darstellungen Philiberts von Savoyen wirken porträtmäßig.

Abbildung 15. Fol. 4 v: Philibert von Savoyen auf der Jagd. Gestützt auf zwei Jagdbegleiter wird Philibert groß im Vordergrund dargestellt. In der Waldlandschaft im Hintergrund sind verschiedene Jagdepisoden zu sehen: ein Hirsch, der von Hunden gestellt wird, erschöpft zusammengebrochene Pferde und ganz hinten Jagdtreiben. Am rechten Bildrand stehen, von einer Böschung halb verborgen, eine hagere Alte und ein bärtiger Greis, beide auf Philibert weisend: es sind *Mort* (der Tod) und *Infortune* (Unglück), die gerade den Tod Philiberts planen.

Literatur. F. Strelka, Der burgundische Renaissancehof Margarethes von Österreich und seine literarhistorische Bedeutung, Wien 1957, 40 f. – E. Duverger, Jean Lemaire de Belges en de Schilderkunst, in: Jaarboek 1967, Koninklijk Museum voor Schone Kunsten Antwerpen. – Französische Schule II, 87 ff., Abb. 186–195 und Farbtafel V.

64 Cod. 2625

MICHEL RIZ (MICHELE RICCIO), CHANGEMENT DE FORTUNE EN TOUTE PROSPERITE

Schule von Rouen, zwischen 1507 und 1509 Abb. 68

Pergament, 255 x 180 mm, 41 Blatt. Schriftspiegel 157 x 106 mm; geschrieben in kalligraphischer französischer gotischer Bücherminuskel. 11 Miniaturen (130 x 115 mm) mit Zierrahmen, 1 Ziertitel, Zierinitialen.

Französischer Renaissance-Einband: resedagrüner Samt über Holzdeckeln, Anfang des 16. Jahrhunderts.

Die Handschrift wurde für Margarete von Österreich, Statthalterin der Niederlande (1480–1530), hergestellt (Devise auf der Widmungsseite f. 1 r; Wappen auf f. 2 r). Nach dem Tod Margaretes gelangte die Handschrift in den Besitz ihrer Nichte und Nachfolgerin in der Statthalterschaft der Niederlande, der Königin Maria von Ungarn (gest. 1588; ihr Exlibris ist in den Vorderdeckel eingeklebt); später in der Bibliothek des Erzherzogs und späteren Kaisers Matthias, der 1578 bis 1581 gleichfalls Statthalter der Niederlande war (erwähnt in dem noch 1619 erstellten Nachlaßinventar des Kaisers). Aus der kaiserlichen Schatzkammer kam die Handschrift 1783 in die Hofbibliothek.

Text. Das *Changement de Fortune en toute prospérité* (Schicksalsschläge mitten im Glück) wurde von dem Neapolitaner Michele Riccio, der König Ludwig XII. nach Frankreich gefolgt war, zwischen 1507 und 1509 verfaßt und Margarete von Österreich (1480–1530) gewidmet, deren unfreiwillig abwechslungsreiche Jugend den Inhalt der Dichtung bildet. Als Tochter Erzherzog Maximilians, des späteren Kaisers Maximilian I., wurde Margarete Gegenstand der verwickelten Heiratspolitik der europäischen Fürstenhäuser. Rascher Interessenwechsel der beteiligten Mächte und der unerwartet frühe Tod zweier Ehegatten gaben ihr in kurzer Folge abwechselnd Anlaß zu Enttäuschung und Hoffnung. Seit frühester Jugend war sie dem französischen Thronfolger, dem späteren König Karl VIII. von Frankreich, zugedacht und wurde im Hinblick auf diese Verbindung am Hof Ludwigs XI. von Frankreich, des Vaters Karls, erzogen. Indessen rückte jedoch eine Verbindung zwischen der Bretagne und dem französischen Königshaus ins politische Blickfeld: der Dauphin heiratete Anne de Bretagne. Eine nächste Heiratsmöglichkeit für die in Paris verschmähte Margarete ergab sich in Spanien, und 1497 konnte sie dem Infanten Juan, Erbe des Thrones von Kastilien und Leon, vermählt werden. Doch wenige Monate nach der Hochzeit starb der Kronprinz. Herzog Philibert von Savoyen war ihr

nächster Gemahl (Heirat im Jahre 1501). Auch diesmal war es nicht für lange, 1504 starb Philibert. Daraufhin wurde Margarete von ihrem Vater, Kaiser Maximilian I., zur Statthalterin der Niederlande ernannt, was sie bis zu ihrem Tod im Jahr 1530, auch unter Kaiser Karl V., dem einst von ihr erzogenen Neffen, blieb.
Das 'Changement de Fortune' ist eine Schilderung dieser wechselvollen Ereignisse, in die ausgedehnte Lobpreisungen der hervorragenden Eigenschaften und Tugenden der vom Schicksal so wankelmütig behandelten Margarete von Österreich eingefügt sind.

Ausstattung. Die Handschrift ist mit einem Ziertitel (f. 1 r) und elf nahezu ganzseitigen, von reich variierten Bordürenrahmen eingeschlossenen Miniaturen geschmückt. Die erste (f. 2 v) zeigt die alles an ihren Fäden dirigierende Fortuna. Es folgt eine Serie von Darstellungen der Margarete von Österreich, wie sie in leicht variierter Pose und in wechselndem Dekor vor einem Prunkbaldachin thront, von den Wappen der jeweils aktuellen dynastischen Verbindung flankiert; einmal ist sie im Gebet kniend dargestellt, einmal als trauernde Witwe (ff. 3 r, 7 r, 18 v 21 r, 22 r, 31 r). In diese Miniaturenfolge sind die Darstellungen der vier weltlichen Kardinaltugenden eingeschoben (ff. 10 r, 11 v, 13 v, 15 v): vier weibliche Standfiguren mit symbolischen Attributen vor Landschaftsgrund.
Die Miniaturen sind eine gute Arbeit der Schule von Rouen, der im frühen 16. Jahrhundert führenden Buchmalereischule Frankreichs (vgl. dazu Kat. nr. 59, S. 177 f.). Dem üblichen Stilkanon dieser Schule entsprechen vor allem die vier allegorischen Frauengestalten (ff. 10 r–15 v), aber auch für die anderen Miniaturen gibt es Parallelen in den Handschriften dieses Stilbereichs (etwa im ms. lat. 1671 der Bibliothèque Nationale Paris), ebenso wie für den dekorativen Stil der Bordüren. Der Wiener Codex ist nach 1507 zu datieren, da Margarete bereits als Statthalterin der Niederlande erwähnt und dargestellt wird. Ein später als die Wiener Handschrift entstandenes zweites Exemplar dieses Textes mit ikonographisch und kompositionell identischen Darstellungen befindet sich in der Bibliothèque Nationale Paris (ms. fr. 14 940).

Abbildung 68. Fol. 2 v/3 r: Fortuna entreißt Margarete von Österreich die französische Königskrone. Zwei thematisch zusammengehörige Bilder befinden sich auf gegenüberliegenden Seiten. Links balanciert die wankelmütige Fortuna auf ihrem das Auf und Ab symbolisierenden Glücksrad. Ihre Zwiespältigkeit, in der Regel als Doppelgesichtigkeit, als schöne oder häßliche Fassade derselben Sache dargestellt, wird im vorliegenden Fall durch die Kahlheit des Hinterkopfs ausgedrückt. Als Attribut des Unsteten und Flatterhaften sind auch die Flügel an ihren Füßen zu werten. Sie ist im Profil wiedergegeben, der gegenüberliegenden Seite zugewandt, wo Margarete von Österreich unter einem Prunkzelt thront, angetan mit einem fleur-de-lis-übersäten Gewand, Reichsapfel und Szepter in den Händen, flankiert vom französischen und flandrischen Wappen. Doch wird

ihr die Krone von Fortuna mittels feiner, über die Buchseite hinwegführender Fäden vom Kopf gezogen.
Die Szene soll den ersten großen Schicksalsschlag im Leben der Margarete darstellen, Auftakt ihres Daseins als Spielball der Göttin Fortuna: die Auflösung ihrer Verlobung mit dem französischen Thronfolger, die Zerstörung ihrer Hoffnung, Königin von Frankreich zu werden.

Literatur. Französische Schule II, 81 ff. und Abb. 168–177. – Zu Margarete von Österreich siehe auch die Literatur der Kat. nr. 63 und 65.

65 Cod. 2584

COMPLAINTE DE MARGUERITE D'AUTRICHE

Schule von Rouen, nach 1504 Abb. 69

Pergament, 320 x 215 mm; 21 Blatt. Schriftspiegel 210/240 x 135 mm; geschrieben in kalligraphischer französischer Bücherminuskel. 10 Vollbilder (ca. 210 x 115/135 mm) in architektonischen Rahmungen, alle Textseiten mit Zierrahmen; Pinselgoldinitialen.
Französischer (?) Renaissance-Einband: rubinroter Samt über Holzdeckeln.
Im 17. Jahrhundert befand sich die Handschrift im Besitz eines Earl of Arundel and Surrey (möglicherweise der berühmte Kunstsammler Thomas Earl of Arundel and Surrey, 1586–1646; Besitzvermerk auf f. 1 r); dann in der Bibliothek des Prinzen Eugen von Savoyen, seit 1738 in der Hofbibliothek.

Text. Die *Complainte de Marguerite d'Autriche* (die Liebesklage der Margarete von Österreich) ist in Ich-Form gehalten, doch ohne Verfasserangabe, und an jemanden gerichtet, der gleichfalls in Anonymität belassen wird. Einige Bordüren der Handschrift enthalten jedoch eine Indiskretion, sie werden nämlich aus den Buchstaben *A, L, H* und *C* in wechselnder Reihenfolge, manchmal A mit L und H mit C verbunden, gebildet, was eine Identifizierung des nicht Genannten ermöglicht: Antoine de Lalaing, Comte d'Hoogstraten, der eine bevorzugte Stellung am Hofe der Margarete einnahm, an ihrem Totenbett sogar von ihr zum provisorischen Nachfolger in der Statthalterschaft der Niederlande eingesetzt wurde. In der Person des Antoine de Lalaing ist offenbar die Ursache jener Enttäuschung zu suchen, die der Anlaß zur Abfassung der vorliegenden Klagelieder war. Diese angeführten Umstände machen die manchmal angezweifelte Autorschaft Margaretes doch sehr wahrscheinlich.

Ausstattung. In zehn Vollbildern (ff. 1 v, 2 v, 4 v, 5 v, 6 v, 7 r, 8 r, 9 v, 12 v, 13 v) sind Themen der Trauer, Resignation, Liebesenttäuschung und Todessehnsucht angeschlagen; es sind komplizierte und wohl verschlüsselte Allegorien, deren exakte Deutung, trotz der häufig beigefügten Inschriften, in den seltensten Fällen möglich ist.
Die Miniaturen besitzen architektonische Rahmungen aus reich gegliederten Pilastern und Säulen, mit einfachen Bodenplatten, denen Ziermotive vorgeblendet sind, und geradem Architrav, vereinzelt auch flacher Arkade; des öfteren ist der architektonische Rahmen mit einer Knotenschnur behängt.
Die Bilder sind im Stil einer der Hände der Schule von Rouen, des am Beginn

des 16. Jahrhunderts führenden Buchmaler-Ateliers Frankreichs (ausführlicher siehe Kat. nr. 59, S. 177 f.), gearbeitet, die auch an der Bebilderung der Trionfi-Codices (Cod. 2581/2582, Kat. nr. 59) beteiligt war, im vorliegenden Codex jedoch in besserer Qualität und feinerer Ausführung. Vergleichbare Handschriften sind u. a. Paris, Bibliothèque de l'Arsénal, ms. fr. 644, Paris, Bibliothèque Nationale, ms. fr. 2285 und ms. fr. 4530 sowie ein Teil der Ausstattung von Ms. Douce 244, Bodleian Library, Oxford.

Abbildung 69. Fol. 1 v/2 r: *Pour doulx repos ie larmes a foison / rememorent la passee saison* (Statt süßer Ruhe habe ich Tränen im Überfluß, denke ich an die Vergangenheit zurück). Margarete liegt mit geschlossenen Augen auf einer Wiese am Rande eines Baches ausgestreckt. Von ihrer Schulter aus zieht ein breites Spruchband empor, auf dem der oben angeführte Text zu lesen ist. Sie wird von einem Prunkzelt hinterfangen, das mit Stiefmütterchen (franz. pensée = Gedanke, Gedenken) besetzt ist. Die Darstellung wird von einer phantasievollen pseudoarchitektonischen Rahmung umschlossen; die Stützen sind aus Kandelabern mit starken Einziehungen gebildet, Knotenschnüre hängen seitlich herunter; an die Bodenplatte ist wieder ein Stiefmütterchen angeheftet, diesmal in Gold-Grisaille. Auf der Rectoseite eine typische Rahmengestaltung mit den Initalen des *A*ntoine de *L*alaing *C*omte d'*H*oogstraten.

Literatur. Zum Text siehe J. Strelka, Gedichte Margarethes von Österreich, die Handschrift 2584 der Wiener Nationalbibliothek, Wien 1954. – Französische Schule II, 84 ff., Abb. 178–185.

66 Cod. 2588

JEAN DE SAINT-GELAIS, HISTOIRE DE LOUIS XII, ROI DE FRANCE

Frankreich, zwischen 1499 und 1514 Abb. 70

Pergament, 310 x 215 mm, 75 Blatt. Schriftspiegel 235 x 145 mm; geschrieben in kalligraphischer französischer Bastarda. 2 Zierseiten; Zierinitialen und Zeilenschlußleisten. Schenkungsvermerk in goldener Majuskel, in Lorbeerkranz.
Französischer Barock-Einband: rotes Maroquin mit Handvergoldung, 2. Viertel des 17. Jahrhunderts.
Widmungsexemplar für König Ludwig XII. von Frankreich (gest. 1515) und seine Gemahlin Anne de Bretagne (gest. 1514) (Wappen, heraldischer Dekor, Initialen, Devise und Widmungszeilen auf f. 2 r). Anschließend im Besitz von König Franz I. von Frankreich, der die Handschrift seiner Mätresse Anne de Pisseleu, duchesse d'Etampes, zum Geschenk machte (Schenkungsvermerk auf f. 1 v). Im 2. Viertel des 17. Jahrhunderts befand sich die Handschrift im Besitz des Philippe de Béthune, comte de Selles et Cherost (Wappen und Monogramm auf dem Einband); sodann in dem des Markgrafen Wilhelm Friedrich von Brandenburg (dem Großen Kurfürsten; Vermerk auf f. 1 v). Am Anfang des 18. Jahrhunderts in der Bibliothek des Georg Wilhelm Freiherrn von Hohendorf; seit 1720 im Besitz der Hofbibliothek.

Text. Die Handschrift enthält eine Geschichte König Ludwigs XII. von Frankreich, verfaßt von Jean de Saint-Gelais, der seinen eigenen Angaben im Prolog zufolge ab dem fünften Lebensjahr im Haus Orléans, dem französischen Königshaus, aufgezogen worden war. Der Text gliedert sich in zwei annähernd gleiche Teile, deren erster eine kurze Genealogie der französischen Könige ab Ludwig dem Heiligen (1215–1270) und die detaillierte Geschichte Karls VIII., des unmittelbaren Vorgängers Ludwigs XII., umfaßt; der zweite Teil beinhaltet die eigentliche Geschichte Ludwigs XII. von dessen Amtsantritt im Jahr 1498 bis zum Tod seines Ministers, des Kardinals Georges I. d'Amboise, im Jahr 1510. Hauptereignisse sind die Kriege Karls VIII. gegen die Bretagne, die mit dem Vertrag von Rennes und der Vermählung Karls mit Anne de Bretagne, der Erbtochter des Herzogtums, ein Ende finden; der Italienfeldzug Karls VIII. mit der vorübergehenden Eroberung Neapels; der unerwartete Tod Karls, die Heirat seines Nachfolgers Ludwigs XII. mit der Königinwitwe Anne de Bretagne; die Eroberung des Herzogtums Mailand durch Ludwig XII. und die Gefangenschaft des Lodovico Sforza in Frankreich sowie die Heirat der einzigen Tochter des französischen Königs, Claude, mit François, duc de Valois, Comte d'Angoulême, Vetter des Hauses Orléans, dem späteren König Franz I. von Frankreich.

Ausstattung. Die Handschrift besitzt zwei heraldische Zierseiten, die erste (f. 2 r) mit Initialen, Wappen und Emblemen des Herrscherpaares, Ludwigs XII. und Anne de Bretagnes, die zweite (f. 35 v) mit einer heraldischen Anspielung auf die Ansprüche Ludwigs XII. auf das Herzogtum Mailand (Ludwig XII. war Enkel der Valentine Visconti und des Herzogs Louis d'Orléans). Der Codex enthält außerdem einen von einem Lorbeerkranz umschlossenen Schenkungsvermerk von König Franz I. von Frankreich in goldener, schwarz schattierter Majuskel (*Ce livre fust donné par le roy Francois premier a Anne de Pisseleu duchesse d'Etampes sa maîtresse* – Dieses Buch wurde von König Franz I. der Anne de Pisseleu, Herzogin von Etampes, seiner Geliebten, geschenkt).

Abbildung 70. Fol. 35 v: Titelseite zum zweiten Teil der Handschrift mit der Geschichte Ludwigs XII. von Frankreich. Die Miniatur illustriert den Anspruch Ludwigs XII. von Frankreich auf das Herzogtum Mailand, der auf seine Großmutter, eine Visconti, zurückgeht und zur zeitweiligen Eroberung von Mailand (1499–1513) führt. Unter einem mit französischen Lilien besäten Zelt hängt an der Zeltstange das Wappenschild der Visconti (bekrönte gewundene Schlange mit einer kleinen Figur im Maul).
Die Initiale L vom Textanfang *Le* ... wird für Louis XII. verwendet: sie ist lilienbesät und trägt am Schaft die französische Krone.

Literatur. Französische Schule II, 13 f., Abb. 1 und 265 und Farbtafel I.

67 Cod. Ser. n. 12 733

RELATION DES OBSEQUES D'ANNE DE BRETAGNE

Schule von Rouen, 2. Jahrzehnt 16. Jh. (nach 1514) Abb. 71

Pergament, 265 x 185 mm, 76 Blatt. Schriftspiegel 195 x 115 mm; geschrieben in französischer Bastarda. 11 Miniaturen (ca. 200/210 x 120/130 mm; f. 2 v: 110 x 117 mm; f. 23 v: 115 x 120 mm); 6 Wappen; Zierinitialen.

Französischer Barock-Einband (2. Häfte des 17. Jahrhunderts): braunes abgewetztes Kalbleder mit Handvergoldung.
Die Handschrift wurde 1924 aus der ehemaligen Fideikommißbibliothek in die Nationalbibliothek übernommen.

Text. Die *Relation des Obsèques d'Anne de Bretagne* (Bericht über das Leichenbegängnis der Anne de Bretagne) schildert die Begräbniszeremonien, die nach dem Tod der Anne de Bretagne am 9. Jänner 1514 stattfanden. Anne de Bretagne, 1477 geboren, wurde 1491 mit König Karl VIII. von Frankreich vermählt. Als dieser 1498 starb, löste Ludwig XII. seine Ehe mit Jeanne, der Tochter Ludwigs XI., um die Frau seines Vorgängers zu heiraten, mit deren Tod 1514 die Bretagne an Frankreich fiel.
Von der ersten Aufbahrung im Schloß von Blois – wo Anne de Bretagne starb – führte der Trauerzug durch Orléans, Janville und Etampes nach Paris, wo die Tote abermals aufgebahrt wurde, und dann weiter nach Saint-Denis, der Grablege der französischen Könige; schließlich wird am 11. Juli 1514 in der Karmeliterkirche von Nantes, der Hauptstadt der Bretagne, ihr Herz beigesetzt. Der Bericht der Begräbniszeremonien wurde in zahlreichen Kopien angefertigt und, mit den entsprechenden Widmungen versehen, den verschiedenen Verwandten und Würdenträgern ausgehändigt. Das vorliegende Exemplar war für einen Vetter der Anne de Bretagne bestimmt. Weitere Handschriften dieses Textes, alle mit nahezu identischer Ausstattung, sind: Paris, Bibliothèque Nationale, mss. fr. 5094 bis 5101 und ms. fr. 25158; Paris, Petit Palais, Collection Dutuit 664 und 665; Lyon, Bibliothèque municipale, ms. 894; Rom, Biblioteca Vaticana, Reg. Lat. 927; München, Bayerische Staatsbibliothek, Cod. gall. 20; London, British Library, Add. Ms. 6277 und Cotton Ms. Vesp. B. III; London, Sotheby, 10. Juli 1967, Lot 71.

Ausstattung. Die erste der elf Miniaturen der Handschrift (f. 2), etwas kleiner als die übrigen, zeigt das von zwei Engeln und einem Löwen gehaltene Allianzwappen der Anne de Bretagne, der Großteil der anderen Bilder schildert die verschiedenen Stationen des Leichenzugs mit den jeweiligen Zeremonien (ff. 14 v, 17 v, 20 v, 30 v, 47 r, 50 r, 52 v); auf f. 23 v sind die Himmelszeichen dargestellt, die am Todestag der Königin von Frankreich in Susa, Piemont und Savoyen zu sehen gewesen sein sollen, die letzte Miniatur (f. 69 v) zeigt das goldene, herzförmige Gefäß, in dem ihr Herz beigesetzt wurde. Alle Miniaturen sind von einfachen profilierten Leisten gerahmt. In der Farbgebung dominieren das Schwarz oder Dunkelviolett der Trauerkleidungen, das Bronzegold des Prunkbettes sowie das Blau und Silber der Wappen und Wappenröcke.
Die Miniaturen der Wiener Handschrift sind als etwas schematische und vereinfachte Variante eines im Stil der sog. Schule von Rouen (der im frühen 16. Jh. führenden Buchmalereischule Frankreichs, vgl. Kat. nr. 59, S. 177 f.) ausgeführten Exemplars zu werten. Von den im Abschnitt über den Text angeführten Handschriften desselben Inhalts und mit selber Ausstattung sind die beiden Manuskripte der British Library London (Add. Ms. 6277 und Cotton Ms. Vesp.

B. III) sowie ms. 664 der Sammlung Dutuit, Petit Palais, Paris, am engsten verwandt.

Abbildung 71. Fol. 52 v: *La chapelle de sainct denis* – die Aufbahrung der Anne de Bretagne in Saint Denis. Anne de Bretagne liegt in vollem königlichen Ornat auf einem mit goldenem Tuch behängten schwarzen Unterbau, über ihr das Dach der chapelle ardente (Katafalk) mit Wappen und Kerzen. Wappenherolde und Pleurants (trauernde Mönche) halten die Totenwache.

Literatur. Le Roux de Lincy, Vie de la reine Anne de Bretagne, femme des rois de France Charles VIII et Louis XII, suivie de lettres inédites et de documents originaux, 4 Bände, Paris 1860–1861. – Französische Schule II, 16 ff. und Abb. 3–9.

68 Cod. 2556

JEHAN DU PRIER (PERIER), DIT LE PRIEUR, LE SONGE DU PASTOUREL

Lothringen (Nancy), um 1520 Abb. 72

Pergament, 380 x 295 mm, 36 Blatt. Geschrieben in französischer gotischer Minuskel. Auf allen 69 Textseiten mit Aquarellfarben lavierte bzw. kolorierte Federzeichnungen (meist ca. 215 x 260 mm; vereinzelt Szenen oder Figuren frei auf den Pergamentgrund gesetzt); die Schriftblöcke in der Regel in Form von Schrifttafeln mit Henkeln.

Französischer Barock-Einband: braunes marmoriertes Kalbleder mit Handvergoldung, Ende des 17. Jahrhunderts.

Die Handschrift befand sich im frühen 16. Jahrhundert vermutlich im Besitz des Herzogs von Lothringen, da der Einband der gleiche ist wie bei den Handschriften mit lothringischem Wappen, nämlich Cod. 2581/2582 (Kat. nr. 59, S. 175) und Cod. 2565 (Kat. nr. 60, S. 179); später gelangte sie in die Bibliothek des Prinzen Eugen von Savoyen, seit 1738 im Besitz der Hofbibliothek.

Text. Der Verfasser des Textes, Jehan du Prier, gehörte zum literarischen Kreis König Renés I. von Anjou. Der *Songe du Pastourel* (Traum des jungen Hirten) wurde wahrscheinlich erst nach dem Tod Renés I. (1480) verfaßt und ist dessen Enkel, René II., Herzog von Lothringen (gestorben 1508), gewidmet. Die vorliegende Handschrift ist das einzige bisher bekannte Exemplar dieses Textes, sie ist jedoch sicher nicht das Widmungsexemplar, da der Stil der Zeichnungen unmöglich mit einer Entstehungszeit vor dem Tod Renés II. 1508 (siehe Ausstattung) vereinbar ist; auch die teilweise Lückenhaftigkeit des Textes widerspräche dieser Annahme.

Die Versdichtung verherrlicht Mut und Eigeninitiative des Herzogs René II. von Lothringen beim erfolgreichen Kampf gegen Karl den Kühnen von Burgund. Höhepunkt dieser Auseinandersetzung war die Schlacht von Nancy im Jahr 1477, in der René II. mit Hilfe seiner Schweizer Bundesgenossen den Burgundern eine vernichtende Niederlage beifügte und in der Karl der Kühne fiel.

Die Vorgeschichte zu dieser Schlacht wird in Form von mehreren Traumallegorien behandelt. In der ersten soll die Gefahr veranschaulicht werden, in die

Lothringen durch die Expansionsbestrebungen Burgunds geraten ist. Karl der Kühne erscheint darin in Gestalt eines Löwen (der Löwe ist wichtiger Bestandteil des burgundischen Wappens), der eine Herde Schafe – die Lothringer – bedroht; Herzog René tritt in der Rolle des besorgten und um Hilfe bemühten Schäfers *(pastourel)* auf; der Chefhirte *(grant pastour)*, dessen Hilfe René erbittet und die sich als nutzlos erweist, ist König Ludwig XI. von Frankreich. Diese Allegorie wird von einer anderen, ebenfalls in die Form eines Traumes gefaßten, abgelöst, die die Selbsthilfe Renés verbildlichen soll: der Herzog erscheint in der Rolle eines Kranken, dem die Ärzte vergeblich zu helfen suchen und der sich schließlich selbst sein Heilkraut sucht und findet. Auf historischer Ebene entspricht dem die Teilnahme Renés als Bundesgenosse der Schweizer an der Schlacht von Murten 1476 (er führte zusammen mit dem Grafen Thierstein die Reiterei an), in deren Verlauf das Heer Karls des Kühnen in eine tödliche schweizerische Umklammerung geriet und mehr als 10.000 Burgunder niedergemacht wurden, sowie ein wenige Monate nach der Schlacht mit den Eidgenossen geschlossener Vertrag.
In den folgenden 52 Strophen wird ein Streitgespräch zwischen *La Mort* (der Personifikation des Todes) und *Le Bourguignon* (einem gerüsteten burgundischen Ritter, stellvertretend für die burgundischen Soldaten) über den Tod Karls d. Kühnen geschildert, wobei der Burgunder den Tod des Herzogs beklagt, während 'La Mort' ihn mit Hinweis auf dessen Übeltaten rechtfertigt; damit erfolgt, wenn auch nur abschnittweise und in indirekter Form, erstmals die Schilderung konkreter historischer Ereignisse. Der eigentliche Übergang zum historischen Geschehen wird durch eine alte Frau (Vertreterin des lothringischen Volkes) vollzogen, die dem Burgunder die blutgetränkten Schlachtfelder, die Haufen der Gefallenen oder die anmarschierenden Heere zeigt, die von den Feldlagern der feindlichen Heere, verschiedenen Scharmützeln und der Schlachtaufstellung vor Nancy berichtet und die schließlich den Burgunder, bevor sie sich verabschiedet, zur Leiche Karls d. Kühnen führt.
An diesem Punkt setzt die direkte Schilderung der Ereignisse ein, ohne allegorische Verkleidung oder erzählerische Vermittlung durch auftretende Personen: die durch verschiedene Umstände erschwerte Auffindung und Identifizierung des Leichnams Karls d. Kühnen sowie die feierliche Beisetzung des Burgunderherzogs. Die Dichtung schließt mit einer Herzog René von Lothringen preisenden Ansprache des Verfassers.

Ausstattung. Die Handschrift gehört zu jener Art allegorischer Werke, bei der die Illustrationen integraler Bestandteil der Dichtung sind und sich aufs engste dem Text anschließen. Dem wird auch formal Rechnung getragen: die dem Bild entsprechenden Strophen der Dichtung sind gleichsam als Bildlegenden unmittelbar ober- und unterhalb der gemalten Darstellungen angefügt.
Die ersten und die letzten Szenen des Illustrationszyklus sind teils Widmungsbilder, die den Dichter vor Herzog René samt Gefolge zeigen (ff. 1 r, 1 v und 35 r), teils eine Art Autorbilder, die den Verfasser schlafend oder zu Bett gehend

darstellen (also eine Verdeutlichung des Traumcharakters der Dichtung; ff. 2 r, 2 v, 3 r) oder auch als Standfigur neben der Textspalte, auf die Schrift weisend, zeigen (ff. 34 r, 34 v). Weitere Autorbilder befinden sich in der Mitte des Textes, im Übergang von den geträumten Allegorien zur Schilderung des Streitgesprächs von La Mort und Le Bourguignon (ff. 13 r, 13 v).

Die Hirtenallegorie umfaßt zehn Illustrationen (ff. 3 v–8 r); es sind Landschaftsszenen, die an den Seiten durch vom Rand überschnittene Burgarchitekturen oder mächtige Bäume gerahmt werden und in denen die verschiedenen Etappen der Bedrohung der Schafherde und ihres Hirten durch den Löwen dargestellt sind; einmal (f. 5 r) hält der (Karl den Kühnen repräsentierende) Löwe zur unverkennbaren Verdeutlichung dessen, wofür er steht, Schlageisen und Feuerstein, die Insignien des burgundischen Ordens vom Goldenen Vlies in der Pranke. Mit Nachdruck wird der Betrachter auch hier daran erinnert, daß es sich um einen Traum handelt: der schlafende Dichter samt seinem Gemach ist des öfteren neben den verschiedenen Episoden mit dargestellt (ff. 3 v, 4 r, 5 r, 8 r).

In der daran anschließenden Kranken-Allegorie (ff. 8 v–13 r) wird immer wieder der auf seinem Bett liegende oder sitzende, von ratlosen Ärzten flankierte Kranke dargestellt, gegen Ende der Allegorie (f. 12 v) der in einem Garten Heilkräuter sammelnde Kranke und schließlich der genesende Kranke als Hirte inmitten seiner Herde (f. 13 r); letzteres eine Vermengung der beiden Traumgesichte, der Hirten- und der Kranken-Allegorie, wie sie auch auf f. 10 v stattfindet, wo der Kranke inmitten von aufgeregten Schafen – seinen besorgten Untertanen – auf dem Bett liegt. Wieder wird der Traumcharakter der Erzählung durch gleichzeitige Darstellung des schlafenden Dichters (ff. 8 v, 9 r, 11 v, 12 r, 13 r) in Erinnerung gerufen.

Die Illustrationen zum Streitgespräch zwischen dem Tod und dem Burgunder (ff. 14 r–26 v) zeigen jeweils die beiden Hauptgestalten in großer Figur, miteinander disputierend; den Burgunder in hellgrau lavierter Rüstung mit blaßrosa Federbusch auf dem Helm, den Tod als aschgrau laviertes Skelett. In die Disputdarstellungen sind auf ff. 20 r, 25 v und 26 r Illustrationen historischer Ereignisse eingestreut (auf die der Tod als Beispiel für die Übeltaten der Kriegsführung Karls d. Kühnen hinweist: Soldaten töten Wehrlose, die in Kirchen Zuflucht gesucht haben, ermorden kleine Kinder in ihren Wiegen, rauben Kirchengerät usw.); in diesen Fällen sind die beiden Gesprächspartner bzw. der Tod allein in kleinerem Format etwas abseits der Szenen dargestellt.

Den Illustrationen zu den Erzählungen der Alten (ff. 27 r-31 r) sind anfangs die alte Frau und der Burgunder noch als kleine Figuren den Darstellungen beigefügt, dann, mit der Schilderung der Schlacht von Nancy bzw. der vorangehenden Scharmützel und Truppenbewegungen (ab f. 29 r) und mit dem Abschied der Alten beim Leichnam Karls des Kühnen, folgt der fugenlose Übergang zur direkten Illustration der Ereignisse: Auffindung des toten Burgunderherzogs (f. 31 v), seine Identifizierung (f. 33 r), feierliche Aufbahrung (f. 33 v) und Beisetzung (ff. 32 v und 32 r).

Die außerordentlich reiche Bebilderung der Handschrift besteht aus unterschiedlich kräftig kolorierten Zeichnungen; das Titelbild und einige der folgenden Illustrationen kommen in ihrer Buntfarbigkeit eher in Deckfarbenmalerei ausgeführten Miniaturen nahe, während im allgemeinen eine zarte Lavierung vorherrscht, wobei für von Natur aus helle Gegenstände sogar der leere Pergamentgrund stehengelassen wird. Obwohl der Text und das Widmungsexemplar für einen französischen Fürsten verfaßt wurden, lassen sich kaum nähere Beziehungen zur gleichzeitigen französischen Buchmalerei finden. In keinem zeitgenössischen Illustrationszyklus spielt die Landschaft eine derart dominierende Rolle wie in unserer Handschrift, so daß die Errungenschaften auf dem Gebiet der Landschaftsmalerei, die man mit der Donauschule und auch der Schweizer Malerei in Verbindung bringt, als Voraussetzung unserer Darstellungen angesehen werden müssen, was gleichzeitig eine Datierung der Handschrift in die Zeit um 1520, also mehrere Jahrzehnte nach der mutmaßlichen Abfassung des Textes, nötig macht. Auch für die dramatischen Schlachtendarstellungen, die drastisch geschilderten Haufen der Gefallenen mit ihren Bravourstücken extremer Verkürzungen wie für die kraftmeierisch sich gebärdenden Landsknechte lassen sich eher im deutschen und schweizerischen Bereich Parallelen finden, etwa in der ebenfalls die Burgunderkriege schildernden Schodoler Chronik (zwischen 1514 und 1532 datiert), oder in den graphischen Werken von Hans Baldung Grien, Urs Graf und Manuel Deutsch. Ebenso ist die Folge von Dialogen zwischen Burgunder und Tod wohl nicht ohne Beziehung zu den Totentanzdarstellungen, einem in der Schweizer Malerei und Graphik sehr populären Thema, vorzustellen. Die zahlreichen Elemente, die die Illustrationen des Pastourel mit Elsässer und Schweizer Kunst verbinden, sind gerade im lothringischen Milieu nicht schwer zu erklären, da in Nancy mehrere Künstler nachgewiesen werden können, die direkt oder indirekt deutscher Herkunft sind.

Abbildung 72. Fol. 33 r: Auffindung und Identifizierung der Leiche Karls des Kühnen. Im Vordergrund liegt der Leichnam des Herzogs von Burgund auf einem tuchverhängten Gestell, dem sich mehrere Personengruppen nähern, darunter, auf der rechten Seite, Herzog René mit seinem Gefolge. Ein Knappe weist auf eine der Zehen des Toten, deren Eigenart bestätigen soll, daß es sich um Karl d. Kühnen handelt. Eine solche Identifizierung war erforderlich, da der Burgunderherzog im Laufe der Kämpfe seine Helmzier verlor, deshalb unerkannt niedergemacht und erst zwei Tage nach der Schlacht in sumpfigem Gelände eingefroren aufgefunden wurde. Dieser der Identifizierung vorangehende Moment ist im Hintergrund als kleinfigurige Szene mit dargestellt. René ist mit seinem Gefolge von einem Knappen zu der Stelle geführt worden, wo Karl der Kühne nach Angabe des Knappen gefallen sein soll. Beide weisen mit der Hand auf den Boden, während zwei mit Schaufel und Pickel den im Sumpf eingefrorenen Toten ausgraben.

Der Schauplatz der Szene dürfte historisch getreu sein. Sowohl in dieser wie in den drei vorangehenden Miniaturen, die alle die Schilderung der Schlacht von

Nancy und das Ende Karls d. Kühnen zum Inhalt haben, wird als Kennzeichnung der Stelle, an der der Burgunderherzog getötet wurde, immer ein und dasselbe Gebäude dargestellt, dessen porträthaftes Aussehen nahelegt, daß es sich hier um die Commanderie de Saint-Jean-de-Jerusalem du Vieil-Atre von Nancy handelt, von der heute nur noch der Turm erhalten ist und in deren Nähe der Überlieferung nach Karl der Kühne den Tod gefunden hatte.

Literatur. Französische Schule II, 102 ff., Abb. 242–261.

69 Cod. 1883

STUNDENBUCH (lateinisch und französisch)

Schule von Rouen, 1520/1530 Abb. 73

Pergament, 200 x 140 mm; 170 Blatt. Schriftspiegel 110 x 65 mm; geschrieben in kalligraphischer französischer Bastarda. 24 Kalenderminiaturen (115 x 30 mm), 16 ganzseitige Miniaturen in reichen architektonischen Rahmungen und 3 kleinere Miniaturen; 19 Zierrahmen, Zierleisten auf allen Seiten, zahlreiche Zierinitialen und Zeilenschlußleisten.
Einband des 16. Jahrhunderts (?): roter Samt, stark abgewetzt.
Die Handschrift ist zu Beginn des 18. Jahrhunderts in der Hofbibliothek nachweisbar.

Text. Den üblichen Bestandteilen eines Stundenbuches – Kalender, Evangelienabschnitte, Marien-, Kreuz- und Geiststunden, Bußpsalmen mit Litanei, Totenoffiz und Heiligensuffragien – sind einige weitere, in Stundenbüchern ebenfalls häufige Texte wie die Passion Christi nach Johannes und mehrere Mariengebete (Obsecro te, Salve regina, Stabat mater) beigefügt, aber auch ein Gebet zum Gekreuzigten, Gebete vor und nach Empfang der Kommunion sowie, auf die 24 Kalenderseiten verteilt, ein Gedicht, das die Altersstufen des Menschen mit den Monaten des Jahres vergleicht. Marienstunden und Totenoffiz sind nach dem liturgischen Gebrauch von Reims, die im Kalender hervorgehobenen Heiligen weisen auf dieselbe Diözese.
(Zur Konstituierung des Stundenbuches als privates Andachtsbuch der Laien und zu den Möglichkeiten der liturgischen Identifizierung vgl. Kat. nr. 8, S. 79 ff.).

Ausstattung. Der Illustrationszyklus enthält im großen und ganzen die geläufigen Stundenbuch-Themen (vgl. Kat. nr. 8, S. 81 f.) mit den der Spätzeit entsprechenden Varianten (Hiob auf dem Misthaufen für das Totenoffiz, David und Bathseba für die Bußpsalmen). Außergewöhnlich, zumindest in Handschriften, ist die Darstellung zur Laud der Marienstunden, die statt der üblichen Heimsuchung (Begegnung von Maria und Elisabeth) Augustus mit der Sybille zeigt (Genaueres siehe Abbildung). Bei den zusätzlichen Gebeten ist zur Passion Christi die Ölbergszene dargestellt, zum Salve regina Maria mit Kind und Engeln und zum Stabat mater eine Pietà (Beweinung Christi). Von der Norm abweichend sind auch die Kalenderillustrationen insofern, als sie, statt als kleine Bildchen in Rahmenbordüren eingefügt zu sein, ein zwar schmales, doch über die volle Höhe des Textspiegels sich erstreckendes Bildfeld am Außenrand der Seiten einnehmen, so daß Figuren und Szenarien im Format von Vollbildern, wenn auch extrem ausschnitthaft, erscheinen.

Die Handschrift besitzt eine auffallend reiche dekorative Ausstattung sowohl der Text- wie Miniaturseiten, die sich durch eine außerordentliche Mannigfaltigkeit im Motivrepertoire auszeichnet, das teils die traditionellen französischen Zierelemente benützt, vorwiegend jedoch mit italienischen Renaissance-Motiven operiert (Kandelaber in allen Varianten, Bandgeflechte).
Stilistisch gehören die Miniaturen in den Bereich der Schule von Rouen, des bedeutendsten Buchmalerei-Ateliers des frühen 16. Jahrhunderts. Vom geläufigen Kanon dieser Schule unterscheidet sie der etwas zierlichere Figurentypus, eine kleinteiligere Gliederung der Draperien und ein sehr reiches, kräftiges Kolorit, z.T. mit Changeant-Effekten. Eng verwandt ist ein Stundenbuch der John Rylands Library in Manchester, ms. lat. 38, das für Galiot de Genouillac (gestorben 1542) ausgeführt wurde.

Abbildung 73. Fol. 50 v/51 r: Illustration zur Laud der Marienstunden. Augustus erfährt von der tiburtinischen Sybille die bevorstehende Geburt Christi. Die Seherin, turbanbekrönt und in ein modisches Gewand gekleidet, weist auf die Vision am Himmel, wo Maria mit dem Christuskind in Strahlenglorie erscheint. Augustus ist auf die Knie gefallen und hält in Ehrfurcht und Erstaunen die Hände erhoben. Auffallend sind die schillernden Farben in den Gewändern der Hauptfiguren. Die Szene spielt in einem Burghof mit Ausblick auf einen von Häusern gesäumten Fluß.
Die Miniatur ist von einer phantasievoll gestalteten, pseudoarchitektonischen Rahmung voller antikisierender Elemente eingefaßt. Die Bordüre der gegenüberliegenden Textseite wird von Renaissance-Kandelabern aus baluster- und vasenförmigen Gliedern mit abzweigenden Ranken, stilisierten Delphinen, Adlerköpfen usf. gebildet; im unteren Bordürenstreifen zwei symmetrisch an einen Kandelaber gebundene Mischwesen aus Drache und Greif.

Literatur. Französische Schule II, 68 ff., Abb. 124–144.

70 Cod. 2645

TROYS RESOLUTIONS ET SENTENCES, C'EST ASSAVOIR DE L'ASTROLOGUE, DU POETE ET DU THEOLOGUE SUR LES GRANDES CONJUNCTIONS, MOYENNES ET PETITES, QUI SE FONT OU SIGNE DE PISCES, L'AN MIL v^{cc} xxiiii^{e}

Schule von Rouen, 1524 Abb. 74

Pergament, 220 x 145 mm, 60 Blatt. Schriftspiegel 138 x 85 mm; geschrieben in kalligraphischer gotischer Bücherminuskel. 1 Miniatur (138 x 88 mm) und 4 Initialen.
Barock-Einband von Etienne Boyet d. Jüngeren: rubinrotes Maroquin mit Handvergoldung, Wien, nach 1713.
Anscheinend König Franz I. von Frankreich gewidmet. Später im Besitz Prinz Eugens von Savoyen, seit 1738 in der Hofbibliothek.

Text. Der etwas enigmatische Titel der Schrift – 'Drei Beschlüsse und Entscheidungen, nämlich des Astrologen, des Dichters und des Theologen zu den großen, mittleren und kleinen Verbindungen im Zeichen der Fische im Jahre 1524' – wird in der ausführlichen Rubrik vor Beginn des Textes verständlich gemacht: es handelt sich um die verschiedenen Standpunkte zu der Voraussage einer großen Sintflut für das Jahr 1524, die durch die Konstellation der Gestirne (die Planeten Jupiter und Saturn treffen sich im Sternkreiszeichen der Fische) unabwendbar erscheint. Der Text beginnt mit der Schilderung einer allegorischen Vision des französischen Königshauses, zu dessen Verherrlichung das Werk abgefaßt ist: der Autor sieht einen herrlichen, paradiesähnlichen Garten, in dem eine riesige, alle Bäume überragende Lilie steht, deren kunstvoll verflochtene Zweige Dreiecke und einen Rhombus bilden, die symbolisch gedeutet werden und in denen sechs Wappen des französischen Königshauses eingeschlossen sind. Der Verfasser wird von einem Astrologen aus seinem Traum gerissen, der ihm verzweifelt die bevorstehende Gefahr schildert. In einer langen Debatte versucht der Autor, die Argumente des Astrologen zu entkräften, endlich beschließt er, zwei Männer aufzusuchen, die der Legende nach in den Himmel gestiegen waren – nämlich Ikaromenippus und den hl. Paulus – und sie zu befragen, was es mit dieser Prophezeiung auf sich hätte und was die göttliche Vorsehung beschlossen habe. Das Gespräch mit Lucaromenippus, den er nach vielen Mühen findet, bietet dem Dichter Gelegenheit zu einer breiten Schilderung von dessen wunderbarer Reise (die u. a. zu phantastischen Inseln geführt hatte, deren Schilderung an Schlaraffenlanddarstellungen erinnert und auch sonst das ganze Motivrepertoire wunderbarer Reisen ausschöpft). Die Antwort des Lucaromenippus auf die eigentliche Frage des Autors lautet dahin gehend, daß ihm die Götter gesagt hätten, man solle den Astrologen nichts glauben; diese bildeten sich wohl ein, die Geheimnisse des Himmels und der Götter zu kennen, aber sie wüßten nicht einmal etwas von den Steinen, die neben ihnen am Boden lägen. Ähnlich lautet die Antwort des hl. Paulus, den der Verfasser anschließend aufsucht: statt den Lügen der Astrologen zu glauben, sollen sich die Menschen mit Glaube, Hoffnung und Liebe wappnen und für ihren von Gott gegebenen Herrscher beten, dann könnten sie weiter in Frieden und Sicherheit im Schatten der geheiligten Lilie – gemeint ist das französische Königshaus, das in der einleitenden Vision des Verfassers symbolisch dargestellt wird – leben. Um die verschiedenen Katastrophen wie Erdbeben, Überschwemmungen, Kriege, Hungersnöte usw. zu vermeiden, die Gott der ungehorsamen Menschheit manchmal zur Strafe sende, genüge Buße, Bekehrung und Rückkehr zu Gott.

Ausstattung. Die Handschrift ist mit einer einzigen Miniatur geschmückt, die die eingangs geschilderte allegorische Vision des Verfassers wiedergibt. Der Stil ist derjenige der Schule von Rouen, des meistbeschäftigten Buchmalerei-Ateliers des frühen 16. Jahrhunderts (vgl. Kat. nr. 59, S. 177 f.). Vom Text her ist eine Datierung um 1524 naheliegend.

Abbildung 74. Fol. 2 r: Der Verfasser und sein Traumgesicht. Der Verfasser (als Pèlerin bezeichnet) ruht mit geschlossenen Augen auf einer Wiese, den Kopf in die Hand gestützt. Den größten Teil des Bildfeldes nimmt die Darstellung seiner Vision ein: er sieht eine riesige 'geheiligte und unzerstörbare' Lilie, die mit ihren Zweigen zwei sich überschneidende Dreiecke bildet (Dreiecke des 'Ruhms und des Triumphs'; in der Miniatur sieht man die Lilien bloß seitlich rahmend hinaufwachsen). Sechs bekrönte Wappen der französischen Herrscherfamilie, französische Lilien in verschiedenen Kombinationen, besetzen die Felder der geometrischen Konfigurationen. Diese bilden in ihrer Mitte einen Rhombus, dessen silberner Grund mit Hermelinschwänzen übersät ist, ein Emblem, das dem Text zufolge erstmals dem heldenhaften König Artus von der Bretagne durch göttliche Vorsehung verliehen wurde. Der Rhombus *(Le quadrangle d'amour)* soll das Viereck der ewigen Liebe und der untrennbaren königlichen Vereinigung *(pardurable amour et inseparable unyon royalle)* repräsentieren. Am Fuß der Lilie ist der feuerspeiende Salamander, Emblem König Franz' I. von Frankreich zu sehen, ein Hermelin, das die Bretagne vertritt (Hermelinschwänze bilden das Wappen der Bretagne), und ein Pferd, dessen Bedeutung nicht geklärt ist. Hinter dem Schlafenden steht ein Astrologe mit einem Astrolab (er ist im Begriff, den Träumenden zu wecken, um ihn von einer bevorstehenden Sintflut zu unterrichten, die er der Konstellation der Gestirne entnommen hat).

Literatur. Französische Schule II, 112 f.

71 Cod. 2558

JEAN DU BUEIL, LE JOUVENCEL

Bretagne (?), um 1530 Abb. 75

Pergament, 360 x 255 mm, 228 Blatt. Schriftspiegel 215 x 155 mm; geschrieben in großer kalligraphischer französischer Bücherminuskel. 9 Miniaturen (135/160 x 150 mm) in architektonischen Rahmungen, Initialen.

Barock-Einband von Etienne Boyet d. Jüngeren: rotes Maroquin mit Handvergoldung, Wien, nach 1713.

Vermutlich für Jean de Laval, Seigneur de Châteaubriand (Bretagne) ausgeführt (Wappen und Kette des Michaelsordens auf allen Miniaturseiten). Später im Besitz des Prinzen Eugen von Savoyen, seit 1738 in der Hofbibliothek.

Text. Der Verfasser, Jean du Bueil (1406–1477), Admiral von Frankreich, war von früher Jugend auf mit Kriegsgeschehen bestens vertraut: er kämpfte im Dienste der Anjou während der entscheidenden letzten Phase des 100jährigen Krieges gegen England an allen wichtigen Kriegsschauplätzen. In romanhafter Form verfaßte er dann, ab 1461, im *Jouvencel* ein Lehrbuch der Kriegskunst mit autobiographischem Charakter: einem jungen Mann adeligen Standes wird das Kriegshandwerk gelehrt, wie Angriff, Verteidigung und Belagerung durchzuführen sind oder wie mit einem Gegner zu verhandeln ist. Etwa zwanzig Jahre nach der Abfassung des Jouvencel ergänzt Guillaume Trigant, ein Vertrauter des Jean du Bueil, die Dichtung durch einen Kommentar, in dem versucht wird, die im Jouvencel verschlüsselt genannten Personen und Örtlichkeiten zu deuten.

Ausstattung. Das erste Bild (f. 7 r) zeigt den Autor an einem Lesepult und eine Gruppe von mit einem Geistlichen disputierenden Edelleuten; einer von ihnen weist auf Jean du Bueil. Alle anderen Miniaturen illustrieren das Kampfgeschick des Jouvencel und dessen militärische Karriere. Auf f. 34 v wird die Einnahme einer mächtigen Stadt, 'Crator' bezeichnet, gezeigt, auf f. 59 r wird die von starkem Feind belagerte Stadt 'Sardine' von Jouvencels Truppen entsetzt. Kampfesstärke im Turnier zeigen Jouvencels Leute im Kräftemessen mit den Rittern des 'Duc Boudoin' (f. 146 v). Das feldherrliche Gehaben des Jouvencel demonstrieren Reden an Gefangene (ff. 103 r und 145 r); seinen Aufstieg die Ernennung zum 'lieutenant de Crator' (f. 108 r) und die Fahrt zum König Amidas von Amidoine (f. 186 v), dessen Tochter er heiraten und dessen Königreich er verwalten wird (f. 192 r).
Alle Miniaturen besitzen architektonische Rahmungen mit zum Teil antikisierenden Details (Füllhörner, Blattranken, gekurvte Bänder, Delphine usf.). Ein Schriftblock befindet sich zumeist in der Sockelzone, die in immer neuen Varianten eigens gerahmt ist. In der Mitte der unteren Rahmung ist auf allen Bildseiten das Wappen der Familie Châteaubriand gemalt.
Die Stilstufe der Miniaturen entspricht der von Malereien einiger Handschriften, die für König Franz I. von Frankreich um 1525/1530 ausgeführt wurden. Der Miniator des vorliegenden Codex ist in besonderem Maße an einer detailreichen Schilderung der prachtvollen Gewänder und Rüstungen interessiert, die durch die vielen sich aufbauschenden Gewandteile und weghängenden Federbuschen eine bewegte Note ins Bild bringen. Auch sonst werden gewellte und bauchige Formen bevorzugt und besonders zur Geltung gebracht (weit ausladende Schiffsrümpfe, voll aufgeblähte Segel u. a.). Eine ausgeprägte Farbenfreudigkeit unterstützt diesen Hang zu bewegten Formen.

Abbildung 75. Fol. 146 v: Zweikämpfe zu Pferd und zu Fuß zwischen Edelleuten des *Jouvencel* und des *Duc Boudoin*. Zwei Ritter, voll gerüstet, auf geharnischten Pferden, stürmen mit wallenden Federbuschen und weit ausholendem Schwert aufeinander los. Von den Seiten eilen Knappen herbei, auf dem Boden liegen gebrochene Lanzen und verlorene Federn. Innerhalb der hölzernen Abschrankung des Turnierplatzes, weiter hinten, bekämpfen sich zwei Ritter zu Fuß, ebenfalls mit gezücktem Schwert. Am rückwärtigen Ende des Platzes verfolgen modisch gekleidete Zuschauer von Logen aus das Geschehen. Die Szene besitzt eine Architekturrahmung; auf dem Architrav sind, eine Giebelform andeutend, sich schlängelnde Bänder dargestellt, in der Mitte ein Helm und sich überkreuzende Hellebarden. Akanthusranken, die in Löwenfüße übergehen, flankieren das Schriftfeld und verbinden die Miniatur mit der Basis der Schriftzone, die auf Kugeln ruht und in deren Mitte das Wappen der Familie Châteaubriand angebracht ist.

Literatur. Französische Schule II, 162 ff., Abb. 345—349.

72 Cod. Ser. n. 4641

FRANZÖSISCHER RENAISSANCE-EINBAND

Mitte 16. Jh. Abb. 76

Stundenbuch (lateinisch und französisch), Ile de France, Ende 15. Jh.

Pergament, 117 x 80 mm, 129 Blatt. Schriftspiegel 70 x 45 mm, geschrieben in gotischer Bücherminuskel. 12 große und 16 kleine Miniaturen, Zierinitialen, einige Zeilenschlußleisten. Die Handschrift befand sich im 16. Jahrhundert in italienischem Besitz. 1930 wurde sie von dem Wiener Antiquar I. I. Plaschke angekauft.

Der Text des Stundenbuches spricht für eine Entstehung in der Ile de France (Paris-Senlis). Die Handschrift enthält die üblichen Stundenbuch-Miniaturen in eher durchschnittlicher Qualität.

Abbildung 76: Französischer Renaissance-Einband in der Art der Majolibände, doch etwas derber. (Die Bezeichnung dieses Einbandtypus erfolgte nach dem Pariser Bibliophilen Thomas Maiolus, dessen Sammeltätigkeit um 1550–1565 nachweisbar ist und der durch die kostbaren Einbände seiner Bücher berühmt wurde). Glattes braunes Kalbleder mit Hand- und Plattenstempeln, Handvergoldung und teilweiser Bemalung mit Lackfarben.

Auf der unteren Hälfte der Deckel jeweils ein Plattenstempel mit zwei spiegelgleichen, in Fleischfarbe gemalten Teufeln, die eine zinnoberrote Tragbahre halten, in deren Mitte ein Blattkelch steckt. Darüber ein Plattenstempel in Form eines zinnoberroten Kartuschenrahmens in Rollwerkstil, mit Blattranken gefüllt (auf Vorder- und Hinterdeckel verschieden angeordnet) und außen von monströsen Karyatiden (Karikaturkopf mit Vogelschnabel, weiblicher Oberkörper und Drachenschwanz) flankiert.

Literatur. Französische Schule II, 150 ff. und Abb. 325 f.

73 Cod. Ser. n. 13241

STUNDENBUCH (lateinisch)

Rouen (Geoffroy Dumoustier), zirka 1550 Abb. 16 (in Farbe)

Feines Pergament, 180 x 122 mm (stark beschnitten), 96 Blatt. Schriftspiegel 120 x 62 mm; geschrieben in kalligraphischer französischer Renaissance-Bücherminuskel. 11 große Miniaturen (ca. 100 x 70 mm) mit Zierrahmen und 17 kleine (30 x 28 mm); zahlreiche Zierinitialen und Zeilenschlußleisten.

Klassizistischer Einband: rotes Maroquin mit Blinddruck und Handvergoldung, Wien, Anfang des 19. Jahrhunderts.

Die Handschrift befand sich zu Beginn der 70er Jahre des 16. Jahrhunderts im Besitz des späteren Königs Heinrich III. von Frankreich. Das Wappen auf f. 15 v zeigt ihn noch als Herzog von Anjou und König von Polen, die polnische Königswürde hatte er lediglich einige Monate des Jahres 1574 inne; um das Wappen ist die Kette des Michaelsordens gelegt, dessen Inhaber Heinrich III. seit 1570 war. Im April 1574 hielt sich Heinrich III. auf seiner Rückkehr von Polen nach Frankreich in Wien auf, wo er von Maximilian II. mit allen Ehren empfangen wurde. Möglicherweise blieb die Handschrift damals in Wien. Sie wurde 1924 aus der Fideikommißbibliothek, der ehemaligen Privatbibliothek des Kaiserhauses, in die Nationalbibliothek übernommen.

Text. Die Handschrift enthält eine geläufige Textzusammenstellung. Den Grundbestandteilen – Kalender, Evangelienabschnitte, Marienstunden, Bußpsalmen, Totenoffiz, Kreuz- und Geiststunden – sind einige der in Stundenbüchern ebenfalls häufig vorkommenden Gebete beigefügt (zum Gekreuzigten, zur Schmerzensmutter, das Stabat mater, die Passion Christi nach Johannes und das Symbolum Athanasium). Marienstunden und Totenoffiz sind nach dem liturgischen Gebrauch von Rom. Die im Kalender hervorgehobenen Heiligen lassen sich nicht auf den gemeinsamen Nenner einer bestimmten Diözese bringen; auffallend ist die häufige Erwähnung von Dominikanerheiligen.
(Zur Konstituierung des Stundenbuches als privates Andachtsbuch der Laien und zu den Möglichkeiten der liturgischen Identifizierung vgl. Kat. nr. 8, S. 79 ff.).

Ausstattung. Der Illustrationszyklus des Stundenbuches ist unvollständig, da drei Miniaturen – zwei zu den Marienstunden Laud und Prim sowie die Titelminiatur zum Totenoffizium – herausgeschnitten wurden. Die vorhandenen Miniaturen sind: ein aus einer anderen Handschrift nachträglich eingefügtes Frontispiz mit einer Darstellung des Sonnenweibes (f. 15 v), Christus am Ölberg (f. 18 v), Verkündigung an Maria (f. 25 v), Hirtenverkündigung (f. 45 v), Anbetung der Könige (f. 47 v), Darbringung im Tempel (f. 49 v), Episode auf der Flucht nach Ägypten (f. 51 v), Himmelfahrt Mariä (f. 55 r), Nathan zieht David wegen seiner ehebrecherischen Beziehungen zu Bathseba zur Rechenschaft (f. 58 r), Kreuzigung (f. 85 v), Pfingsten (f. 88 r) sowie eine Reihe kleinerer Miniaturen mit Halbfiguren von Heiligen (ff. 91 r–93 v). Mit Ausnahme des Frontispizes (Sonnenweib) und der inhaltlich nicht ganz geklärten Darstellung zur Vesper der Marienstunden (f. 51 v) – möglicherweise ist die Rückkehr der Heiligen Familie aus Ägypten gemeint – handelt es sich also um die geläufigen Themen der Stundenbuchillustration; allenfalls kann noch das Titelbild zu den Bußpsalmen (f. 58 r) als ikonographisch ungewöhnlich gelten, da ein sehr selten dargestellter Moment der David-Bathseba-Geschichte – die ja seit der Mitte des 15. Jahrhunderts alle thematischen Varianten für die Illustrierung der Bußpsalmen geliefert hat – ausgewählt wurde.

Das vorliegende Stundenbuch ist eine der allerhervorragendsten Handschriften der Spätzeit der französischen Buchmalerei und ein Beispiel ersten Ranges für den durch die Schule von Fontainebleau unter Rosso Fiorentino inspirierten italianisierenden Manierismus in diesem Bereich. Auffallend ist die außerordentliche Dramatik vieler Kompositionen, die in den kontrapostischen Wendungen der Figuren, ausfahrenden Gesten, reich bewegten Draperien, wegwehenden Haarsträhnen usw. zum Ausdruck kommt. Zu den originellsten Schöpfungen der Handschrift gehören die Nachtdarstellungen, die fast wie eine Vorwegnahme des Caravaggismus anmuten. Nur wenige Buchmalereien der Zeit können in engere stilistische Beziehung zur Wiener Bilderfolge gebracht werden. Am nächsten kommen acht Miniaturen des ms. fr. 379 der Bibliothèque Nationale Paris sowie zwei Stundenbücher (Sotheby, London, 6. 12. 1971, Lot 37, jetzt Wien, Privatbesitz, und Sotheby, 15. 6. 1959, Lot 163), die in derselben Werk-

statt ausgeführt worden sein müssen (sie benützen Kompositionen aus der Wiener und der Pariser Handschrift). Der persönliche Stil des Meisters der Wiener Miniaturen ist in den für Geoffroy Dumoustier gesicherten Stichen wiederzuerkennen, die sich durch dieselbe expressive Note und Vorliebe für Nachtdarstellungen auszeichnen. Außerdem findet sich in ihnen auch eine ganze Reihe der charakteristischen Figurentypen und -motive aus der Wiener Handschrift wieder. Geoffroy Dumoustier, der in erster Linie als Graphiker gilt, ist auch als in Rouen tätiger Buchmaler bezeugt. Zudem war er 1537–1540 Gehilfe des Rosso Fiorentino in Fontainebleau, konnte also den italienischen Manierismus aus erster Hand kennenlernen.
Das nachträglich in die Handschrift eingefügte Frontispiz stammt von einem anderen Meister, der jedoch gleichfalls in Rouen lokalisiert werden kann: seine Hand ist in einem monumentalen Titelbild wiederzuerkennen, mit dem das Cartulaire de l'Hospice général de Rouen geschmückt wurde.
Die Handschrift besitzt ein insbesondere für Frankreich ungewöhnliches Bordürensystem, von hervorragender Qualität der Ausführung: Es nimmt das in den Niederlanden entstandene Dekorationsprinzip der Streumuster-Bordüre auf, jedoch werden immer nur einige wenige ein- und derselben Spezies angehörende Pflanzen in monumentalisierter Form dargestellt. Die Motive sind mit großer naturalistischer Treue und Lebendigkeit wiedergegeben (Heckenrosen, Apfelblütenzweige, Schwertlilien, Veilchen, Kirschen- und Kirschblütenzweige, Nelken, Erbsen und Erbsenblüten, Akeleien). Zwei Bordüren sind nach dem traditionellen System des Streumusters gestaltet, bei einer dritten findet sich eine italianisierende Fruchtgirlande.

Abbildung 16. Fol. 49 v: Darbringung im Tempel. Die manieristische Interpretation des Themas setzt gegenüber der traditionellen Ikonographie geänderte Akzente. Das nackte Christuskind liegt im Zentrum des Bildes am Rand eines Tisches, von dem es herabzufallen droht. Darunter kauert auf den Sockelstufen, kompositioneller und farblicher Blickfang, Hanna, die Prophetin, als junge, modisch aufgeputzte Frau mit graziösen Gesten, gerahmt von zwei als Tischbeine fungierenden bärtigen Karyatiden. Links zu seiten des Tisches steht die mächtige Gestalt des Hohepriesters; von rechts kommt eine Magd in wallendem Gewand mit der Opfergabe, den beiden Tauben. Hinter dem Tisch, schon um einiges kleiner, Maria, von Figuren umgeben. Die Farben, vor allem der Gewänder, sind intensiv und leuchtend; sie werden unmittelbar und großflächig aneinandergesetzt (z. B. im Gewand Hannas Grün, Rot, Ocker und Orange).

Literatur. Französische Schule II, 114 ff., Abb. 268–280 und Farbtafel VII. – E. Trenkler, Ein unbekanntes „Livre d'heures" der Österreichischen Nationalbibliothek, in: Die Österreichische Nationalbibliothek, Festschrift, Wien 1948, 639–645.

74 C. P. 1. E. 26

STUNDENBUCH (lateinisch und französisch)

Druck: Paris: Germain Hardouin, um 1526 Abb. 77

Pergament, 175 x 115 mm, 94 Blatt. Gedruckt in italianisierender Antiqua-Schrift. 16 große und 27 kleinere Miniaturen über Stichen, ein zusätzlich gemaltes Frontispiz; Zierrahmen auf allen Seiten, zahlreiche Zierinitialen und Zeilenschlußleisten.

Französischer Renaissance-Einband: braunes Kalbleder mit Handvergoldung, Ende des 16. Jahrhundert.

Text. Germain Hardouin, aus dessen Offizin das Stundenbuch kommt, führte zusammen mit seinem Bruder eine der wichtigsten Druckerwerkstätten der ersten Hälfte des 16. Jahrhunderts in Paris. Die Brüder Gilles et Germain Hardouin gehörten zu jenen Buchdruckern, die gleichzeitig auch Illustratoren ihrer Produkte, also Holzschneider oder Stecher, waren; in dieser Funktion setzten sie sich mit allen Kräften für die Verbreitung italienischer Renaissance-Motive im französischen Buchdruck ein und gaben immer wieder neue, modernisierte Auflagen ihrer Bücher heraus. Für unseren Druck fehlt eine genaue Jahresangabe, aus dem beigefügten Almanach, der von 1526 bis 1541 reicht, kann jedoch auf das Herstellungsdatum von ca. 1526 geschlossen werden. Der Text folgt dem liturgischen Brauch von Rom, was jedoch zu dieser Zeit in der Regel nichts mehr mit dem Ort der Herstellung des Buches oder mit der Herkunft des Bestellers noch mit der Lokalisierung eventuell beigefügter Malereien zu tun hat. Der bis ins ausgehende 15. Jahrhundert herrschenden Vielfalt in den Stundenbuchtexten war durch eine kirchliche Regelung ein Ende gesetzt, nachdem schon der Buchdruck, der rasch eine dominierende Stellung erlangte, eine Beschränkung der Textredaktionen auf wenige liturgische Zentren (vor allem Rom und Paris) begünstigt hatte.

(Zur Konstituierung des Stundenbuches als privates Andachtsbuch und und zu den Möglichkeiten der liturgischen Identifizierung vgl. Kat. nr. 8, S. 79 ff.).

Ausstattung. Mehr als ein halbes Jahrhundert nach Beginn des Buchdrucks war das Prestige des handgeschriebenen und gemalten Buches immer noch so groß, daß für höhergestellte und wohlhabendere Käufer zumindest der Anschein des gemalten Buches gewahrt bleiben sollte. Diesem Übergangsstadium ist die Entstehung einer bestimmten Gruppe von Büchern zu verdanken, die man als eine Art Luxusdrucke bezeichnen könnte: Die in einem Druckwerk enthaltenen Holzschnitte oder Stiche werden übermalt, also wieder zu Miniaturen gemacht, und mit Zierrahmen versehen. Die Übermalungen – von den darunterliegenden gedruckten Bildern abweichend, ja oft völlig verschieden – stammen in der Regel von Miniatoren, deren Stil meist noch die Schulung in Buchmalereizentren der Jahrhundertwende verrät und die teilweise wohl auch noch bei der Ausstattung der immer seltener werdenden Handschriften beteiligt waren. Vereinzelt finden sich in diesen 'Luxusbüchern' auch wieder Hinweise auf den Besteller, wie etwa Wappen, Devisen usw. Das trifft auch für unser Stundenbuch zu: dem Druck ist ein eigenes Titelbild beigefügt, auf das Emblem und

Devise des Käufers gemalt sind: ein Kreuz über einer aufgerissenen Erdkugel, auf der *Faulte de Foy* zu lesen ist. Der vorliegende Druck ist dem Aussehen eines Manuskripts auch insofern besonders angenähert, als auf allen Textseiten handgemalte Bordüren hinzugefügt sind. Die ungewöhnlich großlappigen Akanthusblätter und Phantasieblüten sind sehr abwechslungsreich gestaltet und besitzen ein fein abgestuftes Kolorit.
(Zum Übergang von Handschriftenproduktion zu Buchdruck siehe auch Kat. nr. 7).

Abbildung 77. Fol. 45 v/46 r: Kreuzigung Christi (Titelminiatur zu den Kreuzstunden). Der Gekreuzigte wird von Maria und Johannes flankiert, beide mit Gesten der Verzweiflung. Maria Magdalena umfängt den Kreuzesstamm, neben ihr am Boden das Salbgefäß. Miniatur und Schriftblock darunter sind von einem gemeinsamen architektonischen Rahmen umschlossen.

Literatur. Französische Schule II, 182, Abb. 404–408.

75 Ink. 5. C. 11, Band 3

LE ROMAN DE LANCELOT DU LAC (3 Bände)

Druck: Paris: Antoine Verard, 1494 Abb. 78

Pergament, 270 x 400 mm, 239 Blatt. Gedruckt in gotischer Bastarda, die Titel der drei Bände mit großen Holzschnitt-Initialen. Insgesamt 29 nahezu ganzseitige Miniaturen über Holzschnitten (8 davon im 3. Band) mit Zierrahmen, zahlreiche Zierinitialen.
Französischer Renaissance-Prachteinband: braunes Maroquin mit reicher Handvergoldung, Mitte des 16. Jahrhunderts.

Text. Der vorliegende Druck enthält die zu Beginn des 13. Jahrhunderts geschriebene Prosafassung der Lanzelot-Geschichte, also einen der ersten in Prosa statt in Versen abgefaßten Romane der französischen Literatur überhaupt.

Ausstattung. Die vorliegende Inkunabel gehört zu jener Gruppe von Druckwerken, deren äußerer Anschein dem Aussehen einer Handschrift angenähert wurde, indem man die meist einfachen Holzschnitte übermalte (also wieder zu Miniaturen machte) und farbige Zierinitialen und Bordüren einfügte; zudem wurde für diese Bücher in der Regel Pergament statt Papier verwendet. Diese Aufmachung war vor allem bei für hochgestellte Personen ausgeführten Drucken üblich, da das gedruckte Buch zunächst gegenüber dem handgeschriebenen noch als minderwertig galt. Antoine Verard ist wohl unter allen Pariser Verlegern derjenige, der das größte Kontingent dieser Art von 'Luxusexemplaren' geliefert hat.
An der Übermalung der Holzschnitte des Wiener Lanzelot-Druckes waren zwei Miniatoren beteiligt, die sich durch ihre Figurentypen, maltechnische Ausführung und Farbgebung unterscheiden. Der zweite Miniator, der den gesamten dritten Band ausgestattet hat, findet sich in einer ganzen Reihe von Werken wieder (u. a. vgl. die Inkunabel 5. C. 3 der Wiener Sammlung).

Abbildung 78. Fol. 100 v: Lancelot macht seinen Sohn Galaad zum Ritter. In einer Kapelle des Nonnenstiftes, in dem Galaad erzogen wurde, legt Lancelot dem vor einem Altar knienden geharnischten Galaad zum Zeichen der Ritterwürde einen Gürtel mit Schwert um (Galaad ist der einzige von allen auf Gralsuche ausgezogenen Artusrittern, der das Ziel erreichen und den Abendmahlskelch finden wird).

Literatur. Französische Schule II, 170 ff., Abb. 354–364. – Zu Antoine Verard vgl. A. Macfarlane, Antoine Verard, Illustrated monographs issued by the Bibliographical society VII, London 1900 (1899). – A. Claudin, Histoire de l'imprimerie en France au XVe et au XVIe siècle, Paris 1900.

76 Ink. 7. D. 11

ASTRONOMI VETERES (Sammlung astronomischer Schriften der Antike, lateinisch und griechisch)

Druck: Venedig: Aldus Manutius, 1499 Abb. 79

Papier, 310 x 200 mm, 376 Blatt. Gedruckt in italienischer Antiqua, die Überschriften z. T. in Kapitale. 39 über Holzschnitte gemalte Miniaturen (75/110 x ca. 130 mm) eines französischen Buchmalers, venezianische Zierinitialen.

Französischer Barock-Einband: rubinrotes Maroquin mit reicher Handvergoldung, Mitte des 17. Jahrhunderts.

Text. Der Band enthält mehrere astronomische Abhandlungen antiker Autoren, und zwar: ein 335/337 n. Chr. verfaßtes astrologisches Lehrbuch des lateinischen Schriftstellers Julius Firmicus Maternus in acht Büchern (*Matheseos*, ff. 4 r–184 r), ein zwischen 9 und 22 nach Christus verfaßter und Kaiser Tiberius gewidmeter Traktat des römischen Astronomen Marcus Manilius (*Astronomicon libri quinque*, ff. 185 r–242 v) und die im 3. Jahrhundert vor Christus verfaßten *Phainomena* (Himmelserscheinungen) des Aratos von Soloi in der lateinischen Übersetzung des Germanicus aus dem Beginn des ersten Jahrhunderts nach Christus. Das Lehrgedicht des Aratos bildete eine der Grundlagen der astronomischen Kenntnisse und Darstellungen des ganzen Mittelalters; es beschreibt nicht nur Fixsterne, Planeten und Wetterzeichen, sondern enthält auch verschiedene Mythen über die Entstehung der Sternbilder; der Ruhm des Aratos gründete sich nicht so sehr auf den wissenschaftlichen Rang seiner Abhandlung – die astronomischen Kenntnisse sind größtenteils von Eudoxos übernommen – als auf deren kunstvolle dichterische Form. Außer den angeführten astronomischen Lehrschriften enthält der vorliegende Band noch einige kleinere Abhandlungen und Kommentare.

Ausstattung. Nur die 'Phainomena' des Aratos von Soloi sind im vorliegenden Druck mit Holzschnitten versehen. Sie wurden von einem etwa gleichzeitigen französischen Miniator übermalt, der jedoch gegenüber den noch stark dem gotischen Stilkanon verhafteten Holzschnitten schon eindeutig Gestaltungsprinzipien der Renaissance anwendet, etwa in der organischen Durchbildung der Körper oder der ausgewogenen Ponderierung seiner Standfiguren. Es ist ein anschaulicher Fall der künstlerischen Umgestaltung der graphischen Vorlage durch den Miniator. Die Rahmungen der einzelnen Sternbilddarstellungen und die Hintergrundandeutungen (Wolken oder blauer Himmel) sind vom Miniator hinzugefügt, im Druck waren die Sternbilder frei auf den Papiergrund gesetzt.

Abbildung 79. Fol. 249 v: Das Sternbild der Jungfrau. Auf einer Wolkenbank steht eine modisch gekleidete weibliche Figur mit ausgebreiteten bunten Flügeln; in den Händen hält sie den Merkurstab und ein Bündel Ähren. Die Sterne der Himmelskonstellation sind auf die Figur appliziert.

Literatur. Französische Schule II, 177 f., Abb. 373–382.

77 223. 685-B (Rara 4)

PIERRE GRINGORE, HEURES DE NOSTRE DAME (französisch und lateinisch) Druck: Paris: Jean Petit, um 1525 Abb. 80

Pergament, 201 x 140 mm, 96 Blatt. Gedruckt in französischer gotischer Bastarda. 15 ganzseitige Bilder über Holzschnitten.

Text. Pierre Gringore (ca. 1475–ca. 1538), vor allem als Autor von Theaterstücken bekannt, in denen er auch als Amateurschauspieler mitwirkte (z. B. *Les Fantaisies de mère sotte*), wurde zunächst von Ludwig XII. protegiert, dessen Politik er in seinen Schriften verteidigte; 1518 trat er in den Dienst des Herzogs Anton von Lothringen, dessen militärische Unternehmungen gegen protestantische Gebiete er durch Streitschriften gegen Luther unterstützte.
Die *Heures de Nostre Dame* (Stunden unserer Lieben Frau) – eine Nachdichtung des üblichen lateinischen Stundenbuchtextes in französischer Sprache und in Versen – sind Renée de Bourbon, der Frau des Herzogs Anton von Lothringen, gewidmet. Dem Wiener Exemplar des Druckes ist eine handgeschriebene Widmungsvorrede beigeheftet. Der den französischen Übersetzungen jeweils entsprechende lateinische Text der Gebete ist am Außenrand der Seiten in kleinerer Schrift abgedruckt. Die 'Heures de Nostre Dame' wurden bis 1540 in vier Auflagen gedruckt.
(Zur Konstituierung des Stundenbuchs als privates Andachtsbuch des Laien vgl. Kat. nr. 8, S. 79 ff.).

Ausstattung. Die 13 Holzschnitte des Druckes sind im Wiener Exemplar von einem Miniator übermalt, dessen Stil eine gewisse Verwandtschaft mit dem der Schule von Rouen (vgl. dazu Kat. nr. 59, S. 177 f.) aufweist, was insbesondere an der von der Druckvorlage abweichenden Gesichtstypik und Faltengebung deutlich wird. Ikonographisch geht die Illustrationsfolge vielfach eigene Wege, abseits der Stundenbuchtradition, so daß es zum Teil schwer fällt, die dargestellten Themen eindeutig zu bestimmen. Dies gilt insbesondere auch für die berühmteste dieser Darstellungen (vgl. den Kommentar zur Abbildung).

Abbildung 80. Fol. 66 r: Szene nach dem Schema einer Verspottung Christi, jedoch mit einer profanen Hauptfigur. Das Bild wurde vielfach als Verspottung des Pierre Gringore durch die italienischen Komödianten gedeutet; jedenfalls galt es von Anfang an als gotteslästerlich und wurde schon in der zweiten Auflage des Buches, 1528, unter dem Druck der theologischen Fakultät der Universität Paris aus der Bilderfolge entfernt.

Literatur. Französische Schule II, 181 f., Abb. 400–403. – Zu Pierre Gringore vgl. die Monographie von Ch. Oulmont, Pierre Gringore, Bibliothèque du XVe siècle, tome XIV, Paris 1911.

VERZEICHNIS DER GEKÜRZT ZITIERTEN LITERATUR

Französische Schule I	Otto Pächt–Dagmar Thoss, Französische Schule I, Textband und Tafelband. Wien 1974. (Die illuminierten Handschriften und Inkunabeln der Österreichischen Nationalbibliothek [Fortsetzung des Beschreibenden Verzeichnisses der illuminierten Handschriften der Nationalbibliothek in Wien], hrsg. v. O. Pächt, Band 1). (Veröffentlichungen der Kommission für Schrift- und Buchwesen des Mittelalters, hrsg. v. H. Hunger, Reihe I). (Österreichische Akademie der Wissenschaften. Phil.-hist. Klasse, Denkschriften, 118).
Französische Schule II	Otto Pächt–Dagmar Thoss, Französische Schule II, Textband und Tafelband. Wien 1977. (Die illuminierten Handschriften und Inkunabeln der Österreichischen Nationalbibliothek [Fortsetzung des Beschreibenden Verzeichnisses der illuminierten Handschriften der Nationalbibliothek in Wien], hrsg. v. O. Pächt, Band 2). (Veröffentlichungen der Kommission für Schrift- und Buchwesen des Mittelalters, hrsg. v. H. Hunger, Reihe I). (Österreichische Akademie der Wissenschaften. Phil.-hist. Klasse, Denkschriften, 128).
H. J. Hermann VII/1	Hermann Julius Hermann, Die westeuropäischen Handschriften und Inkunabeln der Gotik und der Renaissance mit Ausnahme der niederländischen Handschriften, 1. Englische und französische Handschriften des 13. Jahrhunderts. Leipzig 1935. (Beschreibendes Verzeichnis der illuminierten Handschriften in Österreich, N. F. hrsg. v. J. Schlosser und H. J. Hermann, Band VII).
H. J. Hermann VII/2	Hermann Julius Hermann, Die westeuropäischen Handschriften und Inkunabeln der Gotik und der Renaissance mit Ausnahme der niederländischen Handschriften, 2. Englische und französische Handschriften des 14. Jahrhunderts. Leipzig 1936.

	(Beschreibendes Verzeichnis der illuminierten Handschriften in Österreich, N. F. hrsg. v. J. Schlosser und H. J. Hermann, Band VII).
H. J. Hermann VII/3	Hermann Julius Hermann, Die westeuropäischen Handschriften und Inkunabeln der Gotik und der Renaissance mit Ausnahme der niederländischen Handschriften, 3. Französische und iberische Handschriften der ersten Hälfte des 15. Jahrhunderts. Leipzig 1938. (Beschreibendes Verzeichnis der illuminierten Handschriften in Österreich, N. F. hrsg. v. J. Schlosser und H. J. Hermann, Band VII).
Porcher	Jean Porcher, L'enluminure française. Paris 1959. Deutsche Ausgabe: Recklinghausen 1959.

VERZEICHNIS VON FACHAUSDRÜCKEN

Akanthus – Pflanze des Mittelmeergebietes mit gezahnten bzw. gezackten Blättern, die, mehr oder weniger stilisiert, als Ornament Verwendung findet.

Bastarda – mit kursiven Elementen durchsetzte Zierschrift.

Bibliophile – Sammler und Liebhaber von Büchern.

Brevier – liturgisches Buch, in dem die den Klerikern für bestimmte Tageszeiten vorgeschriebenen Gebete im Ablauf des Kirchenjahres zusammengefaßt sind.

Cadelure – Schreiberverzierung an Ober- und Unterlängen von Buchstaben, meist der ersten und letzten Zeile einer Seite.

Devise – Sinn- oder Wahlspruch mit religiösem, politischem, persönlichem u. a. Inhalt, den sich weltliche oder geistliche Standespersonen als Motto wählen.

Drolerie – in der Regel Mischwesen aus Mensch und Tier oder auch vegetabilen Elementen, meist im rahmenden Rankenwerk gotischer Buchseiten.

Fleur de lis – heraldische Lilie (Emblem der französischen Könige).

Fleuronnee – lineare, zart gezeichnete, von Initialen ausgehende Verzierungen, meist in Rot, Blau oder Schwarz.

Fol. = f. = Folio – Blatt.

Frontispiz – Titelblatt.

Ikonographie – bildliche Tradition eines Darstellungsthemas.

Illuminator – Buchmaler.

Imprese – Sinnbildliche Abzeichen hochgestellter Personen.

Initiale – ausgezeichneter Anfangsbuchstabe eines Textabschnittes. Historisierte Initiale – Personen oder Szenen umschließender Buchstabe. Figureninitiale – aus Menschen, Tieren oder auch Mischwesen gebildeter Buchstabe.

Inkunabel – Bezeichnung für bis zum Jahre 1500 hergestellte Druckwerke.

Kolophon – Schlußvermerk mit Angaben über den Text einer Handschrift, den Ort und die Zeit ihrer Herstellung.

Livre d'heures – siehe Stundenbuch.

Majuskel – Großbuchstabe.

Maroquin – eine bestimmte Sorte feinen Ziegenleders, benannt nach Marokko, dem ursprünglichen Zentrum der Zurichtung von Einbandleder.

Mäzen – Förderer von Künstlern (nach Maecenas, 1. Jh. v. Chr., Gönner von Properz, Horaz und Vergil).

Miniatur – Bezeichnung von Illustrationen in Handschriften.

Minuskel – Kleinschrift.

Protorenaissance – Stilbegriff für die Antikenrezeption der Zeit um 1200.

r = recto – Vorderseite eines Blattes (bei Handschriften ist Zählung nach Blättern statt nach Seiten üblich).

Reklamant – ein oder mehrere Wörter

am Fuß der letzten Seite einer Lage, die den Beginn des Textes der folgenden Lage wiederholen (Hilfsmittel für ein korrektes Zusammenbinden der einzelnen Lagen eines Buches).

Stundenbuch – privates Andachtsbuch der Laien nach dem Muster des offiziellen Gebetbuchs der Kleriker (Brevier).

Suffragien – Andachten zu den einzelnen Heiligen.

Textura – gotische Zierschrift, für die die doppelte Brechung der ursprünglich runden (bzw. seit dem 12. Jh. einfach gebrochenen) Buchstabenkörper charakteristisch ist.

v = *verso* – Rückseite eines Blattes.

Zeilenschlußleisten – ornamentale Auffüllung unvollständiger Schriftzeilen.

VERZEICHNIS DER AUROREN, TEXTE, BUCHMALER UND REGIONALEN MALSCHULEN

KONKORDANZ ZWISCHEN SIGNATUREN UND KATALOGNUMMERN

Wien, Österreichische Nationalbibliothek

Handschriften

Signatur	Kat. nr.
Cod. 41	54
Cod. 122	28
Cod. 1096	1
Cod. 1179	2
Cod. 1254	15
Cod. 1819	50
Cod. 1840	23
Cod. 1849	55
Cod. 1853*	53
Cod. 1855	22
Cod. 1883	69
Cod. 1906	58
Cod. 1927	57
Cod. 1929	32
Cod. 1969	11
Cod. 2051	14
Cod. 2056	5
Cod. 2537	20
Cod. 2538	49
Cod. 2543	38
Cod. 2544	40
Cod. 2551	46
Cod. 2554	3
Cod. 2556	68
Cod. 2558	71
Cod. 2559	47
Cod. 2563	13
Cod. 2565	60
Cod. 2568	29
Cod. 2570	17
Cod. 2573	26
Cod. 2574	45
Cod. 2577	42

Signatur	Kat. nr.
Cod. 2578	42
Cod. 2580	36
Cod. 2581	59
Cod. 2582	59
Cod. 2583*	12
Cod. 2584	65
Cod. 2586	31
Cod. 2587	61
Cod. 2588	66
Cod. 2592	10
Cod. 2595	37
Cod. 2597	35
Cod. 2599	9
Cod. 2605	39
Cod. 2617	34
Cod. 2618	56
Cod. 2624	62
Cod. 2625	64
Cod. 2637	48
Cod. 2645	70
Cod. 2653	30
Cod. 2656	21
Cod. 2657	19
Cod. 3441	63
Cod. Ser. n. 2596	8
Cod. Ser. n. 2598	52
Cod. Ser. n. 2611	4
Cod. Ser. n. 2613	24
Cod. Ser. n. 2614	25
Cod. Ser. n. 2615	27
Cod. Ser. n. 4641	72
Cod. Ser. n. 9450	16

Signatur	Kat. nr.
Cod. Ser. n. 12733	67
Cod. Ser. n. 12735	43
Cod. Ser. n. 12766	18
Cod. Ser. n. 13237	44
Cod. Ser. n. 13241	73
Cod. Ser. n. 13247	41

Inkunabeln

Signatur	Kat. nr.
Ink. 5. C. 11	75
Ink. 7. D. 11	76

Frühdrucke

Signatur	Kat. nr.
C. P. 1. E. 26	74
223.685–B (Rara 4)	77

Andere Sammlungen

Signatur	Kat. nr.
Innsbruck, Universitätsbibliothek, Cod. 281	51
Schlägl, Stiftsbibliothek, Cod. Plag. 15 (458) 3	6
Wien, Kunsthistorisches Museum, Stiftung Kraußhaar, Inv. 14642	33
Wien, Österreichisches Museum für angewandte Kunst, Inv. 1073	7

ABBILDUNGEN

LEGENDEN ZU DEN FARBABBILDUNGEN

Abb. 1 (Kat. nr. 2). Der thronende Schöpfergott als Weltenmesser. Bible moralisée. Cod. 1179, fol. 1 v (auf 5/6 verkleinert).

Abb. 2 (Kat. nr. 6). Darstellung der göttlichen Bande und teuflischen Fesseln. H. de Segusia, Summa copiosa. Schlägl, Stiftsbibliothek, Cod. Plag. 15 (458) 3, fol. 41 v (auf 2/3 verkleinert).

Abb. 3 (Kat. nr. 10). Zwei Szenen zwischen dem Liebenden und dem Liebesgott. G. de Lorris und J. de Meun, Le Roman de la Rose. Cod. 2592, fol. 15 v (auf 9/10 verkleinert).

Abb. 4 (Kat. nr. 11). Flucht nach Ägypten. Stundenbuch. Cod. 1969, fol. 80 r (Originalgröße).

Abb. 5 (Kat. nr. 16). Michaels Drachenkampf. Stundenbuch. Cod. Ser. n. 9450, fol. 49 v (Originalgröße).

Abb. 6 (Kat. nr. 22). Kreuzigung, in den Randminiaturen weitere Passionsszenen. Stundenbuch. Cod. 1855, fol. 137 v (Originalgröße).

Abb. 7 (Kat. nr. 27). Thronende Madonna mit Kind. Stundenbuch. Cod. Ser. n. 2615, fol. 20 v (Originalgröße).

Abb. 8 (Kat. nr. 34). Emilia, Arcitas und Palemon im Gebet zu Diana, Mars und Venus. G. Boccaccio, La Teseida. Cod. 2617, fol. 102 r (Originalgröße).

Abb. 9 (Kat. nr. 34). Vermählung Emilias mit dem schwerverletzten Arcitas. G. Boccaccio, La Teseida. Cod. 2617, fol. 139 r (Originalgröße).

Abb. 10 (Kat. nr. 35). Der Liebesgott Amor entnimmt der Seite des schlafenden Königs René das Herz, um es Ardent Desir zu überreichen. René d'Anjou, Livre du cuer d'amours espris. Cod. 2597, fol. 2 r (Originalgröße).

Abb. 11 (Kat. nr. 42). David und Bathseba. S. Mamerot, Neuf Preux. Cod. 2577, fol. 44 v (auf 3/4 verkleinert).

Abb. 12 (Kat. nr. 42). Die Amazonen unter Führung ihrer Königin Sinope und einer ihrer Schwestern im Kampf gegen die Griechen unter Herkules und Theseus. S. Mamerot, Neuf Preux. Cod. 2578, fol. 239 v (auf 3/4 verkleinert).

Abb. 13 (Kat. nr. 46). Versammlung und göttliches Parlament der Königin 'Wahrheit' im königlichen Palast von Paris. Ph. de Mézières, Le songe du vieil pèlerin. Cod. 2551, fol. 73 r (auf 2/3 verkleinert).

Abb. 14 (Kat. nr. 51). Johannes d. Evangelist und der Besteller der Handschrift Jean Bourgeois. Stundenbuch. Innsbruck, Universitätsbibliothek, Cod. 281, fol. 146 v / 147 r (auf 4/5 verkleinert).

Abb. 15 (Kat. nr. 63). Philibert von Savoyen auf der Jagd. J. Lemaire, La couronne margaritique. Cod. 3441, fol. 4 v (Originalgröße).

Abb. 16 (Kat. nr. 73). Darbringung Christi im Tempel. Stundenbuch. Cod. Ser. n. 13241, fol. 49 v (Originalgröße).

LIBER:

HIC · ORBIS · FIGULUS · DISPONIT SINGULA · SOLUS

1

Honneur mlt grant · a si doiz estre
Mlt liez quant tu as si bon mestre
Et seigneur de si grant renon
Amours pose le gonfanon
De cortoisie la baniere
Et si sui de tele maniere
Si doulz · si finz · si ententis
Que quiconques est ententis
A moy seruir · honourer
Vilenie ne mesprison
Ne nulle mauuaise aprison
Comment lamant fet homage au dieu damours · comment il le reçoit

Tantost deuing ses hons mains iointes
Et sachiez que mlt me fis cointes
Quant sa bouche baisa la moie
Ce fu dont ioi la greigne ioie
Il ma lores requis hostages
Amis dist il · iai maint homages
Et diuns · dautres receus
Dont iai este mlt deceus
Li felon plain de faucete
Mont par maintes foiz barete
Dont iai oye mainte noise
Mes il saront cõ il me poise
Se ie les puis en mon droit prendre
Sachies ie leur uoudroi chier uendre
Or uueil ie pour ce que ie tains
Estre de toy si bien certains
Et te uueil si amoy lier
Que tu ne me puisses nier
Ne prouuesse ne couenant
Ne faire autre desauenant
Pechiez seroit se tu trichoies
Car ie cuide que preudons soies
Lamant respont au dieu damours
Sire dis ie or mentendes
Ne say pour quoy vous demandes
Plaiges de moy · ne seurtes
Ja sauez vous en uerites
Que mõ cuer mauez si toulu
Et si seurpris · quil uouloit
Ne puet il riens feir pour moy
Se ce nest par le uostre ottroy
Li cuers est uostre nõ pas miens
Car il couuient soit maus ou biens
Quil face a uostre plaisir
Nus ne uous en puet dessaisir
Tel garnison y auez mise
Qui le garde bien a deuise
Et sus tout ce se uous doubtes
Feites y clef si la portes · Li dieu damours parle
Et la clef soit en lieu dostages
Par mõ chief ce nest pas outrages
Respont amours ie mi acors
Il est asses seurs du cors
Qui a le cuer en sa commande
Il est fol qui plus en demande
Comment li dieu damours ferme a lament
le coste a la clef

Conuerte nos deus
salutaris nr
Et auerte irā
tuam a nobis.

ichael archan
gele ueni in adiu
torio ppulo dei.

Die veneris.

bsecro te domina
sancta mater dei
pietate plenissia
summi regis filia mater glorio

toutes ces choses en ioye en
la cite dathenes le iour don
ne des deux thebaiens pour

vij xx xiij
Le doloreux fait d'Arcita
victorieux fust en celle batail
le fayvouchoit fort Lequel
lui devoit estre de tant plus
grief a soustenir quil estoit

Une nuyt en ce mois passe
Travaille tourmente lasse
fforment pensifz ou lit me mis
Comme homme las qui a si mis
Son cueur en la mercy damours
Que ma vie en plains et en plours

pour quoy il navoit este en sa
maison la nuyt passee veu quil es
toit venu de lonctaine voye. Urie
luy respondit que larche de dieu
et israel et iuda habitoient en
pavillon et que son seigneur ioab
et les aultres serviteurs demouroient
sur la terre. et quil nappartenoit
pas quil entrast en sa maison
beust mengast et couchast avec
sa femme et iura que par le salut
de son ame qui estoit son seigneur
il ne le feroit point. David luy
dist quil demourast ce iour avec
luy et que le lendemain len ren
voyeroit. Ce iour et laultre en
suyvant demoura Urie en iherusalem
David lappella et le fist menger
devant soy et lenyvra. Mais
ce non obstant Urie yssi du palays

Les fais de la Royne Seneppe tierce preue. Premier chappitre

Seneppe par aulcuns ditte synope fille de la Royne marpesia de pluss ditte Marsepia fut Royne de grant constance sens et vaillance et demoura tousiours pucelle laquelle fut faitte Royne damazone enuiron avil. xiii.e ans devant lincarnation apres ce que ou Royaume sceurent au vray la mort de sa mere la Royne Marsepia et de toutes les dames et damoiselles de sa compaignie estans demourees apres la Royne Lampeto qui sen estoit retournee

Comment ardant desir
et sa seur bonne esperance
font un piteux regret p
mament de trattedie a
la royne et aux trois
dames de marchandise
qui est faillie. et de ce quelles ne treuvent
place en la crestienté de forger leurs besans
Comment esperance a sa royne et aux trois
dames quelles trouverent ou roy^me de
france que bien les recueillera et comment
la royne a ardant desir et a sa seur.

Chapitre premier.

Ardant desir et sa seur bonne espe
rance supplierent a la royne de
majeste une petite audience la quelle leur
fu tantost ottroiee. Ardant desir prist la pa
role et dist ainsi. Mes tresamees dames. je
ne puis oublier ma tresamere douleur po
ce que je voy par tout que marchandie
est faillie. et que mon besant. et le besant
de mes freres crestiens dont il convient re
dre compte et raison au grant maistre
de la monnoie ne va point multipliant
Et toutesvoies mes tres honnourees
dames ma seur bonne esperance tousjo
me reconforte. et par le moyens de vos leç
alquimes. le temps bon a venir tousjours
elle me rapporte. Si puis dire avec le pro
phete parlant de messias quant vendra

73

DEus in adiutorium meum
intende.
Domine ad adiuuandum me festina.
Gloria pa. Alleluya. emento sa.
Pulchra es. Psalmus.

Abb. 17 (Kat. nr. 1). Initialen zum Beginn des Johannesevangeliums. Bibel. Cod. 1096, fol. 248 v / 249 r (Originalgröße).

Abb. 18 (Kat. nr. 3). Vier Schöpfungsszenen und Darstellungen des jeweiligen Kommentars. Bible moralisée. Cod. 2554, fol. 1 r (auf 3/4 verkleinert).

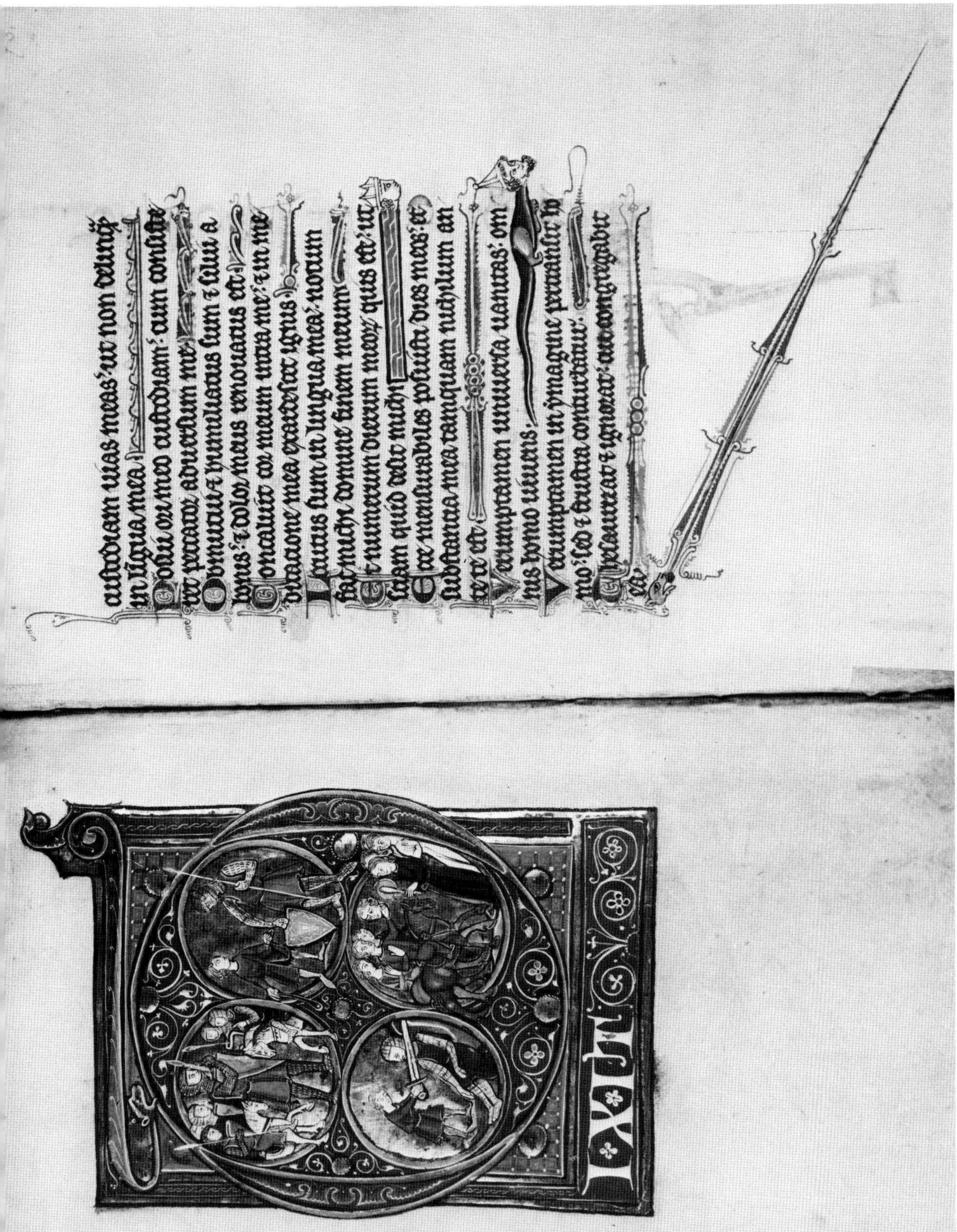

Abb. 19 (Kat. nr. 4). Szenen aus dem Leben Davids. Bilderbibel und Psalterium. Cod. Ser. n. 2611, fol. 72 v / 73 r (Originalgröße).

Abb. 20 (Kat. nr. 5). Stammbaum der Verschwägerungen. R. de Pennaforti, Arbor consanguinitatis et arbor affinitatis. Cod. 2056, fol. 302 r (auf 2/3 verkleinert).

Abb. 21 (Kat. nr. 7). Thronende Madonna mit Kind, Einzelblatt. Wien, Österr. Museum für angewandte Kunst, Inv. 1073 (Originalgröße).

Abb. 22 (Kat. nr. 8). Anbetung der Könige – Kreuzigung. Stundenbuch und Psalterium. Cod. Ser. n. 2596, fol. 2 v / 3 r (Originalgröße).

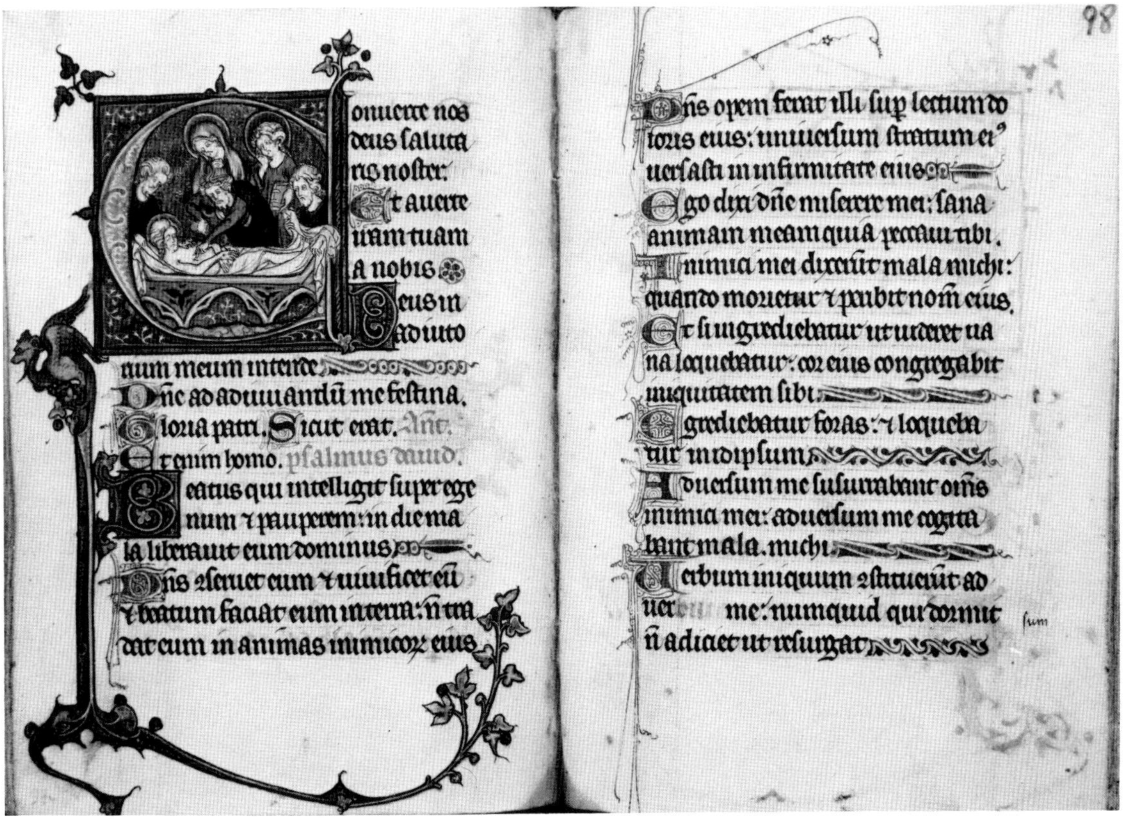

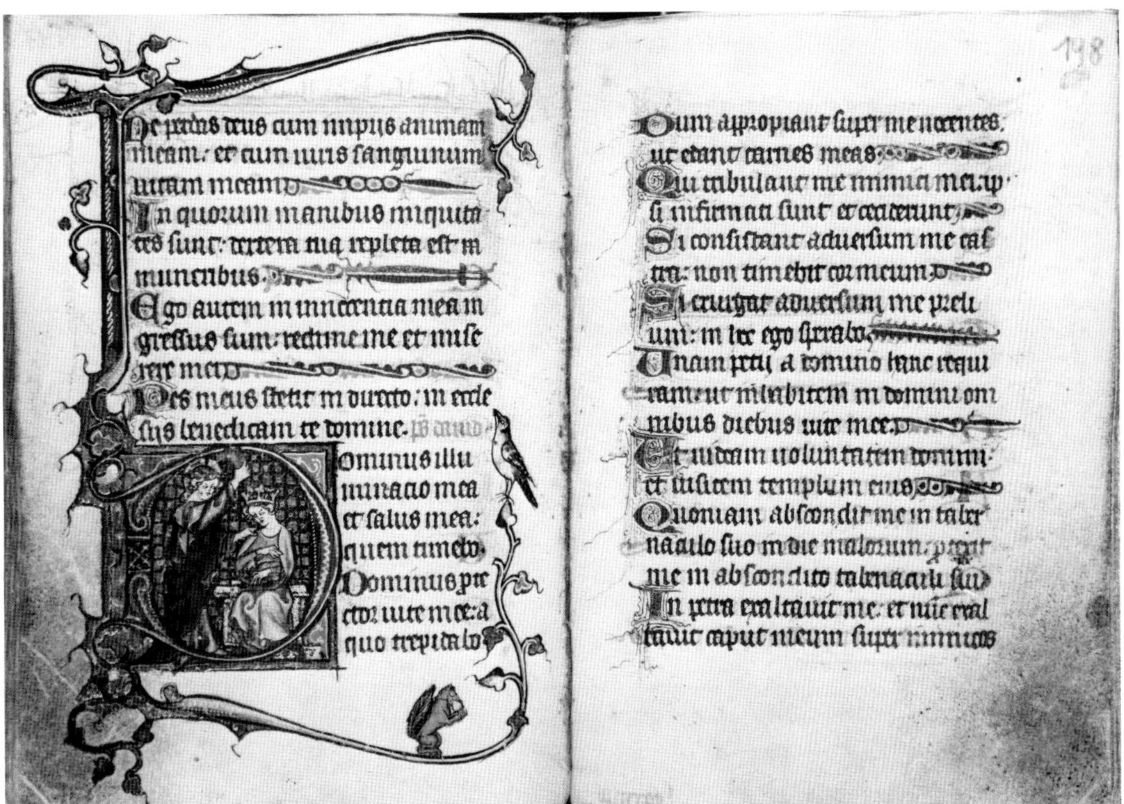

Abb. 23 (Kat. nr. 8). Historisierte Initialen: Grablegung Christi — Salbung Davids. Stundenbuch und Psalterium. Cod. Ser. n. 2596, fol. 97 v und 197 v (Originalgröße).

Abb. 24 (Kat. nr. 9). Lidoine beendet den Zweikampf der beiden Freunde Meraugis de Portlesguez und Gorvains Cadruz – Lidoines Freundin Avice erscheint bei einem Festmahl des Königs Artus. R. de Houdenc, Meraugis de Portlesguez. Cod. 2599, fol. 5 v und 33 r (Originalgröße).

Abb. 25 (Kat. nr. 14). Historisierte Initiale: Dreifaltigkeit mit Johannes d. Täufer und Besteller. Dekretalen Papst Gregors IX. Cod. 2051, fol. 4 r (Originalgröße).

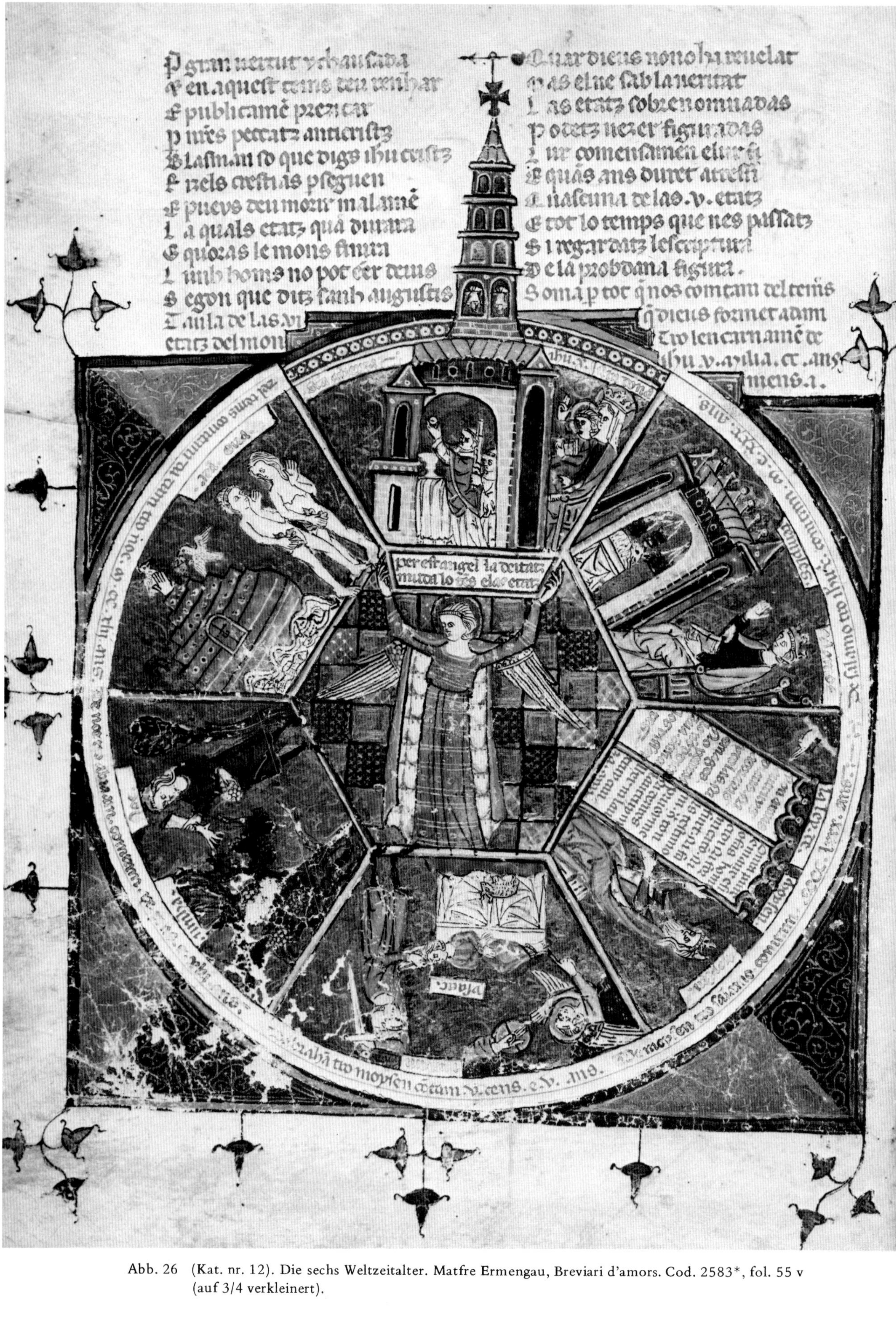

Abb. 26 (Kat. nr. 12). Die sechs Weltzeitalter. Matfre Ermengau, Breviari d'amors. Cod. 2583*, fol. 55 v (auf 3/4 verkleinert).

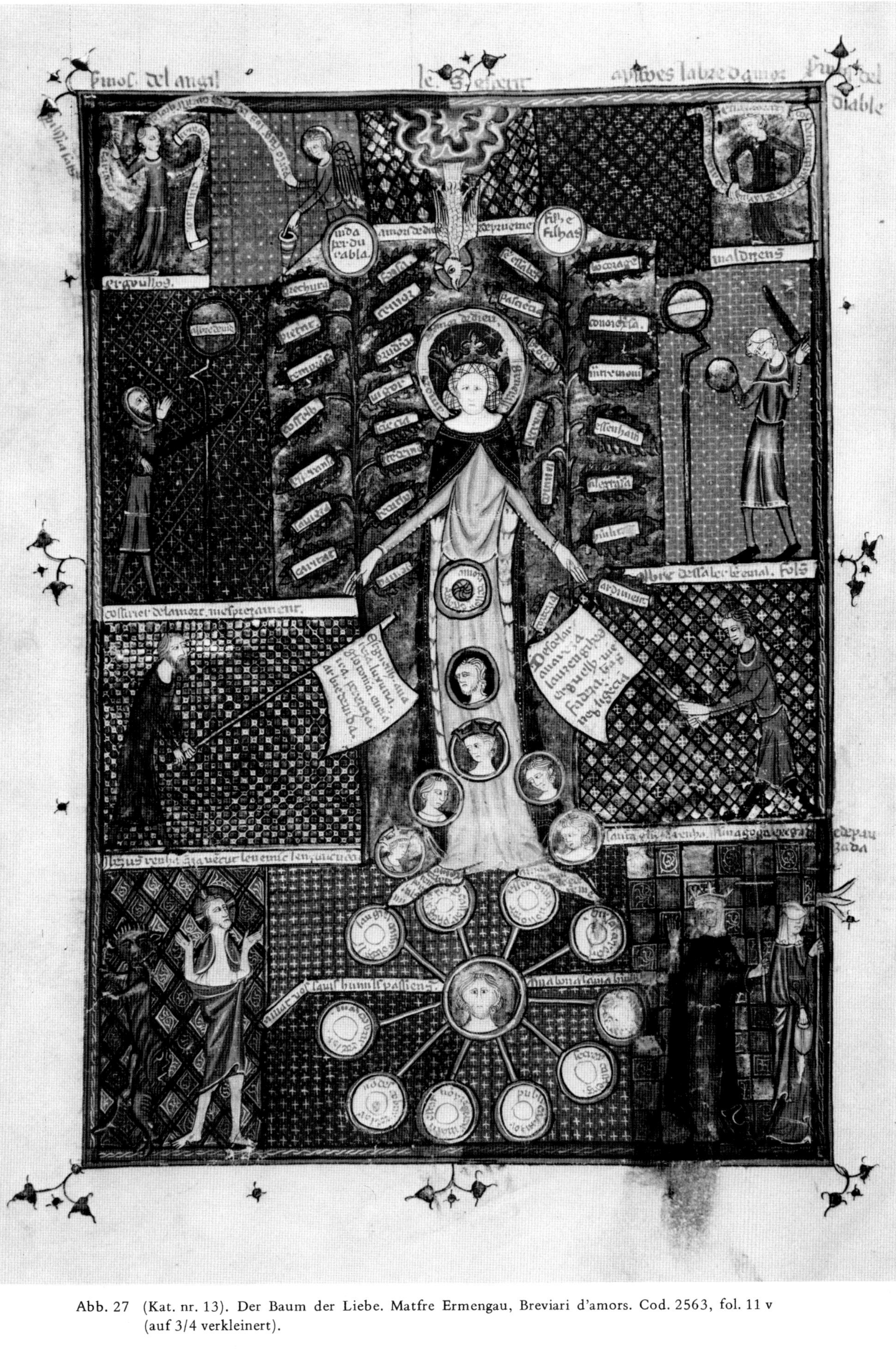

Abb. 27 (Kat. nr. 13). Der Baum der Liebe. Matfre Ermengau, Breviari d'amors. Cod. 2563, fol. 11 v (auf 3/4 verkleinert).

Abb. 28 (Kat. nr. 15). Historisierte Initialen und eine Randminiatur: David Harfe spielend, im Initialkörper David und Goliath — Der heilige Saturninus, sein Diakon Sisinnius und der Wächter Apronianus — David weist auf seine Augen — Kopf des jugendlichen Christus — Anbetung der Könige — Tod — Junker. Brevier. Cod. 1254, fol. 10 r, 391 r, 30 v, 95 v, 170 r, 1 v und 3 r (Originalgröße).

envoya messages a la court
de Romme en soy complaignant
du roy de france et disoit quil
ne gardoit mie raisonnablement
les treves mises entre eulz
mesmement pour lamour de
messire tenuffroy et plusieurs
autres choses. Du mariage de phe
filz du roy charles et dame nommee
dame blanche

En mars xviij.
jour du mois de janvier
phelippe filz du roy de fran
ce lui estant en laage de ix
ans print a femme dame blan
che fille de charles roy de fran
ce derrain trespassé estant
la ditte blanche en laage de
xviij ans et fist faire tres
grant feste apres au palais
du roy par madame la royne
Jehanne mere de la ditte es
pouse et plusieurs autres nobles
Et lendemain de la feste on
fist grans joustes esquelles
justes monsr raoul conte
deu et connestable de france

fut occis de coup de lance
En cellui an le roy darragon
prist le roy de maillorque et
le mist en prison pource quil
ne lui vouloit faire hommage

Lan de grace mil
ccc xlvj. les gascongnes
et les bordellois rompirent
les treves en faisant pluseurs
courses sur le royaume. mais
environ la saint Jehan baptiste
le roy dangleterre envoya unes
lettres au pape en disant que
les treves estoient rompues
entre lui et le roy de france et
que pour ce il le deffioit. Les
quelles lettres le pappe envoia
au roy de france affin quil sen
gardast. Dont le roy de fran
ce fist assembler grant gent
pour garder les passages
Du pape qui envoia lres au roy de
france qil se gardast du roy dangleterre

En cellui temps le roy
dangleterre fist moult grant
armee et se mist en mer et vint
tout droit arriver a lescluse

a la france

Abb. 29 (Kat. nr. 17). Dame Blanche mit drei Hofdamen — Ein Bote auf dem Weg zu König Philipp VI. von Frankreich. Chronique universelle. Cod. 2570, fol. 111 v (auf 3/4 verkleinert).

Le premier chapitre contient le
cas de adam et de eue ;

2

Quant je considere et pen
se en diuerses manieres
les plourables malheur
tez de noz predecesseurs
a celle fin que du grant nombre de ce
...

68

Les romains qui depui
is la fondation de leur
cite ne cesserent de mou
uoir guerre contre les
pays et nacions tant voisins come
...

Abb. 31 (Kat. nr. 19). Allegorische Darstellung der Ermordung des Louis d'Orléans durch Jean sans Peur, Duc de Bourgogne. J. Petit, Justification du Duc de Bourgogne. Cod. 2657, fol. 1 v (Originalgröße).

◁
Abb. 30 (Kat. nr. 18). Adam und Eva im Paradies – Der Tod des Mecius Suffetius, König von Alba. G.Boccaccio, De casibus. Cod. Ser. n. 12766, fol. 2 v und 68 v (Originalgröße).

compte a mis tourne sur la fin de mon liure
tant comme ie puis

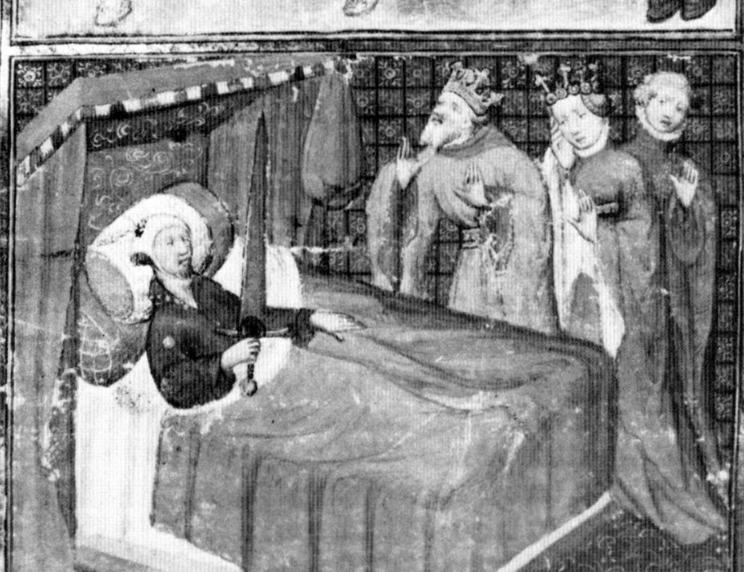

c

Abb. 33 (Kat. nr. 21). Madonna im Rosenhag. Stundenbuch. Cod. 2656, fol. 12 r (Originalgröße).

◁
Abb. 32 (Kat. nr. 20). Tristans Ende. Roman en prose de Tristan. Cod. 2537, fol. 474 v (Originalgröße).

Abb. 34 (Kat. nr. 23). Verkündigung. Stundenbuch. Cod. 1840, fol. 27 r (Originalgröße).

Abb. 35 (Kat. nr. 24). Darbringung Christi im Tempel. Stundenbuch. Cod. Ser. n. 2613, fol. 61 r (Originalgröße).

Abb. 36 (Kat. nr. 25). Anbetung der Könige. Stundenbuch. Cod. Ser. n. 2614, fol. 73 v (Originalgröße).

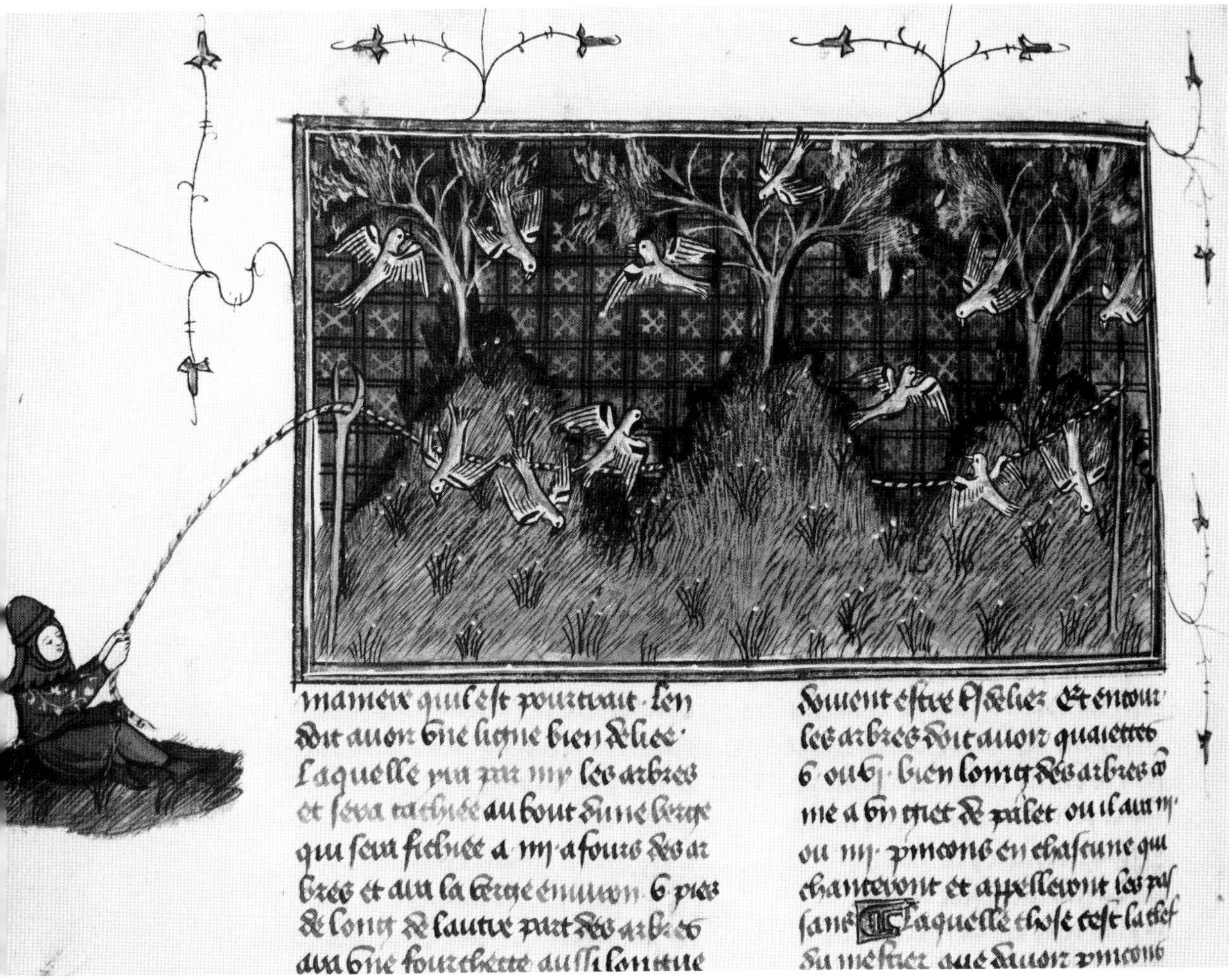

Abb. 37 (Kat. nr. 26). Finkenfang. Livre du Roi Modus et de la Reine Racio. Cod. 2573, fol. 103 v (auf 9/10 verkleinert).

Abb. 38 (Kat. nr. 27). Drachenkampf Michaels und Monte Gargano-Episode. Stundenbuch. Cod. Ser. n. 2615, fol. 185 r (Originalgröße).

▷
Abb. 39 (Kat. nr. 28). Die Opferung Polyxenas am Grab Achills – Autographer Besitzvermerk des Charles de Normandie, Bruder König Ludwigs XI. von Frankreich. L. A. Seneca, Tragödien. Cod. 122, fol. 200 v und Innenseite des vorderen Einbanddeckels (Originalgröße bzw. auf 5/6 verkleinert).

Neritos parua. Sycenos iacinto.
Et nocens saxis Itace dolosis.
Quis manet fatum dominusque quis te
Aut quibus terris hecube videndam
Ducet: in cuius moriere regno?
Helena. Andromaca.
Quicumque hymen funestus illetabilis
Lamenta cedes sanguinem gemitus habet:
Est auspice helena dignus. euersis quoque

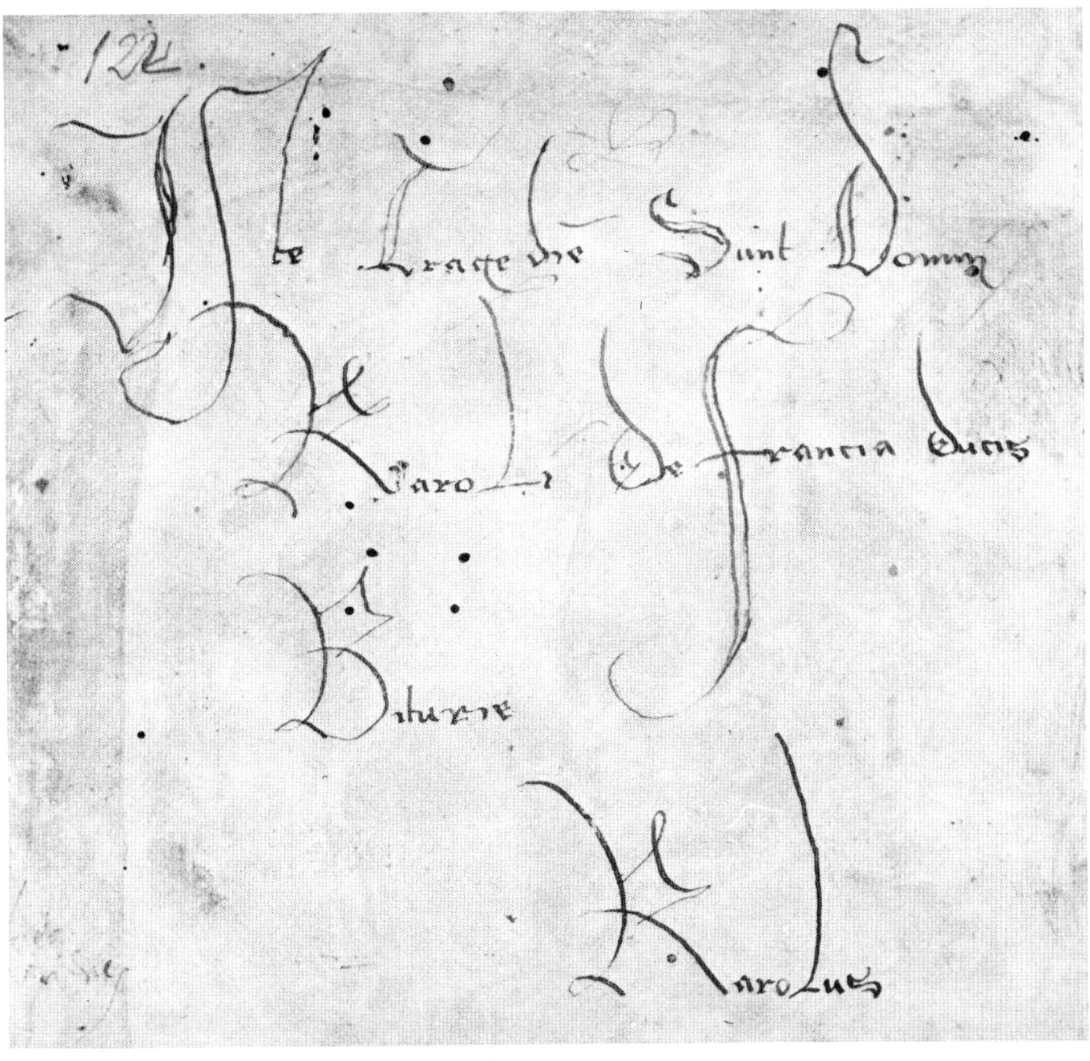
Karoli de Francia ducis
Bituricensis
Karolus

Abb. 40 (Kat. nr. 29). Reigentanz des Liebesgottes – Der Eifersüchtige schlägt seine Frau. G. de Lorris und J. de Meun, Roman de la Rose. Cod. 2568, fol. 10 v und 70 v (Originalgröße).

Abb. 41 (Kat. nr. 30). Boethius disputiert mit der Personifikation der Philosophie. Boethius, De consolatione philosophiae. Cod. 2653, fol. 102 r (Originalgröße).

Abb. 42 (Kat. nr. 31). Herkules kämpft gegen den nemeischen Löwen – Ceres im Gespräch mit Theseus und Peirithoos. R. le Fevre, Le livre du fort Hercules. Cod. 2586, fol. 31 r und 43 r (Originalgröße).

Abb. 43 (Kat. nr. 32). Kreuzigung. Stundenbuch. Cod. 1929, fol. 31 v (Originalgröße).

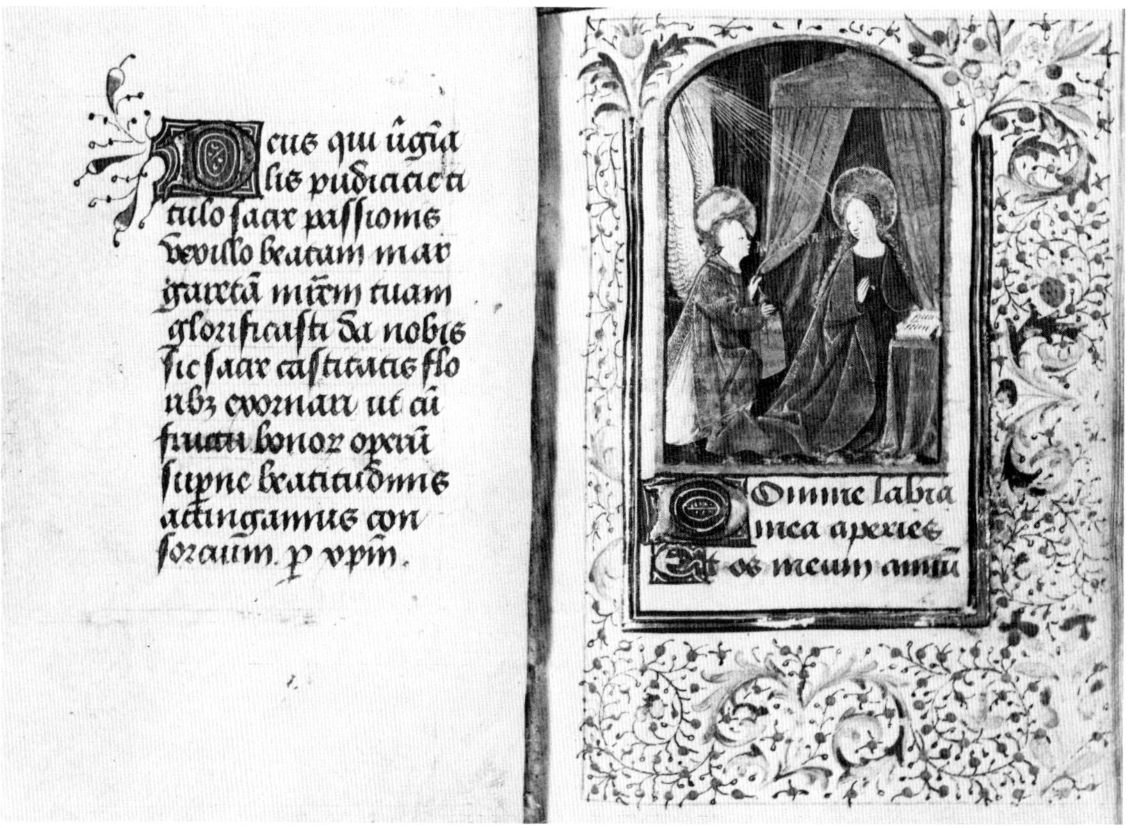

Abb. 44 (Kat. nr. 33). Verkündigung. Stundenbuch. Wien, Kunsthistorisches Museum, Stiftung Kraußhaar, Inv. 14642, fol. 37 r (Originalgröße).

au ix^e iour et est une chose bien merueil
leuse les sementes qui sont ou vaissel
de la courge silz sont en somet denhault
ilz font lougues tiges et gresles. Et
telles qui sont ou meilleu les font
grousses. Et telles qui sont au bout
daual les font larges

Ci fine le .ix. liure et comence le .x.^e
qui parle de toutes les bestes que lon
nourist aux champs

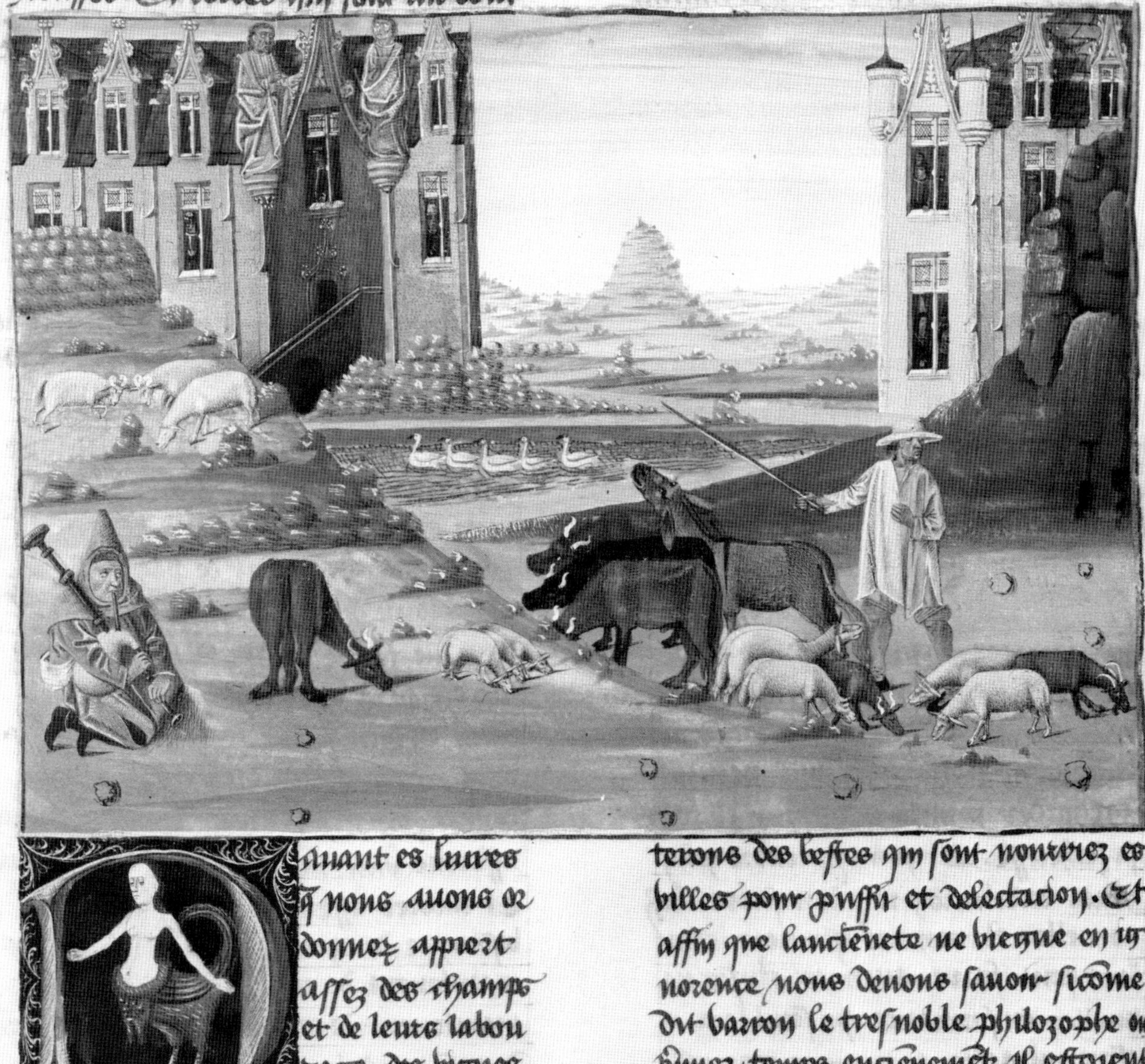

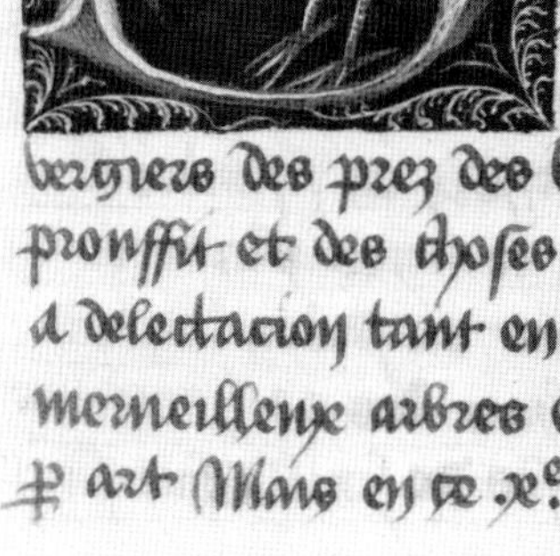

Deuant es liures
que nous auons or
donnez appert
assez des champs
et de leurs labou
rage des vignes
des arbres et des
vergiers des prez des boys et de tout le
prouffit et des choses qui y appartiennent
a delectacion tant en vergiers come de
merueilleux arbres et herbes faictes
par art Mais en ce .x.^e liure nous trait
terons des bestes qui sont nourriez es
villes pour prouffit et delectacion. Et
affin que lancienete ne viegne en ig
norence nous deuons sauoir sicome
dit varron le tresnoble philozophe ou
premier temps encienement il estoient
bestes et homes qui vivoient naturelle
ment des choses que la terre apportoit
de sa nature sans labourer. Apres
ilz descendirent de ceste vie en la secode
et labourerent les champs et les pastu
res et se prindrent a labourer pour

144 v

Abb. 45 (Kat. nr. 36). Viehzucht. P. de Crescentiis, Ruralium commodorum. Cod. 2580, fol. 144 v (Originalgröße).

Quant sapience eut tresdoulcement chante
a grant dignite de chiere et meurete de
viaire. Je qui navoie pas encore oublie
ma douleur. Entrerompi lentencion quelle
avoit de plus dire si comme il me sembloit et diz. O.
guieresse de vraie lumiere ces choses que tu as dictes
sont trop manifestes et par la contemplation du di
vin regart et par tes raisons lesquielx et se je les
avoies oubliees par mon pleur je les savoie bien
par avant. Mais cest la tresgrant cause de mon
pleur que comme toutes choses aient bon gouverneur
Coment mal peut estre ou passer sans punition.
Et tu mesme vois que ceste chose est digne de grant

Abb. 46 (Kat. nr. 37). Orpheus und Eurydike am Eingang zur Unterwelt. Boethius, De consolatione philosophiae. Cod. 2595, fol. 61 r (Originalgröße).

Le prologue du cinquiesme livre qui fait mencion des macedonois et des fais du quint roy alixandre

Pour et afin de parfaire et acomplir ceste oeuvre que continuement ay ja demencee me convient en ce livre cinq. des macedonois faire mencion de la lignie dont ilz issirent. et come leur terre fut primer peuplee. Aprez de ceulz qui de troye eschapperent come elle fut de nouvel habitee. Si vouldray aprez ramentevoir les haulz fais des preudoms qui de leur geste issirent comme de phle roy de macedone et de son filz le grant roy alixandre. Et en la fin du roy Anthiocus coe il regna merveilleusement. De mathathias et de ses enfans

Pource que jay parle du roy alixandre ce fut celui des princes terriens qui plus fut alaitte des biens de fortune a qui plus sa gloire departi. mais mal se fait trop fier en ses biens mondains. Car en brief terme print elle de lui vengeance parce que tout ainsi come en douze ans le avoit elle en si hault degre mis que sur le siecle avoit seignourie en ung seul moment le fist elle desmer et toute sa puissance a neant descendre. Come en ce monde nest il chose aucune a qui ne coviene ne avoir naissance et croissance et selon le naturel cours en ce monde vivre. tout ainsi que fortune demener les veult car les unes avance plus en leur premier et les autres en leur retour. Mais en la fin quant le cours de nature a en chun deulz son temps emploie repparer les convient au lieu dont ilz partirent. Ainsi que chun jour artificiel selon

Abb. 47 (Kat. nr. 38). Alexander auf dem Glücksrad — Alexanders Großmutter Eurydike vergiftet zwei ihrer Söhne und ihren Schwiegersohn. J. de Courcy, Bouquechardiere. Cod. 2543, fol. 280 r (auf 3/5 verkleinert).

Abb. 48 (Kat. nr. 39). Raison, Droiture und Justice erscheinen der Christine de Pisan. Christine de Pisan, La cité des dames. Cod. 2605, fol. 3 r (Originalgröße).

Abb. 49 (Kat. nr. 40). Das Rad der Fortuna. Valerius Maximus, Facta et dicta memorabilia. Cod. 2544, fol. 224 v (Originalgröße).

Abb. 50 (Kat. nr. 41). Der einen Ochsen reitende Tod. Stundenbuch. Cod. Ser. n. 13247, fol. 105 v / 106 r (Originalgröße).

Abb. 51 (Kat. nr. 43). Andreasmartyrium im Beisein Karls d. Kühnen von Burgund. Brevier. Cod. Ser. n. 12735, fol. 311 v (Originalgröße).

Abb. 52 (Kat. nr. 44). Venus mit ihren Planetenkindern — Monatsbeschäftigung und Tierkreiszeichen. Stundenbuch. Cod. Ser. n. 13237, fol. 5 v / 6 r (Originalgröße).

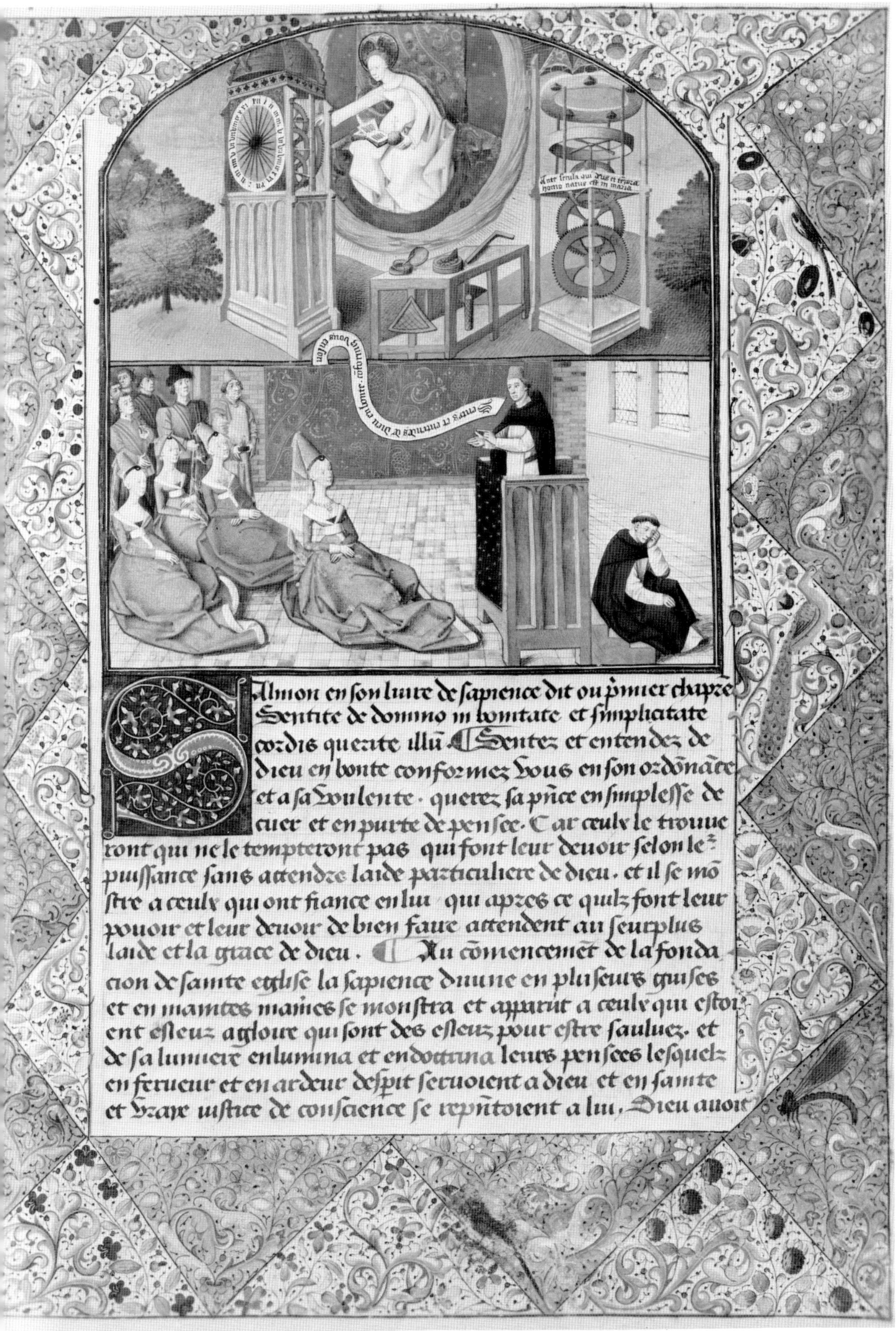

Salmon en son liure de sapience dit ou pmier chapre
Sentite de domino in bonitate et simplicitate
cordis querite illu. Sentez et entendez de
dieu en bonte conformez vous en son ordonnace
et a sa voulente. querez sa pnce en simplesse de
cuer et en purte de pensee. Car ceulx le trouue
ront qui ne le tempteront pas qui font leur deuoir selon leur
puissance sans attendre laide particuliere de dieu. et il se mo
stre a ceulx qui ont fiance en lui qui apres ce quilz font leur
pouoir et leur deuoir de bien faire attendent au seurplus
laide et la grace de dieu. Au comencemet de la fonda
cion de sainte eglise la sapience diuine en plusieurs guises
et en maintes manieres se monstra et apparut a ceulx qui estoi
ent esleuz a gloire qui sont des esleuz pour estre saulues. et
de sa lumiere enlumina et endoctrina leurs pensees lesquelz
en ferueur et en ardeur desprit seruoient a dieu et en sainte
et vraye iustice de conscience se reputoient a lui. Dieu auoit

Abb. 53 (Kat. nr. 45). Uhrwerk der Weisheit und Predigt des Heinrich Suso. Horloge de Sapience. Cod. 2574, fol. 2 r (auf 4/5 verkleinert).

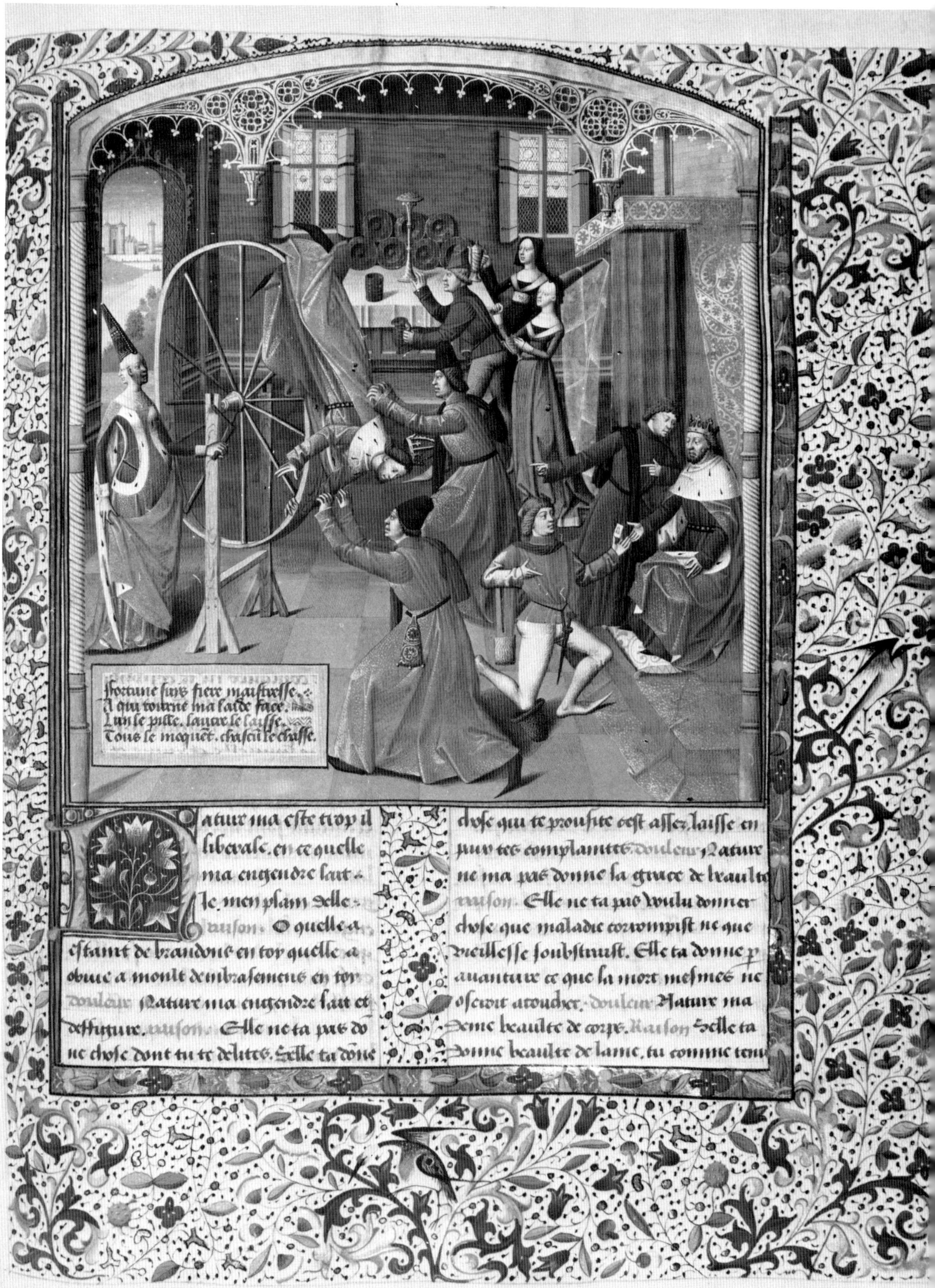

Abb. 54 (Kat. nr. 47). Fortuna dreht das Glücksrad. F. Petrarca, De remediis utriusque fortunae. Cod. 2559, fol. 133 r (auf 3/4 verkleinert).

Abb. 55 (Kat. nr. 48). Gründungsversammlung des Michaelsordens. L'institution et les statuts de l'ordre de Saint Michel. Cod. 2637, fol. 11 v (Originalgröße).

Cy commence le Cinquiesme liure de listoire
de Josephus des batailles de Judee. comencant
ou latin Anano et Jhesu cuiusmodi finis cu
int &c. Le premier chapitre Comment apres
la mort des [illegible] Ananus et Jhesus. les

[A]nanus et Jhesus ainsi
piteusement finez. les
sedicieux et les ydume
ens. occirent indifferē
ment parmy la ville
le pour le peuple par
tout ou ilz lencontrerent. en frappāt sur
eulz comme sur vng troppeau de mau
uaises bestes. les nobles et les ieunes
adolescens mectoient et enclooient en di
uerses prisons. en esperance que par dila
cion de leur mort. ilz en peussent aucuns
associer et attraire a eulx. mais ce ne mouuoit

sedicieux et les ydumeens. occirent plus de xij
mil nobles hommes. et entre les autres furent
mors Zacharias lung des plus riches de Jhe
rusalem. et flagellerent les soixante dix juges
qui lauoiēt absolz de laccusacion des sedicieux
pourtant aucun deulx a soy adioindre ou
adherer a iceulx sedicieux. Ancois amoi
ent mieulx la mort que contre le pays cō
mun conspirer ne perpetrer aucun mal.
Pour ce leur furent auant la mort souste
nu[illegible]es cruelles bateures. Et apres tout
ainsi quilz estoient playez et tormentez et
que leurs corps ne pouoient plus souffrir
de torment. les faisoient morir par glai
ues. Ceulx que ilz prenoient de iour ilz les
mectoient de nuyt en prison fermee Et puis
quant ilz extrayoient aucuns pour les faire
morir. ilz en remettoient des autres es prisons

Abb. 56 (Kat. nr. 49). Die Flotte Kaiser Vespasians vor Alexandrien. Josephus Flavius, De bello iudaico. Cod. 2538, fol. 109 r (auf 1/2 verkleinert).

Abb. 57 (Kat. nr. 50). Weihe der Ostiarii. Pontificale Romanum. Cod. 1819, fol. 67 v (auf 4/5 verkleinert).

Abb. 58 (Kat. nr. 52). Der Evangelist Lukas. Stundenbuch. Cod. Ser. n. 2598, fol. 15 v / 16 r (Originalgröße).

Abb. 59 (Kat. nr. 53). Die Schwarze Madonna von Notre Dame du Puy en Auvergne. Stundenbuch. Cod. 1853*, fol. 135 v (Originalgröße).

MN
hom
cuiu
uel s
uel p
uel u
ita s
ad prospectum prudent
naturali bono exiguntu
oblectamento corporis ra
nale mentis: & si non act
ferant: iudicio tamen prae
dum sciant: Quae mens r
ne duce illustrata in me
uirtutum: cuius genuin
uore quis iutus incline
surgit: scientiam dei qual

CIO ALI
quantos
post haec
demceps
permoueri
posse: qd
uictoriae
Romae multarum gentium

Post euersam Carthaginem
iterum iussum est eam resti
tui.
NNO AB VRBE
condita . dc. xxxvii.
Lucio Caecilio Me
tello & Quinto Tito Flami

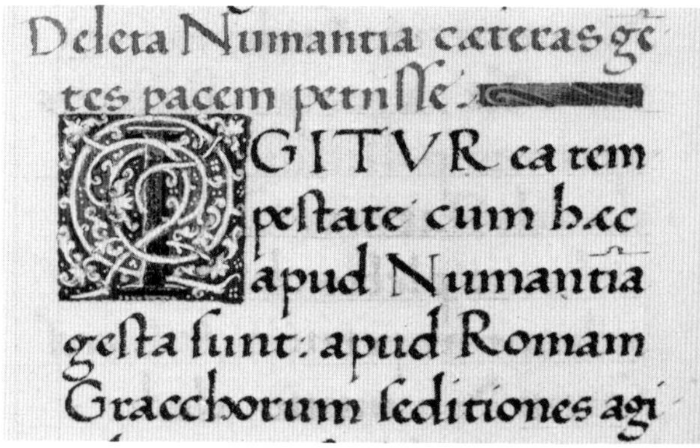

Deleta Numantia caeteras ge
tes pacem petiisse.
GITVR ea tem
pestate cum haec
apud Numantia
gesta sunt: apud Romam
Gracchorum seditiones agi

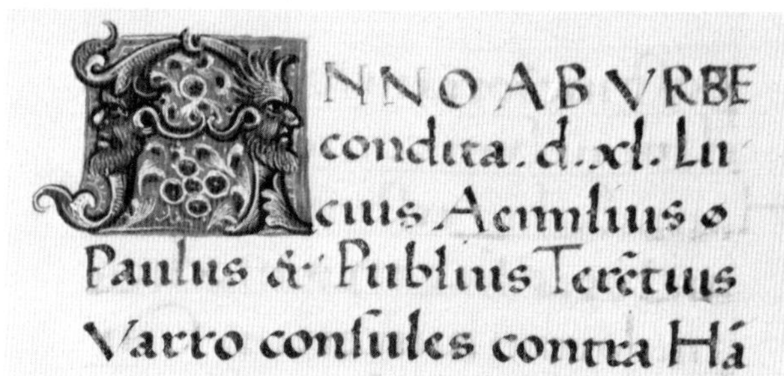

NNO AB VRBE
condita. d. xl. Lu
cius Aemilius &
Paulus & Publius Terētius
Varro consules contra Há

De regno Philippi patris &
Alexandri regis Macedoniae
NNO AB VRBE
condita. cccc. Philip
pus Amyntae filius
Alexandri pater regnum Ma

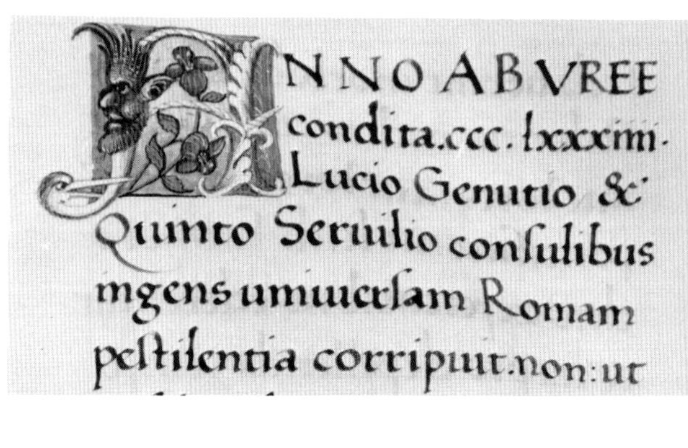

NNO AB VREE
condita. ccc. lxxxiiii.
Lucio Genutio &
Quinto Seruilio consulibus
ingens uniuersam Romam
pestilentia corripuit. non: ut

Abb. 61 (Kat. nr. 55). Auferweckung des Lazarus – Reitender Tod. Stundenbuch. Cod. 1849, fol. 60 v / 61 r (auf 5/6 verkleinert).

◁
Abb. 60 (Kat. nr. 54). Bordüren und Initialen. P. Orosius, Historiarum libri septem. Cod. 41, fol. 107 r, 80 v, 39 r, 42 r, 71 r, 88 r und 91 r (Originalgröße).

Abb. 63 (Kat. nr. 57). Der reiche Prasser und der arme Lazarus. Stundenbuch. Cod. 1927, fol. 170 r (Originalgröße).

◁
Abb. 62 (Kat. nr. 56). Fourvière-Hügel von Lyon, Amor erscheint dem Dichter. P. Sala, Complainte au dieu d'Amour. Cod. 2618, fol. 1 r (Originalgröße).

Abb. 64 (Kat. nr. 58). Gefangennahme Christi. Stundenbuch. Cod. 1906, fol. 22 r (Originalgröße).

Abb. 65 (Kat. nr. 59). Triumph der Fama. F. Petrarca, Trionfi. Cod. 2581, fol 179 v (auf 5/6 verkleinert).

Abb. 66 (Kat. nr. 61). Hannibal zu Pferd. Pseudo-Plutarch (D. Acciajoli), Vita Hannibalis. Cod. 2587, fol. 2 r (auf 5/6 verkleinert).

▷
Abb. 67 (Kat. nr. 62). Dido. Ovid, Heroides. Cod. 2624, fol. 45 r (Originalgröße).

ILCE FERA
POC A POC

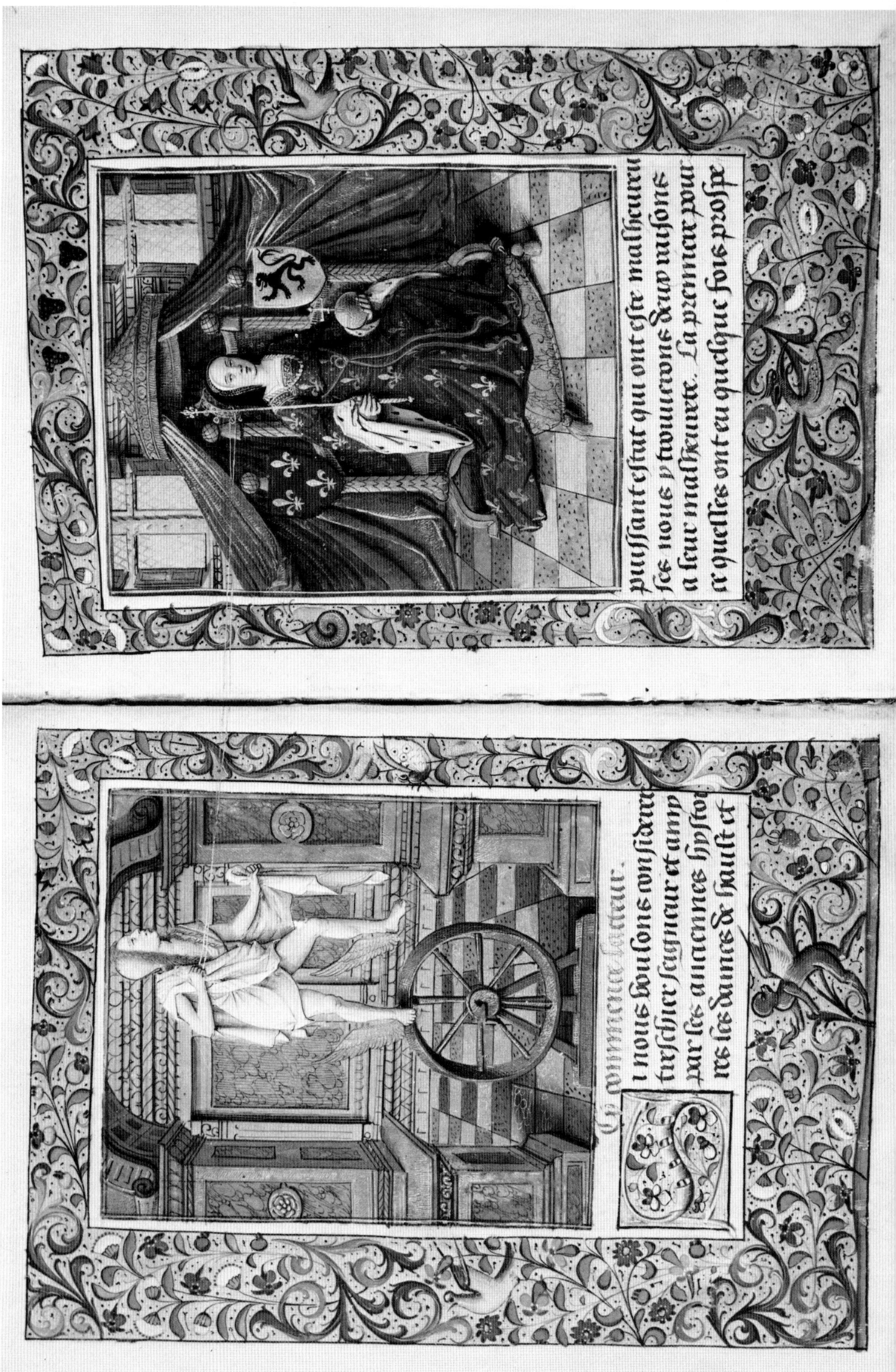
Cy commence lacteur.
i nous voulons considerer
treschier seigneur et amy
par les anciennes hystoi
res les dames de hault et
puissant estat qui ont este malheureu
ses nous y trouuerons deux raisons
a leur malheurete. La premiere pour
ce quelles ont eu quelque fois prospe

H elas fortune, et toy mõ esperance
Que tay ie faict nas tu point cognois
sance
C omme Jamais neuz ce que Je desir
Q ue ceste foys qui a la mort me tire.
E t vous honneur et aussi bonne amour
N e me laissez faictes en moy seiour
P lus nay que vous qui face compaignie
A moy dolente la plus qui soit en vie.
P ar chascun Jour iay vng nouueau martire
Q ui me contraint de deux laisser le pire
C e faulx danger ou regret de ne veoir
L a chose au monde qui plus desire a veoir
E sse raison que de moy lon me die
E n bien aymant sans auoir foy mentie
J e tay donne et cueur et volente
P ar le pouoir de ton honnestete
R yen que cela ne my a point contrainete
L as pour taymer de doulleur suys attaincte.
C onseille moy si doy auoir enuye
D e toublier par vne faulce enuie.

Abb. 70 (Kat. nr. 66). Darstellung des Anspruchs Ludwigs XII. von Frankreich auf das Herzogtum Mailand. J. de Saint-Gelais, Histoire de Louis XII, roi de France. Cod. 2588, fol. 35 v (auf 3/5 verkleinert).

◁
Abb. 69 (Kat. nr. 65). Margarete von Österreich in wehmütigen Gedanken. Complainte de Marguerite d'Autriche. Cod. 2584, fol. 1 v / 2 r (auf 3/5 verkleinert).

◁◁
Abb. 68 (Kat. nr. 64). Fortuna entreißt Margarete von Österreich die französische Königskrone. M. Riccio, Changement de Fortune ent toute prospérité. Cod. 2625, fol. 2 v / 3 r (auf 3/4 verkleinert).

Abb. 71 (Kat. nr. 67). Aufbahrung der Anne de Bretagne in Saint Denis. Relation des Obsèques d'Anne de Bretagne. Cod. Ser. n. 12733, fol. 52 v (Originalgröße).

33

Et lors vng petit fosse virent
De glace et gelee couuert
Soubz laquelle quant la rompirent
Perceurent son corps descouuert
Quant le virent mort estendu
Adonc neurent plus actendu
A prandre paine de sauoir
A mort ne proffite sauoir.

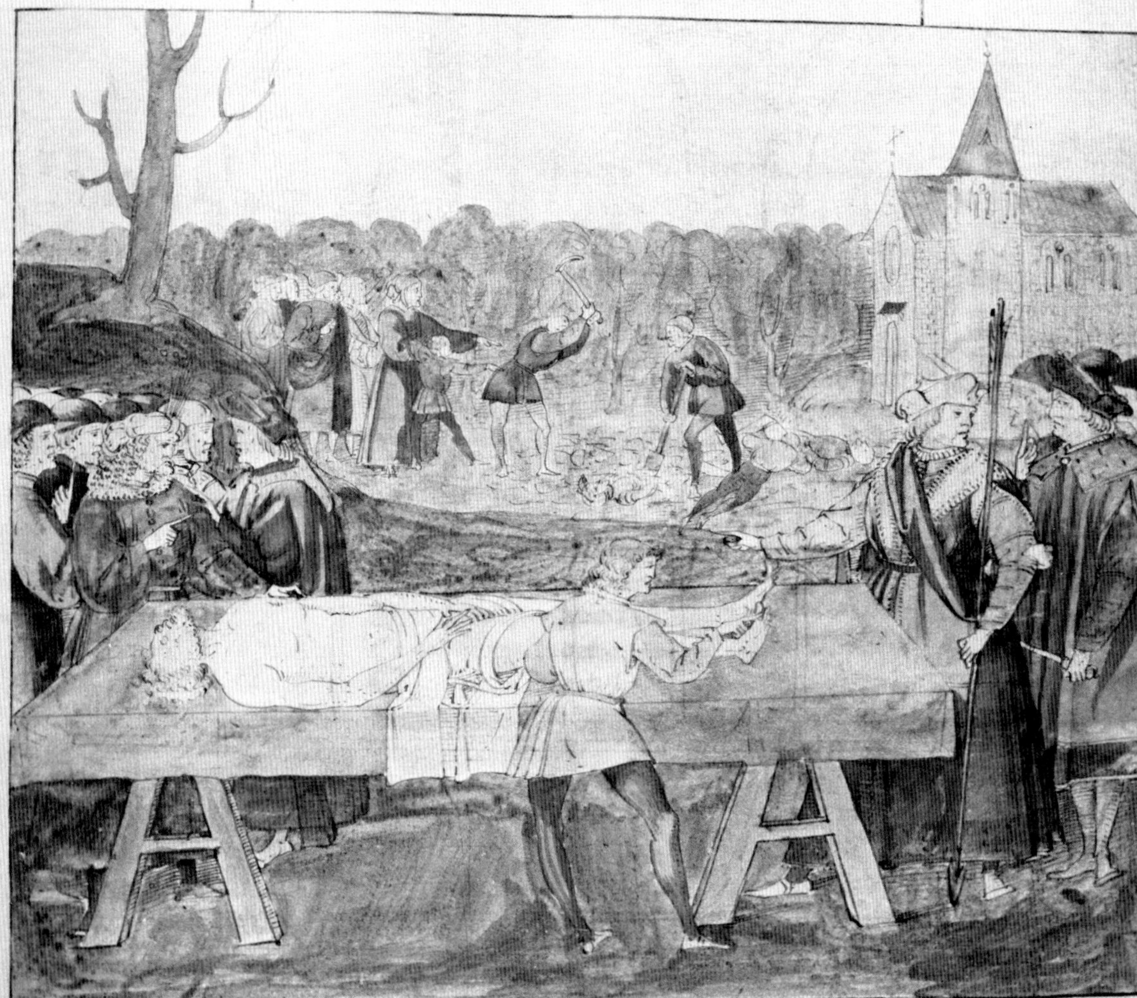

33

Puys quau fosse eut seiourne
Deux ou trois iours par mort trãssi
Prins fut depar le duc rene
Que porter le fist a nancy
La dessus vne table mys
Fut de ses seruans et amys
A longle dun des piedz congnu
Par oultrage est maint mal venu.

Abb. 72 (Kat. nr. 68). Auffindung und Identifizierung der Leiche Karls d. Kühnen. J. du Prier, Le songe du Pastourel. Cod. 2556, fol. 33 r (auf 3/5 verkleinert).

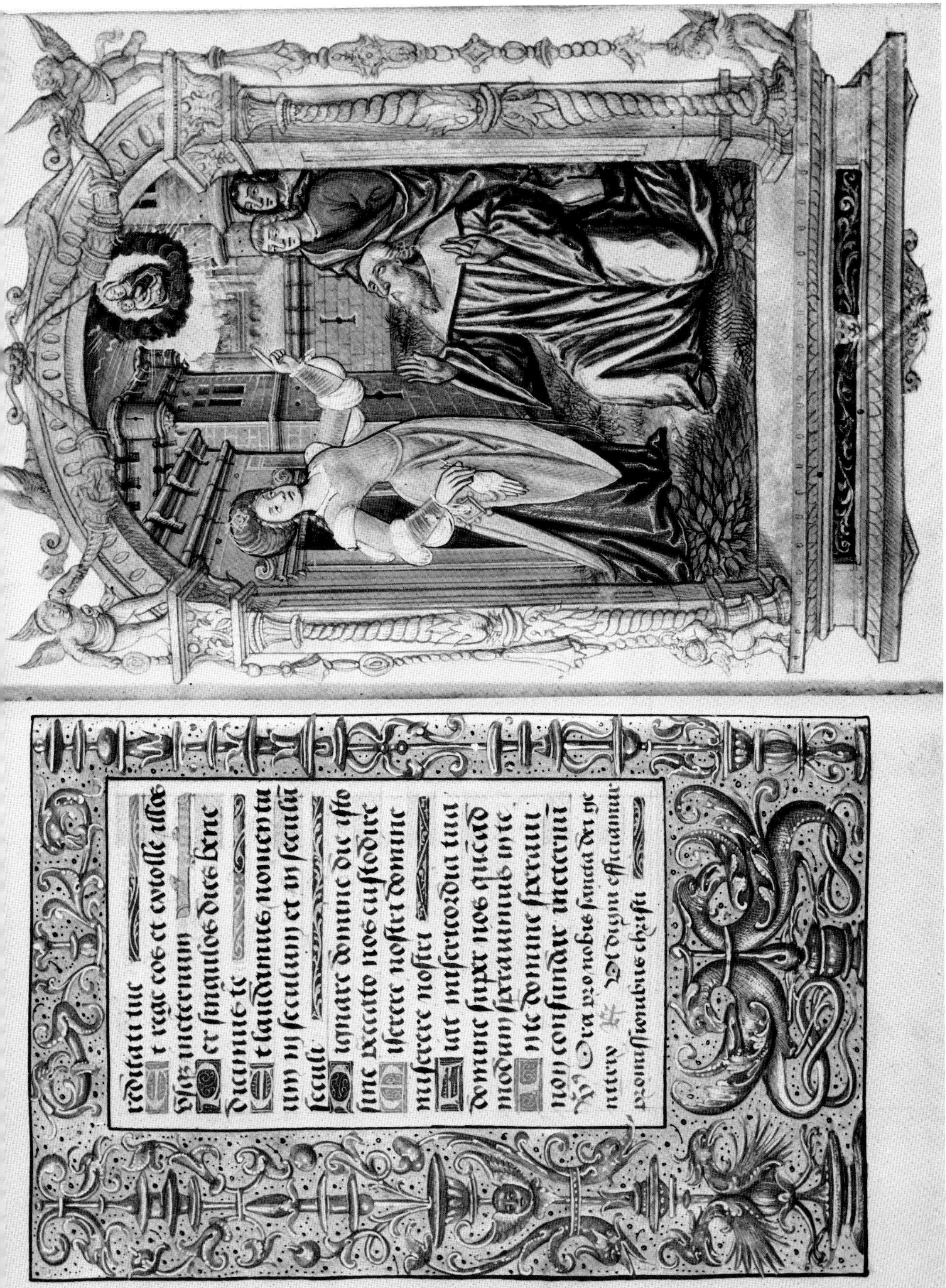

Abb. 73 (Kat. nr. 69). Augustus und die Sybille. Stundenbuch. Cod. 1883, fol. 50 v / 51 r (auf 9/10 verkleinert).

Abb. 74 (Kat. nr. 70). Allegorische Verherrlichung des französischen Königshauses. Troys resolutions... Cod. 2645, fol. 2 r (Originalgröße).

▷
Abb. 75 (Kat. nr. 71). Turnier zwischen Edelleuten des Jouvencel und des Duc Boudoin. J. du Bueil, Le Jouvencel. Cod. 2558, fol. 146 v (auf 4/5 verkleinert).

Et apres vindrent a luy deux gentilz
hommes qui luy demanderent conge
de faire aucunnes armes lung a cheval
et lautre a pied. Lequel congie il
refusa. mais par force de requestes
de chevaliers. escuiers. dames et da
moiselles il feut contrainct de leur donner. et dist que
cest une chose qui point ne se doibt faire sinon par foy

Abb. 76 (Kat. nr. 72). Französischer Renaissance-Einband in der Art der Majolibände. Stundenbuch. Cod. Ser. n. 4641 (Originalgröße).

neri humani aiatũ corpus sumẽs de virgie na
sci dignatus es & ꝑcedens homo sine semine
largit⁹ est nobis suã deitatẽ.p̃s.Dñs regnauit
ãn.Quãdo nat⁹ es ineffabiliter ex virgie ma-
ria tũc iplete sũt scripture sicut pluuia in vel-
lus descendisti vt saluũ faceres gen⁹ humanũ
te laudamus deus noster.p̃s.Iubilate deo.ãn.
Rubũ quẽ viderat moyses incõbustũ cõserua
tam agnouim⁹ tuã laudabilẽ virginitatẽ dei
genitrix itercede ꝑ nobis.p̃s.Deus de⁹ meus
ãn.Germinauit radix iesse orta est stella ex ia
cob virgo peperit saluatorem te laudam⁹ de⁹
noster.p̃s.Benedicite oĩa.ãn.Ecce maria ge-
nuit nobis saluatorẽ quẽ iohãnes videns ex-
clamauit dicẽs: ecce agnus dei/ ecce qui tollit
peccata mundi allã.p̃s.Laudate dñm de celis
Ad benedictus.ãn.Mirabile misteriũ de-
clarat̃ hodie inouant̃ nature de⁹ homo fact⁹
est: id quod fuit permãsit & quod nõ erat as-
sũpsit/ nõ cõmixtionẽ passus neq₃ diuisionẽ.
Ad magnificat & ad nũc dimittis.ãn.Ma
gnũ hereditatis mysteriũ tẽplũ dei factus est
vter⁹ nesciẽs virũ nõ est polut⁹ ex ea carnẽ as
sumẽs oẽs gẽtes veniẽt dicẽtes gl̃ia tibi dñe.
Nota ꝙ a vigilia pasche vsq₃ ad ascẽsionẽ
dñi sit officiũ btẽ marie sicut ãte aduẽtũ exce
pto ꝙ ad Benedict⁹ & ad Mag. dĩ hec ãn.
Regina celi letare alleluya. Quia quẽ merui-
sti portare allã.Resurrexit sicut dixit alleluya
Ora pro nobis deum alleluya.

Sequunt̃ hore de sãcta cruce.Ad matuti-

Omine labia mea aperies. Et os
meum annũciabit laudem tuam.
Deus in adiutorium meũ inten
de. Domine ad adiuuandum.
Gloria patri.ãn.Salue crux preciosa q̃ in sã-
guine xp̃i dedicata es: & ex mẽbris eius tanq̃
margaritis ornata. Hymnus.

Abb. 77 (Kat. nr. 74). Kreuzigung Christi. Stundenbuch. C. P. 1. E. 26, fol. 45 v / 46 r (Originalgröße).

A veille de la penthecouste que les cō-
paignons de la table ronde furent a kra
malot apres le seruice que on vouloit
mettre les tables entra en la court vne damoi-
selle a cheual q̄ mōlt fort estoit hastee/⁊ biē y ap
paroit/car son palefroy estoit tout tressuāt. El
le descēdit/puis vīt deuāt le roy ⁊ le salu
et le roy lui rendit son salut courtoisemē
Sire pour dieu fist elle dictes moy se lāc
lot est ceās. Ouy certes damoiselle veez le
la ⁊ elle alla celle part ou il estoit/si lui dist
Lācelot ie vo⁹ dy de p le roy perles q̄ voue

Virginis at placide præstanti lumine signat,
Stella humeros, helicenq; ignis non clarior ambit.
Quiq; micat cauda, quiq; armum fulget ad ipsum,
Quiq; priora tenet uestigia quiq; secunda,
Clunibus hirsutis & qui sua sydera reddit
Nanq; alie quibus expletum ceruixq; caputq;,
Vatibus ignotis priscis sine honore feruntur.

AD aspectum autem bootis uirgo constituta est quæ erigone dicta est, quæ inter Leonem & libram in zodiaco locū tenet. Hác Hesiodus Iouis & Themidis filiam esse dicit nomine iustam. Hunc secutus Aratus dicit ꝙ cum esset immortalis in terris morabatur, & a uirorum aspectu se subtrahere solita cum fœminis consulto ludere & conuersari uidebatur, & ab eis iusta uocatur, & nondum inter homines nequitiam, neq; nauigationem fuisse. sed illam ĩ terris moratam æquitatem hominibus præstitisse eo sæculo quod aureum dicebat'. Sed postquam diminuti homines a quietate quieuerunt, illa cum eis minime

Abb. 79 (Kat. nr. 76). Sternbild der Jungfrau. Astronomi veteres. Ink. 7. D. 11, fol. 249 v (Originalgröße).

◁
Abb. 78 (Kat. nr. 75). Lancelot macht seinen Sohn Galaad zum Ritter. Le Roman de Lancelot du Lac. Ink. 5. C. 11, Band 3, fol. 100 v (auf 7/10 verkleinert).

Abb. 80 (Kat. nr. 77). Szene nach dem Schema einer Verspottung Christi. P. Gringore, Heures de Nostre Dame. 223.685-B (Rara 4), fol. 66 r (Originalgröße).